U0922359

浙江调查年鉴 2022

Zhejiang Survey Yearbook

国家统计局浙江调查总队 编

图书在版编目（CIP）数据

浙江调查年鉴. 2022 = Zhejiang Survey Yearbook 2022 / 国家统计局浙江调查总队编. -- 北京 : 中国统计出版社，2022.6
ISBN 978-7-5037-7283-2

Ⅰ. ①浙… Ⅱ. ①国… Ⅲ. ①统计资料－浙江－2022－年鉴 Ⅳ. ①C832.55-54

中国版本图书馆 CIP 数据核字(2022)第 062248 号

浙江调查年鉴 2022

作　　者/ 国家统计局浙江调查总队
责任编辑/ 高媛媛
封面设计/ 商永居
出版发行/ 中国统计出版社有限公司
通信地址/ 北京市西城区月坛南街 57 号　邮政编码/100826
办公地址/ 北京市丰台区西三环南路甲 6 号　邮政编码/100073
电　　话/ 邮购（010）63376909　书店（010）68783171
网　　址/ http://www.zgtjcbs.com
印　　刷/ 杭州印捷数码快印有限公司
经　　销/ 新华书店
开　　本/ 880mm×1230mm　1/16
字　　数/ 500 千字
印　　张/ 20
版　　别/ 2022 年 6 月第 1 版
版　　次/ 2022 年 6 月第 1 次印刷
定　　价/ 260.00 元

本书附同版本CD-ROM一张，光盘内容以书面文字为准。
如有印装错误，本社发行部负责调换。

《浙江调查年鉴2022》
编辑委员会和编辑人员

编　委　会

编辑工作人员

编者说明

一、《浙江调查年鉴 2022》是一部反映浙江城乡居民生活质量、价格变动、粮食生产和农民工监测等内容的资料性年鉴。本年鉴收录了国家统计局浙江调查总队主要调查专业形成的党的十八大以来系列调查分析报告，改革开放以来的主要调查数据和 2021 年的详细调查数据；同时包括部分浙江经济发展的综合统计数据和全国分地区主要调查数据。

二、本年鉴共分为六个部分。第一部分：党的十八大以来系列调查分析报告；第二部分：居民收支；第三部分：价格指数；第四部分：农业调查；第五部分：市县数据；第六部分：综合数据。同时附录各专业调查简介和主要统计指标解释。

三、本年鉴部分统计表下作了简要注解。凡带续表的资料，如有注解均注在最后一张续表的下方。

四、本年鉴使用的度量衡单位均采用国家统计标准计量单位。

五、本年鉴中符号使用说明："…"表示该项数据不足本表最小单位数；"#"表示其中的主要项；"空格"表示该项统计指标数据不详或无该项数据。

六、本年鉴中部分数据来源于浙江省统计局或历年《浙江统计年鉴》。全国及各省（市）调查数据来源于国家统计局向各省的反馈数据。全国性统计数据，均未包括香港、澳门特别行政区和台湾地区的数据。

本年鉴出版得到了国家统计局和浙江省统计局的大力支持和帮助，时值出版之际，特致感谢！

受时间和编辑水平限制，书中难免有不足之处，恳请读者批评指正。

目　录

第一部分　党的十八大以来系列调查分析报告

第二部分　居民收支

第三部分　价格指数

第四部分　农业调查

第五部分　市县数据

第六部分 综合数据

附录 各专业调查简介及主要统计指标解释

党的十八大以来系列调查分析报告

迈入新阶段　生活新提升
——党的十八大以来浙江调查监测情况分析

党的十八大以来，浙江忠实践行“八八战略”，坚持稳中求进工作总基调，坚决贯彻落实新发展理念，奋力打造“重要窗口”，扎实推进高质量发展建设共同富裕示范区，从统计调查监测等数据看，农业生产迈入新阶段，价格走势呈现新特点，居民生活得到新提升。

一、农业生产迈入新阶段

（一）粮食生产量质齐升。

1.播种面积稳步回升。2012-2021年，浙江粮食播种面积经历了缓降、趋稳、回升过程，粮食稳产保供工作不断取得新突破。2012-2016年，随着城市化进程加快、建设用地需求大幅增加，播种面积从1564.6万亩逐年下降至1427.03万亩；2017年起，粮食补贴、粮食保险、最低保护价收购等政策力度加大，粮食生产能力全面恢复；2021年，全省粮食播种面积1510.1万亩、产量620.9万吨 ，分别回升到近十年来的第三位和第二位。

2.种植结构调整优化。2012-2021年，浙江粮食作物第一品种谷物的播种面积占粮食播种面积比重牢牢稳定在80%左右，其他作物占比更趋合理：随着生活水平提高，粗粮、旱杂粮需求增加，近两年薯类播种面积明显回升；订单奖励等惠农政策出台，大量冬闲田被激活，小麦播种面积快速增长，2021年增幅达23%；随着应收尽收政策推行，早稻种植面积连续四年增长。

3.耕地保障更加牢固。十年间，浙江始终将高标准农田建设作为落实藏粮于地战略的重要抓手，2018年起推进“152”耕地生态建设保护工程，四年时间建设、改造和提升高标准农田1000万亩、垦造和补充耕地50万亩、复垦农村建设用地20万亩，为种植规模化打下坚实基础。

4.科技农业助力增产。随着抗旱、抗倒伏等优良品种研发，智能灌溉、无人机植保、无人驾驶智能插秧机、北斗卫星导航大农机等科技装备应用推广，浙江粮食单产水平显著提升。2021年达到411.2公斤/亩，连续四年稳定在400公斤/亩以上，近年来均高于全国平均单产。

（二）畜牧养殖注重科技赋能。

1.畜禽产量逐步恢复。2012-2016年，因“三改一拆”“五水共治”“两美浙江”建设需要，浙江生猪养殖量大幅下调，2017-2019年仍持续低位震荡。2020-2021年，随着保供力度加强，新建大型养殖场（户）陆续投产，生猪产业下滑势头得到扭转，2021年全省生猪饲养量、年末存栏、全年出栏和猪肉产量分别为1414.1万头、640.2万头、773.9万头和65.15万吨，恢复至常年水平；能繁母猪存栏达69.31万头，高于正常保有量的105%。另外，

2021年牛出栏10.15万头，为近十年最高年份；牛奶产量18.55万吨，为近十年较高水平；羊饲养量为291.26万只，比2012年增长20.6%；2021年末全省家禽饲养量29998.84万只，较2017年最低点增长19.3%。

2. 养殖区域集聚明显。2012年以来，浙江严格按照环境承载率调整畜牧业区域布局，散养户逐步退出、中小规模户减少、大规模养殖户平稳增长。目前浙江生猪养殖主要集聚在杭州、衢州和金华三地，2021年末存栏占全省45.3%；牛养殖主要集聚在温州、衢州、金华、台州和丽水，2021年牛饲养量占全省的77.8%；家禽养殖主要集聚在衢州、嘉兴、湖州、台州和温州，2021年家禽饲养量占全省的69.7%。

3. 科学养殖加速推进。 作为全国首个现代生态循环农业发展试点省份、全国首个畜牧业绿色发展示范省，浙江紧紧围绕“打造绿色农业强省”目标，加快推进畜牧业转型升级，2021年全省畜禽粪污综合利用率达到90%，规模养殖场粪污处理设施装备配套率达到99.06%，大型规模场粪污处理设施装备配套率达到100%；通过数字赋能提升养殖效益，多数大型养殖场户已装备应用数字化设备。

4. 特色品牌脱颖而出。十年来浙江各地积极培育了一批浙江特色的畜禽新品种，打造了一批拥有鲜明特色的“浙禽”“浙猪”品牌，比如“湖羊”“龙游飞鸡”“绍兴麻鸭”，“仙居鸡”“浙东白鹅”对产业扶贫、促进农户增收起到积极作用。

二、价格走势呈现新特点

（一）居民消费价格走势平稳。

1. 保供稳价政策到位。党的十八大以来，浙江高度重视保供稳价工作，出台了多项稳定物价的政策举措。全省切实落实“菜篮子”市长负责制、持续深化开展“三联三送三落实”活动、依托乡村大脑和“三农”统计监测数字化应用及时掌握重要农产品市场价格等动态信息，做好市场调控和储备调节，合理引导市场预期，有效稳定市场价格。

2. 物价波动温和可控。在各项保供稳价举措落实下，浙江消费品市场货源供应充足，运行稳定有序，居民消费价格总水平累计上涨23.0%，年均上涨2.1%，总体呈温和上涨态势。2012-2021年的年均价格涨幅较2002-2011年明显趋缓，年均涨幅波动在1.5个百分点以内。

3. 涨幅位次居中靠前。与全国相比，党的十八大以来，浙江CPI累计涨幅高于全国平均水平0.3个百分点。分年度看，2014年、2017年、2018年、2021年高于全国平均水平，2015年、2019年涨幅与全国一致，2012年、2013年、2016年、2020年低于全国平均水平。与其他省份相比，基本在居中靠前位次波动，2021年涨幅居全国31个省（区、市）第11位，在华东六省一市居第4位。

（二）工业生产者价格波动运行。

1. 总体水平稳中有降。2012-2021年，浙江工业生产者出厂价格累计下降1.2%，购进价格累计上涨5.2%，十年间两大价格均出现“七降三涨”。工业生产者出厂价格（下降1.2%）

低于全国（上涨 2.9%）4.1 个百分点，在全国 31 个省（区、市）中，与吉林省并列第 24 位，比最高的内蒙古（上涨 31.2%）低 32.4 个百分点，比最低的北京（下降 9.2%）高 8.0 百分点。

2.阶段特征变化明显。2012-2021 年，浙江工业生产者出厂价格走势大致可分为四个阶段：2012 年 1 月-2016 年 10 月，因世界经济疲软、国际大宗商品价格下跌，市场供大于求，持续在负区间运行；2016 年 11 月-2018 年 12 月，受国际大宗商品价格触底反弹，输入性价格上涨因素持续发力影响，2016 年 11 月结束连续 58 个月的负增长，开始转为连续 26 个月上涨；2019 年 1 月-2021 年 2 月，随着国内经济增速减缓、国际贸易摩擦增加，涨幅逐月收窄，2019 年 1 月开始由升转降后持续下降；2021 年 3 月-2021 年 12 月，国内经济稳定恢复、市场需求逐步扩大、国际大宗商品价格上涨等多重因素叠加推动工业生产者出厂价格迅速回升，2021 年 3 月结束连续 22 个月下降态势，此后涨幅逐渐扩大。

3.产品价格涨跌互现。2012-2021 年，浙江 PPI 调查的 34 个大类行业价格 18 涨 16 跌，上涨面为 52.9%，非金属矿采选业、非金属矿物制品业、黑色金属冶炼和压延加工业价格涨幅居前，分别为 52.5%、28.3%和 16.3%；化学纤维制造业、计算机通信和其他电子设备制造业、燃气生产和供应业价格降幅较大，分别下降 23.7%、17.8%和 17.4%。浙江十大工业行业产品价格“1 涨 9 跌”，仅金属制品业价格上涨 1.7%；降幅较大的有化学纤维制造业、计算机通信和其他电子设备制造业、电气机械和器材制造业，价格分别下降 23.7%、17.8%和 10.1%，其余行业价格降幅在 0.7%到 8.3%之间波动。

（三）房地产市场快速发展。

1.经济贡献率突出。2012-2021 年，全省房地产业增加值从 1927.9 亿元提高到 5303.8 亿元，占 GDP 比重从 5.6%扩大为 7.2%，提高 1.6 个百分点。全省房地产开发累计投资 85943 亿元，年均增长 10.1%。

2.成交量逐年上升。从成交量看，党的十八大以来，浙江新建商品住宅成交基本呈现逐年上升态势，二手住宅成交总体呈现“M型”走势。2021年全省新建商品住宅成交量比 2014 增长 121.1%，年均增长 12.0%，其中 2016 年比上年增长 43.3%，增幅最高；二手住宅成交量增长 139.8%，年均增长 13.3%，其中 2015年比上年增长 64.8%，增幅最高。

3.去化周期较合理。从新建商品住宅库存量看，2014 年开始浙江新建商品住宅库存量不断增加，2015 年 1 月库存量达 30.8 万套，为近 8 年来最高。2016 年以来，浙江化解房地产库存取得显著效果。2017-2021 年，新建商品住宅库存量在 12.2 万套至 24.6 万套上下波动，去化周期在 4.5 个月至 7.9 个月上下波动。

4.改善型需求增加。党的十八大以来，随着人民对美好生活向往的不断提升，住房改善型需求明显增加，房地产业开始从增量扩张向产品优化转型升级，高品质楼盘不断涌现。2021 年全省新建商品住宅共成交 4681.2 万平方米，其中改善型户型 90-144 平方米房源共成交 3333.7 万平方米，占比从 2012 年的 42.0%提高到 71.2%。

三、居民生活得到新提升

（一）收入水平稳步提高。

1.居民收入持续增长。党的十八以来,浙江省委省政府始终把保障改善民生放在首要位置，扎实推进共同富裕建设，居民收入持续增长。2021 年,浙江省全体居民人均可支配收入 57541 元，是 2012 年的 2.13 倍，2012-2021 年年均名义和实际分别增长 8.8%和 6.5%。其中，城镇居民人均可支配收入 68487 元，是 2012 年的 2.02 倍，年均名义和实际分别增长 8.2%、6.0%；农村居民人均可支配收入 35247 元，是 2012 年的 2.23 倍，年均名义和实际分别增长 9.3%、7.0%。

2.收入水平位居前列。2012-2021 年，浙江居民收入水平位居全国省（区、市）前列。全体居民人均可支配收入自有调查数据以来一直居全国 31 个省（区、市）第 3 位，仅次于上海和北京；城镇居民人均可支配收入连续 21 年居全国 31 个省（区、市）第 3 位，仅次于上海和北京；农村居民人均可支配收入连续 37 年居各省区首位，自 2013 年以来连续 9 年位居全国 31 个省（区、市）第 2 位，仅次于上海。

3.收入结构不断优化。随着经济总量持续增长和社会民生事业不断发展，城乡居民收入渠道日益多元化，居民收入结构进一步优化。2012-2021 年，全省全体居民工资性收入、经营净收入、财产净收入平稳增长，年均分别增长 8.8%、6.1%、9.0%；转移净收入快速增长，年均增长 12.3%。从收入结构变化看，主要表现为经营净收入的下降和转移净收入的提升，2021 年全体居民经营净收入占比比 2012 年下降 4.0 个百分点，转移净收入提升 3.7 个百分点。

4.城乡差距不断缩小。党的十八大以来，随着城乡一体化融合发展和共同富裕示范区建设持续推进，浙江收入分配格局不断优化，城乡居民人均可支配收入倍差逐年缩小。2021 年全省城乡居民收入比为 1.94:1，比 2012 年的 2.37:1 缩小了 0.43，比全国城乡居民收入比低 0.56，城乡区域发展更加协调均衡。

（二）消费结构优化升级。

1.消费支出明显提升。2021 年，浙江省全体居民人均消费支出 36668 元，与 2012 年相比增长 93.7%，2012-2021 年年均名义和实际分别增长 7.7%和 5.5%；城镇居民人均消费支出 42193 元，比 2012 年增长 80.4%，年均名义和实际分别增长 6.9%和 4.7%；农村居民人均消费支出 25415 元，比 2012 年增长 119.1%，年均名义和实际分别增长 9.2%和 6.9%。八大类消费项目全面增长，居住支出增长最快，年均增长 10.4%；生活用品及服务、医疗保健、食品烟酒、衣着、交通通信、教育文化娱乐、其他用品和服务年均分别增长 8.9%、9.1%、6.3%、3.9%、6.9%、6.6%、8.7%。

2.消费水平稳居前列。2021 年，浙江全体居民人均消费支出比全国平均水平（24100 元）高 12568 元，居全国 31 个省（区、市）第 3 位，仅次于上海和北京。其中，城镇居民人均消费支出比全国平均水平（30307 元）高 11886 元，居全国 31 个省（区、市）第 3 位，仅次于上海和北京；农村居民人均消费支出比全国平均水平（15916 元）高 9499 元，自 2020 年起居全国 31 个省（区、市）第 2 位，仅次于上海。

3. 生活品质不断改善。2021 年，全省全体居民恩格尔系数为 27.7%，比 2012 年下降 3.2 个百分点。从居住情况看，2021 年浙江城乡居民年末人均住房建筑面积为 47.9、71.5 平方米，比 2012 年增加 10.8、10.0 平方米，居住条件不断提升；从耐用消费品看，家用汽车、大件家装、智能家电等越来越普遍，拥有量大幅增加。2021 年城乡居民人均消费支出比由 2012 年的 2.02：1 降至 1.66：1，城乡消费差距逐步缩小。

（三）山区 26 县增收成效明显。

推动山区 26 县跨越式高质量发展是扎实推进共同富裕示范区建设的关键之举。党的十八大以来，浙江通过制度创新和精准帮扶，深化拓展产业链山海协作，聚焦“一县一业”和“一县一策”，推动山区 26 县居民收入实现较快增长。

2021 年浙江山区 26 县全体居民人均可支配收入为 42139 元，较 2015 年增加 17117 元，年均增长 9.1%，增速比全省平均高 0.7 个百分点，全体居民、城镇居民和农村居民人均可支配收入水平分别为全省平均的 73.2%、78.4%和 78.4%，较 2015 年提高 2.8、1.9 和 2.7 个百分点。

2015-2021 年，浙江山区 26 县全体居民人均消费支出中食品烟酒、衣着、居住、生活用品及服务、交通通信、教育文化娱乐、医疗保健、其他用品和服务八大类消费年均分别增长 6.8%、7.7%、8.5%、11.2%、9.1%、12.3%、10.9%、11.4%。

（四）农民工就业环境改善。

1. 就业质量更优。从务工收入看，浙江省农民工 2021 年平均每人每月收入 5758 元，比 2015 年增长 47.5%，增长态势明显。从结构看，高收入群体占比明显提高。2021 年，务工者和自营者平均每人每月收入在 5000 元以上的占比分别为 66.2%和 71.3%，比 2015 年分别提高 42.3 和 25.8 个百分点。从“五险一金”缴纳情况看，2021 年农民工缴纳人口占比较 2015 年均有明显提升，其中“五险”提升幅度均超过 10.0 个百分点，住房公积金提升了 7.0 个百分点。

2. 生活条件好转。2021 年，浙江农民工人均消费支出为 48651 元，比 2015 年增长 35.0%；人均住房面积 40.9 平方米，比 2015 年增加了 4.2 平方米。恩格尔系数从 2015 年的 42.9%下降到 2021 年的 38.0%，下降了 5.0 个百分点。2021 年家用汽车、电冰箱、洗衣机的拥有量比 2015 年分别增长了 20.0%、16.9%和 16.6%。

3. 市民化程度提高。2021 年，农民工参与人大代表选举的人数占比为 46.5%，比 2015 年提高了 13.4 个百分点。随迁儿童在本地的入学率达 99.7%，其中，在公办学校上学的比重为 70.2%，比 2015 年提高 17.1 个百分点。

收支大跨步 奋进促共富
——党的十八大以来浙江居民收支情况分析

党的十八大以来，在以习近平同志为核心的党中央坚强领导下，浙江省委省政府忠实践行“八八战略”，坚持稳中求进工作总基调，坚决贯彻落实新发展理念，努力建设“两富”“两美”浙江，奋力打造“重要窗口”，实现了经济社会各领域全面发展。城乡居民收支水平大步跨上新台阶，稳居全国前列，人民生活水平全面提高。

一、十年来浙江居民增收演进的基本情况

2012 年 12 月，浙江省委省政府结合实际提出到 2020 年实现“四个翻一番”的目标，先后出台全面实施创新驱动发展战略、“四换三名”“四边三化”“一打三整治”市场主体升级、小微企业成长、八大万亿产业培育和特色小镇建设等一系列引领经济转型升级的重大举措，为居民稳定就业和增收打下扎实的产业基础。2016 年 4 月，省委研究部署了补齐包括低收入农户增收致富、公共服务有效供给两大民生短板在内的“六块短板”。2017 年，浙江全体居民人均可支配收入 42046 元，是 2012 年的 1.56 倍，年均名义和实际分别增长 9.2%和 7.1%。其中城镇居民人均可支配收入 51261 元，是 2012 年的 1.51 倍，年均名义和实际分别增长 8.7%和 6.6%；农村居民人均可支配收入 24956 元，是 2012 年的 1.58 倍，年均名义和实际分别增长 9.6%和 7.4%。

党的十九大以来，浙江省委省政府为全面落实党的十九大提出的战略安排，进一步深化了“两个高水平”奋斗目标，持续细化“八八战略”，创造性提出并实施“最多跑一次”改革，深入推进长三角区域协同发展，推动浙江居民收入水平跨上新台阶。2020 年，面对突如其来的新冠疫情冲击，浙江省委省政府及时调整方略，作出“一手抓疫情防控，一手抓复工复产”“两手都要硬，两战都要赢”的决策部署，创新运用“一图一码一指数”，精准推进复工复产。全年浙江全体居民人均可支配收入 52397 元，同比名义和实际分别增长 5.0%和 2.6%，其中城镇居民人均可支配收入为 62699 元，同比名义和实际分别增长 4.2%、2.1%；农村居民人均可支配收入为 31930 元，同比名义和实际分别增长 6.9%、4.0%。

2021 年，面对复杂严峻的国际环境和国内疫情散发等多重挑战，浙江坚持稳中求进工作总基调，聚焦聚力高质量发展和共同富裕示范区建设，经济运行展现出强劲的韧性和活力，全年居民收入呈恢复性增长。全年浙江全体居民人均可支配收入 57541 元，同比名义和实际分别增长 9.8%和 8.2%，是 2017 年的 1.37 倍，2017-2021 年年均名义和实际分别增长 8.2%和 5.8%。其中城镇居民人均可支配收入是 2017 年的 1.34 倍，年均名义和实际分别增长 7.5%和 5.3%；农村居民人均可支配收入是 2017 年的 1.41 倍，年均名义和实际分别增长 9.0%和 6.5%。

二、收入水平稳步提高，居民生活日益富裕

（一）居民收入跨上新台阶，城乡居民收入提前实现倍增。

2012-2021 年，浙江居民收入水平跨上了新台阶。其中城镇居民人均可支配收入于 2019 年迈上“6 万元”台阶，全体居民和农村居民人均可支配收入分别于 2020 年跨入“5 万元”和“3 万元”门槛。根据省委十三届二次会议提出的收入倍增目标，即到 2020 年“实现城乡居民人均可支配收入、农村居民人均纯收入分别比 2010 年翻一番，分别达到 55000 元、24000 元以上”，全省城乡居民收入分别于 2018 年、2017 年实现倍增目标。

（二）收入保持稳定增长，农村增速快于城镇。

2021 年全省全体居民人均可支配收入 57541 元，是 2012 年的 2.13 倍，2012-2021 年年均名义和实际分别增长 8.8%、6.5%。其中，城镇居民人均可支配收入 68487 元，是 2012 年的 2.02 倍，年均名义和实际分别增长 8.2%、6.0%；农村居民人均可支配收入 35247 元，是 2012 年的 2.23 倍，年均名义和实际分别增长 9.3%、7.0%。期间，农村居民人均收入年均增速快于城镇，名义和实际增速比城镇居民分别高 1.1 和 1.0 个百分点。

表 1　2012-2021 年浙江居民收入增长情况表

年份	全体居民家庭			城镇居民家庭			农村居民家庭		
	人均可支配收入（元）	比上年名义±%	比上年实际±%	人均可支配收入（元）	比上年名义±%	比上年实际±%	人均可支配收入（元）	比上年名义±%	比上年实际±%
2012	27020	11.7	9.3	33846	11.6	9.2	15806	11.3	8.8
2013	29775	10.2	7.7	37080	9.6	7.1	17494	10.7	8.1
2014	32658	9.7	7.4	40393	8.9	6.8	19373	10.7	8.3
2015	35537	8.8	7.3	43714	8.2	6.7	21125	9.0	7.5
2016	38529	8.4	6.4	47237	8.1	6.0	22866	8.2	6.3
2017	42046	9.1	6.9	51261	8.5	6.3	24956	9.1	7.0
2018	45840	9.0	6.5	55574	8.4	6.0	27302	9.4	7.0
2019	49899	8.9	5.8	60182	8.3	5.4	29876	9.4	6.0
2020	52397	5.0	2.6	62699	4.2	2.1	31930	6.9	4.0
2021	57541	9.8	8.2	68487	9.2	7.6	35247	10.4	8.9
年均增速		8.8	6.5		8.2	6.0		9.3	7.0

注：表中均为新口径数据

（三）收入水平稳步提升，保持全国前列。

2012-2021 年，浙江居民收入水平保持各省区首位。其中全体居民人均可支配收入自有调查数据以来一直居全国 31 个省（区、市）第 3 位，仅次于上海和北京，居各省区首位。城镇居民人均可支配收入连续 21 年居全国 31 个省（区、市）第 3 位，仅次于上海和北京；农村居民人均可支配收入连续 37 年居各省区首位，自 2013 年以来连续 9 年位居全国 31 个省（区、市）第 2 位，仅次于上海。

（四）收入结构小幅变动，转移净收入快速增长。

2012-2021年，全省全体居民工资性收入、经营净收入、财产净收入平稳增长，年均分别增长8.8%、6.1%、9.0%；转移净收入快速增长，年均增长12.3%，其中城乡居民分别增长11.2%、15.1%。从收入结构变化看，四项收入占可支配收入的比重小幅变动，主要表现为经营净收入的下降和转移净收入的提升。2021年全体居民经营净收入占比比2012年下降4.0个百分点，转移净收入提升3.7个百分点；其中城镇居民经营净收入占比下降1.9个百分点，转移净收入提升3.4个百分点；农村居民变动幅度更为明显，经营净收入占比下降10.7个百分点，转移净收入提升4.4个百分点。值得关注的是，农村居民工资性收入占比比2012年提升了5.6个百分点。

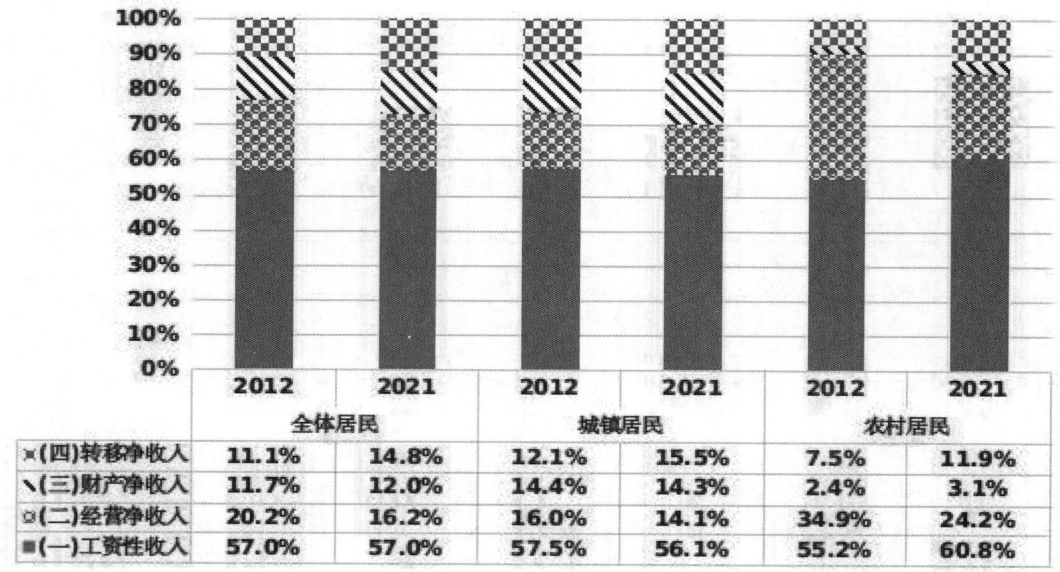

	全体居民		城镇居民		农村居民	
	2012	2021	2012	2021	2012	2021
(四)转移净收入	11.1%	14.8%	12.1%	15.5%	7.5%	11.9%
(三)财产净收入	11.7%	12.0%	14.4%	14.3%	2.4%	3.1%
(二)经营净收入	20.2%	16.2%	16.0%	14.1%	34.9%	24.2%
(一)工资性收入	57.0%	57.0%	57.5%	56.1%	55.2%	60.8%

注：图中均为新口径数据

图1　2012与2021年浙江居民人均可支配收入构成对比图

（五）城乡收入比逐年缩小，协调发展水平不断提升。

随着城乡一体化融合发展和共同富裕示范区建设工作的持续推进，全省收入分配格局不断优化，党的十八大以来城乡居民人均可支配收入倍差逐年缩小。2021年全省城乡居民收入比为1.94，比2012年的2.37缩小了0.43，比全国城乡居民收入比低0.56。城乡区域协调发展水平不断提升，推进浙江城乡统筹一体化迈入新发展阶段。

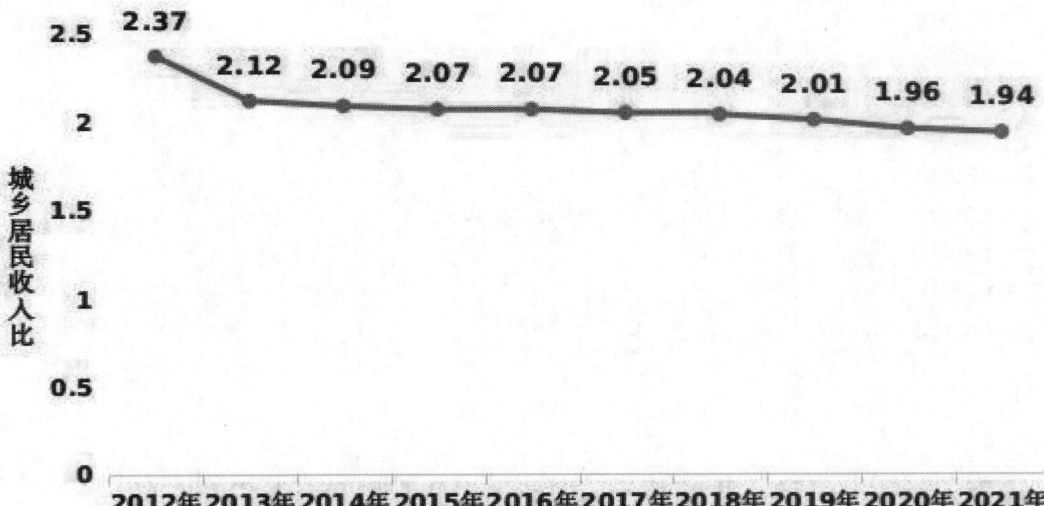

图 2 2012-2021 年浙江城乡居民收入比变化情况图

三、消费水平稳步提高，生活品质大幅改善

2012-2021 年，随着收入水平的不断提高，浙江居民满足自身对美好生活的向往的意愿和实力越来越强，消费结构不断优化升级，生活品质得到大幅改善。

（一） 消费支出稳步增长，农村消费增速快于城镇。

2021 年全省全体居民人均消费支出 36668 元，名义和实际分别比上年增长 17.2%和 15.5%，分别比受疫情影响的 2020 年回升 19.5 和 20.0 个百分点；与 2012 年相比，全体人均消费支出增长 93.7%，年均名义和实际分别增长 7.7%和 5.5%。城镇居民人均消费支出 42193 元，比上年名义和实际分别增长 16.6%和 14.9%，增幅分别比上年回升 20.1 和 20.4 个百分点；比 2012 年增长 80.4%，年均名义和实际分别增长 6.9%和 4.7%。农村居民人均消费支出 25415 元，比上年名义和实际分别增长 17.9%和 16.3%，增幅分别比上年回升 16.9 和 18.1 个百分点；比 2012 年增长 119.1%，年均名义和实际分别增长 9.2%和 6.9%。2012-2021 年，农村居民消费增速年均名义和实际分别快于城镇居民 2.3 和 2.2 个百分点。城乡消费差距逐步缩小，2021 年城乡居民人均消费支出比由 2012 年的 2.02：1 降至 1.66：1。

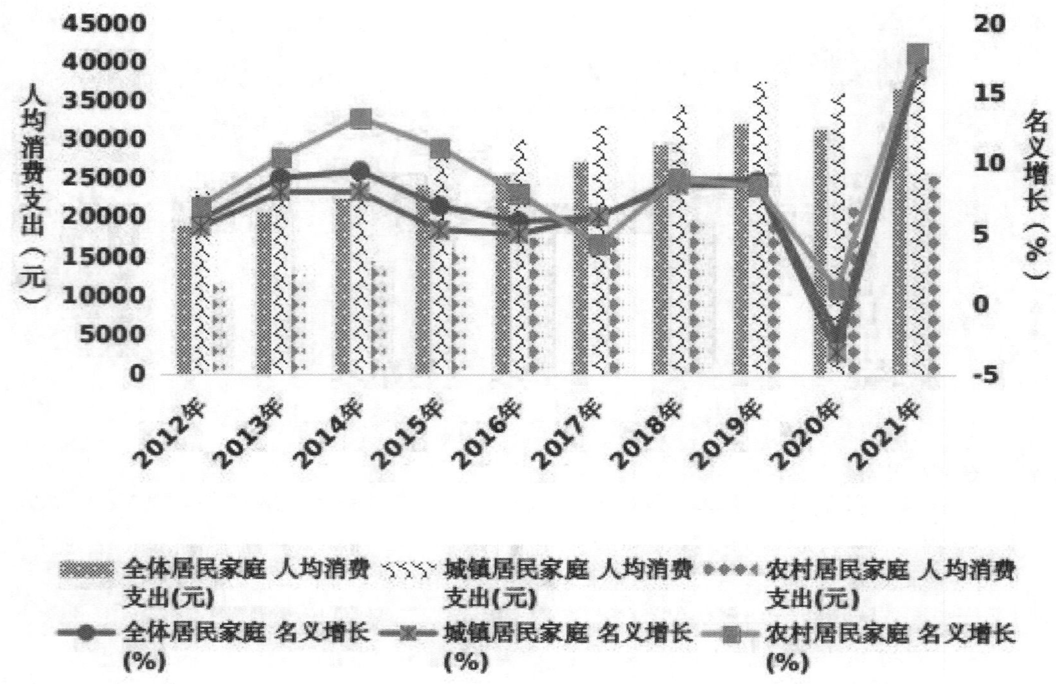

注：图中均为新口径数据

图 3　2012-2021 年浙江居民人均消费支出情况表

（二）消费水平稳步提升，稳居全国前列。

2012-2021 年，浙江居民消费水平居全国前列，且稳中有升。2021 年浙江全体居民人均消费支出比全国平均水平（24100 元）高 12568 元，继续保持了全国前列，居全国 31 个省（区、市）第 3 位，仅次于上海和北京。其中，城镇居民人均消费支出比全国平均水平（30307 元）高 11886 元，居全国 31 个省（区、市）第 3 位，仅次于上海和北京；农村居民人均消费支出比全国平均水平（15916 元）高 9499 元，自 2020 年起居全国 31 个省（区、市）第 2 位，仅次于上海。

（三）八大类消费支出全面增长，居住类消费增速最快。

2012-2021 年，浙江居民消费支出的八大类消费项目全面增长，多数保持中速增长。从全体居民人均消费支出看，居住支出增长最快，年均增长 10.4%；生活用品及服务、医疗保健年均分别增长 8.9%、9.1%，增幅位居二、三位。食品烟酒、衣着、交通通信、教育文化娱乐、其他用品和服务年均分别增长 6.3%、3.9%、6.9%、6.6%、8.7%。从城镇居民人均消费支出看，居住支出年均增速最快，为 9.8%，其次是生活用品及服务、医疗保健年均分别增长 8.9%、8.5%，增幅位居二、三位；从农村居民人均消费支出看，居住支出年均增速最快，为 11.1%，其次是其他用品和服务、医疗保健，年均分别增长 9.9%、9.7%，增幅位居二、三位。

（四）消费结构优化升级，生活品质不断改善。

2012-2021年，居民消费结构不断优化升级，生活品质不断改善。2021年全省全体居民恩格尔系数为27.7%，比2012年下降3.2个百分点，享受型、发展型、品质型消费比例有所增长。从居住情况看，居住条件不断优化，生活品质大幅改善。2021年，浙江城乡居民年末人均住房建筑面积分别为47.9、71.5平方米，分别比2012年增加10.8、10.0平方米。从耐用消费品看，家用汽车、大件家装、智能家电等越来越普遍，居民此类耐用品拥有量大量增加。

表2　2012-2021年浙江居民部分年份消费支出构成情况表（%）

指　标	全体居民			城镇居民			农村居民		
	2012	2020	2021	2012	2020	2021	2012	2020	2021
生活消费支出	100.0	100.0	100.0	100.0	100.0	100.0	100.0	100.0	100.0
食品烟酒	30.9	28.5	27.7	30.3	27.4	26.7	33.1	32.3	31.0
衣着	7.7	5.4	5.6	8.1	5.6	5.8	6.2	4.8	5.0
居住	21.6	28.8	27.1	20.8	29.5	26.8	24.0	26.5	28.2
生活用品及服务	5.1	5.7	5.7	4.8	5.7	5.7	6.0	5.7	5.4
交通通信	15.1	13.7	14.2	15.5	13.8	14.5	13.6	13.6	13.2
教育文化娱乐	11.2	9.2	10.3	11.8	9.5	10.8	9.0	8.2	8.7
医疗保健	6.0	6.2	6.8	5.9	6.0	6.8	6.6	7.2	6.9
其他用品和服务	2.4	2.3	2.7	2.7	2.5	2.9	1.6	1.6	1.7

注：表中均为新口径数据

党的十八大以来的这10年，浙江实现居民收支高水平稳步增长，城乡地区收入差距缩小，社会和谐稳定，人民生活品质稳步提高，是浙江向高质量发展建设共同富裕示范区迈进的重要10年。

居民收入全面提升 百姓生活明显改善
—— 党的十八大以来浙江山区 26 县居民收支情况分析

推动山区 26 县跨越式高质量发展是浙江省委省政府忠实践行“八八战略”，奋力打造“重要窗口”，扎实推进共同富裕示范区建设的关键之举。为进一步缩小山区 26 县收入差距、突破发展不平衡不充分问题，省委省政府通过制度创新和精准帮扶，深化拓展产业链山海协作，聚焦“一县一业”和“一县一策”，推动山区 26 县居民收入实现较快增长，消费水平优化升级，百姓生活明显改善。[1]

一、居民增收态势良好，区域发展更加均衡

（一）收入水平全面提升，与全省差距不断缩小。

2021 年浙江山区 26 县全体居民人均可支配收入为 42139 元，较 2015 年增加 17117 元，年均增长 9.1%，增速比全省平均高 0.7 个百分点；城镇居民人均可支配收入为 53710 元，较 2015 年增加 20287 元，年均增长 8.2%，增速比全省平均高 0.5 个百分点；农村居民人均可支配收入为 27619 元，较 2015 年增加 11624 元，年均增长 9.5%，增速比全省平均高 0.6 个百分点。从山区 26 县与全省平均水平的相对差距看，2021 年山区 26 县全体居民、城镇居民和农村居民人均可支配收入绝对额分别为全省平均水平的 73.2%、78.4%和 78.4%，较 2015 年提高 2.8、1.9 和 2.7 个百分点。

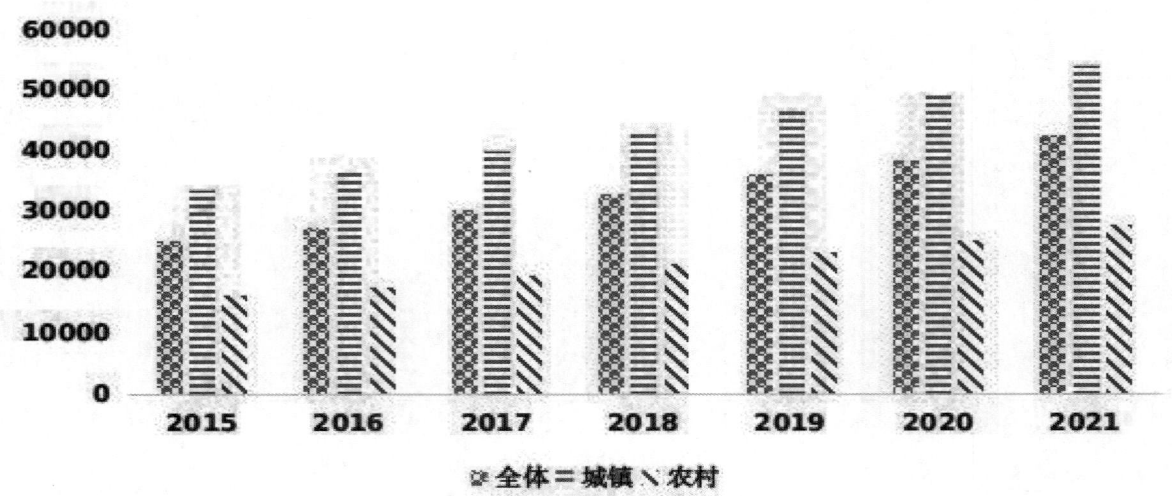

图 1 2015-2021 年山区 26 县人均可支配收入变化情况

[1] 因山区 26 县部分地区相关数据未公布或无法取得，2012-2014 年山区 26 县数据无法测算。

（二）收入结构有所调整，工资增长贡献最大。

2021 年浙江山区 26 县全体居民人均工资性收入、经营净收入、财产净收入、转移净收入四项收入分别为 22713 元、8655 元、4456 元和 6314 元，占全体居民人均可支配收入比重分别为 53.9%、20.5%、10.6%和 15.0%，其中工资性收入和转移净收入占比分别比 2015 年提高 1.1 和 1.5 个百分点，经营净收入下降 2.7 个百分点，收入结构有所调整。从四项收入增速和贡献率看，2015-2021 年山区 26 县全体居民工资性收入、经营净收入、财产净收入、转移净收入四项收入年均增长分别为 9.4%、6.9%、9.1%和 11.0%，对收入整体的贡献率分别为 55.5%、16.7%、10.6%和 17.2%，工资性收入成为增收主要动力，转移净收入增势亮眼。

（三）城乡差距进一步缩小，县域发展更趋均衡。

2015-2021 年浙江山区 26 县农村居民收入年均增速为 9.5%，快于城镇居民 1.3 个百分点，城乡居民收入比已经连续 6 年缩小，由 2015 年的 2.09 下降至 2021 年的 1.94，下降 0.15，且接近全省水平。按县域看，山区 26 县有 24 个城乡收入比降幅超过 0.1，其中龙泉市降幅为 0.22，下降最快。同时，县域间居民收入水平更加均衡，2021 年山区 26 县全体居民收入水平最高的是柯城区（51826 元），最低的是开化县（32432 元），最高最低倍差为 1.60，较 2015 年下降 0.03。

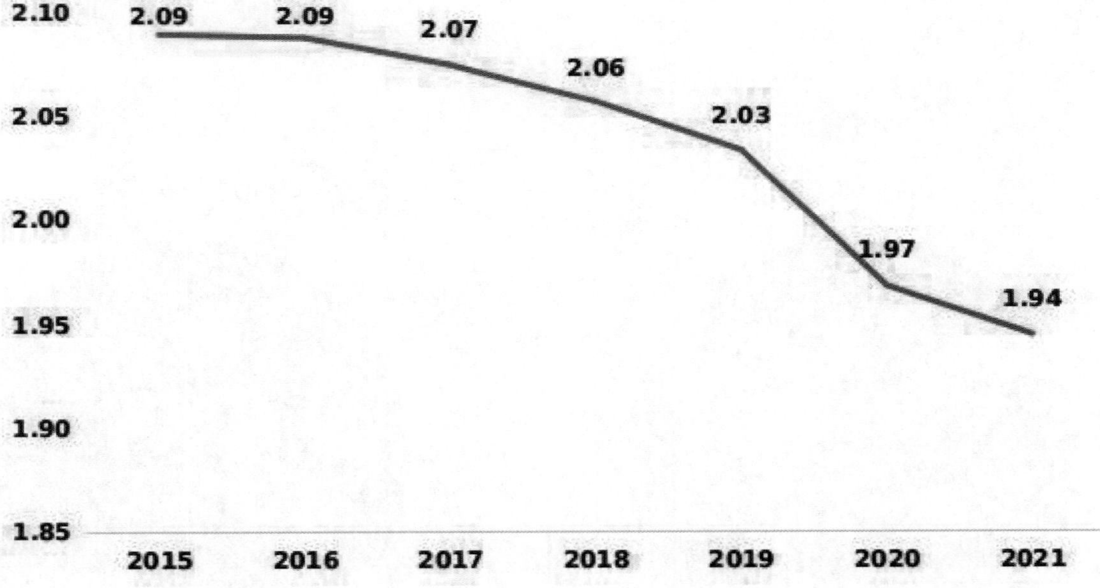

图 2 2015-2021 年山区 26 县城乡收入比变化情况

二、消费实现全面增长，百姓生活明显改善

（一）消费水平稳步提升，农村增长快于城镇。

2015年以来，在乡村振兴系列惠农政策的推动下，浙江山区26县居民致富能力全面提升，百姓生活明显改善，消费水平不断提高。2021年山区26县全体居民人均消费支出为27799元，较2015年增加11005元，年均增长8.8%，增速比全省平均高1.5个百分点；城镇居民人均消费支出为34339元，较2015年增加12739元，年均增长8.0%，增速比全省平均高1.4个百分点；农村居民人均消费支出为19544元，较2015年增加7837元，年均增长8.9%，增速比全省平均高1.0个百分点。

（二）八类消费全面增长，生活水平不断改善。

2015-2021年，浙江山区26县全体居民人均消费支出中食品烟酒、衣着、居住、生活用品及服务、交通通信、教育文化娱乐、医疗保健、其他用品和服务八大类消费年均分别增长6.8%、7.7%、8.5%、11.2%、9.1%、12.3%、10.9%、11.4%；城镇居民八大类消费年均分别增长6.3%、6.8%、7.7%、11.2%、8.0%、11.2%、10.6%、10.1%；农村居民八大类消费年均分别增长7.1%、8.1%、9.2%、10.5%、9.2%、12.5%、9.8%、10.9%。总体看，生活用品及服务、教育文化娱乐、其他用品和服务、医疗保健等新型消费热点增长较快；食品烟酒、衣着、居住、交通通信等常规性消费稳步增长。

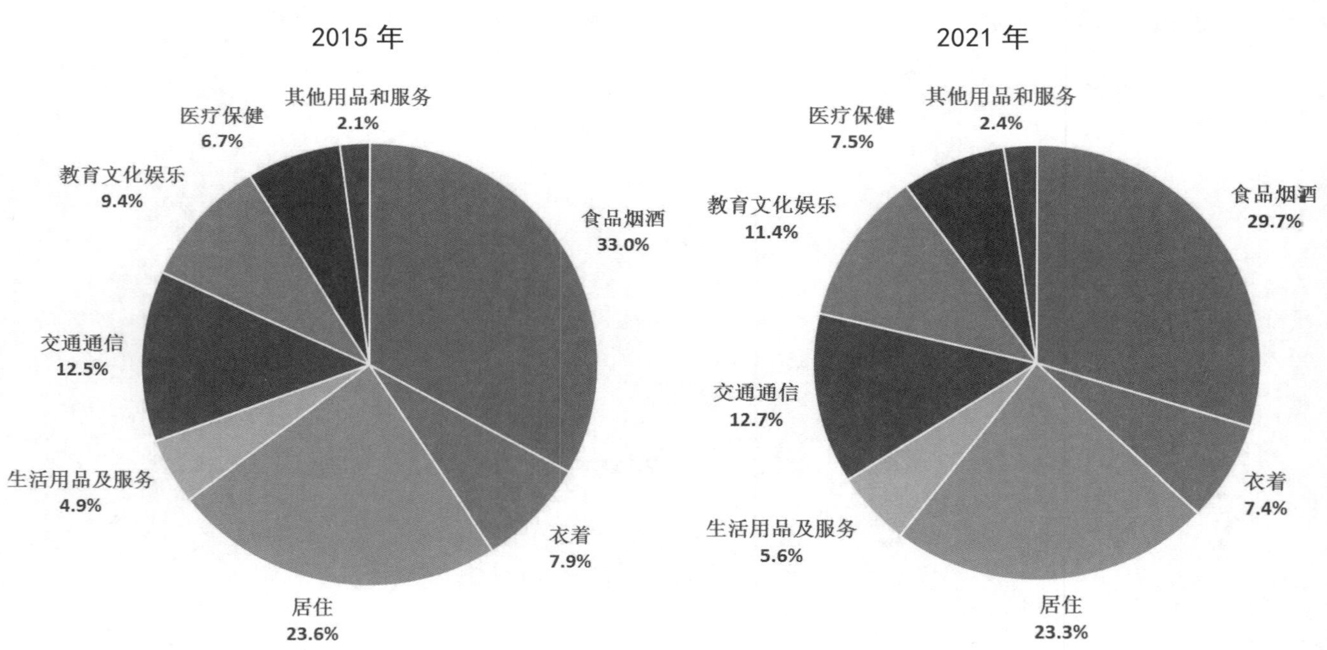

图3 2015年和2021年山区26县全体居民人均消费支出占比

（三）恩格尔系数不断下降，消费结构优化升级。

2021年浙江山区26县全体居民、城镇居民、农村居民的恩格尔系数分别为29.7%、28.6%、32.1%，较2015年分别下降3.3、2.9和3.3个百分点。从消费结构看，2015-2021年食品烟酒、衣着、居住等生存型消费支出年均增长7.6%， 到2021年合计达16791元，占居民消费支出的比重为60.4%，较2015年下降4.1个百分点；交通通信、教育文化娱乐、医疗保健等发展型消费支出年均增长10.6%，到2021年达8783元，占居民消费支出的比重为31.6%，较2015年提升3.1个百分点；生活用品及服务、其他生活用品及服务等改善型消费支出年均增长11.3%，到2021年为2225元，占居民消费支出的比重为8.0%，较2015年提升1.0个百分点，消费结构优化升级。

三、推进山区26县居民生活高质量发展的对策建议

（一）形成社会合力，拓宽增收渠道。

探索先富帮后富路径，全力推动山区26县高质量发展，积极拓宽收入来源，加快提高收入水平，缩小与全省差距。一是发动社会力量，搭建帮扶平台。鼓励引导政府部门、浙商企业、慈善组织等根据自身特点开展对接帮扶山区26县，按照优势互补、互利共赢的原则，将产业链布局、资源配置、就业岗位向山区26县倾斜。二是促进居民高质量就业，夯实收入基础。通过系统化落地重大工程，引进重要项目，力争形成产业扩就业、创业带就业、技能促就业、帮扶保就业、服务优就业的良好格局。三是盘活闲置资源，壮大集体经济。充分利用山区26县土地、林场、水域等生态资产，将资源优势有效转化为经济优势，支持村集体参与企业股份合作制改造，带动群众增收致富。

（二）完善产业布局，促进就业增收。

产业是发展的根基，产业兴旺，居民收入才能稳定增长。山区26县要实现共同富裕，弱项在产业，潜力在资源。一是以特色产业蓄能高质量发展。围绕“一县一业”，根据山区26县的自然条件、资源禀赋、经济基础不同，引导发展具有地方特色的主导产业或支柱产业。二是以需求导向打造新业态。积极支持山区26县加快发展新技术、新工艺、新设备、新材料、新模式的应用，加强招商引资和人才引进，着力培育先进产业集群、优质企业集聚。三是以项目建设赋能产业升级。坚持“项目为王”发展理念，加快构建现代产业体系，因地制宜推进项目落地，不断激发山区26县新发展活力，使项目建设真正成为经济发展的压舱石。

（三）推进公共服务建设，激发消费活力。

着力推进山区26县公共服务共建共享，严格规范消费市场秩序，优化特色商品和服务的供给质量。一是推动公共服务建设，减少挤出效应影响。推进山区26县基本公共服务均等化、品质化，促进教育、医疗资源城市间流动，加快完善城乡基础设施，解决居民的后顾

之忧增强群众消费意愿。二是探索消费热点，释放消费潜力。深入调研山区 26 县群众的消费倾向，传统消费与数字消费融合发展，培育壮大智慧产品和智慧零售、智慧旅游等消费新业态，满足居民多元化消费需求。三是完善消费政策，优化消费环境。加强山区 26 县市场监管，严格规范市场秩序，强化质量安全监管，筑牢市场监管防线，营造安全放心消费环境。

就业环境明显改善 市民化进程稳步提高
——党的十八大以来浙江农民工市民化进程变化情况分析

党的十八大以来，浙江以习近平新时代中国特色社会主义思想为指导，深入贯彻落实新发展理念，以人民群众对美好生活的向往为出发点，大力实施推进农民工稳就业稳增收的政策措施，农民工市民化进程稳步推进。为定期收集农民工在输入地的就业生活等情况，国家统计局自 2015 年开始开展农民工市民化抽样调查，调查对象为居住在城镇地域范围内且户籍不在本乡镇的农民工。结果显示，2015 年以来浙江农民工工作具有就业环境不断改善，就业质量持续提高，生活条件明显改善，市民化程度较大提高等九大特征，助力浙江在新征程上奋力推进“两个先行”。

一、中老年农民工比例上升

调查显示，2021 年，浙江农民工平均年龄为 41.2 岁，比 2015 年提高 5.1 岁，平均每年提高 0.9 岁。从年龄结构看，年轻农民工比重减少，而中老年农民工比重增加。16-45 岁合计占比为 63.3%，比 2015 年下降 16.8 个百分点。46 岁以上各年龄段人口占比均呈上升趋势，各组人口占比分别为 46-50 岁占 13.8%，51-55 岁占 11.9%， 56-60 岁占 6.1%，61 岁及以上占 4.8%，比 2015 年分别上升 2.7、6.7、4.2 和 3.1 个百分点（见图 1）。

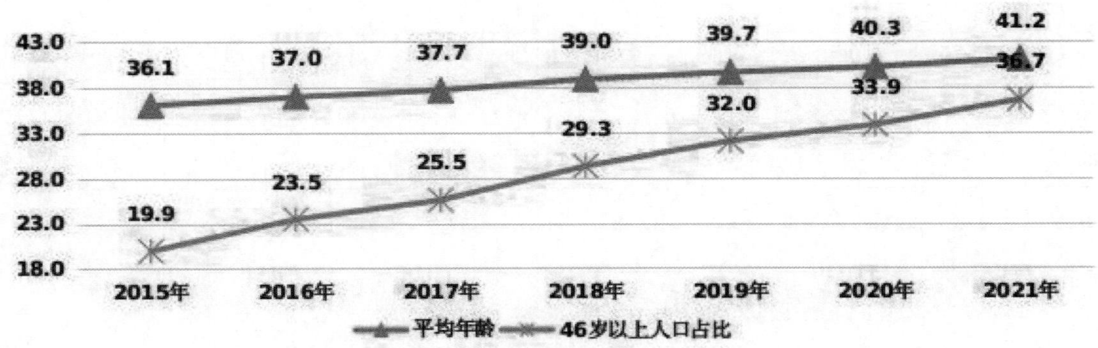

图 1　2015 年以来浙江农民工年龄情况图

二、受教育程度不断提高

2021 年，农民工中受过高等教育的人口占比为 15.8%，比 2015 年提高 4.9 个百分点，而初中及以下人口占比从 2015 年的 69.7%下降到 2021 年的 65.9%，下降了 3.8 个百分点（见图 2）。

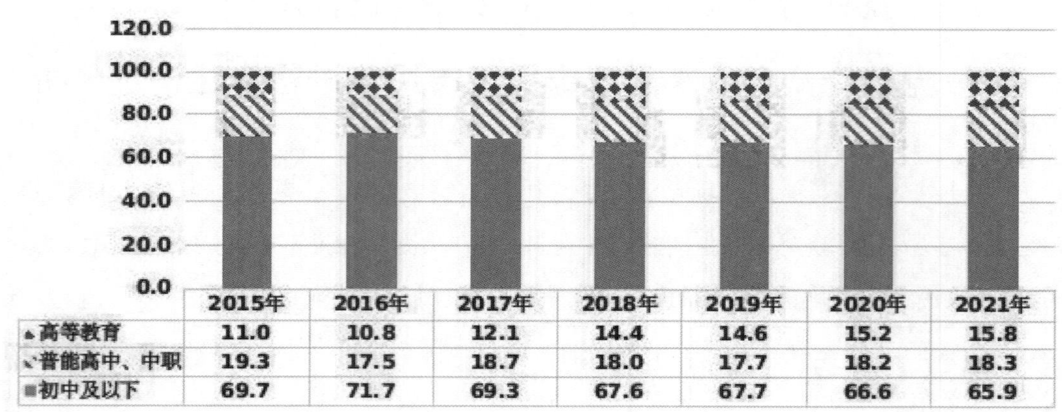

	2015年	2016年	2017年	2018年	2019年	2020年	2021年
高等教育	11.0	10.8	12.1	14.4	14.6	15.2	15.8
普能高中、中职	19.3	17.5	18.7	18.0	17.7	18.2	18.3
初中及以下	69.7	71.7	69.3	67.6	67.7	66.6	65.9

图 2　2015 年以来浙江农民工不同学历人口占比（%）

三、七成农民工来自省外

2015 年以来，浙江农民工中来自省外的占比每年均超过七成。其中占比最高的年份是 2016 年，达到 75.1%；占比最低的是 2018 年 71.0%。因受疫情影响，2020 年、2021 年的占比也相对较低，分别为 72.9%和 72.5%。从输出地看，2021 年省外农民工前五位的省份分别是安徽 23.9%、河南 13.7%、江西 9.6%、四川 9.1%和贵州 8.8%。省内农民工的占比分别为本县（市、区）其他乡镇 12.4%，本地（市）其他县（市、区）7.5%，本省其他地市 7.6%。

四、就业以二三产业劳动密集型产业为主

2015 年以来，从事二三产业的农民工合计占比均超过 90%。其中第二产农民工占比在 53.8-57.8%之间；第三产业农民工占比在 41.4-44.8%之间。2021 年农民工在第二产业制造业就业占比达到四成以上；在第三产业的批发和零售业（10.3%），居民服务、修理和其他服务业（9.1%），住宿餐饮业（7.8%）的就业比例也比较高（见表 1）。

五、社会保障全面提升

从“五险一金”缴纳情况看，2021 年农民工缴纳人口占比较 2015 年均有明显提升，其中“五险”提升幅度均超过 10.0 个百分点，住房公积金提升了 7.0 个百分点。2021 年缴纳人口占比从高往低排序分别为工伤保险 62.3%、养老保险 47.7%、医疗保险 47.5%、失业保险 43.4%、生育保险 39.7%、住房公积金 18.7%（见表 2）。

表 1　2015 年以来农民工主要从事行业情况（%）

从事的主要行业	2015	2016	2017	2018	2019	2020	2021
第一产业	0.9	0.5	0.8	1.2	1.4	1.3	0.8
第二产业	57.4	55.3	57.8	54.8	53.8	56.7	56.3
其中：制造业	43.6	41.4	43.3	41.4	40.0	41.7	41.1
建筑业	12.8	12.5	13.2	12.0	13.0	14.1	14.1
第三产业	41.7	44.2	41.4	44.0	44.8	42.0	42.9
其中：批发和零售业	12.3	13.3	12.2	12.6	11.6	10.3	10.3
交通运输、仓储和邮政业	4.0	5.6	4.2	4.4	4.1	3.8	4.4
住宿和餐饮业	6.4	8.4	8.5	7.7	9.5	7.7	7.8
居民服务、修理和其他服务业	8.4	7.0	7.2	7.5	9.2	9.1	9.1

表 2 2015 年以来浙江农民工“五险一金”缴纳情况（%、百分点）

五险一金缴纳	2015	2016	2017	2018	2019	2020	2021	2021- 2015
缴纳养老保险	33.6	34.4	35.8	41.4	42.3	43.2	47.7	14.1
缴纳工伤保险	44.7	47.7	51.6	55.4	57.3	58.2	62.3	17.6
缴纳医疗保险	34.3	34.5	36.4	41.6	42.5	43.2	47.5	13.2
缴纳失业保险	29.2	30.9	33.7	38.8	39.6	39.8	43.4	14.2
缴纳生育保险	25.3	27.3	29.9	35.3	36.3	37.8	39.7	14.4
住房公积金	11.7	13.5	13.3	17.4	15.6	16.3	18.7	7.0

六、收入水平稳步增长

农民工市民化调查的收入主要分为三类情况：务工收入、自营者净收入和自营企业全部净收入。一是务工收入逐年提高。2021 年平均每人每月收入 5758 元，比 2015 年增长 47.5%。二是自营者净收入和自营企业全部净收入除受 2018 年经济危机和 2020 年疫情影响有波动外，其余年份均呈增长态势。2021 年自营者净收入和自营企业全部净收入分别为 4973 和 10314 元，比 2015 年分别增长 136.2%和 130.3%。三是高收入群体占比明显提高。2021 年，务工者和自营者平均每人每月收入在 5000 元以上的占比分别为 66.2%和 71.3%，比 2015 年分别提高 42.3 和 25.8 个百分点。2021 年自营企业全部净收入每家每月 1 万元以上的占比为 52.4%，比 2015 年提高 15.7 个百分点（见图 3）。

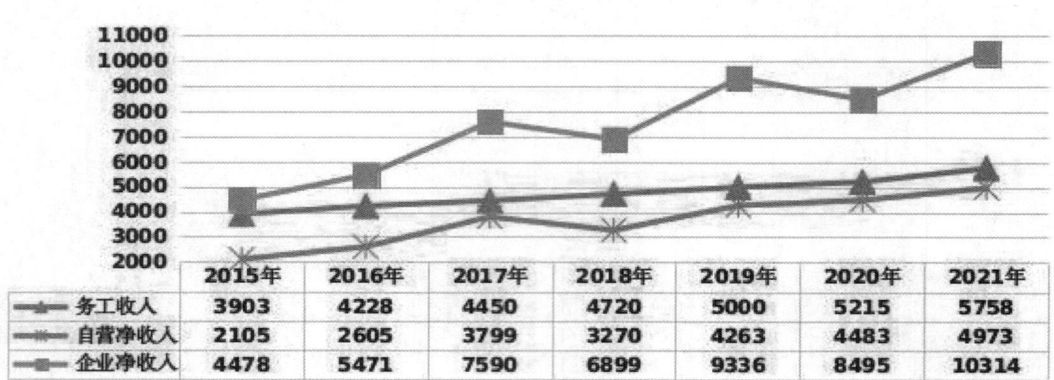

	2015年	2016年	2017年	2018年	2019年	2020年	2021年
务工收入	3903	4228	4450	4720	5000	5215	5758
自营净收入	2105	2605	3799	3270	4263	4483	4973
企业净收入	4478	5471	7590	6899	9336	8495	10314

图 3　2015 年以来浙江农民工平均每月收入情况（元）

七、生活条件明显改善

2021 年，浙江农民工人均消费支出为 48651 元，比 2015 年增长 35.0%；人均住房面积 40.9 平方米，比 2015 年增加了 4.2 平方米。恩格尔系数从 2015 年的 42.9%下降到 2021 年的 38.0%，下降了 5.0 个百分点。2021 年家用汽车、电冰箱、洗衣机的拥有量比 2015 年分别增长了 20.0%、16.9%和 16.6%。使用厕所、洗澡和冬天取暖等条件也明显改善（见表 3）。

表 3　2015 年以来浙江农民工家庭生活设施拥有情况（%、百分点）

项目	2015	2016	2017	2018	2019	2020	2021	2021-2015
1. 已在城镇定居	12.8	12.6	12.4	14.6	14.4	16.2	18.1	5.3
2. 居住面积	46.1	47.1	51.3	50.5	49.2	53.9	54.0	7.9
其中：	21.6	23.0	27.4	26.8	25.6	28.1	30.3	8.7
3. 本户独用厕所	59.7	59.4	61.8	67.3	65.3	67.6	67.3	7.6
4. 恩格尔系数	42.9	40.1	38.5	38.0	37.9	38.9	38.0	-5.0
5. 有取暖设备	51.7	57.7	57.1	59.6	61.7	66.1	68.7	17.0
6. 有洗澡设施	68.0	70.2	74.2	78.9	82.8	86.2	86.7	18.7
7. 电冰箱	54.3	57.4	60.9	64.8	66.2	68.6	71.2	16.9
8. 洗衣机	48.9	51.1	55.5	59.6	61.0	64.1	65.5	16.6
9. 家用汽车	20.7	23.2	28.6	32.3	35.7	37.8	40.9	20.2

八、市民化程度较大提高

2021 年，农民工参与人大代表选举的人数占比为 46.5%，比 2015 年提高了 13.4 个百分点。随迁儿童在本地的入学率达 99.7%，其中，在公办学校上学的比重为 70.2%，比 2015 年提高 17.1 个百分点。有 81.9%的农民工比较适应本地生活，甚至有 26.6%的农民工认为自己就是本地人（见表 4）。

表 4　2015 年以来浙江农民工融入城镇生活情况（%）

项目	2015	2016	2017	2018	2019	2020	2021	2021-2015
参与人大代表选举	33.1	30.9	36.4	37.9	40.2	41.2	46.5	13.4
参与社区活动	20.9	23.5	22.1	23.3	26.9	24.3	27.5	6.6
比较适应本地生活	75.5	78.4	81.5	78.9	78.6	82.2	81.9	6.4
认为自己是本地人	23.8	23.6	23.1	26.5	23.9	25.9	26.6	2.9
定居意愿	39.3	40.1	36.3	39.6	42.4	41.3	41.9	2.6
随迁儿童在本地就学	98.2	98.6	98.4	99.6	98.7	99.9	99.7	1.5
其中：公办学校	53.1	55.9	57.1	65.9	64.1	64.4	70.2	17.1

九、生活满意度稳步提升

2021 年农民工对当前生活表示比较满意的人数占 62.0%，比 2015 年提高 13.6 个百分点，表示一般的占 35.3%，表示不满意的仅占 2.7%，比 2015 年分别下降 8.5 和 5.1 个百分点。对收入水平、居住条件、孩子上学等表示较为满意的人数占比均超过 50%（见表 5）。

表 5　2015 年以来浙江农民工对生活较为满意的人数占比（%、百分比）

项目	2015	2016	2017	2018	2019	2020	2021	2021-2015
生活状况	48.4	57.1	63.1	61.9	59.0	66.5	62.0	13.6
收入水平	38.8	44.7	51.2	50.9	51.1	56.1	54.5	15.7
居住条件	47.8	55.6	61.4	59.9	57.6	64.8	62.0	14.2
孩子上学	65.6	73.1	75.8	70.5	72.6	76.7	79.1	13.5
雇员工作	52.4	58.0	63.0	62.0	62.4	67.6	64.2	11.8
自营工作	42.7	51.5	57.3	56.7	52.4	56.2	52.0	9.3
业余生活	51.8	57.2	60.3	58.9	53.3	62.7	55.6	3.8

市场供给丰富充裕　物价总体温和上行
——党的十八大以来浙江居民消费价格运行情况分析

党的十八大以来，浙江坚决贯彻落实党中央决策部署，坚持稳中求进工作总基调，坚定不移贯彻新发展理念，加快构建新发展格局，扎实做好“六稳”工作，全面落实“六保”任务，经济发展更加注重质量和效益，市场供给更加丰富，居民消费提档升级，物价总体保持温和上行的良好态势。

一、党的十八大以来浙江居民消费价格运行的基本情况

（一）物价水平总体温和可控，价格波动明显趋缓。

党的十八大以来，浙江消费品市场供应充足，市场运行稳定有序，居民消费价格总水平累计上涨 23.0%，年均上涨 2.1%，总体呈温和上涨态势。2012—2021 年的年度价格涨幅较 2002—2011 年明显趋缓，年度涨幅高低差距在 1.5 个百分点之内。

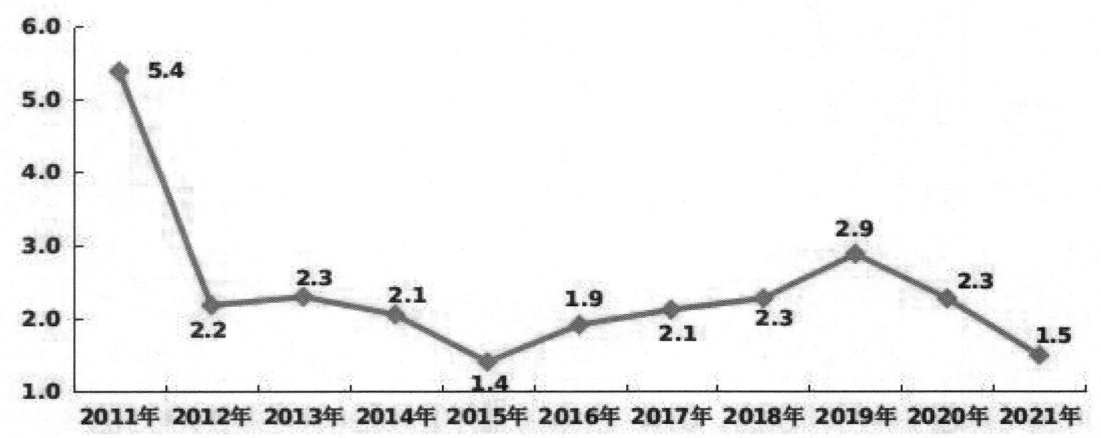

图 1　2011-2021 年各年浙江居民消费价格涨跌幅（%）

（二）价格呈“高位回落-平稳-冲高-回落”走势，阶段性特征较为明显。

从党的十八大以来浙江居民消费价格总水平的运行情况看，走势呈现“冲高回落、平稳运行、震荡上行和趋于回落”四个阶段较为明显的阶段性特征，总体处于温和可控区间。

第一阶段（2012—2014 年）：物价明显回落。2012 年浙江为有效调控上年物价高位运行态势，着力加快经济转型升级，注重加强物价监管调控，建立了基本蔬菜品种价格稳定长效机制，出台了降低流通费用综合性实施方案，使得流通渠道更加畅通、消费市场更加规范。同时，健全社会救助和保障标准与物价上涨挂钩的联动机制，切实保障困难群众生活，为稳

增长、调结构、保民生提供良好的价格环境。再加上当年全球经济增长普遍疲弱，国际大宗商品价格上涨乏力，国内居民消费需求有所回落，通胀压力明显减轻。2012 年浙江 CPI 上涨 2.2%，涨幅较上年回落 3.2 个百分点。此后两年 CPI 分别上涨 2.3%和 2.1%，连续三年保持“2 区间”，呈温和上涨态势。

第二阶段（2015—2017 年）：物价总体平稳。这一时期，浙江深入推进供给侧结构性改革，加快转型升级，保持经济平稳运行，物价总水平呈现持续平稳运行态势。2015 年浙江 CPI 上涨 1.4%，涨幅较上年缩小 0.7 个百分点，创 2010 年来新低。一方面，国内传统增长动能减弱，部分行业产能过剩，需求疲软；另一方面全球经济复苏低于预期，大宗商品价格持续低迷，国际金融市场动荡加剧，工业品价格结束了自 2010 年以来连续五年上涨的态势，下降 0.7%。2016 年受极寒气候和生猪产能下降的影响，鲜菜价格上涨 14.0%，猪肉价格大幅上涨 16.0%，食品价格涨幅扩大至 5.1%，带动 CPI 涨幅扩大至 1.9%。进入 2017 年，随着猪肉、鲜菜等鲜活食品价格的下降，食品价格转为下降 0.9%。同时，由于环保督察趋严，部分生产企业关停并转，以及政府推行药品价格改革，住房装潢材料、家具、药品等工业品价格上涨，带动工业品价格上涨 1.9%。此外，服务价格上涨 3.6%，多年来首次成为推动 CPI 上涨的主要因素，2017 年 CPI 合计上涨 2.1%。

第三阶段（2018—2019 年）：物价震荡上行。这一时期，面对错综复杂的宏观环境，浙江坚决贯彻落实中央经济工作会议精神，以供给侧结构性改革为主线，加快推动高质量发展，保持经济运行在合理区间，物价总体呈温和上涨态势。2018 年 CPI 上涨 2.3%，涨幅较上年扩大 0.2 个百分点。受年初大范围雨雪天气和夏季高温、台风等天气影响，鲜菜价格上涨 7.9%，带动食品价格上涨 2.6%。受国际大宗商品价格上涨和工业生产者出厂、购进价格上涨拉动影响，工业品价格上涨 1.9%。受消费需求提档升级、劳动力成本上涨以及政府价格改革的影响，服务价格上涨 2.3%。2019 年受前期非洲猪瘟疫情叠加猪周期影响，生猪存栏大幅下降，市场供求失衡，猪肉价格持续上涨，各月 CPI 涨幅震荡走高，10-12 月份同比涨幅连续破“3”，全年 CPI 上涨 2.9%，涨幅为 2012 年以来新高。

第四阶段（2020—2021 年）：物价再次回落。2020 年，突如其来的新冠肺炎疫情给经济社会发展和人民生活带来严重冲击，加之非洲猪瘟及春节节日消费拉动叠加影响，1 月、2 月份 CPI 同比分别上涨 4.7%、4.4%，创近八年同期新高。面对困难形势，浙江扎实做好“六稳”工作，全面落实“六保”任务，全年 CPI 上涨 2.3%，实现了经济稳步向好、物价稳步回落、社会和谐稳定。2021 年，面对全球流动性泛滥、国际大宗商品供需失衡的复杂环境，浙江统筹疫情防控和经济社会发展，民生保障有力有效，粮油肉蛋奶果蔬等重要民生商品供应充足，食品价格由上年上涨 9.5%转为下降 0.2%。针对大宗商品价格过快上涨的情况，有关部门及时采取供需双向调节、加强市场联动监管、做好预期引导等措施，有力促进了工业品价格回归合理区间，工业品价格上涨 2.6%，全年 CPI 上涨 1.5%，涨幅较上年回落 0.8 个百分点。

（三）价格走势与全国基本一致，整体排位居中靠前。

与全国相比，党的十八大以来浙江 CPI 累计涨幅（23.0%）高于全国平均水平 0.3 个百分点，价格走势与全国基本一致。分年度看，2014 年、2017 年、2018 年、2021 年浙江 CPI 高于全国平均水平，2015 年、2019 年涨幅与全国一致，2012 年、2013 年、2016 年、2020 年低于全国平均水平。与其他省份相比，整体排位居中靠前，2021 年按涨幅高低排序，在全国 31 个省（区、市）中排第 11 位，在华东六省一市中排第 4 位，分别低于江苏、上海、江西 1.7、1.4 和 0.6 个百分点，高于山东、安徽、福建 0.2、0.5 和 0.9 个百分点。

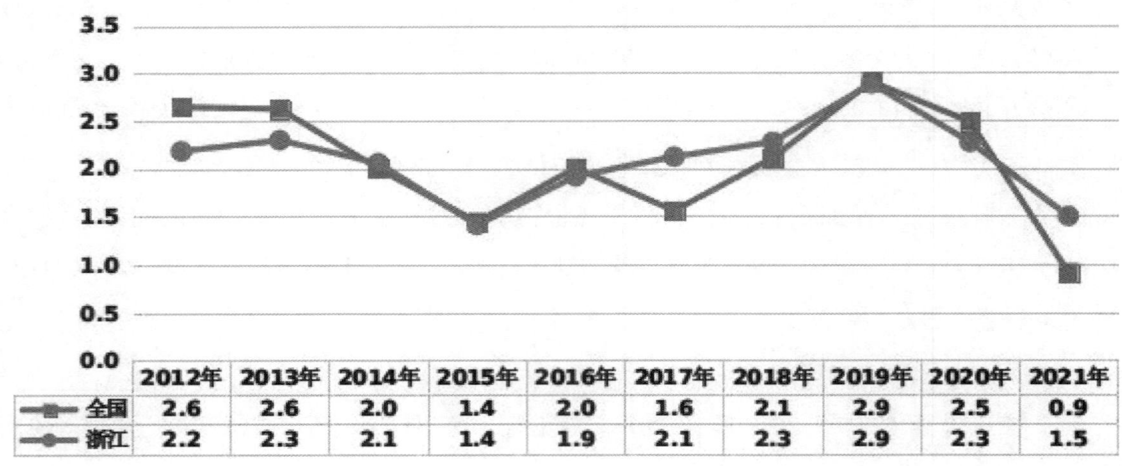

图 2　党的十八大以来浙江 CPI 涨跌幅与全国平均水平的比较（%）

二、党的十八大以来浙江居民消费价格波动的主要影响因素

党的十八大以来，中国经济发展进入新常态，由高速增长阶段转向高质量发展阶段，面临增长速度换挡期、结构调整阵痛期、前期刺激政策消化期“三期叠加”的复杂局面，经济运行总体稳固但稳中承压，物价波动的复杂性日益显现。分析影响物价波动的因素，既有国内的因素，也有国际性的因素；既有需求拉动的影响，也有成本推动的影响，是多种因素综合推动的结果。

（一）稳健的货币政策有助于维持物价水平稳定。

党的十八大以来，央行坚持实施稳健的货币政策，灵活适度、精准导向，紧扣稳住经济大盘目标，坚持总量政策适度、降低融资成本、支持实体经济三大政策取向，搞好跨周期设计，灵活把握货币政策调控的力度、节奏和重点，发挥好货币政策总量调节和结构调节的双重功能，保障供应链安全和物价稳定。浙江精准把握好政策要求，紧紧围绕服务实体经济和供给侧结构性改革，认真贯彻稳健的货币政策，积极引导全省金融机构落实好货币政策调控目标，以适度信贷增长支持经济高质量发展，保持经济持续稳定增长。

（二）各项保供稳价举措为稳定物价发挥重要作用。

党的十八大以来，浙江高度重视保供稳价工作，出台了多项稳定物价的政策举措。全省切实落实“菜篮子”市长负责制，特别是面对非洲猪瘟疫情和新冠肺炎疫情的冲击，扎实做好鲜菜、猪肉等重要民生商品的储备以及投放工作，保障居民“菜篮子”有效供给。持续深化开展“三联三送三落实”活动，依托乡村大脑和“三农”统计监测数字化应用，及时掌握重要农产品生产供给、市场价格等动态信息，因地制宜、因时制宜扩种蔬菜，农产品生产持续向好，产销对接更为顺畅。加强市场监测，及时做好市场调控和储备调节，合理引导市场预期，有效稳定市场价格，保供稳价成效明显。

（三）消费升级促进物价波动呈结构分化特征。

党的十八大以来，浙江消费结构不断优化，消费环境不断提升，以网络购物、移动支付、线上线下融合等新业态、新模式为特征的新型消费迅速发展。一是服务性消费支出比重加大，2021 年浙江居民人均服务性消费支出占 45.8%，其中，教育培训、文化娱乐休闲、其他用品和服务等支出增长较快，文化旅游消费、教育消费等成为新增长点；二是升级类商品增长较快，家电、汽车等耐用消费品消费呈现智能化高端化趋势；三是线上消费加剧市场竞争，网络消费平台日益完善，交易方式方便快捷，促销活动形式多样，对传统销售模式造成较大冲击。受消费升级的影响，物价波动呈明显的结构分化特征，教育、健康相关、旅游、娱乐等服务价格呈现稳健上涨的态势，交通工具、通信工具等因产品更新换代和市场竞争激烈，价格有所下降。

（四）人工成本刚性上涨推动物价上行。

随着最低工资标准的提高和社保制度的建立健全，养老保险、失业保险和医疗保险等社会保障工作逐步落实到位，人工成本呈刚性上涨态势。十八大以来，我国最低工资和社会平均工资大幅增长，浙江最低工资标准第一档从 2012 年的 1310 元/月调整为 2021 年的 2280 元/月，涨幅达 74.0%。受此影响，劳动密集型相关服务价格水涨船高，家庭服务、鞋类服务、衣着服务、美容美发洗浴价格累计分别上涨 88.3%、65.3%、54.4%和 41.0%。

（五）国际大宗商品价格波动传递至消费终端。

随着我国经济快速发展以及市场开放度进一步提高，各类要素资源自由流动，国际市场大宗商品价格波动和全球性货币超发对国内消费品价格的影响日益显现。党的十八大以来，受全球粮食供应紧张以及中美贸易摩擦影响，进口大豆、玉米、豆粕等大宗农产品价格出现明显上涨，一定程度上传导至消费端推高国内粮油等产品价格，浙江豆类、粮食、食用油价格分别上涨 32.3%、16.5%和 6.0%。受全球煤炭价格上涨以及供给侧结构性改革持续推进的影响，水泥综合成本不断提升，价格上涨 22.2%。受国际金价波动影响，金饰品价格上涨 9.2%。受国际原油价格波动影响，汽油、柴油价格分别下降 7.4%和 9.0%。

（六）突发事件对 CPI 的阶段性影响。

1.非洲猪瘟疫情影响猪肉价格大幅上涨。2018 年下半年，国内部分地区发现非洲猪瘟疫情，省内供应和外调输入明显减少，生猪供给持续收缩，2018年9月份起猪肉价格节节攀升，2020年2月份猪肉价格同比涨幅达到113.9%，为2000年以来的高点。随着浙江生猪增产保供稳价措施持续发力，新建和改扩建猪场陆续投产，生猪和能繁母猪存栏快速恢复，叠加省外肉源调运供给增加，政府储备肉投放力度加大，猪肉价格高位回落，2020年10月份月度同比由涨转跌。2019和2020年猪肉价格分别上涨33.1%和43.0%，对CPI上涨的影响程度分别为24.7%和52.6%；2021年猪肉价格下降27.2%，对CPI的平抑作用为37.8%。

2.新冠肺炎疫情推高食品价格，拉低部分服务价格。2020年初新冠肺炎疫情暴发，消费市场受较大影响，物价波动明显。首先表现在食品价格的大幅上涨，由于疫情防控，鲜活食品跨省运输难度加大，农贸市场供给不足，猪肉、鲜菜、水产品等食品价格上涨明显。3月份随着疫情防控形势趋向好转，各类企业和经营场所积极复工复产，流通供销渠道有效恢复，市场短期供应偏紧的局面得到缓解，食品价格逐步回落至正常水平。其次，疫情对文旅行业的冲击较为明显，疫情推动居民消费结构发生变化，市民出行意愿显著降低，文娱消费需求减弱，往年普遍上涨的交通费、旅游、文化娱乐服务价格反常态运行。2020年食品价格上涨9.5%，飞机票、旅行社收费、电影及演出票价格分别下降11.4%、2.8%和1.2%。

三、保障后期消费品市场物价稳定运行的对策建议

（一）加强市场价格监测预判预警。

根据经济社会发展情况和政府宏观调控政策及价格监管工作的需要，建立多部门数据共享机制，健全价格监测预警网络，做好价格信息的采集、处理和传报工作，为相关部门及时调整政策、实施调控干预提供参考依据。加大对重要民生商品和服务价格变化的监测预警力度，关注节假日或突发事件等重要时间节点的价格变动，把握价格、成本、市场供求等变动情况，监测上下游及关联产品价格变化，及时提示预警市场变化和价格波动风险，增强宏观调控的预见性，防止物价联动上涨。

（二）加强重要民生商品供给保障。

继续有力保障粮食、鲜菜、猪肉等重要民生商品生产稳定、有效供给。优化农业生产结构和区域布局，稳定优势产区农业综合生产能力，提高农产品自给率。建立健全防灾减灾应急体系，提高对气象、病虫害防治及动物疫病防控等的综合防范和抵御能力。加强应急物资储备工作，实现高效便捷的应急指挥和日常监管，提高救灾反应能力。建立健全社会保障体系，扎实做好“六稳”工作，着力落实“六保”任务，继续实行社会救助和保障标准与物价上涨挂钩的联动机制，切实保障好困难群众和重点群体基本生活。

（三）释放消费潜力促进消费持续恢复。

近年来，受新冠肺炎疫情冲击，我国消费需求明显不足，增速持续下滑。为更好满足居民消费需求，释放消费潜力，加快畅通国内大循环、促进国内国际双循环，要发挥政府收入再分配作用，通过财政税收政策调控，增加居民可支配收入，提升消费信心。充分发挥浙江数字经济优势，加快培育新型消费，以市场化机制引导要素市场改革，激发市场主体创新发

展活力。不断推进供给侧结构性改革，增加市场有效供给，提升产品服务品质，推动居民消费结构升级，促进经济平稳有序发展。

（四）降低企业生产成本促进价格平稳运行。

充分发挥政府引导、市场主导、企业主体、中介协作的合力作用，降低企业成本，减轻企业负担，促进工业经济平稳运行、提质增效。降低制度性交易成本和企业税费负担，推进增值税等实质性减税，阶段性实施社保费缓缴政策，助力企业纾困解难。鼓励采用长期租赁、先租后让、弹性年期等方式供应产业用地，降低企业用地成本。深入推进分类分行业“机器换人”，支持智能化改造升级，降低企业人工成本。密切跟踪关注大宗商品市场价格走势，完善国际大宗商品风险预警机制，构建多元化储备体系，拓宽大宗商品来源渠道，提高对国际大宗商品价格波动的应对能力，遏制原材料价格过快、过高上涨，缓解企业生存压力。及时发现苗头性、倾向性问题，根据需要采取相应调控措施，促进市场供应和价格稳定。

价格运行总体平稳 阶段性波动明显
——党的十八大以来浙江工业生产者价格运行情况分析

党的十八大以来,面对错综复杂的国际国内环境和艰巨繁重的改革发展任务，浙江忠实践行“八八战略”，奋力打造“重要窗口”，深入推进供给侧结构性改革，主动适应引领经济发展新常态，以“干在实处、走在前列、勇立潮头”的姿态推进高质量发展建设共同富裕示范区。2012-2021 年浙江工业生产者出厂价格指数（PPI）总体呈现稳中有降态势，阶段性波动明显。

一、党的十八大以来浙江工业生产者价格运行情况

（一）价格总体稳中有降，阶段性波动明显。

2012-2021 年，浙江工业生产者出厂价格累计下降 1.2%，购进价格累计上涨 5.2%，十年间两大价格均出现“七降三涨”（见图 1）。

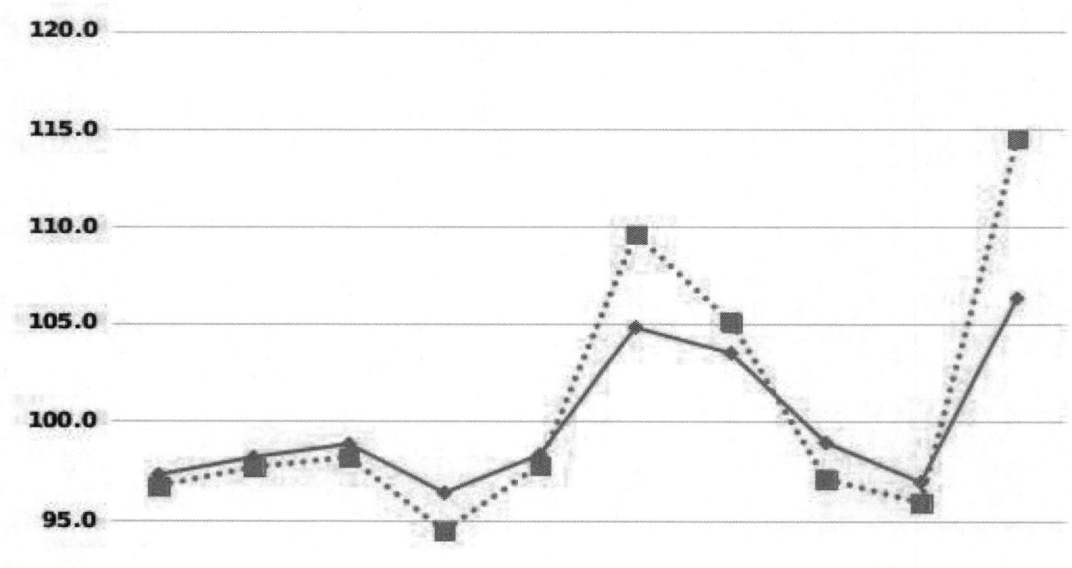

	2012年	2013年	2014年	2015年	2016年	2017年	2018年	2019年	2020年	2021年
PPI	97.3	98.2	98.8	96.4	98.3	104.8	103.4	98.9	96.9	106.3
IPI	96.7	97.7	98.2	94.5	97.8	109.6	105.1	97.1	95.9	114.5

图 1　2012-2021 年浙江 PPI、IPI 走势

从2012-2021年浙江工业生产者出厂价格月度同比走势看，大致可以分为四个阶段（见图2）。

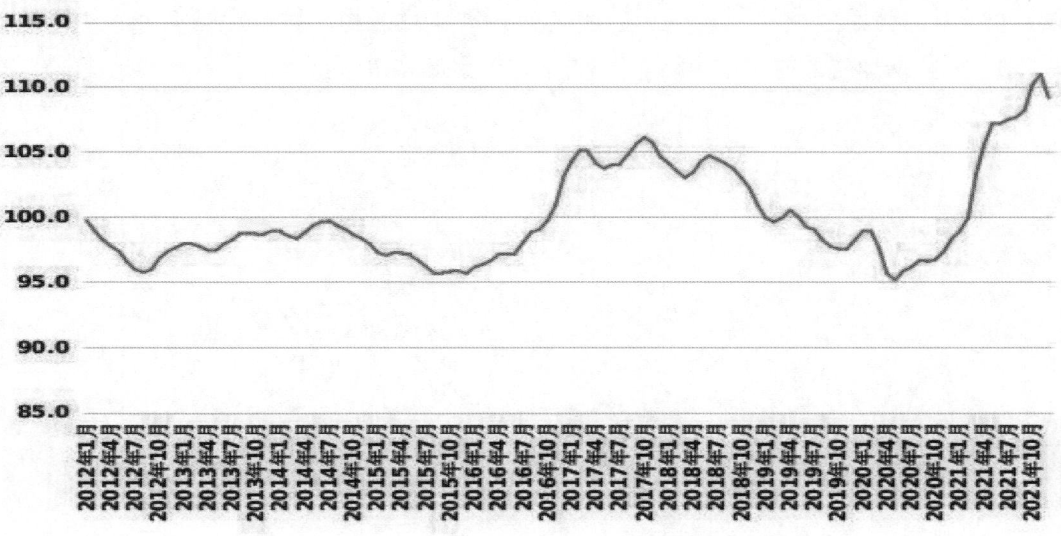

图2 2012-2021年浙江PPI月度同比走势

1．低位运行阶段（2012年1月-2016年10月）。受世界经济疲软、国际大宗商品价格深度下跌、国内实体经济走势减缓影响，市场总体呈现供大于求的格局，使得该阶段工业生产者出厂价格持续在负区间运行，尤其是2015年的8月和12月两次降幅均达4.4%。

2．高位运行阶段（2016年11月-2018年12月）。受国际大宗商品价格触底反弹及国内供给侧结构性改革推动影响，市场需求旺盛，各种资源类大宗商品价格高位运行，浙江作为资源输入大省，输入性价格上涨因素持续发力。2016年11月工业生产者出厂价格结束了连续58个月的负增长，转为增长0.9%，到2017年10月涨幅达到阶段性高点6.1%，并连续26个月维持在上涨区间高位运行。

3．回调下探阶段（2019年1月-2021年2月）。随着国内经济增速减缓、国际贸易摩擦加大，大宗商品价格开始回调，工业生产者出厂价格涨幅逐月收窄，至2019年1月由升转降，当年4月短暂上涨0．5%，此后步入持续下降通道。尤其是2020年1月开始受新冠疫情影响，大宗商品价格出现大幅下降，工业生产者出厂价格降幅迅速扩大，2020年5月降幅达4.9%，为5年来价格低点。

4．回升新高阶段（2021年3月-2021年12月）。随着我国统筹疫情防控和经济社会发展的各项政策措施取得明显成效，国内经济稳定恢复，市场需求逐步扩大，叠加国际大宗商品输入性价格上涨因素，工业生产者出厂价格出现迅速回升，2021年3月结束连续22个月下降态势，转为上涨3.3%，随后涨幅逐渐扩大，其中11月上涨11%，涨幅创26年来新高。

（二）工业生产者出厂价格涨跌幅与工业增加值增速走势基本同步。

2012-2021年，浙江工业生产者出厂价格变动趋势与全省规模以上工业增加值增速走势基本同步，两者均呈W型走势（见图3）。如2015、2020年工业生产者出厂价格降幅均大于

3个百分点，为10年内低点，同期工业增加值增速仅为4.4%（最低点）和5.4%（次低点）。2017年工业生产者出厂价格结束持续下降态势，由降转升（4.8%），工业增加值增速达到8.3%，为2014-2017年间阶段性高点；2021年工业生产者出厂价格涨幅创下十年来高点（6.3%），工业增加值增速（12.9%）同样为十年以来最高增速。

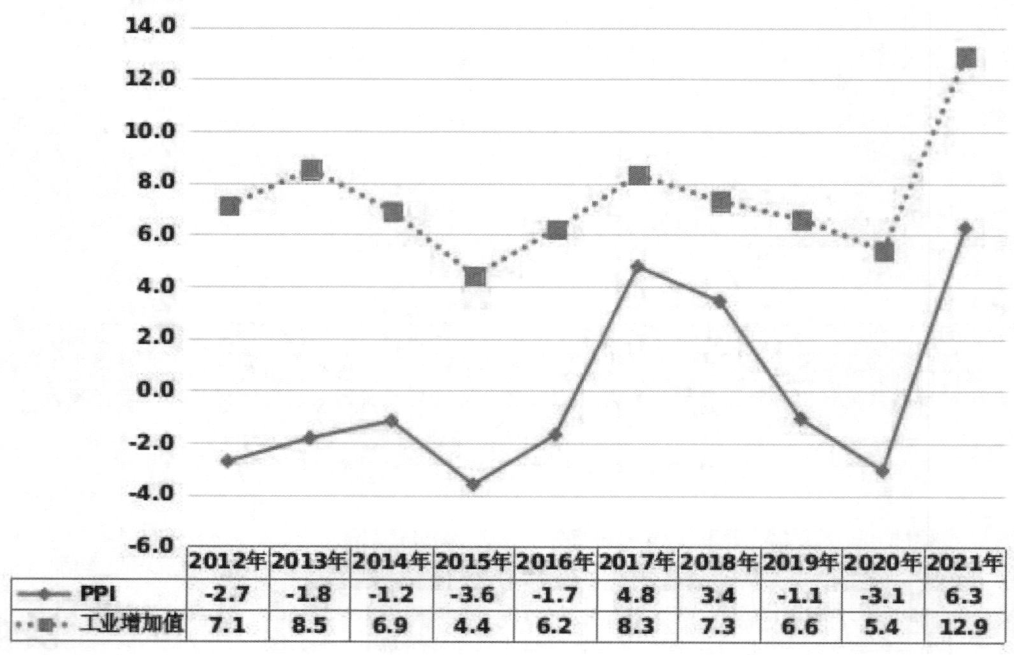

图3　2012－2021年浙江PPI涨跌幅与工业增加值增速走势

（三）与全国及华东六省一市比较。

1．浙江PPI总体低于全国，走势与全国一致。2012-2021年，浙江PPI（98.8）低于全国（102.9）4.1个百分点。分年度看，浙江PPI与全国走势一致（见图4）。

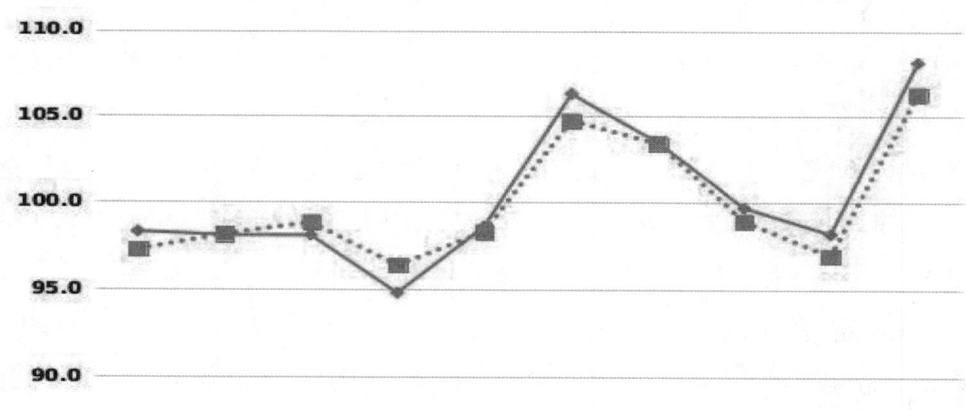

图4　2012-2021年浙江与全国PPI走势

2. 浙江 PPI 在全国及华东六省一市排名情况。十八大以来，浙江 PPI（98.8）在全国 31 个省（区、市）中，与吉林省并列第 24 位，比最高的内蒙古（131.2）低 32.4 个百分点，比最低的北京（90.8）高 8.0 百分点。在华东六省一市中，浙江 PPI 居第 5 位，比上海、江苏分别高 4.1 和 1.9 个百分点，比山东、江西、安徽、福建分别低 6.6、5.0、4.8 和 3.4 个百分点（见图 5）。

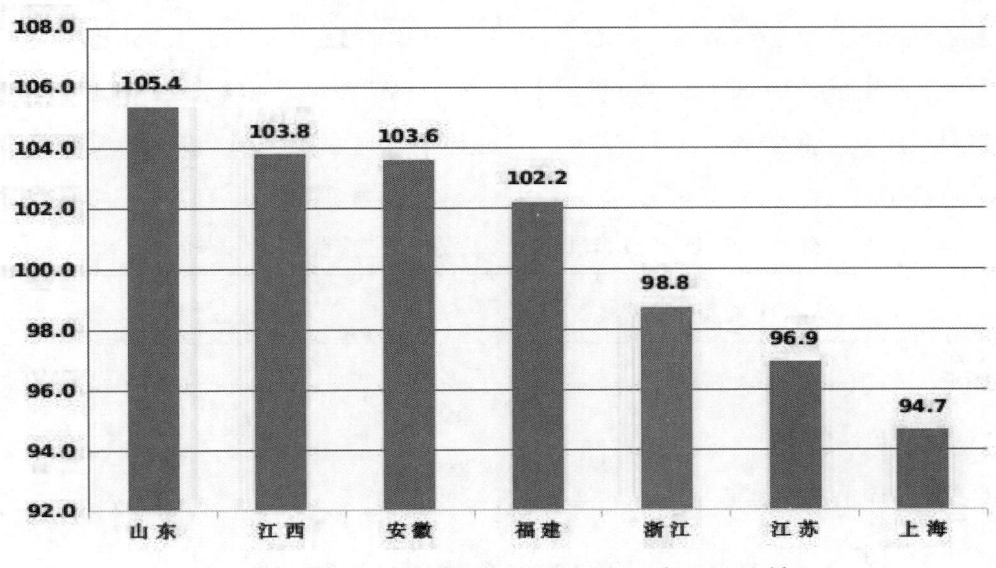

图 5　2012-2021 年华东六省一市 PPI 比较

二、十八大以来浙江工业生产者价格运行特点

（一）生产资料和生活资料出厂价格一升一降。

2012-2021 年，浙江生产资料出厂价格累计下降 2.7%、生活资料出厂价格累计上涨 1.4%，生活资料价格涨幅大于生产资料 4.1 个百分点。生产资料三个分类价格一涨两跌（见表 1），其中采掘产品价格上涨 25.5%，原材料产品价格下降 7.7%，加工产品价格下降 1.3%。生活资料四个分类价格三涨一跌（见表 1），食品、衣着、耐用消费品价格分别上涨 5.7%、3.9%、0.4%，一般日用品价格下降 2.3%。

表 1　2012-2021 年浙江生产、生活资料及分类价格涨跌幅

分类	涨跌幅（%）
⑴生产资料	-2.7
1.采掘	25.5
2.原材料	-7.7
3.加工	-1.3
⑵生活资料	1.4
1.食品	5.7
2.衣着	3.9
3.一般日用品	-2.3
4.耐用消费品	0.4

（二）大类行业价格上涨面逾五成，十大工业行业产品价格“1 涨 9 跌”。

2012-2021 年，浙江 PPI 调查的 34 个大类行业价格 18 涨 16 跌，上涨面为 52.9%。价格上涨大类中，非金属矿采选业、非金属矿物制品业、黑色金属冶炼和压延加工业价格涨幅居前，分别为 52.5%、28.3%和 16.3%；价格下降大类中，化学纤维制造业、计算机通信和其他电子设备制造业、燃气生产和供应业价格降幅较大，分别下降 23.7%、17.8%和 17.4%。

浙江十大工业行业产品价格“1 涨 9 跌”，仅金属制品业价格上涨 1.7%；价格下降的 9 类行业中，降幅超过 10%的有化学纤维制造业、计算机通信和其他电子设备制造业、电气机械和器材制造业，价格分别下降 23.7%、17.8%和 10.1%，其余行业价格降幅在 0.7 到 8.3 之间（见表 2）。

表 2　2012-2021 年浙江十大工业行业产品价格涨跌幅

大类工业行业分类	涨跌幅（%）
纺织业	-0.7
电气机械和器材制造业	-10.1
化学原料和化学制品制造业	-3.0
电力、热力生产和供应业	-6.0
通用设备制造业	-2.5
汽车制造业	-8.3
金属制品业	1.7
橡胶和塑料制品业	-6.5
计算机、通信和其他电子设备制造业	-17.8
化学纤维制造业	-23.7

（三）九大类购进价格“6 涨 3 跌”。

2012-2021 年，浙江工业生产者购进价格中九大类购进价格“6 涨 3 跌”（见图 6）。价格下降的是其它工业原材料及半成品类、化工原料类和纺织原料类，分别下降 3.6%、3.2%和 1.6%。价格上涨的大类中，涨幅居前三的是建筑材料及非金属矿类、黑色金属材料类和有色金属材料及电线类，分别上涨 38.3%、13.1%和 11.1%；燃料动力类、农副产品类和木材及纸浆类价格分别上涨 9.0%、7.1%和 5.9%。

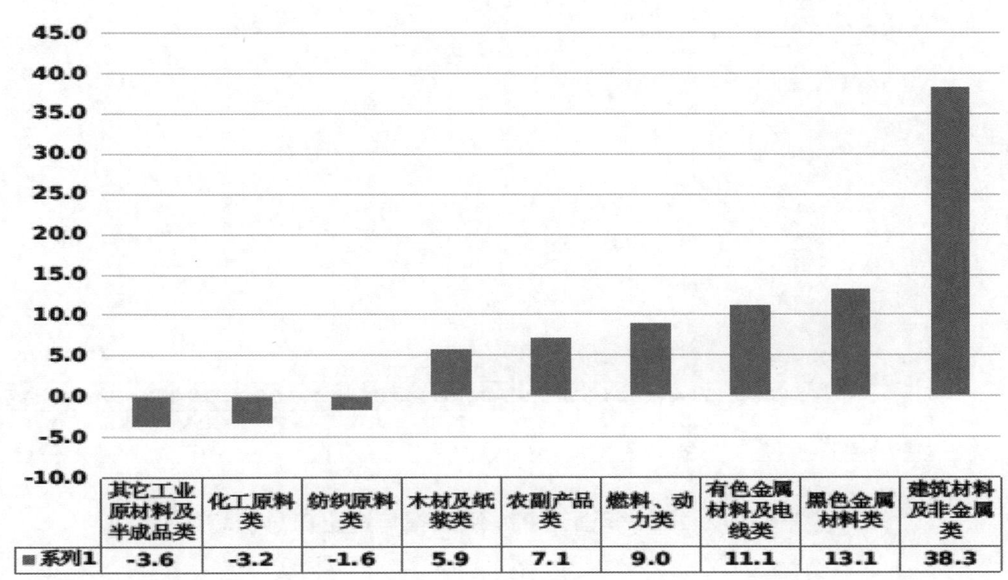

图 6　2012-2021 年浙江工业生产者购进九大类价格涨跌幅（%）

三、影响浙江工业生产者出厂价格变动的主要因素

十八大以来浙江工业生产者出厂价格波动明显，是多种因素共同作用的结果。

（一）市场需求变化是决定性因素。

市场需求是影响工业产品定价最主要的因素。浙江作为出口大省，PPI 与反映国内外市场需求的进出口总值增速高度正相关，相关系数为 0.88。从全国进出口总值增速来看，2012-2015 年和 2017-2020 年两个阶段全国进出口总值（美元值）增速呈回落态势，2015-2017 年和 2020-2021 年两个阶段增速呈回升态势（见图 7），走势与浙江 PPI 基本一致。2015 年以前，全国进出口总值增速相对较慢，浙江 PPI 维持低位运行；2016 年进出口总值增速降幅收窄，浙江 PPI 跟随收窄；2017 年、2018 年全国进出口总值增速均保持高位运行，浙江工业生产者出厂价格呈现较高涨幅；2019 年、2020 年全国进出口总值增速由升转降、低位运行，浙江 PPI 由升转降、降幅扩大；2021 年需求释放，全国进出口总值增速迅速回升，浙江 PPI 大幅上升。这表明国内外市场需求变化是影响工业生产者价格变动的决定性因素。

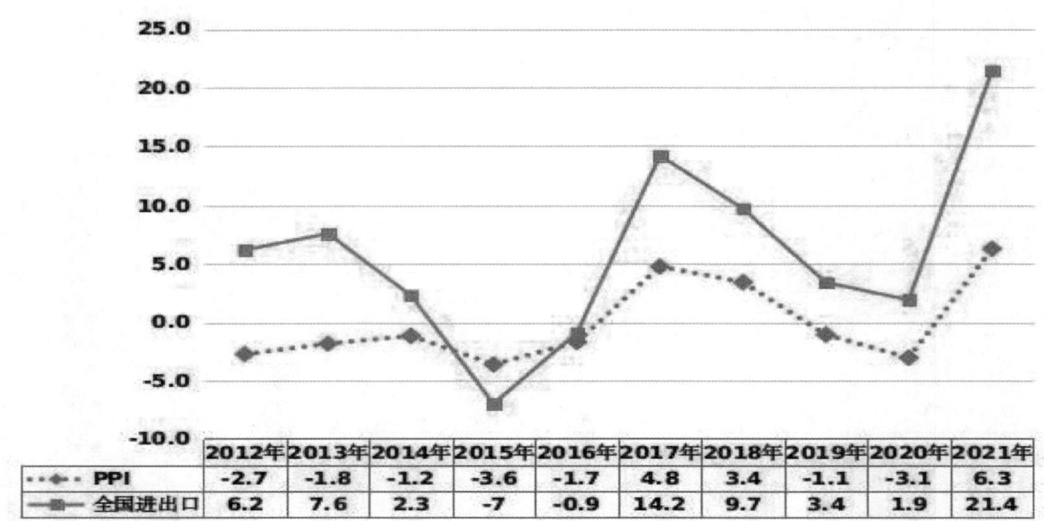

图 7　2012-2021 年浙江 PPI 涨跌幅与进出口总值增速（%）

（二）输入性价格传导效应明显。

国际大宗商品价格的波动与国内相关行业下游产品价格息息相关。以布伦特原油价格为例，2016 年初下降至不足 30 美元/桶，处于原油行业下游的浙江化学纤维制造业价格下降 4.9%；2017 年原油价格震荡上行，2018 年攀升至 86.74 美元/桶的高点，2017 年、2018 年浙江化学纤维制造业价格分别上涨 14.7%和 7.2%；2019 年原油价格高位回落，2020 年上半年断崖式下降，触及 15.98 美元/桶的低点，2019 年、2020 年浙江化学纤维制造业价格分别下降 6.3%和 14.7%;2020 年以来，原油价格持续攀升，2022 年 3 月创下新高 139.13 美元/桶，浙江化学纤维制造业价格亦跟随上涨。其他国际大宗商品如铁矿石和下游黑色金属冶炼和压延加工业，铜、铝等有色矿产与下游有色金属冶炼和压延加工业，价格变动均密切相关，通过传导作用影响工业生产者出厂价格变动。

（三）政策变动及突发公共事件对价格产生直接影响。

2018 年 3 季度末以来，中美贸易摩擦不断升级，美国政府先后多次宣布对从中国进口的约数千亿美元商品加征关税。国内出口企业不得不部分让利美国进口商，降低出口价格，同时降价效应传递给上游原料供应商，造成部分产业链产品价格下降。2020 年 3 月，石油输出国组织 OPEC 成员为维护自己国家利益和市场份额，未达成减产协议，石油价格战爆发，原油价格跌至个位数，直接影响到石化及下游相关行业价格大幅下降。部分突发公共事件同样通过影响市场需求直接作用在价格波动上。如 2020 年 1 月底，新冠肺炎疫情爆发并蔓延全球，对市场需求和企业经营产生重大影响，欧美日等主要经济体经济萎缩，工业产品价格下降。

房地产市场平稳发展 居住条件逐步改善
——党的十八大以来浙江房地产市场走势分析

党的十八大以来，浙江坚持以习近平新时代中国特色社会主义思想为指导，按照党中央、国务院决策部署，坚持“房住不炒”的战略定位，围绕稳地价、稳房价、稳预期总目标，因地制宜、多策并举，着力解决好住房市场和住房保障两个体系，建立房地产市场健康发展长效机制，推动房地产市场平稳健康发展，为促进经济社会发展、结构调整、改善人居环境等方面发挥了积极作用，为全面建设社会主义现代化先行省贡献力量。

一、党的十八大以来浙江房地产市场发展的基本情况

（一）长效调控机制逐步完善，市场运行总体平稳。

党的十八大以来，浙江始终坚持房地产调控目标不动摇力度不放松，积极稳妥实施房地产长效机制方案，督促各地坚决落实城市主体责任，调控总体经历三个阶段：一是调控政策细化差别化。2012 年浙江严格实施差别化住房信贷、税收政策和住房限购政策；2013 年市场出现分化，如杭州调控升级，而温州、舟山等市缩小了限购范围。二是调控政策逐步松动。2014 年国家层面放松房贷政策，杭州率先放开部分限购政策，9 月全省 8 个限购城市全面松绑；2015-2016 年央行持续实施稳健货币政策，调低首付比例、提高贷款额度，温州、宁波等地发放购房补贴，房地产市场回暖。三是调控收紧。2017 年浙江及时调整差别化房地产信贷政策，提高首付比例和贷款利率，抑制投资投机性需求。2018-2021 年房地产市场调控政策继续推进，各地从土拍、摇号、限购、限售、限贷、税收等方面优化调控政策，做到“一城一策”“因城施策”，引导市场平稳健康发展。

（二）抓住市场发展新机遇，探索共富新路径。

党的十八大以来，浙江一以贯之践行“八八战略”，持续深化改革开放，在市场经济、现代法治、富民惠民、绿色发展等方面成果显著。2018 年长三角一体化上升为国家战略，浙江战略地位不断提升，在一体化进程中发挥着举足轻重的作用。2021 年国务院颁发《关于支持浙江高质量发展建设共同富裕示范区的意见》，赋予浙江重要示范改革任务，先行先试做出示范，为全国推动共同富裕提供省域范例。随着新规划和新兴产业快速崛起，城市定位、产业转移、基础设施、人口流动、公共服务等多重因素为浙江房地产市场发展提供了溢出效应、集聚效应，与周边城市协同发展建立起的更畅通的人流、物流、交通圈为房地产市场带来了新空间、新机遇。

（三）加快建设步伐，住房保障体系日益完善。

党的十八大以来，浙江省积极探索完善住房供给体制机制和政策体系，促进建立健全多

主体供给、多渠道保障、租购并举的住房制度；加快完善以公租房、保障性租赁住房和共有产权住房为主体的住房保障体系，扩大保障性租赁住房供给。2021 年浙江省出台《关于加快发展保障性租赁住房的指导意见》，围绕实现住有所居目标，打造“浙里安居”品牌，提供住房和城乡建设在推动实现共同富裕中的浙江示范作用。2021 年全省建设（筹集）保障性租赁住房 17.4 万套（间）。

二、党的十八大以来浙江房地产市场运行主要特征

（一）经济持续稳健发展，房地产业贡献突出。

党的十八大以来，浙江经济平稳较快发展， GDP 总量从 2012 年的 34665.3 亿元逐年提高到 2021 年的 73516 亿元。房地产业作为国民经济的一个重要产业，这一时期也得到持续快速发展，全省房地产业增加值从 2012 年 1927.9 亿元提高到 2021 年 5303.8 亿元，占 GDP 比重从 2021 年的 5.6%扩大为 7.2%，提高 1.6 个百分点。

（二）房地产开发投资显著增长，居民住房条件明显改善。

党的十八大以来，浙江房地产投资稳步提升。2012-2021 年全省房地产开发累计投资 85943 亿元，年均增长 10.1%。其中 2018 年完成投资 9945 亿元，比上年增长 20.9%，为十年来的最高增速。商品房开发结构进一步调整，住宅建设规模明显加大，十年累计住宅投资 58799 亿元，占房地产开发投资的 68.4%，年均增长 11.0%。在加快商品住宅建设的同时，城镇居民居住条件不断改善，2021 年全省城镇人均住房建筑面积达到 47.9 平方米。

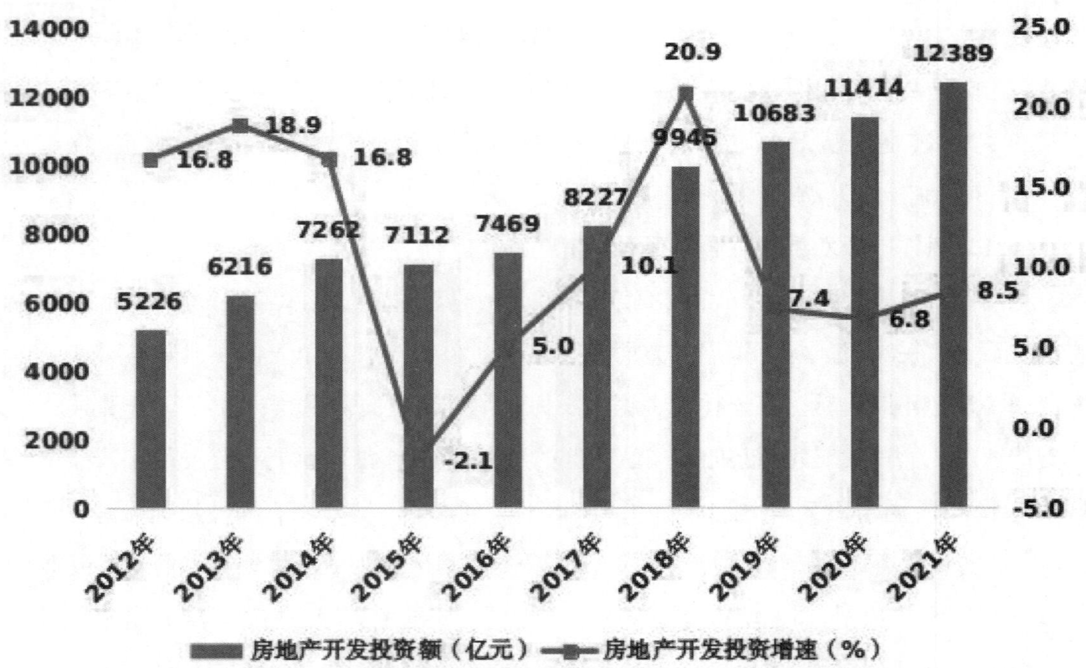

图 1　2012 年-2021 年浙江房地产开发投资情况

（三）新房成交量逐步上升，二手住宅成交量波动上行。

从成交量来看，党的十八大以来，浙江新建商品住宅成交基本呈现逐年上升态势，二手住宅成交总体呈现“M 型”走势。2021 年全省新建商品住宅成交量比 2014 增长 121.1%，年均增长 12.0%，其中 2016 年比上年增长 43.3%，增幅最高；二手住宅成交量增长 139.8%，年均增长 13.3%，其中 2015 年比上年增长 64.8%，增幅最高。

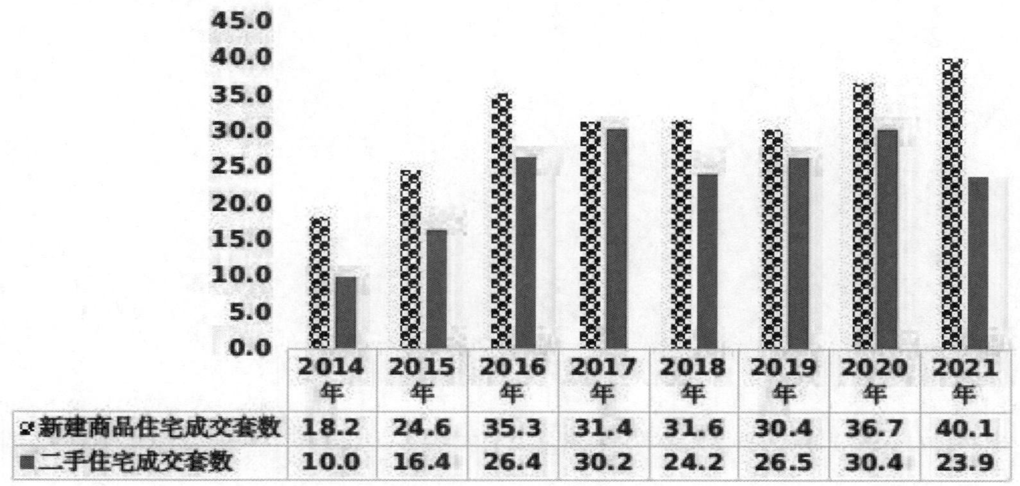

	2014年	2015年	2016年	2017年	2018年	2019年	2020年	2021年
新建商品住宅成交套数	18.2	24.6	35.3	31.4	31.6	30.4	36.7	40.1
二手住宅成交套数	10.0	16.4	26.4	30.2	24.2	26.5	30.4	23.9

图 2　2014 年-2021 年浙江住宅销售情况（万套）

（四）住宅销售价格震荡上行，杭甬价格涨幅在全国 70 个大中城市居中。

党的十八大以来，浙江 11 个设区市新建商品住宅销售价格、二手住宅销售价格震荡上行，分年度看，2014 年 11 个设区市新建商品住宅销售价格下降 7.9%，二手住宅销售价格下降 6.0%，均为十年内最低；2016 年 11 个设区市新建商品住宅销售价格上涨 20.0%，二手住宅销售价格上涨 15.1%，均为十年内最高。分设区市看，杭州、宁波、金华、温州新建商品住宅价格十年累计涨幅分别为 52.9%、42.5%、39.9%和 7.3%，在全国 70 个大中城市中分别位列第 31、46、51、70 位。从二手住宅看，杭州、宁波、金华、温州价格十年累计涨幅分别为 57.2%、40.4%、24.4%、0.1%，在全国 70 个大中城市中分别位居第 10、19、42、68 位。

（五）房地产去库存效果显著，去化周期位于合理区间。

从新建商品住宅库存量看，2014 年开始浙江新建商品住宅库存量不断增加，2015 年 1 月库存量达 30.8 万套，为近 8 年来最高。2016 年浙江为化解房地产库存，从需求和供给两端推进，加大货币化棚改力度，取得显著效果。截至 2016 年 12 月底，全省新建商品住宅库存量 16.2 万套，比年初减少 39.5%；消化周期降低至 5.7 个月，比年初缩短 8.1 个月。随着库存数量的减少、销售量的持续回升以及土地供应有序推进，2017-2021 年新建商品住宅库存量在 12.2 万套至 24.6 万套上下波动，去化周期在 4.5 个月至 7.9 个月上下波动。2021 年 12 月底全省库存量为 20.8 万套，去化周期 6.2 个月，总体处于 6-12 个月的合理区间。

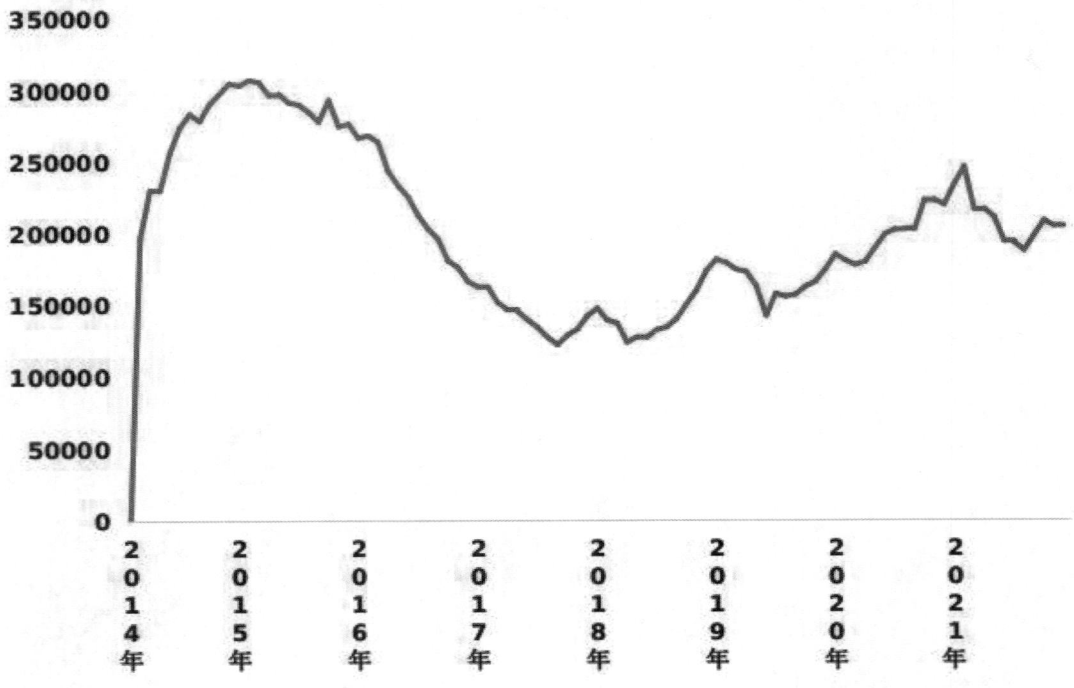

图 3　2014-2021 年新建商品住宅库存量（套）

（六）改善型需求增加，居民对美好生活向往不断提升。

党的十八大以来，随着居民人均可支配收入不断增长，二胎、三胎政策逐步放开，人民对美好生活的向往不断提升，房地产业从增量扩张逐步向产品优化转型升级，高品质楼盘不断涌现，改善型需求不断增加。2021 年全省新建商品住宅共成交 4681.2 万平方米，其中改善型户型 90-144 平方米房源共成交 3333.7 万平方米，占比从 2012 年的 42.0%提高到 71.2%；而 90 平方米以下房源共成交 550.4 万平方米，占比从 2012 年的 33.6%下降到 11.8%；144 平方米以上房源共成交 797.2 万平发米，占比从 2012 年的 24.5%下降到 17.0%。

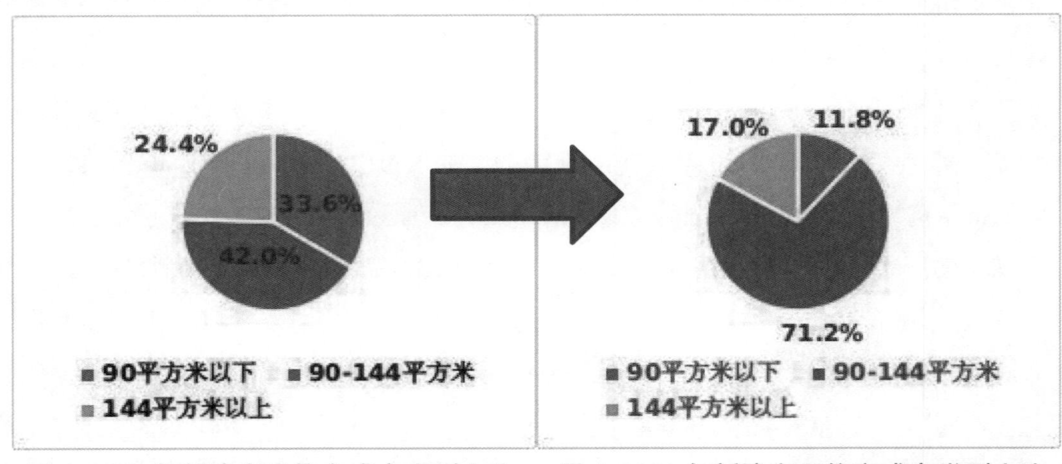

图 4 2012 年新建商品住宅成交类型占比　图 5 2021 年新建商品住宅成交类型占比

三、未来推动房地产市场健康发展的对策建议

（一）优化土地供应，盘活存量房源。

一是继续贯彻落实“因城施策”、维持总量均衡的同时，不断加强房地产市场精准调控。根据人口总量及人口空间分布特征，科学确定商品房的供应总量以及空间分布，保障住宅用地需求。二是统筹资源供给与市场消费之间的结构平衡，科学分析市场供求状况，调整保障性租赁住房产品结构，根据以需定供的原则，盘活市场上潜在积压风险的其他类型房源，充分调动市场存量闲置房源。

（二）强化市场监测，稳定市场预期。

一是加强政策解读和舆论监控。官方媒体抓好政策发布、数据解读等日常工作，发挥好“主流舆论场”主动优势，并引导新闻媒体、网络自媒体等客观、公正地报道房地产市场情况，严厉打击扰乱市场秩序的不实信息，稳定房地产市场价格预期。二是加大逆周期调节力度。运用科技手段强化市场动态实时监测，做好新政作用与影响预判，加强调控政策储备，及时根据市场走势变化审慎调控。

（三）加强质量监管，保障购房者权益。

一是做好房企风险控制管理工作。通过定期摸排、技术合作等手段，加强对房企经营风险的识别和预警，加大对各楼盘工程质量的监督检查力度，对土拍到交付全流程实施有效监管，推动风险防控工作制度化、规范化。二是优化企业资金监管手段。在强化商品房预售资金监管的基础上，搭建平台积极鼓励支持资产重组，针对性出台税费减免、缓缴政策，加快资产处置进度，保证项目顺利交付，购房者权益不受侵害。

浙江粮食生产实现量恢复和质提升
——党的十八大以来浙江粮食生产情况分析

党的十八大以来，浙江牢固树立粮食安全“国之大者”的政治责任感，通过做活耕地建设、做强经营主体、做优政策保障，实施农业“双强行动”，全方位挖掘粮食生产空间，扎实推进浙江粮食生产量的恢复与质的提升，粮食稳产保供工作不断取得新突破。

一、十年来浙江粮食生产实现“量”的恢复

2012-2021 年浙江粮食播种面积和产量经历了缓降、趋稳、回升的过程，2012-2016 年，浙江粮食生产面积和产量单边下降；2017 年以后，浙江积极响应国家关于恢复耕地和保障粮食生产的系列政策措施，粮食播种面积和产量、主产区生产能力等得到全面恢复和发展。2020 年，浙江以占全国约 0.8%的粮食播种面积贡献了 2.3%的增量；2021 年全省粮食播种面积 1510.1 万亩、产量 620.9 万吨 ，分别回升到近十年来的第三位和第二位。

（一）粮食生产先降后升。

2012-2016 随着浙江各地城市化进程加快，建设用地需求大幅增加，再加上农业种植结构调整，农户对花卉、苗木、蔬菜、水果等高经济附加值的种植意愿明显提高，粮食播种面积从 2012 年的 1564.6 万亩逐年下降至 2016 年 1427.0 万亩。

2017 年开始，浙江不断加大粮食补贴、订单奖励、粮食保险、最低保护价收购等政策力度；同时，还出台了恢复粮食生产考核系列政策，推动粮食生产落地落细。在政策激励和目标考核双重刺激下，浙江各地种粮积极性大增，填塘种粮、退苗还粮、复稻还粮等举措有序推进。2017-2019 年，在全国粮食播种面积持续下降的情况下，浙江粮食播种面积两年平均增速居全国 31 个省（市、自治区）第 5 位，仅次于东北三省和内蒙古自治区，而全国及其他 26 个省份均有所下降。2020-2021 年，浙江粮食播种面积继续增长，两年平均增速居全国 31 个省（市、自治区）第 6 位。

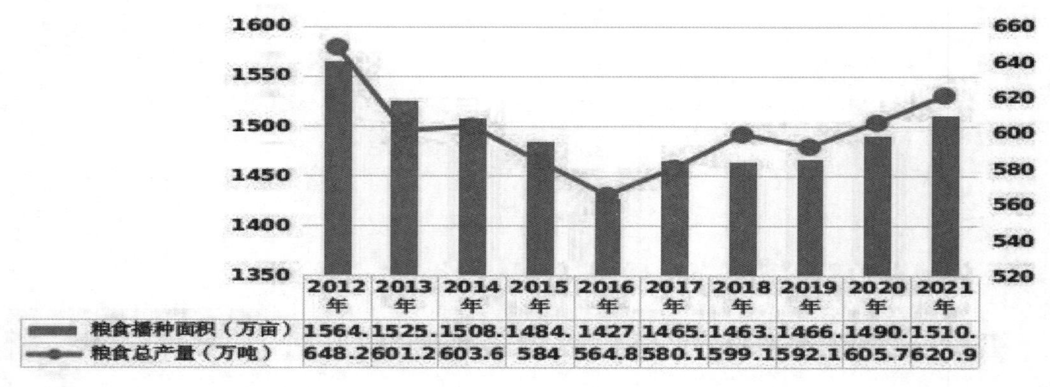

	2012年	2013年	2014年	2015年	2016年	2017年	2018年	2019年	2020年	2021年
粮食播种面积（万亩）	1564.	1525.	1508.	1484.	1427	1465.	1463.	1466.	1490.	1510.
粮食总产量（万吨）	648.2	601.2	603.6	584	564.8	580.1	599.1	592.1	605.7	620.9

图 1　2012-2021 年浙江省粮食播种面积及总产量

（二）粮食结构总体保持稳定。

2012-2021 年，浙江粮食播种面积有波动，种植结构有调整，但浙江粮食作物第一品种谷物的播种面积占粮食播种面积的比重牢牢稳定在 80%左右。浙江豆类主要以鲜食为主，受农户种植意愿影响，波动较大。随着人们生活水平的不断提高，更加注重饮食健康，粗粮、旱杂粮需求大幅增加，推动薯类播种面积近两年明显回升。分季看，各地始终牢牢抓住秋粮生产这一牛鼻子，保障全年粮食生产。2016 年以来，秋粮占全年粮食产量比例均保持在 80%左右。随着最低保护价收购、订单奖励等政策持续出台，大量冬闲田被激活，小麦面积近两年急剧增长，2021 年小麦播种面积增幅 23%。早稻种植随着应收尽收政策的全省推行，农户种植热情高涨，播种面积已经连续四年增长。

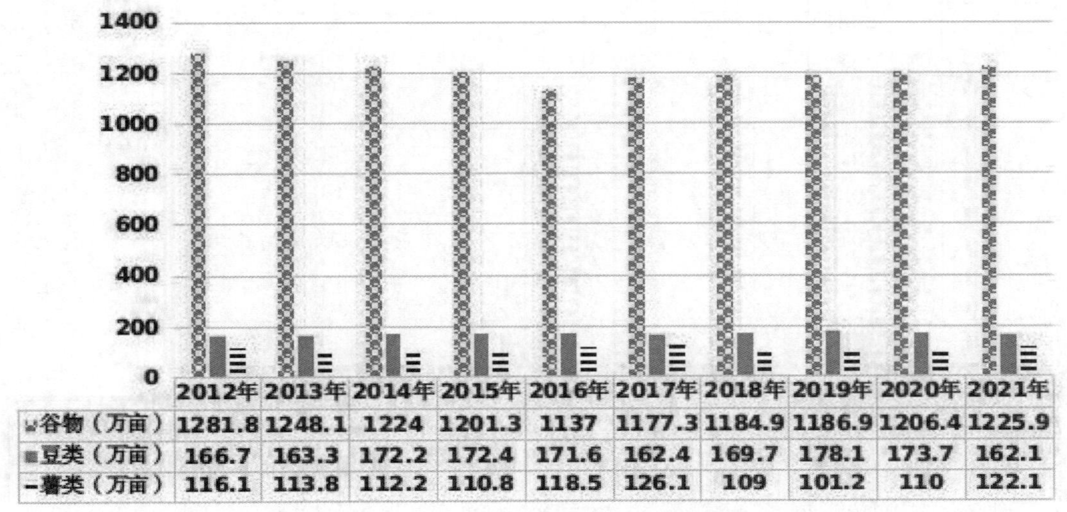

	2012年	2013年	2014年	2015年	2016年	2017年	2018年	2019年	2020年	2021年
谷物（万亩）	1281.8	1248.1	1224	1201.3	1137	1177.3	1184.9	1186.9	1206.4	1225.9
豆类（万亩）	166.7	163.3	172.2	172.4	171.6	162.4	169.7	178.1	173.7	162.1
薯类（万亩）	116.1	113.8	112.2	110.8	118.5	126.1	109	101.2	110	122.1

图 2 2012-2021 年谷物、豆类、薯类播种面积

（三）各地粮食生产能力恢复区域特色明显。

分区域看，十年间 11 个设区市粮食生产总体趋势与全省基本一致。由于气候条件等原因，全省粮食作物轮作呈现显著的区域性差别，浙北以“小麦+单晚”模式为主，浙西、南以“早稻+双晚”模式为主。在政策激励下，浙江近五年各市粮食生产能力得到恢复提升，但在恢复粮食生产动能上，除“非粮化”整治和加大补贴因素外，还存在一定区域差异。如杭嘉湖通过提高土地综合利用效率，提升主粮复种指数；宁绍通过大幅增加小麦种植，形成“稻麦连作”的轮作；温台通过耕地复耕复垦，增加可耕作用地；金丽衢通过全域土地治理，扩大规模种植。2021 年，温州、绍兴、舟山、台州、丽水粮食产量较 2012 年略有增长，其它地区粮食产量较 2012 年仍有差距。

表 1 浙江 11 个地市 2012 和 2021 年粮食产量

	年份	常住人口数（万人）	粮食产量（万吨）	人均占有量（斤）
杭州市	2012	880.2	55.0	124.9
	2021	1220.4	53.0	86.9
宁波市	2012	763.9	71.1	186.2
	2021	954.4	67.8	142.1
温州市	2012	915.6	64.6	141.1
	2021	964.5	68.5	141.9
嘉兴市	2012	454.4	112.5	495.2
	2021	551.6	97.8	354.6
湖州市	2012	290.5	68.0	468.0
	2021	340.7	52.7	309.6
绍兴市	2012	494.3	78.6	318.2
	2021	533.7	79.3	297.1
金华市	2012	539.9	53.0	196.1
	2021	712.0	45.8	128.7
衢州市	2012	212.0	56.5	532.6
	2021	228.7	55.4	484.2
舟山市	2012	114.0	2.7	47.4
	2021	116.5	2.9	49.1
台州市	2012	600.5	45.9	152.8
	2021	666.1	56.0	168.1
丽水市	2012	211.7	40.5	382.1
	2021	251.4	41.8	332.3

二、十年来浙江粮食生产实现“质”的提升

十年来，浙江践行“藏粮于地、藏粮于技”战略，深入推进农业“双强行动”，高标准农田的建设，农业物联网的运用，智能灌溉、无人机植保、无人驾驶智能插秧机、北斗卫星导航大农机等硬核科技装备逐渐飞入寻常百姓家，粮食单产水平不断提高，粮食生产实现了“质”的提升，稳产保供形势持续向好。

（一）规模化种植群体基本形成。

十年间，浙江农业土地集中统一流转提速，高标准农田建设持续投入，以家庭农场种植的模式快速崛起，促进了浙江粮食种植规模化的形成与发展。据 2021 年农户全年意向调查，浙江实际经营耕地面积在百亩及以上的规模户（以下简称百亩户）有 653 户，仅占总数的 9.2%；但是其主要粮食播种意向达 33.62 万亩，占总量的 90.3%，这表明浙江粮食生产规模化程度已达到较高水准。另据新型农业经营主体专题调研显示，受访主体经营年限 10 年及以上占 41.1%；7-9 年占 24.3%；4-6 年占 21.5%；1-3 年占比 10.8%；1 年以内占 2.3%。

（二）可耕作用地保障更加牢固。

十年间，浙江始终将高标准农田建设作为落实藏粮于地战略的重要抓手。2018 年，全省开始推进“152”耕地生态建设保护工程，通过 4 年时间建设、改造和提升高标准农田 1000 万亩、垦造和补充耕地 50 万亩、复垦农村建设用地 20 万亩。为巩固种植群体规模化发展阶段性成果，2021 年底，省农业农村厅关于印发《浙江省高标准农田建设质量管理实施办法（试行）》的通知，要求在近十年浙江农业生产标准化、规模化试点的基础上，把高标准农田建设作为扩大农业农村有效投资的重要抓手，进一步加强高标准农田建设质量管理。据省农业农村厅提供的数据显示，2021 年浙江完成新建高标准农田 102.29 万亩。

（三）粮食生产科技含量更高。

十年间，浙江加快抗旱、抗倒伏等优良品种研发，加快主推技术和主导品种推广应用，提高优良品种覆盖率和普及率。切实落实测土配方施肥、病虫害统防统治、绿色防控等节肥减药新技术措施。同时，开展科技下乡、农民技能培训等活动，深入生产一线。十年来，浙江粮食单产水平稳步提高，2021 年浙江粮食单位面积产量 411.2 公斤/亩，连续四年稳定在 400 公斤/亩以上，近年来一直高于全国平均单产。从 2013 年持续实施农机购置补贴政策，粮食生产全程机械化有序推广，有力支撑粮食稳产增产，据省农业农村厅了解，2021 年浙江生产综合机械化率达到 84.9%以上，位居南方稻区前列。

表 2　2012-2021 年浙江粮食生产情况

年份	粮食产量（万吨）	粮食亩产（公斤）	水稻亩产（公斤）
2012	648.2	414.3	487.0
2013	601.2	394.1	466.7
2014	603.6	400.2	477.3
2015	584.0	393.4	468.6
2016	564.8	395.8	483.7
2017	580.1	395.8	477.9
2018	599.1	409.3	488.8
2019	592.1	403.9	490.9
2020	605.7	406.5	487.5
2021	620.9	411.2	493.8

三、未来五年农业高质量的建议措施

未来五年是粮食和物资储备安全重要性的凸显期，是“深化改革、转型发展”的重要机遇期，是粮食和物资储备治理体系、治理能力现代化的攻坚期。同时，随着生活水平将持续提高，人民对绿色优质、营养健康粮食供给的美好生活需要提出了更高要求。因此要继续夯实农业生产基础与能力，构建社会化服务体系、加强新型经营主体培育、加大科技投入等方面协同发力，推动农业生产高质量发展。

（一）保障农民种粮收益，构建粮食生产保障体系。

构建生产、加工、流通、销售全产业链式的社会化服务体系，为区域农户统一购买农资等生产资料，降低生产成本。坚持完善稻谷、小麦最低收购价格，建立动态调节机制；建立新型绿色生态种植为导向的粮食补贴体系；加快构建广覆盖、多层次、可选择的粮食作物保险体系。

（二）强化耕地要素保障，促进资源合理配置。

要积极做好盘活现有耕地，提高耕地使用率，实现耕地资源总量保持在稳定的状态，以科学统筹规划和利用国土资源空间，积极挖潜和强力推进耕地功能恢复与补充工作，破解耕地保护与发展保障之间的矛盾。要严格实行占补平衡同质同量，重点抓好永久基本农田保护，突出强化粮食生产功能区建设和管理，禁止粮食生产功能区非粮化，保障粮食生产土地的数量和质量，确保粮食生产能力。

（三）提升粮食产业含金量，提高农业现代化水平。

加快科技创新，发展智慧农业。应用云计算、大数据等现代信息技术，推动粮食全产业链改造升级。大力发展农业遥感技术应用，推进农机装备全产业链协同发展，建立完善的现代农机流通、服务和售后体系，注重农机实用型人才培养，提高粮食生产农机服务水平，推进主要农作物生产全程机械化。打造一批具有标识性的区域品牌，推进粮食生产进一步规模化。

畜牧业迈入高质量发展　产业集聚特色明显
——党的十八大以来浙江畜牧业发展情况分析

党的十八大以来，浙江坚持“创新、协调、绿色、开放、共享”的发展理念和“生态优先、供给安全、结构优化、强牧富民”的指导方针，大力提升畜牧产业层次，不断推进养殖结构优化，畜牧业高质量发展初见成效，以“六化”为引领的生猪产业进一步向规模化、集约化、标准化发展集聚；牛、羊、家禽产业区域集聚趋势增强，产业特色更加明显。

一、生猪高质量发展成效显著

（一）饲养量先降后增。

2012-2016年随着“三改一拆”、“五水共治”环境整治的推进和“两美浙江”建设的需要，浙江主动调整生猪养殖结构，养殖量出现大幅下调态势。2016年全省生猪饲养量1725.8万头，比2012年下降47.3%；年底存栏568.1万头，比2012年下降57.5%；全年生猪出栏1157.6万头，比2012年下降40.1%。2017-2018年生猪产业低位震荡，2019年受非洲猪瘟疫情影响，生猪产业规模跌至2012年以来最低水平，全省生猪饲养量1183.4万头，比2017年下降24.4%；年底存栏427.3万头，比2017年下降21.2%；出栏756.1万头，比2017年下降26.1%。2020-2021年，随着各地加强生猪增产保供力度，新建大型养殖场（户）陆续投产，生猪产业连年下滑态势得到扭转。2021年全省生猪饲养量、年末存栏、全年出栏和猪肉产量为1414.1万头、640.2万头、773.9万头和65.15万吨，比2019年分别增长9.4%、49.8%、16.3%和8.3%，其中年末存栏恢复至2017年年末的118.0%，生猪生产已恢复至常年水平。

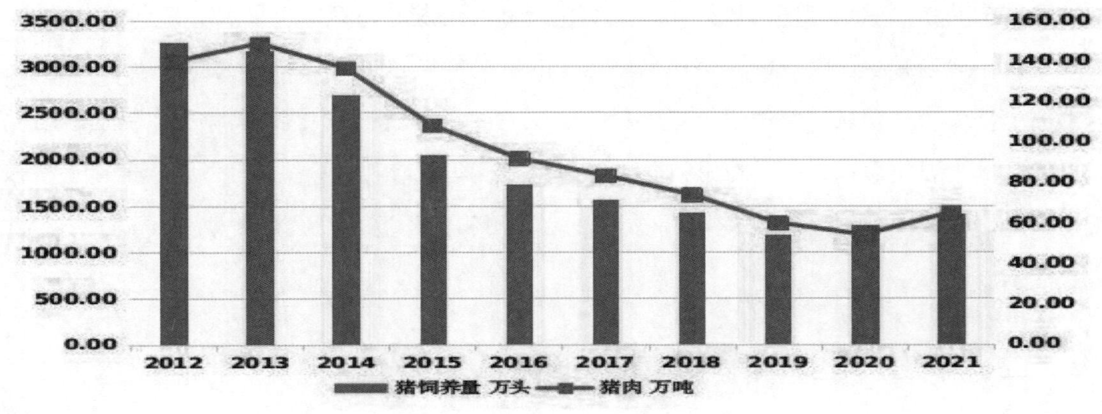

图1 2012-2021年浙江生猪饲养量与猪肉产量变化情况

（二）能繁母猪保有量恢复至正常水平。

2012 年以来浙江能繁母猪总体呈先降后升态势。对照农业农村部 2021 年 9 月份印发的《生猪产能调控实施方案（暂行）》中的母猪调控数量要求，浙江能繁母猪正常保有量为 65.0 万头，最低保有量为 58.5 万头，最高保有量为 71.5 万头。2012-2015 年浙江能繁母猪高于最低保有量，2016 年底能繁母猪存栏为 49.6 万头，首次跌破最低保有量。2017-2018 年继续下降，至 2019 年降至最低水平（40.2 万头）。2020 年，随着各项保供措施推进，能繁母猪存栏回升较快，2021 年底能繁母猪存栏达 69.31 万头，高于正常保有量的 105%，近六年来首次高于正常保有量。

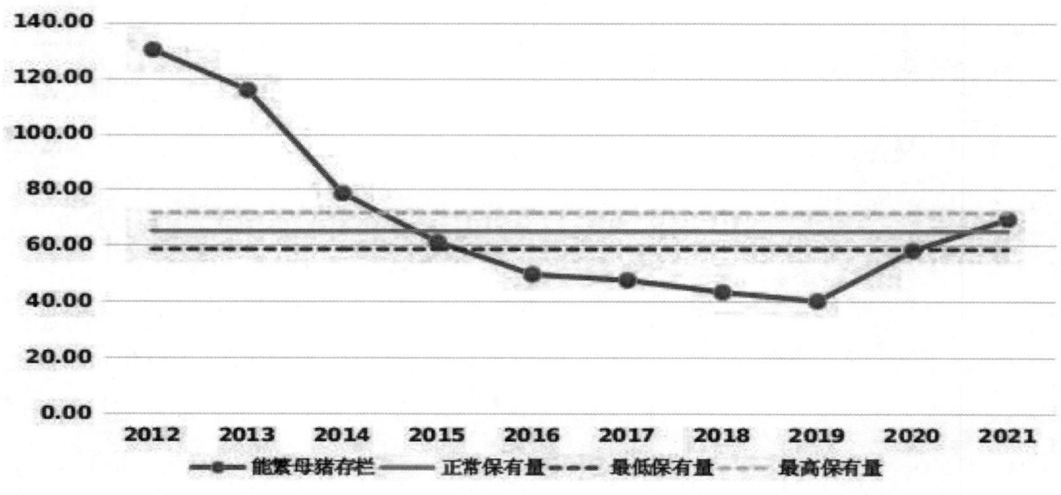

图 2 2012-2021 年浙江能繁母猪保有量情况

（三）规模化程度不断提高，区域集聚趋势增强。

2012 年以来，浙江严格按照环境承载率科学调整畜牧业区域布局，在全国率先重新划定畜禽禁限养区并完成禁养区、养殖过载区养殖场户的关停转迁，加速推进畜牧业生产方式的转变，推动浙江生猪养殖向规模化、集约化、标准化发展，养殖户呈现散养户逐步退出、中小规模户逐渐减少、大规模养殖户平稳增长的结构特点。2021 年末，饲养量达到 3000 头以上的生猪大型养殖场户存栏占全省存栏 72.6%。生猪养殖区域集聚趋势增强，目前浙江生猪养殖区域主要集聚在杭州、衢州和金华三地，2021 年末存栏占全省 45.3%。从生猪大型养殖场户情况，2021 年末，衢州、金华、宁波、温州和杭州五个设区市大型户共 681 个，占全省的 70.4%。

二、牛生产区域集聚明显

（一）牛生产总体保持稳定。

2021 年末牛存栏 16.69 万头，较 2012 年末的 18.81 万头下降 11.3%，较十八大以来牛存栏最低的 2019 年末 13.24 万头增长 26.1%。2021 年牛出栏 10.15 万头，为十八大以来最高年份，较 2012 年的 8.91 万头增长 13.9%，较出栏最低的 2018 年增长 24.5%。2021 年牛肉产量达到 1.66 万吨，较 2012 年的 1.21 万吨增长 37.2%。

（二）牛奶产量先降后升。

2021 年浙江牛奶产量 18.55 万吨，为近十年较高水平，仅次于 2012 年的 18.65 万吨，较产量最低的 2017 年 14.31 万吨增长 29.6%。2021 年末奶牛存栏 4.31 万头，较奶牛存栏最高的 2012 年 5.67 万头下降 24.0%，较奶牛存栏最低的 2017 年 3.27 万头增长 31.8%。

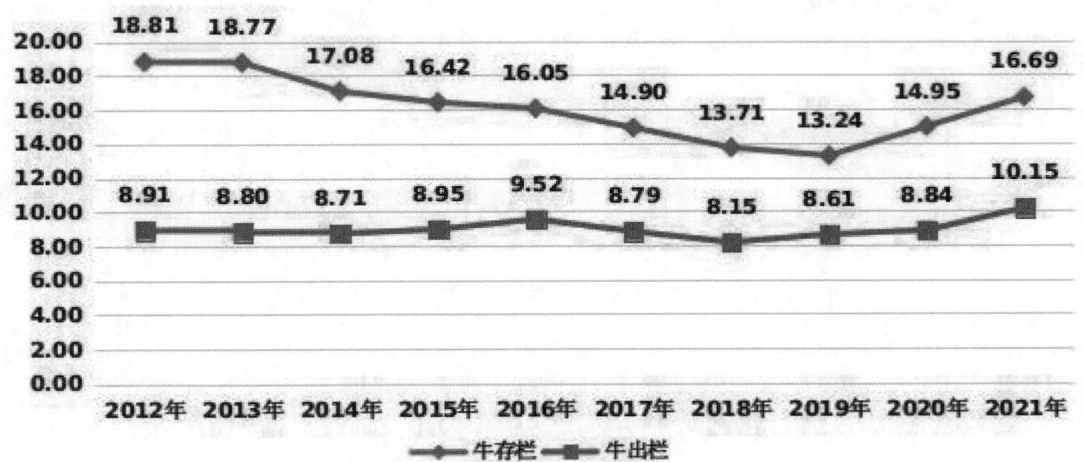

图 3 2012-2021 年浙江牛存出栏变化情况（万头）

（三）奶牛和肉牛生产区域集聚明显。

浙江牛养殖区域主要集聚在温州、衢州、金华、台州和丽水，上述五个设区市 2021 年牛饲养量占全省的 77.8%。奶牛养殖主要集聚在金华、宁波、杭州、绍兴，2021 年末上述四个设区市奶牛存栏占全省的 81.7%。规模化养殖更加明显，从样本网点情况看，2021 年末，浙江有 42 家奶牛大型养殖户，户均奶牛存栏 1022 头。肉牛养殖主要集聚在温州、台州、衢州、丽水，上述四个设区市 2021 年末肉牛存栏占全省肉牛存栏的 76.8%。

三、羊生产总体发展较快

（一）饲养量整体呈上升趋势。

目前浙江饲养的羊分山羊和绵羊（在杭嘉湖一带为湖羊）。十八大以来，浙江羊、绵羊饲养量整体呈上升趋势。2012-2016 年羊、绵羊饲养量逐年增长，2016 年全省羊、绵羊饲养量为 292.47、188.75 万头，分别比 2012 年增长 21.1%和 28.8%。2016-2019 年浙江羊、绵羊饲养量小幅下降，2020 年开始回升。2021 年全省羊、绵羊饲养量分别为 291.26、220.24 万头，比 2012 年分别增长 20.6%和 50.3%。山羊饲养量呈逐步减少态势，2021 年山羊饲养量 71.02 万头，比 2012 年的 95.01 万头下降 25.2%。

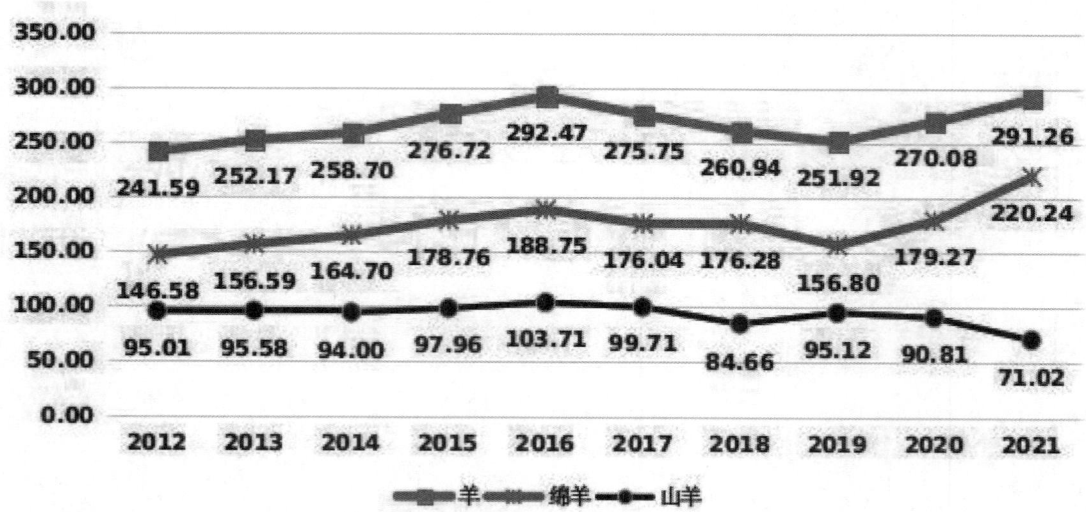

图 4 2012-2021 年浙江羊饲养量变化情况（万头）

（二）区域布局更加优化。

浙江羊养殖主要集聚在湖州、嘉兴、杭州，上述三个设区市 2021 年饲养量约占全省的 71.5%，品种以湖羊为主。主要原因是湖羊适合规模圈养，随着全省湖羊振兴计划的实施，各地湖羊规模饲养（年饲养量大于 500 只）比重均有所提升，2021 年末杭州、湖州湖羊规模户饲养存栏比重超过 60%，宁波、绍兴、衢州等非传统湖羊养殖区域规模户饲养存栏比重也超过 35%。而山羊养殖主要分布于温州、金华、衢州、丽水等山区，以散养为主。

（三）特色湖羊养殖增质提效。

一是区域品牌优势扩大。湖州市作为国家湖羊保护区、湖羊发源地之一，2019 年获得“湖州湖羊”商标，2020 年获得“湖州湖羊”地理标志证明商标，湖羊产品进驻上海等一线城市。二是开展科学养殖。湖羊养殖采用农作物秸秆+农产品加工后的副产品或者废弃物作为饲料，养殖时间长、肉质好、产量高。三是坚持共享、产业扶贫。湖羊多胎多羔的特性，成为改善西部地区羊只单胎单羔属性的重要母本，随着“湖羊援疆”、“湖羊入川”等项目的实施，2020 年以来累计输送湖羊约 3.5 万只，成为名副其实的“扶贫羊”。

四、家禽生产特色明显

（一）家禽生产先降后升。

2012 年以来，浙江家禽饲养量、禽肉产量均呈现先降后升态势。2012 年家禽饲养量 41323.71 万只，禽肉产量 41.78 万吨，为近十年来最高。随后家禽饲养量逐年下降，至 2017

年降至25139.91万只，较2012年下降39.2%。2018开始家禽饲养量回升，至2021年末，全省家禽饲养量29998.84万只，较2017年增长19.3%。全省禽蛋产量整体呈下滑震荡走势，2021年全省禽蛋产量30.94万吨，较2012年的54.36万吨，下降43.1%。

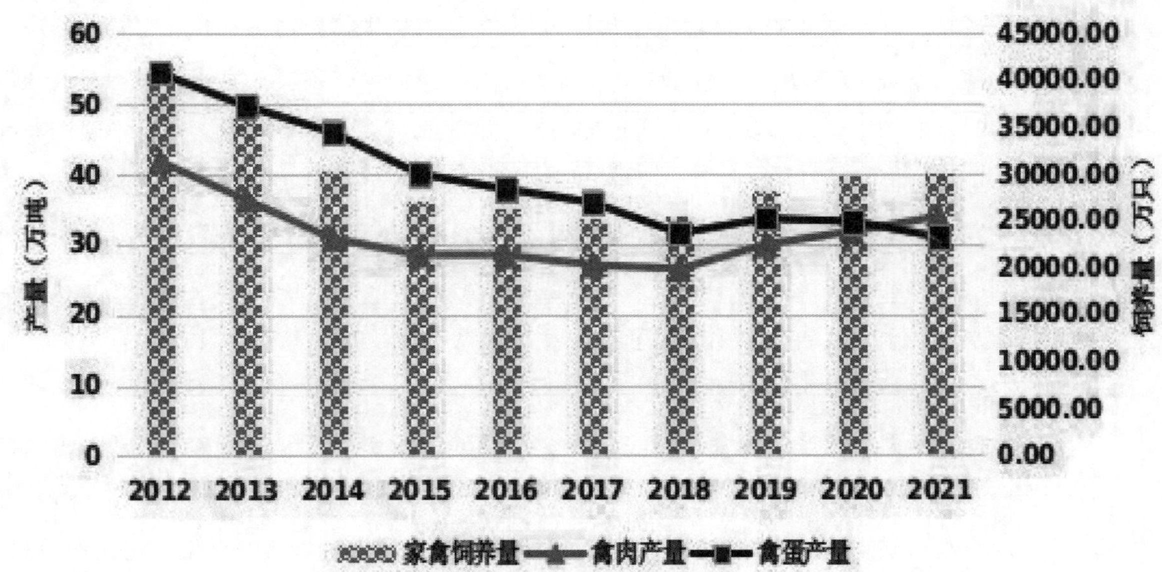

图5 2012-2021年浙江家禽饲养量、禽肉、禽蛋产量变化情况

（二）生产区域集中，特色品种养殖优势明显。

浙江家禽养殖主要集聚在衢州、嘉兴、湖州、台州和温州，上述五个设区市2021年家禽饲养量占全省的69.7%。此外，多地积极推进特色家禽品种发展。如衢州龙游深入挖掘当地麻鸡的特性，突出麻鸡会飞会游泳、口感好的优点，形成“龙游飞鸡”品牌，经济效益显著。“龙游飞鸡”还助力东西部扶贫、山海协作计划，养殖项目精准扶贫500余户农民，户均增收近万元。绍兴麻鸭作为地方特色产品，在江浙沪地区颇受欢迎。当地非常重视和保护种源，有两家国家级地方种禽保护场承担绍兴麻鸭原种培育、配套系开发、商品蛋肉鸭养殖。

五、浙江畜牧业发展亮点纷呈

（一）畜牧业绿色发展加快。

浙江注重可持续发展，坚持对养殖污染环境“零容忍”。作为全国首个现代生态循环农业发展试点省份和全国首个畜牧业绿色发展示范省，浙江紧紧围绕“打造绿色农业强省”目标，坚持顶层设计与基层实践并重、面上推进与示范创建并举、先行先试与总结完善并行。

通过“五水共治”、环保督察倒逼，做到产出高效、产品安全、资源节约、环境友好，加快推进畜牧业转型升级、绿色发展。据统计，2021年全省畜禽粪污综合利用率达到90%，规模养殖场粪污处理设施装备配套率达到99.06%，大型规模场粪污处理设施装备配套率达到100%。

（二）数字赋能、提质增效。

浙江畜牧业养殖企业数字化转型已起步。目前多数大型生猪养殖场户和奶牛养殖场户已配置了数字化设备，并应用到企业的生产和管理当中。企业反映各类数字化设施均对提升效益有较为明显的作用。如桐乡、长兴等地养殖场，通过智能生物耳标技术，初步实现饲养管理和疫病个体防控，通过实时监测，及时启动风险预警、发布生产提示，提高了养殖场生产能力和生物安全水平。又如浙江华腾牧业有限公司的数字化设施实现了环境控制、生长监测和精准饲喂等功能，对猪舍内环境中氨气、温湿度等实时监测并远程调控，降低生产成本，提高经营水平，企业反映数字化设施可节省用工80%、用水60%，增效达40%。

（三）产业化经营特色显著。

一是构建新型畜牧产业体系建设，产业化经营取得重大进展。着力培育各类新型畜牧专业合作社，将原来分散的种业、养殖、饲料、兽药、屠宰、加工、有机肥生产等各环节紧密联结，形成利益共享、风险共担的新型主体；探索并实践了多种农牧结合生态化建设模式；龙头企业实力不断壮大，创建了饲料原料集团采购平台，全产业链构建取得重大进展。二是布局特色畜产品优势区域。通过实施畜牧业“西进东扩战略”和优势畜产品区域布局规划，提升了浙西、浙北等畜牧主产区的产业档次，发挥了浙东南地区资源优势，加快特色产业发展、构建高效益生产体系，打造了一批拥有鲜明特色的“浙禽”“浙猪”品牌，形成了优质猪、肉禽、蛋鸭、奶牛、湖羊、兔和蜂等优势区域，以及羽绒、皮革、蜂产品等加工特色优势区，建立了一批生猪、蜂产品、兔毛和羽绒等外向型生产和加工基地。

破茧成蝶　乘势而起
——党的十八大以来浙江新设小微企业成长变化情况分析

党的十八大以来，浙江以“八八战略”为指引，先后推出小微企业三年成长计划、八大万亿产业培育等一系列政策举措，扶持新设小微企业健康成长，为扩大就业、振兴地方经济以及改善民生发挥了重要作用。本文对浙江新设小微企业和个体经营户跟踪调查工作[注]开展以来的样本企业经营情况进行分析，反映党的十八大以来浙江新设小微企业成长情况，并就小微企业更好更优发展提出相应对策建议。

一、微光成炬，浙江新设小微企业快速成长

（一）领头企业脱颖而出。

据跟踪监测的新设小微企业样本显示，只要有合适的土壤和条件，小树苗也会长成参天大树，调查样本中的宁波圣瑞思工业自动化有限公司、杭州大搜车汽车服务有限公司和杭州中汇黄金珠宝有限公司（2020 年 2 季度开始重组）3 家企业经过几年的跨越式发展，从众多新设小微企业中脱颖而出，步入到大中型企业，已经成为行业的佼佼者。其中杭州大搜车汽车服务有限公司已从小微企业成长为大型企业，2017 年入选由亚洲科技媒体网站 Tech in Asia 评选的“亚洲独角兽”名单，入选由西雅图金融科技公司 PitchBook 评选的“全球独角兽”名单，此后连续上榜各项独角兽企业年度榜单。宁波圣瑞思工业自动化有限公司已在新三板挂牌，2020 年入选宁波市第二批制造业“隐形冠军”培育企业名单，并被列为“专精特新”小巨人企业。3 家企业资产由 2015 年末 3.3 亿元提高到 2019 年末 29.3 亿元，增加 26 亿元，增长 787.9%，年均增长 72.6%。其中“圣瑞思”和“大搜车”2 家企业 2021 年末资产比 2015 年末提高 24.8 亿元，增长超 11 倍，年均增长 87.2%。

（二）新设小微企业规模不断扩大。

1. 总体规模快速壮大。以 2015 年 4 季度正常营业的浙江新设小微企业样本为观察基数，不考虑规模变化和消亡因素，资产从 2015 年末（ 1527 家 ）的 26.2 亿元增加到 2021 年末（ 664 家 ）的 68.9 亿元，增加 42.7 亿元，增长 163.0%，年均增长 17.5%。营业收入从 2015 年的 33.2 亿元增加至 2021 年的 87.2 亿元，增加 54.0 亿元，增长 162.7%，年均增长 17.5%。这表明监测的新设小微企业在市场大浪淘沙下不断发展壮大，年末资产和营业收入年增速均明显高于同期全省生产总值可比价增速。

注：新设小微企业跟踪调查以 2014 年 3 月至 7 月间新设立的企业及个体经营户为样本进行持续跟踪监测，因此最早可比的年度数据的调查时期为 2015 年 1-4 季度。

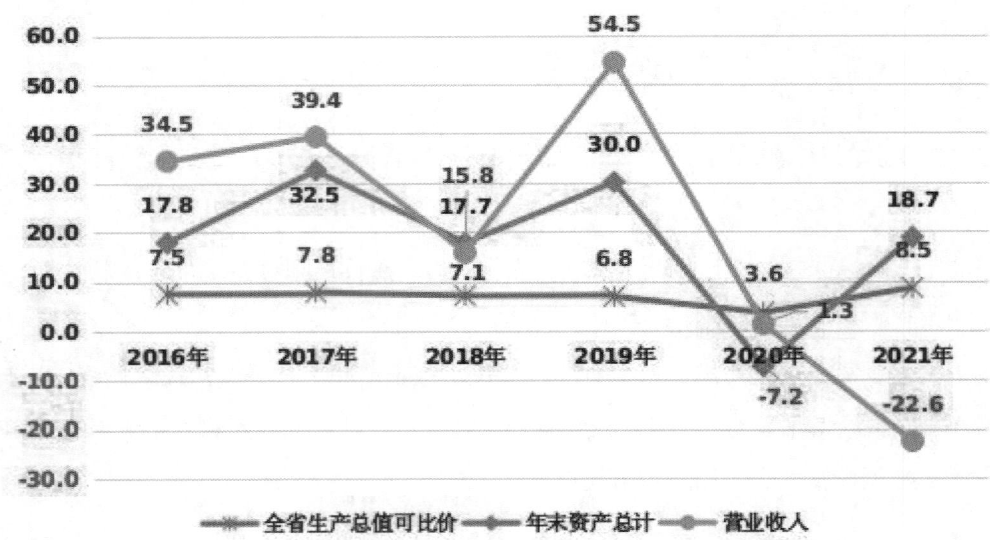

图 1　样本企业总体规模与全省生产总值同比增速情况（%）

2. 样本户均规模逐年扩大。据观察期间仍作为新设小微企业监测的正常营业样本（除 3 家步入到大中型企业和消亡企业外）数据显示，2015 年末浙江新设小微企业样本户均资产 149.7 万元，到 2021 年末已经提高至 480.9 万元，增加 331.2 万元，增长 221.2%，年均增长 21.5%。2015 年户均营业收入 214.9 万元，到 2021 年已经提高至 1059.8 万元，增加 844.9 万元，增长 393.2%，年均增长 30.5%。

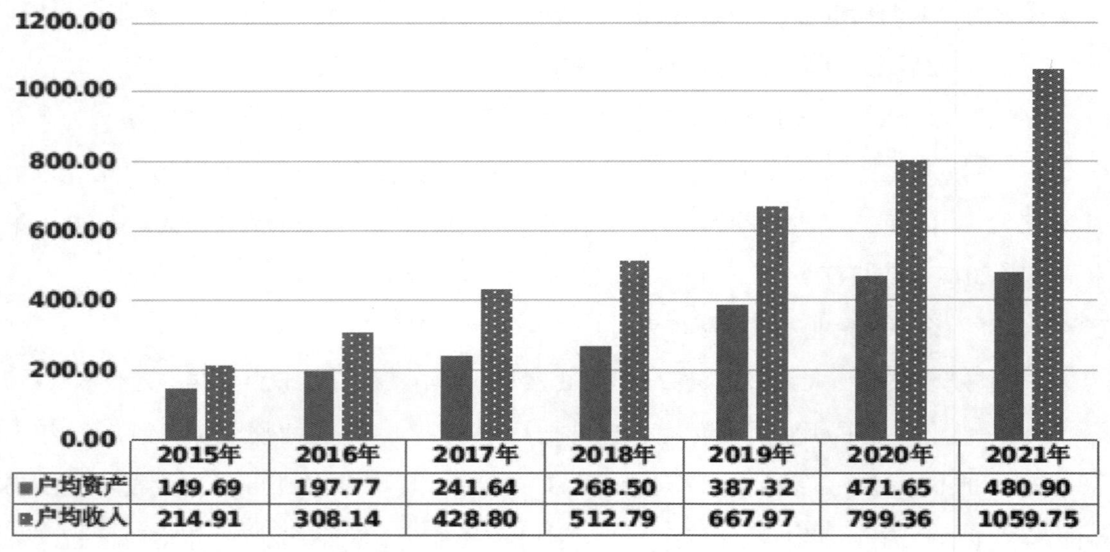

	2015年	2016年	2017年	2018年	2019年	2020年	2021年
户均资产	149.69	197.77	241.64	268.50	387.32	471.65	480.90
户均收入	214.91	308.14	428.80	512.79	667.97	799.36	1059.75

图 2　2015-2021 年末样本企业户均规模（万元）

（三）现存企业成长性强。

从 2021 年仍在正常营业样本的回溯情况看，存活企业样本的成长性更强，优势较为明显。

1. 现存企业发展速度快。现存的 664 家企业（包含 3 家步入到大中型的企业），2015 年末资产 13.4 亿元，2021 年末提高至 68.9 亿元，增加 55.5 亿元，增长 414.2%，年均增长

31.4%。2015年末营业收入18.8亿元，2021年提高至87.2亿元，增加68.4亿元，增长363.8%，年均增长29.1%。

2.现存企业起点更高。现存企业（除3家步入到大中型的企业外）2015年末的户均资产为151.5万元，比同期全部样本企业户均资产高1.8万元；户均营业收入285.7万元，比同期全部样本企业户均营业收入高70.8万元，可见规模相对较大的新设小微企业抗风险能力更强。

（四）稳就业保税收贡献更大。

小微企业体量虽小，却是促创业、保就业的生力军。

1.样本户均人数逐年增加。据观察期间仍作为新设小微企业监测的正常营业样本（除3家步入到大中型企业和消亡企业外）数据显示，2015年末浙江新设小微企业户均人数为7.5人，2021年末增加至12.3人，户均增加4.8人，增长64.0%，提供的就业岗位增幅显著。

2.样本税收贡献增长明显。在蓄水养鱼、涵养税源的政策推动下，样本企业规模快速壮大，对税收的贡献不减反增。据观察期间仍作为新设小微企业监测的正常营业样本（除3家步入到大中型企业和消亡企业外）数据显示，2015年享受税收优惠的企业占比为35.6%，到2021年占比已达70.3%，优惠面扩大了34.7个百分点，样本享受税收优惠覆盖面明显扩大。2015年缴纳税金3237.1万元，2021年缴纳税金5414.1万元，在样本企业数量减少、税收优惠力度加大的情况下缴纳税金反而增加2177.0万元，增长67.3%。

二、细心呵护，新设小微企业成长环境明显改善

（一）优惠政策覆盖面不断扩大。

2015年享受优惠政策企业的占比为36.9%，到2021年已达73.6%，提高36.7个百分点。从享受优惠政策的种类看，主要集中在税费减免政策。2021年享受优惠政策的企业有95.5%享受税费减免，6.3%享受政府资金支持，2.3%享受贷款优惠。

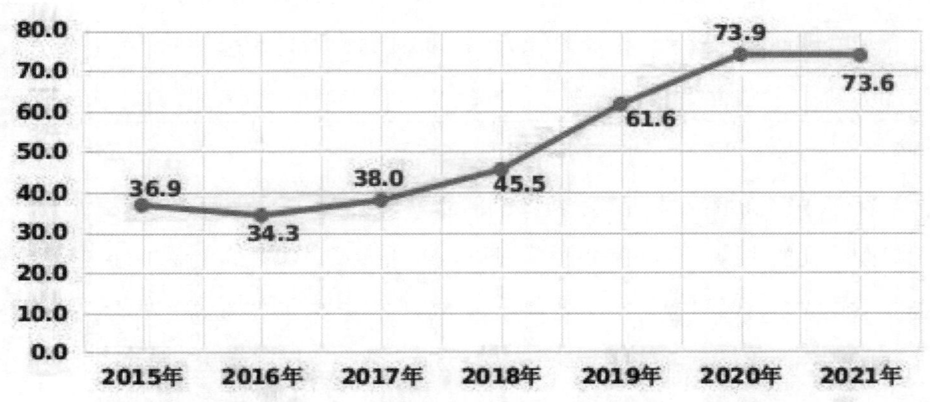

图3　2015-2021年享受优惠政策企业占比（%）

（二）金融扶持力度稳步增强。

小微企业融资“难”与“贵”问题逐步改善。从有融资需求的样本看，未获得融资企业的占比从 2015 年的 64.2%减少到 2021 年的 33.3%，减少 30.9 个百分点。从获得融资的样本看，2021 年，有 37.8%的企业获得全部所需融资，39.0%的企业获得大部分所需融资，两者占比为 76.8%，较 2015 年提高 21.6 个百分点。从融资成本看，银行贷款平均年利息及费用率由 2015 年的 6.80%降至 2021 年的 5.35%，民间借款平均月利息率由 2015 年的 1.10%降至 2021 年的 0.90%，下降均较为明显。从主要融资渠道看，2015 年从银行贷款比重为 74.7%，向个人借款比重为 21.8%，2021 年来自两个渠道的比重分别为 87.8%和 6.1%，随着扶持政策的推进，小微企业的银行融资比例明显提高。

（三）精准扶企政策密集出台。

从新设小微企业监测情况看，各级党委政府高度重视小微企业发展，浙江省多次出台精准扶企政策，改善小微企业发展环境，降低企业生产经营成本，积极扶持小微企业发展。2015 年 4 月浙江省滚动实施“小微企业三年成长计划”，深入开展“雏鹰行动”，推动“个转企、小升规、规改股、股上市”市场主体转型升级。同时，通过优化营商环境，持续推进涉企审批减环节、减材料、减时限、减费用，降低企业市场准入门槛，不断激发市场活力。2020 年新冠肺炎疫情暴发以后，为扎实做好“六稳”工作，落实“六保”任务，帮助小微企业渡过难关，浙江省出台《关于加大力度支持小微企业渡过难关的意见》（省疫情防控办〔2020〕25 号），专门对社保减免，降低用电、用水、用气成本，房租减免等政策做定向支持。随后全省上下“减税减费减租减息减支”等各类惠企政策密集实施。2021 年是浙江省新一轮“小微企业三年成长计划”开局之年，省政府出台《浙江省“小微企业三年成长计划”（2021-2023 年）》，推动小微企业在更优资源环境中实现更高质量、更可持续发展。

三、笃行不怠，新设小微企业发展任重道远

从新设小微企业监测数据显示，尽管浙江新设小微企业成长环境改善明显，但小微企业存活率不高，多数企业规模小，抗风险能力弱，扩张动力不足等短板依然存在，建议有关部门进一步加大新设小微企业的政策扶持，推动全球后疫情时代浙江新设小微企业跨越式发展。

（一）落好落细优惠政策，构建多部门常态联动机制。

深入贯彻落实党中央、国务院减税降费决策部署，及时跟进、全面精准实施面向小微企业的税费优惠政策。加强和深化小微企业金融服务，引导金融机构切实履行金融服务实体经济的主体责任，主动开展银企对接活动，及时跟进小微企业融资需求。加强金融机构、税务、财政、科技等部门之间的合作，降低小微企业融资门槛，简化业务流程。打通各级税务、工商、经信、统计、海关等部门之间的数据通道，健全各部门之间的合作机制，加强对小微企业诉求的收集与快速响应，让各项税费、金融支持政策和创新服务举措及时惠及小微企业，

提升优惠政策的实际受惠率和企业获得感，帮助小微企业稳发展、行长远。

（二）优化营商环境，助推浙江成为小微企业营商最佳省。

积极营造公平、有序的竞争环境，建立健全小微企业纳税等市场主体信用评价机制，推进联合激励和惩戒机制建设。强化对涉企收费行为的监管，持续开展供电等重点领域收费行为的专项整治，为小微企业健康发展保驾护航。优先扶持“好苗子”优质企业发展壮大，通过各部门数据交换平台为浙江小微企业“精准画像”，发掘一批研发能力强、成长潜力大、掌握关键核心技术的小微企业，在贷款、土地、办公等各方面提供政策倾斜、便利服务及其他支持。提升综合服务水平，推进企业开办全流程“一件事”便利化改革，加快建设省市县三级联动的小微企业服务云平台，打出政策配套组合拳。

（三）降低经营成本费用，提高小微企业效益。

针对原材料价格波动较大的问题，要加强对原材料市场的跟踪分析，为企业提供信息咨询和指导，严厉打击恶意囤货和操纵价格等违规市场行为。针对外贸企业海运难的问题，有关部门要加强对小微企业的专业指导和扶持。针对用电难、用电贵问题，供电部门要提前谋划全年工业用电安排，助企合理安排生产用电时间，公平有序安排电力供应，深入推进转供电价格专项整治行动，综合施策降低企业经营成本。

居民收支

2-1 城乡居民家庭人均可支配收入(1978-2021)

年份	全体居民家庭		城镇居民家庭		农村居民家庭		城乡居民收入比
	人均可支配收入(元)	比上年实际(%)	人均可支配收入(元)	比上年实际(%)	人均可支配收入(元)	比上年实际(%)	
1978			332		165		2.01
1981			523	5.4	286	29.0	1.83
1982			530	-0.6	346	20.4	1.53
1983			551	1.2	359	2.3	1.53
1984			669	17.1	446	23.5	1.50
1985			904	17.4	549	12.5	1.65
1986			1104	14.9	609	5.0	1.81
1987			1228	0.3	725	13.6	1.69
1988			1589	4.9	902	8.1	1.76
1989			1797	-3.2	1011	-2.6	1.78
1990			1932	5.3	1099	2.7	1.76
1991			2143	5.0	1211	8.9	1.77
1992			2619	11.9	1359	8.8	1.93
1993			3626	14.0	1746	10.2	2.08
1994			5066	12.0	2225	4.1	2.28
1995			6221	5.0	2966	5.3	2.10
1996			6956	1.8	3463	6.1	2.01
1997			7359	1.6	3684	3.8	2.00
1998			7837	5.3	3815	4.7	2.05
1999			8428	8.0	3948	5.6	2.13
2000			9279	9.1	4254	7.8	2.18
2001			10465	13.3	4582	6.9	2.28
2002			11716	13.4	4940	8.4	2.37
2003			13180	11.9	5431	7.8	2.43
2004			14546	7.4	6096	7.4	2.39
2005			16294	10.4	6660	6.4	2.45
2006			18265	10.9	7335	9.3	2.49
2007			20574	8.4	8265	8.2	2.49
2008			22727	5.4	9258	6.2	2.45
2009			24611	9.7	10007	9.5	2.46
2010			27359	6.9	11303	8.6	2.42
2011			30971	7.5	13071	9.5	2.37
2012			34550	9.2	14552	8.8	2.37
2013	29775	7.7	37080	7.1	17494	8.1	2.12
2014	32658	7.4	40393	6.8	19373	8.3	2.09
2015	35537	7.3	43714	6.7	21125	7.5	2.07
2016	38529	6.4	47237	6.0	22866	6.3	2.07
2017	42046	6.9	51261	6.3	24956	7.0	2.05
2018	45840	6.5	55574	6.0	27302	7.0	2.04
2019	49899	5.8	60182	5.4	29876	6.0	2.01
2020	52397	2.6	62699	2.1	31930	4.0	1.96
2021	57541	8.2	68487	7.6	35247	8.9	1.94

注：1. 人均可支配收入增长及人均纯收入增长均扣除价格变动因素。

2. 2013 年以前城乡住户调查制度分设，无全体居民收入数据，农村居民收入为“人均纯收入”。2013 年开始实施城乡一体化住户调查，收入指标为全体居民人均可支配收入、城镇常住居民人均可支配收入和农村常住居民人均可支配收入。

2-2 城乡居民家庭人均消费支出(1978-2021)

年份	全体居民家庭		城镇居民家庭		农村居民家庭	
	人均消费支出(元)	比上年增长(%)	人均消费支出(元)	比上年增长(%)	人均消费支出(元)	比上年增长(%)
1978			301		157	
1981			476	11.2	267	39.1
1982			471	-1.1	302	13.1
1983			484	2.8	326	7.9
1984			562	16.1	369	13.2
1985			795	41.5	474	28.5
1986			969	21.9	561	18.4
1987			1100	13.5	659	17.5
1988			1453	32.1	839	27.3
1989			1556	7.1	927	10.5
1990			1604	3.1	946	2.0
1991			1806	12.6	1027	8.6
1992			2154	19.3	1112	8.3
1993			2856	32.6	1263	13.6
1994			4079	42.8	1680	33.0
1995			5263	29.0	2378	41.5
1996			5764	9.5	2702	13.6
1997			6170	7.0	2839	5.1
1998			6218	0.8	2891	1.8
1999			6522	4.9	2806	-2.9
2000			7020	7.6	3231	15.1
2001			7952	13.3	3479	7.7
2002			8713	9.6	3693	6.2
2003			9713	11.5	4287	16.1
2004			10636	9.5	4659	8.7
2005			12254	15.2	5215	11.9
2006			13349	8.9	5762	10.5
2007			14091	5.6	6442	11.8
2008			15158	7.6	7072	9.8
2009			16683	10.1	7375	4.3
2010			17858	7.0	8390	13.8
2011			20437	14.4	9644	14.9
2012			21545	5.4	10208	5.8
2013	20610		25254	7.9	12803	10.4
2014	22552	9.4	27242	7.9	14498	13.2
2015	24117	6.9	28661	5.2	16108	11.1
2016	25527	5.8	30068	4.9	17359	7.8
2017	27079	6.1	31924	6.2	18093	4.2
2018	29471	8.8	34598	8.4	19707	8.9
2019	32026	8.7	37508	8.4	21352	8.3
2020	31295	-2.3	36197	-3.5	21555	1.0
2021	36668	17.2	42193	16.6	25415	17.9

注：2013 年开始实施城乡一体化住户调查，消费支出指标为全体居民家庭人均生活消费支出、城镇常住居民家庭人均生活消费支出和农村常住居民家庭人均生活消费支出。

2-3 全体居民家庭住房情况(2017-2021)

指　　标	2017	2018	2019	2020	2021
家庭住房情况					
一、现住房情况					
(一)人均住房建筑面积(平方米)	**48.14**	**52.27**	**54.85**	**53.46**	**55.69**
(二)按居住空间样式分户数比重(%)	100	100	100	100	100
1.单栋楼房	49.94	51.62	51.83	51.81	56.59
2.单栋平房	4.85	4.68	3.54	3.21	2.22
3.单元房	42.89	42.28	43.19	43.55	39.57
4.筒子楼或连片平房	2.10	1.18	1.34	1.34	1.27
5.其他	0.22	0.25	0.09	0.09	0.35
(三)按主要建筑材料分的户数比重(%)	100	100	100	100	100
1.钢筋混凝土	44.34	55.40	56.01	56.33	58.48
2.砖混材料	45.18	35.96	35.90	35.91	35.53
3.砖瓦砖木	9.87	8.08	7.71	7.47	5.83
4.竹草土坯	0.23	0.08	0.04	0.04	0.03
5.其他	0.39	0.48	0.34	0.25	0.12
(四)按房屋来源分的户数比重(%)	100	100	100	100	100
1.租赁住房	11.15	10.26	10.33	9.95	11.26
2.自建住房	51.06	52.63	52.55	52.27	55.90
3.购买商品房	23.10	24.86	24.90	24.81	22.00
4.购买房改住房	5.77	3.92	3.73	3.93	3.07
5.购买保障性住房	0.55	0.42	0.46	0.51	0.48
6.拆迁安置房	4.17	4.80	5.36	5.80	5.15
7.继承或获赠住房	1.50	1.22	1.09	1.23	0.85
8.其他	2.70	1.88	1.57	1.51	1.30
(五)住房外道路为硬化路面的户比重(%)	99.23	99.11	99.30	99.25	99.76
二、生活设施状况					
(一)饮用水状况(%)					
1.是否有管道设施	100	100	-	100	100
①管道供水入户	97.65	98.58	-	98.12	99.25
②管道供水至公共取水点	1.05	0.61	-	0.40	0.38
③没有管道设施	1.30	0.81	-	1.48	0.38

2-3 续表

指标	2017	2018	2019	2020	2021
2. 主要饮用水来源	**100**	**100**	**100**	**100**	**100**
①经过净化处理的自来水	91.75	93.31	94.83	94.86	96.76
②受保护的井水和泉水	5.13	3.70	3.23	3.43	2.43
③不受保护的井水和泉水	1.26	0.68	0.63	0.53	0.15
④江河湖泊水	1.01	0.86	0.52	0.31	0.11
⑤其他饮用水来源	0.84	1.45	0.80	0.87	0.55
3. 获取饮用水存在的主要困难	**100**	**100**	**100**	**100**	**100**
①单次取水往返时间超过半小时	0.00	0.00	0.13	0.01	0.03
②间断或定时供水	0.64	0.75	0.14	0.31	0.09
③当年连续缺水超过 15 天	0.27	0.24	0.26	0.43	0.12
④获取饮用水无困难	99.09	99.01	99.48	99.25	99.76
4. 饮用前家里采取的主要处理措施	**100**	**100**	**100**	**100**	100
①煮沸	90.47	92.33	93.54	92.97	94.18
②加漂白剂/氯等	1.65	0.59	0.49	0.50	0.73
③使用水过滤器	2.13	2.55	2.91	2.82	2.54
④其他处理措施	0.76	0.89	0.89	0.94	0.74
⑤没有任何水处理措施	4.99	3.64	2.17	2.77	1.81
(二)住宅内厕所状况(%)	**100**	**100**	**100**	**100**	**100**
1. 水冲式卫生厕所	93.72	96.73	98.56	98.53	99.28
2. 水冲式非卫生厕所	0.74	0.69	0.20	0.17	0.02
3. 卫生旱厕	1.11	0.52	0.55	0.46	0.08
4. 普通旱厕	2.54	0.80	0.51	0.48	0.53
5. 无厕所	1.89	1.26	0.18	0.37	0.10
(三)主要炊用能源(%)	**100**	**100**	**100**	**100**	**100**
1. 天然气、煤气、液化石油气	94.05	87.84	89.16	90.79	92.66
2. 煤炭	0.01	0.08	0.06	0.00	0.09
3. 电	2.51	7.15	7.03	6.03	5.25
4. 沼气	0.02	0.02	0.02	0.00	0.00
5. 其他	3.41	4.91	3.73	3.18	1.99

2-4 城镇常住居民家庭住房情况(2017-2021)

指　　标	2017	2018	2019	2020	2021
家庭住房情况					
一、现住房情况					
(一)人均住房建筑面积(平方米)	**41.51**	**45.35**	**48.45**	**46.71**	**47.93**
(二)按居住空间样式分户数比重(%)	**100**	**100**	**100**	**100**	**100**
1. 单栋楼房	32.06	33.20	33.41	33.20	38.14
2. 单栋平房	2.80	2.22	1.49	1.36	1.30
3. 单元房	62.93	62.88	63.22	63.54	58.59
4. 筒子楼或连片平房	2.06	1.59	1.83	1.85	1.76
5. 其他	0.16	0.12	0.05	0.05	0.21
(三)按主要建筑材料分的户数比重(%)	**100**	**100**	**100**	**100**	**100**
1. 钢筋混凝土	55.07	68.12	68.15	68.33	67.33
2. 砖混材料	40.88	28.44	28.59	28.56	30.19
3. 砖瓦砖木	3.85	3.05	2.99	2.94	2.42
4. 竹草土坯	0.02	0.05	0.00	0.00	0.05
5. 其他	0.18	0.34	0.27	0.17	
(四)按房屋来源分的户数比重(%)	**100**	**100**	**100**	**100**	**100**
1. 租赁住房	14.70	14.68	14.68	13.93	15.44
2. 自建住房	30.79	31.19	31.77	31.96	37.26
3. 购买商品房	34.52	37.36	36.91	36.54	32.74
4. 购买房改住房	8.56	5.87	5.43	5.76	4.31
5. 购买保障性住房	0.77	0.62	0.69	0.69	0.68
6. 拆迁安置房	6.06	7.11	7.71	8.35	7.50
7. 继承或获赠住房	0.79	0.81	0.69	0.74	0.47
8. 其他	3.82	2.36	2.13	2.04	1.60
(五)住房外道路为硬化路面的户比重(%)	**99.83**	**99.87**	**99.96**	**99.94**	**99.90**
二、生活设施状况					
(一)饮用水状况(%)					
1. 是否有管道设施	**100**	**100**	-	**100**	**100**
①管道供水入户	98.85	99.62	-	99.64	99.73
②管道供水至公共取水点	1.06	0.27	-	0.12	0.27
③没有管道设施	0.09	0.11	-	0.24	

2-4 续表

指 标	2017	2018	2019	2020	2021
2. 主要饮用水来源	**100**	**100**	**100**	**100**	**100**
①经过净化处理的自来水	98.67	98.82	99.23	99.35	99.65
②受保护的井水和泉水	0.65	0.27	0.09	0.09	0.12
③不受保护的井水和泉水	0.16	0.06	0.06	0.09	0.05
④江河湖泊水	0.27	0.33	0.30	0.11	0.01
⑤其他饮用水来源	0.25	0.51	0.32	0.36	0.17
3. 获取饮用水存在的主要困难	**100**	**100**	**100**	**100**	**100**
①单次取水往返时间超过半小时	0.00	0.00	0.13	0.01	0.03
②间断或定时供水	0.31	0.07	0.04	0.02	0.12
③当年连续缺水超过 15 天	0.03	0.07	0.03	0.03	
④获取饮用水无困难	99.66	99.86	99.80	99.94	99. 86
4. 饮用前家里采取的主要处理措施	**100**	**100**	**100**	**100**	**100**
①煮沸	93.93	94.74	94.87	94.89	95.05
②加漂白剂/氯等	1.26	0.59	0.56	0.56	0.33
③使用水过滤器	1.05	2.23	2.52	2.51	2.39
④其他处理措施	0.43	0.34	0.48	0.44	0.54
⑤没有任何水处理措施	3.33	2.09	1.58	1.59	1.70
(二)住宅内厕所状况(%)	**100**	**100**	**100**	**100**	**100**
1. 水冲式卫生厕所	97.36	98.62	99.42	99.49	99.68
2. 水冲式非卫生厕所	0.51	0.44	0.01	0.05	0.01
3. 卫生旱厕	0.30	0.00	0.38	0.30	0.03
4. 普通旱厕	0.19	0.17	0.06	0.04	0.16
5. 无厕所	1.63	0.77	0.12	0.13	0.13
(三)主要炊用能源(%)	**100**	**100**	**100**	**100**	**100**
1. 天然气、煤气、液化石油气	95.04	91.67	92.58	93.12	95.09
2. 煤炭	0.00	0.07	0.01	0.00	0.05
3. 电	2.56	6.30	6.06	5.59	4.20
4. 沼气	0.00	0.00	0.01	0.00	0.00
5. 其他	2.40	1.96	1.34	1.30	0.67

2-5 农村常住居民家庭住房情况(2017-2021)

指　　标	2017	2018	2019	2020	2021
家庭住房情况					
一、现住房情况					
(一)人均住房建筑面积(平方米)	**60.43**	**65.44**	**67.31**	**66.87**	**71.49**
(二)按居住空间样式分户数比重(%)	**100**	**100**	**100**	**100**	**100**
1.单栋楼房	84.27	87.47	89.40	90.05	92.32
2.单栋平房	8.80	9.47	7.72	7.00	4.01
3.单元房	4.44	2.19	2.35	2.48	2.74
4.筒子楼或连片平房	2.18	0.37	0.35	0.29	0.31
5.其他	0.32	0.50	0.17	0.18	0.62
(三)按主要建筑材料分的户数比重(%)	**100**	**100**	**100**	**100**	**100**
1.钢筋混凝土	23.76	30.62	31.27	31.68	41.34
2.砖混材料	53.42	50.61	50.80	51.02	45.86
3.砖瓦砖木	21.42	17.89	17.34	16.77	12.44
4.竹草土坯	0.61	0.15	0.11	0.12	
5.其他	0.78	0.74	0.47	0.41	0.35
(四)按房屋来源分的户数比重(%)	**100**	**100**	**100**	**100**	**100**
1.租赁住房	4.32	1.66	1.47	1.77	3.16
2.自建住房	89.97	94.38	94.93	94.00	91.99
3.购买商品房	1.20	0.52	0.43	0.69	1.19
4.购买房改住房	0.43	0.13	0.25	0.19	0.66
5.购买保障性住房	0.12	0.04	0.00	0.13	0.08
6.拆迁安置房	0.54	0.29	0.56	0.56	0.61
7.继承或获赠住房	2.87	2.03	1.92	2.24	1.58
8.其他	0.55	0.93	0.45	0.42	0.72
(五)住房外道路为硬化路面的户比重(%)	**98.08**	**97.62**	**97.97**	**97.82**	**99.49**
二、生活设施状况					
(一)饮用水状况(%)					
1.是否有管道设施	**100**	**100**	-	**100**	**100**
①管道供水入户	95.35	96.55	-	94.98	98.32
②管道供水至公共取水点	1.05	1.27	-	0.97	0.58
③没有管道设施	3.60	2.17	-	4.05	1.10

2-5 续表

指　　标	2017	2018	2019	2020	2021
2. 主要饮用水来源	**100**	**100**	**100**	**100**	**100**
①经过净化处理的自来水	78.49	82.58	85.87	85.63	91.16
②受保护的井水和泉水	13.74	10.37	9.62	10.31	6.91
③不受保护的井水和泉水	3.37	1.89	1.79	1.42	0.34
④江河湖泊水	2.43	1.90	0.95	0.72	0.29
⑤其他饮用水来源	1.97	3.26	1.77	1.93	1.31
3. 获取饮用水存在的主要困难	**100**	**100**	**100**	**100**	**100**
①单次取水往返时间超过半小时	0.00	0.00	0.12	0.00	0.05
②间断或定时供水	1.28	2.07	0.34	0.89	0.03
③当年连续缺水超过 15 天	0.72	0.58	0.73	1.27	0.35
④获取饮用水无困难	98.01	97.36	98.81	97.84	99.57
4. 饮用前家里采取的主要处理措施	**100**	**100**	**100**	**100**	**100**
①煮沸	83.85	87.63	90.82	89.02	92.50
②加漂白剂/氯等	2.39	0.59	0.35	0.36	1.52
③使用水过滤器	4.18	3.17	3.71	3.45	2.82
④其他处理措施	1.40	1.95	1.74	1.97	1.12
⑤没有任何水处理措施	8.18	6.66	3.38	5.20	2.03
(二)住宅内厕所状况(%)	**100**	**100**	**100**	**100**	**100**
1. 水冲式卫生厕所	86.72	93.04	96.79	96.55	98.51
2. 水冲式非卫生厕所	1.17	1.18	0.60	0.43	0.05
3. 卫生旱厕	2.67	1.53	0.89	0.79	0.17
4. 普通旱厕	7.05	2.04	1.42	1.37	1.24
5. 无厕所	2.38	2.21	0.30	0.86	0.03
(三)主要炊用能源(%)	**100**	**100**	**100**	**100**	**100**
1. 天然气、煤气、液化石油气	92.15	80.37	82.18	86.01	87.97
2. 煤炭	0.04	0.11	0.17	0.00	0.18
3. 电	2.41	8.81	8.99	6.94	7.30
4. 沼气	0.04	0.07	0.04	0.00	0.00
5. 其他	5.35	10.64	8.62	7.05	4.56

2-6 全体居民家庭基本情况(2017-2021)

单位：%

指　　标	2017	2018	2019	2020	2021
基本情况					
常住人口(人/户)	2.96	2.89	2.89	2.93	2.93
#在校学生人数(人)	0.47	0.41	0.43	0.45	0.46
常住就业人口(人/户)	1.73	1.65	1.63	1.61	1.67
常住人口就业面(%)	58.29	57.07	56.52	54.98	0.57
就业者负担人数(包括就业者本人)(人/户)	1.72	1.75	1.77	1.82	1.76
性别	**100**	**100**	**100**	**100**	**100**
男性	49.44	49.84	49.75	49.73	49.66
女性	50.56	50.16	50.25	50.27	50.34
15 岁及以上常住成员受教育程度	**100**	**100**	**100**	**100**	**100**
未上过学	4.47	5.12	4.42	4.37	2.92
小学	27.53	28.01	28.33	28.03	26.13
初中	33.62	31.86	32.43	31.94	35.18
高中	16.44	16.47	15.95	16.13	17.93
大学专科	9.16	9.33	9.76	9.93	8.86
大学本科	8.25	8.57	8.50	8.98	8.29
研究生	0.54	0.65	0.62	0.62	0.69
常住从业人员就业类型	**100**	**100**	**100**	**100**	**100**
雇主	1.35	1.72	1.30	1.05	1.72
公职人员	1.75	1.89	1.60	1.41	1.27
事业单位人员	5.79	4.73	4.14	3.81	3.32
国有企业雇员	2.85	2.61	2.49	2.25	1.57
其他雇员	64.70	67.27	69.75	71.44	70.72
农业自营	10.43	9.30	8.08	7.12	7.05
非农自营	13.13	12.49	12.64	12.91	14.36
常住从业人员从事主要行业	**100**	**100**	**100**	**100**	**100**
第一产业	11.54	11.05	10.06	8.98	8.64
第二产业	39.76	39.62	39.45	40.71	41.12
第三产业	48.70	49.33	50.49	50.31	50.24
居民收支情况(元)					
居民人均可支配收入	42046	45840	49899	52397	57541
居民人均消费支出	27079	29471	32026	31295	36668

2-7 城镇常住居民家庭基本情况(2017-2021)

单位：%

指　　标	2017	2018	2019	2020	2021
基本情况					
常住人口(人/户)	2.93	2.87	2.85	2.89	2.98
#在校学生人数(人)	0.46	0.40	0.42	0.45	0.50
常住就业人口(人/户)	1.63	1.55	1.53	1.52	1.60
常住人口就业面(%)	55.60	54.01	53.79	0.52	0.54
就业者负担人数(包括就业者本人)(人/户)	1.80	1.85	1.86	1.91	1.86
性别	**100**	**100**	**100**	**100**	**100**
男性	49.24	49.30	49.2	49.29	49.27
女性	50.76	50.70	50.8	50.71	50.73
15 岁及以上常住成员受教育程度	**100**	**100**	**100**	**100**	**100**
未上过学	3.29	3.61	3.04	3.14	2.10
小学	22.90	23.13	23.61	23.53	22.30
初中	31.58	30.28	31.28	30.64	32.75
高中	18.32	18.48	17.8	17.95	19.99
大学专科	11.55	11.69	11.83	11.84	10.92
大学本科	11.62	11.81	11.56	12.02	11.02
研究生	0.75	1.00	0.87	0.89	0.92
常住从业人员就业类型	**100**	**100**	**100**	**100**	**100**
雇主	1.82	2.13	1.83	1.29	2.11
公职人员	2.67	2.88	2.51	2.12	1.91
事业单位人员	9.07	7.13	6.33	5.80	4.97
国有企业雇员	4.35	4.04	3.79	3.47	2.37
其他雇员	66.85	68.55	70.45	71.88	72.36
农业自营	1.66	2.08	1.88	1.83	1.19
非农自营	13.59	13.2	13.22	13.61	15.10
常住从业人员从事主要行业	**100**	**100**	**100**	**100**	**100**
第一产业	2.45	2.84	2.63	2.60	1.77
第二产业	37.85	35.10	35.30	35.57	37.10
第三产业	59.70	62.05	62.07	61.82	61.13
居民收支情况(元)					
居民人均可支配收入	51261	55574	60182	62699	68487
居民人均消费支出	31924	34598	37508	36197	42193

2-8 农村常住居民家庭基本情况(2017-2021)

单位：%

指　　标	2017	2018	2019	2020	2021
基本情况					
常住人口(人/户)	3.03	2.93	2.98	2.99	2.84
#在校学生人数(人)	0.49	0.42	0.44	0.45	0.39
常住就业人口(人/户)	1.92	1.84	1.84	1.80	1.80
常住人口就业面(%)	63.27	62.90	61.83	0.60	0.63
就业者负担人数(包括就业者本人)(人/户)	1.58	1.59	1.62	1.66	1.58
性别	**100**	**100**	**100**	**100**	**100**
男性	49.81	50.87	50.80	50.59	50.44
女性	50.19	49.13	49.20	49.41	49.56
15岁及以上常住成员受教育程度	**100**	**100**	**100**	**100**	**100**
未上过学	6.65	7.94	7.05	6.79	4.54
小学	36.10	37.15	37.40	36.86	33.77
初中	37.40	34.80	34.64	34.50	40.04
高中	12.96	12.70	12.40	12.55	13.82
大学专科	4.75	4.91	5.80	6.19	4.77
大学本科	2.00	2.50	2.60	3.01	2.86
研究生	0.13		0.12	0.09	0.22
常住从业人员就业类型	**100**	**100**	**100**	**100**	**100**
雇主	0.58	1.04	0.41	0.65	1.04
公职人员	0.26	0.27	0.06	0.17	0.17
事业单位人员	0.44	0.80	0.43	0.36	0.47
国有企业雇员	0.42	0.27	0.29	0.14	0.19
其他雇员	61.21	65.17	68.56	70.69	67.89
农业自营	24.72	21.10	18.59	16.28	17.15
非农自营	12.38	11.34	11.65	11.71	13.09
常住从业人员从事主要行业	**100**	**100**	**100**	**100**	**100**
第一产业	26.35	24.47	22.64	20.02	20.47
第二产业	42.87	47.00	46.48	49.60	48.05
第三产业	30.78	28.53	30.88	30.39	31.48
居民收支情况(元)					
居民人均可支配收入	24956	27302	29876	31930	35247
居民人均消费支出	18093	19707	21352	21555	25415

2-9　全体居民家庭主要收支(2017-2021)

单位：元

指　标	2017	2018	2019	2020	2021
可支配收入	**42046**	**45840**	**49899**	**52397**	**57541**
工资性收入	24137	26242	28511	30059	32821
经营净收入	7123	7752	8498	8313	9294
财产净收入	4742	5244	5708	6136	6905
转移净收入	6043	6602	7182	7888	8520
生活消费支出	**27079**	**29471**	**32026**	**31295**	**36668**
食品烟酒	7751	8198	8929	8922	10160
衣着	1586	1814	1877	1703	2051
居住	6993	7721	8403	9009	9943
生活用品及服务	1346	1652	1716	1789	2073
交通通信	4307	4302	4553	4301	5196
教育文化娱乐	2845	3031	3624	2889	3769
医疗保健	1696	2059	2123	1956	2499
其他用品及服务	556	693	801	724	977

2-10　全体居民家庭收支构成(2017-2021)

单位：%

指　标	2017	2018	2019	2020	2021
可支配收入	**100**	**100**	**100**	**100**	**100**
工资性收入	57.4	57.2	57.1	57.4	57.0
经营净收入	16.9	16.9	17.0	15.9	16.2
财产净收入	11.3	11.4	11.4	11.7	12.0
转移净收入	14.4	14.4	14.4	15.1	14.8
生活消费支出	**100**	**100**	**100**	**100**	**100**
食品烟酒	28.6	27.8	27.9	28.5	27.7
衣着	5.9	6.2	5.9	5.4	5.6
居住	25.8	26.2	26.2	28.8	27.1
生活用品及服务	5.0	5.6	5.4	5.7	5.7
交通通信	15.9	14.6	14.2	13.7	14.2
教育文化娱乐	10.5	10.3	11.3	9.2	10.3
医疗保健	6.3	7.0	6.6	6.2	6.8
其他用品及服务	2.1	2.4	2.5	2.3	2.7

2-11 城镇常住居民家庭主要收支(2017-2021)

单位：元

指　　标	2017	2018	2019	2020	2021
可支配收入	**51261**	**55574**	**60182**	**62699**	**68487**
工资性收入	28818	31148	33663	35370	38412
经营净收入	7669	8316	9115	8672	9671
财产净收入	6911	7586	8202	8747	9765
转移净收入	7863	8524	9202	9910	10639
生活消费支出	**31924**	**34598**	**37508**	**36197**	**42193**
食品烟酒	8906	9371	10162	9914	11283
衣着	1926	2232	2259	2036	2437
居住	8413	9154	9977	10665	11307
生活用品及服务	1617	1967	2075	2073	2418
交通通信	4956	5010	5368	4988	6105
教育文化娱乐	3521	3684	4342	3450	4537
医疗保健	1872	2287	2300	2162	2866
其他用品及服务	713	893	1024	910	1241

2-12 城镇常住居民家庭收支构成(2017-2021)

单位：%

指　　标	2017	2018	2019	2020	2021
可支配收入	**100**	**100**	**100**	**100**	**100**
工资性收入	56.2	56.0	55.9	56.4	56.1
经营净收入	15.0	15.0	15.1	13.8	14.1
财产净收入	13.5	13.7	13.6	14.0	14.3
转移净收入	15.3	15.3	15.3	15.8	15.5
生活消费支出	**100**	**100**	**100**	**100**	**100**
食品烟酒	27.9	27.1	27.1	27.4	26.7
衣着	6.0	6.5	6.0	5.6	5.8
居住	26.4	26.5	26.6	29.5	26.8
生活用品及服务	5.1	5.7	5.5	5.7	5.7
交通通信	15.5	14.5	14.3	13.8	14.5
教育文化娱乐	11.0	10.6	11.6	9.5	10.8
医疗保健	5.9	6.6	6.1	6.0	6.8
其他用品及服务	2.2	2.6	2.7	2.5	2.9

2-13 农村常住居民家庭主要收支(2017-2021)

单位：元

指　标	2017	2018	2019	2020	2021
可支配收入	**24956**	**27302**	**29876**	**31930**	**35247**
工资性收入	15457	16898	18480	19510	21434
经营净收入	6112	6677	7296	7601	8527
财产净收入	718	784	852	949	1082
转移净收入	2669	2943	3248	3871	4205
生活消费支出	**18093**	**19707**	**21352**	**21555**	**25415**
食品烟酒	5608	5966	6529	6952	7873
衣着	956	1018	1134	1043	1265
居住	4358	4993	5339	5720	7166
生活用品及服务	842	1053	1016	1225	1370
交通通信	3102	2953	2965	2937	3346
教育文化娱乐	1591	1788	2226	1776	2204
医疗保健	1370	1627	1777	1546	1752
其他用品及服务	265	310	367	355	439

2-14 农村常住居民家庭收支构成(2017-2021)

单位：%

指　标	2017	2018	2019	2020	2021
可支配收入	**100**	**100**	**100**	**100**	**100**
工资性收入	61.9	61.9	61.9	61.1	60.8
经营净收入	24.5	24.5	24.4	23.8	24.2
财产净收入	2.9	2.9	2.9	3.0	3.1
转移净收入	10.7	10.8	10.9	12.1	11.9
生活消费支出	**100**	**100**	**100**	**100**	**100**
食品烟酒	31.0	30.3	30.6	32.3	31.0
衣着	5.3	5.2	5.3	4.8	5.0
居住	24.1	25.3	25.0	26.5	28.2
生活用品及服务	4.7	5.3	4.8	5.7	5.4
交通通信	17.1	15.0	13.9	13.6	13.2
教育文化娱乐	8.8	9.1	10.4	8.2	8.7
医疗保健	7.6	8.3	8.3	7.2	6.9
其他用品及服务	1.5	1.6	1.7	1.6	1.7

2-15 全体居民家庭人均收入(2017-2021)

单位：元

指　　标	2017	2018	2019	2020	2021
可支配收入	**42046**	**45840**	**49899**	**52397**	**57541**
一、工资性收入	**24137**	**26242**	**28511**	**30059**	**32821**
1. 工资	22877	24918	27210	28570	31506
2. 实物福利	211	132	143	131	110
3. 其他	1049	1192	1158	1358	1205
二、经营净收入	**7123**	**7752**	**8498**	**8313**	**9294**
(一)第一产业	851	1054	1207	1153	1207
1. 农业	657	763	870	802	784
2. 林业	109	139	166	162	210
3. 牧业	42	88	99	93	79
4. 渔业	43	64	71	96	134
(二)第二产业	1766	2074	2000	1799	2041
(三)第三产业	4506	4624	5292	5362	6047
三、财产净收入	**4742**	**5244**	**5708**	**6136**	**6905**
1. 利息净收入	274	-21	53	99	130
2. 红利收入	663	839	846	776	939
3. 储蓄性保险净收益	5	5	8	7	14
4. 转让承包土地经营权租金净收入	38	81	72	98	147
5. 出租房屋财产性收入	1329	1531	1803	1865	2224
6. 出租其他资产净收入	17	31	14	32	54
7. 自有住房折算净租金	2379	2684	2921	3208	3438
8. 其他财产净收入	38	94	-9	52	-40
四、转移净收入(转移性收入-转移性支出)	**6043**	**6602**	**7182**	**7888**	**8520**
(一)转移性收入	8702	9456	10143	10788	11641
1. 养老金或离退休金	6949	7283	7822	8499	8534
2. 社会救济和补助	66	91	104	98	151
3. 惠农补贴	13	22	20	38	73
4. 政策性生活补贴	57	70	81	104	157
5. 报销医疗费	427	481	521	499	735
6. 外出从业人员寄回带回收入	556	467	591	528	834
7. 赡养收入	535	859	893	914	1035
8. 其他经常转移收入	97	183	112	109	122
(二)转移性支出	2658	2854	2962	2900	3122

2-16 城镇常住居民家庭人均收入(2017-2021)

单位：元

指　　标	2017	2018	2019	2020	2021
可支配收入	**51261**	**55574**	**60182**	**62699**	**68487**
一、工资性收入	**28818**	**31148**	**33663**	**35370**	**38412**
1. 工资	27160	29460	31977	33428	36735
2. 实物福利	286	167	179	167	121
3. 其他	1371	1521	1507	1774	1556
二、经营净收入	**7669**	**8316**	**9115**	**8672**	**9671**
(一)第一产业	262	440	554	522	448
1. 农业	219	350	388	362	267
2. 林业	6	30	60	30	44
3. 牧业	11	32	61	59	28
4. 渔业	26	29	44	71	109
(二)第二产业	2001	2273	2120	1824	2233
(三)第三产业	5405	5602	6441	6325	6991
三、财产净收入	**6911**	**7586**	**8202**	**8747**	**9765**
1. 利息净收入	376	-55	68	114	155
2. 红利收入	877	1188	1178	1043	1265
3. 储蓄性保险净收益	5	8	11	10	18
4. 转让承包土地经营权租金净收入	15	57	38	55	112
5. 出租房屋财产性收入	1910	2115	2487	2591	3105
6. 出租其他资产净收入	13	36	14	38	52
7. 自有住房折算净租金	3661	4093	4421	4823	5126
8. 其他财产净收入	54	144	-14	73	-68
四、转移净收入(转移性收入-转移性支出)	**7863**	**8524**	**9202**	**9910**	**10639**
(一)转移性收入	10963	11828	12507	13259	14162
1. 养老金或离退休金	9206	9648	10297	11072	10946
2. 社会救济和补助	54	64	67	63	114
3. 惠农补贴	5	6	8	15	65
4. 政策性生活补贴	69	71	97	110	159
5. 报销医疗费	500	597	601	580	900
6. 外出从业人员寄回带回收入	618	469	570	478	903
7. 赡养收入	405	764	739	811	949
8. 其他经常转移收入	105	210	128	130	126
(二)转移性支出	3100	3304	3305	3349	3524

2-17 农村常住居民家庭人均收入(2017-2021)

单位：元

指　　标	2017	2018	2019	2020	2021
可支配收入	**24956**	**27302**	**29876**	**31930**	**35247**
一、工资性收入	**15457**	**16898**	**18480**	**19510**	**21434**
1. 工资	14934	16267	17928	18920	20856
2. 实物福利	72	67	74	60	87
3. 其他	452	564	478	529	491
二、经营净收入	**6112**	**6677**	**7296**	**7601**	**8527**
(一)第一产业	1944	2222	2477	2404	2753
1. 农业	1470	1549	1809	1676	1837
2. 林业	299	345	373	423	547
3. 牧业	99	196	171	162	183
4. 渔业	76	131	124	143	186
(二)第二产业	1330	1693	1765	1749	1650
(三)第三产业	2839	2762	3055	3447	4124
三、财产净收入	**718**	**784**	**852**	**949**	**1082**
1. 利息净收入	84	44	24	70	80
2. 红利收入	266	174	200	244	276
3. 储蓄性保险净收益	3	1	4		5
4. 转让承包土地经营权租金净收入	81	126	136	185	217
5. 出租房屋财产性收入	251	419	472	421	430
6. 出租其他资产净收入	24	20	14	19	57
7. 自有住房折算净租金					
8. 其他财产净收入	9	-1	2	10	18
四、转移净收入(转移性收入-转移性支出)	**2669**	**2943**	**3248**	**3871**	**4205**
(一)转移性收入	4509	4939	5540	5878	6507
1. 养老金或离退休金	2765	2779	3004	3386	3623
2. 社会救济和补助	90	143	176	168	227
3. 惠农补贴	27	51	42	85	90
4. 政策性生活补贴	34	70	50	91	153
5. 报销医疗费	293	262	367	337	397
6. 外出从业人员寄回带回收入	441	462	631	627	694
7. 赡养收入	777	1041	1191	1117	1210
8. 其他经常转移收入	83	131	79	69	112
(二)转移性支出	1841	1996	2292	2007	2302

2-18 全体居民家庭人均现金可支配收入(2017-2021)

单位：元

指　　标	2017	2018	2019	2020	2021
现金可支配收入	**39335**	**42899**	**46658**	**48881**	**53673**
一、现金工资性收入	**23926**	**26109**	**28368**	**29928**	**32711**
1. 工资	22877	24918	27210	28570	31506
2. 其他工资性收入	1049	1192	1158	1358	1205
二、现金经营净收入	**7455**	**8127**	**8863**	**8656**	**9724**
(一)第一产业现金经营净收入	750	968	1103	1117	1118
1. 农业	589	709	770	747	776
2. 林业	84	124	135	153	145
3. 牧业	32	69	82	75	57
4. 渔业	44	67	115	142	140
(二)第二产业现金经营净收入	1954	2242	2174	1943	2333
(三)第三产业现金经营净收入	4751	4916	5586	5596	6273
三、现金财产净收入	**2363**	**2561**	**2787**	**2928**	**3468**
1. 利息净收入	274	-21	53	99	130
2. 红利收入	663	839	846	776	939
3. 储蓄性保险净收益	5	5	8	7	14
4. 转让承包土地经营权租金净收入	38	81	72	98	147
5. 出租房屋财产性收入	1329	1531	1803	1865	2224
6. 出租机械专利版权等资产的收入	17	31	14	32	54
7. 其他财产净收入	38	94	-9	52	-40
四、现金转移净收入	**5591**	**6102**	**6641**	**7369**	**7770**
(一)现金转移性收入	8250	8956	9603	10269	10892
1. 养老金或离退休金	6949	7283	7822	8499	8534
2. 社会救济和补助	66	91	104	98	151
3. 政策性生活补贴	32	52	62	83	142
4. 家庭外出从业人员寄回带回收入	556	467	591	528	834
5. 赡养收入	535	859	893	914	1035
6. 其他经常转移收入	97	183	112	109	122
7. 现金政策性惠农补贴	13	22	20	38	73
(二)现金转移性支出	2659	2854	2962	2900	3122
1. 个人所得税	147	233	137	145	150
2. 个人缴纳的社会保障支出	2223	2340	2558	2536	2672
3. 外来从业人员寄给家人的支出	39	17	15	17	13
4. 赡养支出	140	172	163	125	170
5. 其他转移性支出	110	92	88	78	117

2-19 城镇常住居民家庭人均现金可支配收入(2017-2021)

单位：元

指　　标	2017	2018	2019	2020	2021
现金可支配收入	**47257**	**51212**	**55510**	**57515**	**62826**
一、现金工资性收入	**28532**	**30981**	**33484**	**35202**	**38291**
1. 工资	27160	29460	31977	33428	36735
2. 其他工资性收入	1371	1521	1507	1774	1556
二、现金经营净收入	**8141**	**8829**	**9663**	**9076**	**10173**
(一)第一产业现金经营净收入	248	414	518	490	411
1. 农业	210	332	364	337	250
2. 林业	3	27	51	27	31
3. 牧业	8	26	58	54	16
4. 渔业	27	28	44	71	114
(二)第二产业现金经营净收入	2194	2451	2335	1978	2542
(三)第三产业现金经营净收入	5699	5964	6810	6609	7220
三、现金财产净收入	**3250**	**3493**	**3781**	**3924**	**4639**
1. 利息净收入	376	-55	68	114	155
2. 红利收入	877	1188	1178	1043	1265
3. 储蓄性保险净收益	5	8	11	10	18
4. 转让承包土地经营权租金净收入	15	57	38	55	112
5. 出租房屋财产性收入	1910	2115	2487	2591	3105
6. 出租机械专利版权等资产的收入	13	36	14	38	52
7. 其他财产净收入	54	144	-14	73	-68
四、现金转移净收入	**7334**	**7908**	**8583**	**9313**	**9723**
(一)现金转移性收入	10433	11212	11888	12662	13247
1. 养老金或离退休金	9206	9648	10297	11072	10946
2. 社会救济和补助	54	64	67	63	114
3. 政策性生活补贴	40	51	78	93	144
4. 家庭外出从业人员寄回带回收入	618	469	570	478	903
5. 赡养收入	405	764	739	811	949
6. 其他经常转移收入	105	210	128	130	126
7. 现金政策性惠农补贴	5	6	8	15	65
(二)现金转移性支出	3100	3304	3305	3349	3524
1. 个人所得税	221	338	200	211	206
2. 个人缴纳的社会保障支出	2504	2610	2761	2876	2958
3. 外来从业人员寄给家人的支出	29	19	20	12	14
4. 赡养支出	200	224	210	154	211
5. 其他转移性支出	145	113	114	96	135

2-20 农村常住居民家庭人均现金可支配收入(2017-2021)

单位：元

指标	2017	2018	2019	2020	2021
现金可支配收入	**24644**	**27068**	**29423**	**31727**	**35031**
一、现金工资性收入	**15385**	**16831**	**18406**	**19449**	**21347**
1. 工资	14934	16267	17928	18920	20856
2. 其他工资性收入	452	564	478	529	491
二、现金经营净收入	**6182**	**6790**	**7304**	**7821**	**8810**
(一)第一产业现金经营净收入	1680	2025	2241	2362	2557
1. 农业	1293	1427	1560	1562	1847
2. 林业	234	308	299	402	376
3. 牧业	77	150	129	115	140
4. 渔业	76	140	254	283	195
(二)第二产业现金经营净收入	1510	1844	1859	1876	1908
(三)第三产业现金经营净收入	2992	2922	3205	3583	4345
三、现金财产净收入	**718**	**784**	**852**	**949**	**1082**
1. 利息净收入	84	44	24	70	80
2. 红利收入	266	174	200	244	276
3. 储蓄性保险净收益	3	1	4		5
4. 转让承包土地经营权租金净收入	81	126	136	185	217
5. 出租房屋财产性收入	251	419	472	421	430
6. 出租机械专利版权等资产的收入	24	20	14	19	57
7. 其他财产净收入	9	-1	2	10	18
四、现金转移净收入	**2359**	**2663**	**2861**	**3507**	**3793**
(一)现金转移性收入	4200	4660	5153	5515	6095
1. 养老金或离退休金	2765	2779	3004	3386	3623
2. 社会救济和补助	90	143	176	168	227
3. 政策性生活补贴	17	52	30	64	138
4. 家庭外出从业人员寄回带回收入	441	462	631	627	694
5. 赡养收入	777	1041	1191	1117	1210
6. 其他经常转移收入	83	131	79	69	112
7. 现金政策性惠农补贴	27	51	42	85	90
(二)现金转移性支出	1841	1996	2292	2007	2302
1. 个人所得税	9	32	15	14	37
2. 个人缴纳的社会保障支出	1703	1826	2162	1860	2091
3. 外来从业人员寄给家人的支出	56	14	6	26	11
4. 赡养支出	29	74	73	67	85
5. 其他转移性支出	44	50	36	41	79

2-21 全体居民家庭生产经营情况(2017-2021)

单位：元

指　　标	2017	2018	2019	2020	2021
经营性收入	**10462**	**12847**	**14008**	**15305**	**20486**
(一)第一产业经营收入	1086	1456	1729	1743	1955
1. 农业	822	1048	1159	1105	1264
2. 林业	133	160	185	182	239
3. 牧业	71	138	165	189	208
4. 渔业	59	109	220	267	244
(二)第二产业经营收入	3099	4510	3780	3730	8519
1. 采矿业	7	0	0	0	
2. 制造业	2640	3981	3372	3136	7461
3. 电力热力燃气及水生产和供应业	50	8	1	3	67
4. 建筑业	402	521	406	591	990
(三)第三产业经营收入	6278	6881	8499	9832	10012
1. 批发和零售业	4084	4446	5759	7106	6011
2. 交通运输仓储和邮政业	854	678	606	660	999
3. 住宿和餐饮业	535	776	961	803	1224
4. 房地产业	19	38	16	34	8
5. 租赁和商务服务业	86	163	141	151	149
6. 居民服务修理和其他服务业	610	632	774	900	1303
7. 其他	59	126	216	149	293
8. 农林牧渔服务业	30	24	28	30	24

2-22 城镇常住居民家庭生产经营情况(2017-2021)

单位：元

指　　标	2017	2018	2019	2020	2021
经营性收入	**11738**	**14130**	**15647**	**17116**	**21210**
(一)第一产业经营收入	330	616	751	718	778
1. 农业	251	468	481	439	492
2. 林业	31	40	66	39	52
3. 牧业	17	60	92	103	44
4. 渔业	31	47	111	138	189
(二)第二产业经营收入	3656	5115	4212	4084	8650
1. 采矿业	10	0	0	0	
2. 制造业	3183	4591	3821	3560	7585
3. 电力热力燃气及水生产和供应业	61	11	0	2	88
4. 建筑业	402	512	390	522	976
(三)第三产业经营收入	7752	8400	10685	12314	11783
1. 批发和零售业	5275	5763	7588	9375	7470
2. 交通运输仓储和邮政业	841	420	563	544	1076
3. 住宿和餐饮业	709	966	1095	854	1220
4. 房地产业	29	57	24	50	12
5. 租赁和商务服务业	95	213	181	203	164
6. 居民服务修理和其他服务业	680	803	979	1113	1409
7. 其他	84	177	255	173	427
8. 农林牧渔服务业	38	2	0	1	4

2-23 农村常住居民家庭生产经营情况(2017-2021)

单位：元

指　　标	2017	2018	2019	2020	2021
经营性收入	**8096**	**10402**	**10817**	**11708**	**19012**
(一)第一产业经营收入	2488	3055	3633	3778	4354
1. 农业	1882	2153	2479	2429	2836
2. 林业	323	389	415	466	620
3. 牧业	173	286	306	360	541
4. 渔业	110	228	433	524	358
(二)第二产业经营收入	2064	3357	2939	3028	8252
1. 采矿业	0	0	1	0	
2. 制造业	1633	2818	2499	2294	7209
3. 电力热力燃气及水生产和供应业	30	2	2	6	24
4. 建筑业	402	537	437	728	1019
(三)第三产业经营收入	3544	3989	4244	4902	6406
1. 批发和零售业	1876	1938	2198	2596	3039
2. 交通运输仓储和邮政业	877	1168	690	890	842
3. 住宿和餐饮业	212	414	699	702	1232
4. 房地产业	0	0	0	0	
5. 租赁和商务服务业	70	67	63	49	121
6. 居民服务修理和其他服务业	481	307	375	477	1087
7. 其他	13	29	139	101	21
8. 农林牧渔服务业	16	66	81	88	64

2-24 全体居民家庭人均支出(2017-2021)

单位：元

指 标	2017	2018	2019	2020	2021
总支出	**45408**	**46452**	**50210**	**50444**	**61474**
一、消费支出	**27079**	**29471**	**32026**	**31295**	**36668**
(一)食品烟酒	7751	8198	8929	8922	10160
(二)衣着	1586	1814	1877	1703	2051
(三)居住	6993	7721	8403	9009	9943
(四)生活用品及服务	1346	1652	1716	1789	2073
(五)交通通信	4307	4302	4553	4301	5196
(六)教育文化娱乐	2845	3031	3624	2889	3769
(七)医疗保健	1696	2059	2123	1956	2499
(八)其他用品及服务	556	693	801	724	977
二、生产经营费用支出	**2892**	**4611**	**4976**	**6547**	**10635**
(一)第一产业	221	379	457	523	711
(二)第二产业	1144	2268	1606	1787	6185
(三)第三产业	1527	1965	2913	4237	3739
三、财产性支出	**247**	**395**	**490**	**474**	**398**
(一)生活贷款利息支出	243	375	424	462	327
(二)其他财产性支出	4	20	66	12	71
四、转移性支出	**2659**	**2854**	**2962**	**2900**	**3122**
(一)个人所得税	147	233	137	145	150
(二)社会保障支出	2223	2340	2558	2536	2672
1. 个人缴纳的养老保险	1635	1686	1805	1784	1840
2. 个人缴纳的医疗保险	523	545	665	654	724
3. 个人缴纳的失业保险	47	44	47	50	46
4. 其他社会保障支出	18	66	40	48	63

2-24 续表

指　　标	2017	2018	2019	2020	2021
（三）外来从业人员寄给家人的支出	39	17	15	17	13
（四）赡养支出	140	172	163	125	170
（五）其他转移性支出	110	92	88	78	117
五、部分商业保险支出	**133**	**202**	**225**	**214**	**347**
（一）意外伤害保险	17	24	20	15	26
（二）商业医疗保险（含大病保险）	40	88	119	105	190
（三）其他非储蓄性商业保险	20	32	33	21	35
（四）其他储蓄性商业保险	56	58	53	72	96
六、购置资产及非经常性转移支出	**8763**	**6332**	**7138**	**6486**	**7757**
（一）购置资产支出	5755	3184	3825	3710	4342
（二）非经常性转移支出	3008	3148	3312	2776	3415
七、借贷性支出	**3636**	**2587**	**2394**	**2528**	**2547**
（一）存入储蓄款	1297	234	100	70	98
（二）借出款	39	59	36	27	43
（三）归还借款	56	291	156	123	255
（四）购买有价证券	10	81	22	23	140
（五）其他投资支出	88	99	64	73	118
（六）归还住房贷款	1972	1547	1734	1919	1491
（七）归还汽车贷款	137	189	193	158	203
（八）归还教育贷款	0	0	0	0	0
（九）归还其他贷款	31	75	71	105	192
（十）其他借贷支出	7	13	17	31	7

2-25 城镇常住居民家庭人均支出(2017-2021)

单位：元

指 标	2017	2018	2019	2020	2021
总支出	**55752**	**55085**	**59312**	**60077**	**69662**
一、消费支出	**31924**	**34598**	**37508**	**36197**	**42193**
(一)食品烟酒	8906	9371	10162	9914	11283
(二)衣着	1926	2232	2259	2036	2437
(三)居住	8413	9154	9977	10665	11307
(四)生活用品及服务	1617	1967	2075	2073	2418
(五)交通通信	4956	5010	5368	4988	6105
(六)教育文化娱乐	3521	3684	4342	3450	4537
(七)医疗保健	1872	2287	2300	2162	2866
(八)其他用品及服务	713	893	1024	910	1241
二、生产经营费用支出	**3579**	**5269**	**5937**	**8001**	**10988**
(一)第一产业	64	169	185	189	318
(二)第二产业	1462	2664	1876	2106	6107
(三)第三产业	2053	2436	3875	5705	4563
三、财产性支出	**355**	**540**	**674**	**653**	**542**
(一)生活贷款利息支出	350	523	591	638	442
(二)其他财产性支出	5	18	83	16	99
四、转移性支出	**3100**	**3304**	**3305**	**3349**	**3524**
(一)个人所得税	221	338	200	211	206
(二)社会保障支出	2504	2610	2761	2876	2958
1. 个人缴纳的养老保险	1848	1918	1943	2052	2067
2. 个人缴纳的医疗保险	579	585	700	695	746
3. 个人缴纳的失业保险	67	60	63	66	60
4. 其他社会保障支出	9	48	56	64	84

2-25 续表

指标	2017	2018	2019	2020	2021
(三)外来从业人员寄给家人的支出	29	19	20	12	14
(四)赡养支出	200	224	210	154	211
(五)其他转移性支出	145	113	114	96	135
五、部分商业保险支出	**184**	**255**	**286**	**260**	**446**
(一)意外伤害保险	23	31	25	18	28
(二)商业医疗保险(含大病保险)	51	110	147	134	243
(三)其他非储蓄性商业保险	29	42	43	28	45
(四)其他储蓄性商业保险	82	71	71	81	130
六、购置资产及非经常性转移支出	**11555**	**7571**	**8577**	**8188**	**8755**
(一)购置资产支出	8206	4118	5009	5121	5296
(二)非经常性转移支出	3350	3453	3568	3067	3459
七、借贷性支出	**5056**	**3548**	**3025**	**3428**	**3214**
(一)存入储蓄款	1697	300	123	88	113
(二)借出款	33	83	19	29	56
(三)归还借款	69	339	159	151	250
(四)购买有价证券	15	123	31	32	204
(五)其他投资支出	128	139	78	97	129
(六)归还住房贷款	2973	2244	2302	2707	1964
(七)归还汽车贷款	118	221	220	158	244
(八)归还教育贷款	0	0	0	0	0
(九)归还其他贷款	15	82	69	118	247
(十)其他借贷支出	7	17	24	46	8

2-26 农村常住居民家庭人均支出(2017-2021)

单位：元

指　标	2017	2018	2019	2020	2021
总支出	**26223**	**30010**	**32487**	**31306**	**44798**
一、消费支出	**18093**	**19707**	**21352**	**21555**	**25415**
(一)食品烟酒	5608	5966	6529	6952	7873
(二)衣着	956	1018	1134	1043	1265
(三)居住	4358	4993	5339	5720	7166
(四)生活用品及服务	842	1053	1016	1225	1370
(五)交通通信	3102	2953	2965	2937	3346
(六)教育文化娱乐	1591	1788	2226	1776	2204
(七)医疗保健	1370	1627	1777	1546	1752
(八)其他用品及服务	265	310	367	355	439
二、生产经营费用支出	**1618**	**3359**	**3105**	**3658**	**9916**
(一)第一产业	512	778	984	1187	1511
(二)第二产业	554	1514	1081	1152	6345
(三)第三产业	552	1068	1040	1319	2061
三、财产性支出	**47**	**117**	**130**	**119**	**106**
(一)生活贷款利息支出	45	94	99	113	93
(二)其他财产性支出	2	23	31	6	13
四、转移性支出	**1841**	**1996**	**2292**	**2007**	**2302**
(一)个人所得税	9	32	15	14	37
(二)社会保障支出	1703	1826	2162	1860	2091
1. 个人缴纳的养老保险	1240	1243	1538	1252	1377
2. 个人缴纳的医疗保险	418	469	599	571	678
3. 个人缴纳的失业保险	10	12	16	20	16
4. 其他社会保障支出	34	101	10	17	20

2-26 续表

指　　标	2017	2018	2019	2020	2021
（三）外来从业人员寄给家人的支出	56	14	6	26	11
（四）赡养支出	29	74	73	67	85
（五）其他转移性支出	44	50	36	41	79
五、部分商业保险支出	**40**	**102**	**107**	**122**	**146**
（一）意外伤害保险	7	11	11	10	23
（二）商业医疗保险（含大病保险）	21	46	66	49	82
（三）其他非储蓄性商业保险	3	13	14	9	14
（四）其他储蓄性商业保险	10	33	16	54	27
六、购置资产及非经常性转移支出	**3583**	**3973**	**4335**	**3104**	**5725**
（一）购置资产支出	1210	1407	1521	907	2400
（二）非经常性转移支出	2373	2566	2814	2197	3325
七、借贷性支出	**1001**	**756**	**1166**	**741**	**1187**
（一）存入储蓄款	556	109	55	33	70
（二）借出款	52	12	69	22	18
（三）归还借款	31	198	151	67	265
（四）购买有价证券	…	0	3	4	8
（五）其他投资支出	13	23	37	25	95
（六）归还住房贷款	113	219	628	352	527
（七）归还汽车贷款	171	130	141	158	120
（八）归还教育贷款	0	0	0	0	0
（九）归还其他贷款	60	61	76	77	79
（十）其他借贷支出	5	4	6	2	6

2-27 全体居民家庭人均消费支出(2017-2021)

单位：元

指　　标	2017	2018	2019	2020	2021
消费支出	**27079**	**29471**	**32026**	**31295**	**36668**
一、食品烟酒	**7751**	**8198**	**8929**	**8922**	**10160**
(一)食品	5235	5309	5695	6171	6342
(二)烟酒	806	863	899	877	1113
(三)饮料	123	150	169	170	226
(四)饮食服务	1586	1876	2166	1704	2479
二、衣着	**1586**	**1814**	**1877**	**1703**	**2051**
(一)衣类	1276	1481	1526	1376	1662
(二)鞋类	310	332	351	328	389
三、居住	**6993**	**7721**	**8403**	**9009**	**9943**
(一)租赁房房租	434	589	575	453	433
(二)住房维修及管理	1121	740	923	1327	1560
(三)水电燃料及其他	886	977	1021	1012	1045
(四)自有住房折算租金	4552	5415	5885	6217	6904
四、生活用品及服务	**1346**	**1652**	**1716**	**1789**	**2073**
(一)家具及室内装饰品	247	262	272	325	385
(二)家用器具	348	420	418	457	525
(三)家用纺织品	116	137	166	139	166
(四)家庭日用杂品	336	364	362	369	389
(五)个人用品	229	363	401	409	489
(六)家庭服务	70	105	96	90	119
五、交通通信	**4307**	**4302**	**4553**	**4301**	**5196**
(一)交通	3356	3284	3564	3284	4121
(二)通信	951	1018	989	1017	1076
六、教育文化娱乐	**2845**	**3031**	**3624**	**2889**	**3769**
(一)教育	1654	1772	2257	2022	2810
(二)文化娱乐	1190	1259	1367	867	959
七、医疗保健	**1696**	**2059**	**2123**	**1956**	**2499**
(一)医疗器具及药品	595	669	628	605	694
(二)医疗服务	1101	1391	1494	1351	1804
八、其他用品及服务	**556**	**693**	**801**	**724**	**977**
(一)其他用品	304	353	414	424	564
(二)其他服务	252	340	388	300	412

2-28 城镇常住居民家庭人均消费支出(2017-2021)

单位：元

指　　标	2017	2018	2019	2020	2021
消费支出	**31924**	**34598**	**37508**	**36197**	**42193**
一、食品烟酒	**8906**	**9371**	**10162**	**9914**	**11283**
(一)食品	5841	5896	6251	6716	6631
(二)烟酒	819	861	896	841	1168
(三)饮料	133	173	193	190	257
(四)饮食服务	2113	2441	2821	2167	3228
二、衣着	**1926**	**2232**	**2259**	**2036**	**2437**
(一)衣类	1563	1833	1845	1654	1998
(二)鞋类	362	399	413	382	439
三、居住	**8413**	**9154**	**9977**	**10665**	**11307**
(一)租赁房房租	609	837	807	606	572
(二)住房维修及管理	1347	817	1025	1466	1776
(三)水电燃料及其他	963	1063	1099	1101	1128
(四)自有住房折算租金	5495	6437	7047	7492	7831
四、生活用品及服务	**1617**	**1967**	**2075**	**2073**	**2418**
(一)家具及室内装饰品	317	302	343	370	439
(二)家用器具	397	468	486	496	591
(三)家用纺织品	148	168	204	172	203
(四)家庭日用杂品	379	409	400	400	417
(五)个人用品	282	475	515	511	616
(六)家庭服务	95	145	129	124	151
五、交通通信	**4956**	**5010**	**5368**	**4988**	**6105**
(一)交通	3869	3847	4263	3851	4937
(二)通信	1087	1164	1105	1136	1168
六、教育文化娱乐	**3521**	**3684**	**4342**	**3450**	**4537**
(一)教育	1912	2032	2561	2365	3368
(二)文化娱乐	1609	1652	1782	1084	1169
七、医疗保健	**1872**	**2287**	**2300**	**2162**	**2866**
(一)医疗器具及药品	694	743	693	679	744
(二)医疗服务	1178	1543	1608	1483	2121
八、其他用品及服务	**713**	**893**	**1024**	**910**	**1241**
(一)其他用品	386	454	507	525	712
(二)其他服务	327	439	517	386	529

2-29 农村常住居民家庭人均消费支出(2017-2021)

单位：元

指标	2017	2018	2019	2020	2021
消费支出	**18093**	**19707**	**21352**	**21555**	**25415**
一、食品烟酒	**5608**	**5966**	**6529**	**6952**	**7873**
(一)食品	4112	4190	4613	5088	5754
(二)烟酒	783	869	905	951	1001
(三)饮料	104	106	121	130	164
(四)饮食服务	609	801	889	784	954
二、衣着	**956**	**1018**	**1134**	**1043**	**1265**
(一)衣类	743	812	904	823	977
(二)鞋类	213	206	230	220	288
三、居住	**4358**	**4993**	**5339**	**5720**	**7166**
(一)租赁房房租	110	117	125	151	149
(二)住房维修及管理	703	593	723	1049	1122
(三)水电燃料及其他	743	814	868	836	878
(四)自有住房折算租金	2803	3470	3622	3685	5017
四、生活用品及服务	**842**	**1053**	**1016**	**1225**	**1370**
(一)家具及室内装饰品	118	186	134	236	274
(二)家用器具	257	330	285	380	391
(三)家用纺织品	55	77	93	74	91
(四)家庭日用杂品	257	280	290	307	330
(五)个人用品	132	151	181	206	230
(六)家庭服务	24	29	32	22	54
五、交通通信	**3102**	**2953**	**2965**	**2937**	**3346**
(一)交通	2405	2212	2202	2157	2458
(二)通信	698	741	763	780	888
六、教育文化娱乐	**1591**	**1788**	**2226**	**1776**	**2204**
(一)教育	1176	1278	1667	1341	1674
(二)文化娱乐	415	510	559	435	530
七、医疗保健	**1370**	**1627**	**1777**	**1546**	**1752**
(一)医疗器具及药品	411	527	503	457	593
(二)医疗服务	959	1100	1274	1089	1159
八、其他用品及服务	**265**	**310**	**367**	**355**	**439**
(一)其他用品	154	160	231	225	263
(二)其他服务	112	150	135	130	176

2-30 全体居民家庭人均消费支出构成(2017-2021)

单位：%

指　　标	2017	2018	2019	2020	2021
消费支出	**100.0**	**100.0**	**100.0**	**100.0**	**100.0**
一、食品烟酒	**28.6**	**27.8**	**27.9**	**28.5**	**27.7**
(一)食品	19.3	18.0	17.8	19.7	17.3
(二)烟酒	3.0	2.9	2.8	2.8	3.0
(三)饮料	0.5	0.5	0.5	0.5	0.6
(四)饮食服务	5.9	6.4	6.8	5.4	6.8
二、衣着	**5.9**	**6.2**	**5.9**	**5.4**	**5.6**
(一)衣类	4.7	5.0	4.8	4.4	4.5
(二)鞋类	1.1	1.1	1.1	1.0	1.1
三、居住	**25.8**	**26.2**	**26.2**	**28.8**	**27.1**
(一)租赁房房租	1.6	2.0	1.8	1.4	1.2
(二)住房维修及管理	4.1	2.5	2.9	4.2	4.3
(三)水电燃料及其他	3.3	3.3	3.2	3.2	2.9
(四)自有住房折算租金	16.8	18.4	18.4	19.9	18.8
四、生活用品及服务	**5.0**	**5.6**	**5.4**	**5.7**	**5.7**
(一)家具及室内装饰品	0.9	0.9	0.8	1.0	1.0
(二)家用器具	1.3	1.4	1.3	1.5	1.4
(三)家用纺织品	0.4	0.5	0.5	0.4	0.5
(四)家庭日用杂品	1.2	1.2	1.1	1.2	1.1
(五)个人用品	0.8	1.2	1.3	1.3	1.3
(六)家庭服务	0.3	0.4	0.3	0.3	0.3
五、交通通信	**15.9**	**14.6**	**14.2**	**13.7**	**14.2**
(一)交通	12.4	11.1	11.1	10.5	11.2
(二)通信	3.5	3.5	3.1	3.2	2.9
六、教育文化娱乐	**10.5**	**10.3**	**11.3**	**9.2**	**10.3**
(一)教育	6.1	6.0	7.0	6.5	7.7
(二)文化娱乐	4.4	4.3	4.3	2.8	2.6
七、医疗保健	**6.3**	**7.0**	**6.6**	**6.2**	**6.8**
(一)医疗器具及药品	2.2	2.3	2.0	1.9	1.9
(二)医疗服务	4.1	4.7	4.7	4.3	4.9
八、其他用品及服务	**2.1**	**2.4**	**2.5**	**2.3**	**2.7**
(一)其他用品	1.1	1.2	1.3	1.4	1.5
(二)其他服务	0.9	1.2	1.2	1.0	1.1

2-31 城镇常住居民家庭人均消费支出构成(2017-2021)

单位：%

指　　标	2017	2018	2019	2020	2021
消费支出	**100.0**	**100.0**	**100.0**	**100.0**	**100.0**
一、食品烟酒	**27.9**	**27.1**	**27.1**	**27.4**	**26.7**
(一)食品	18.3	17.0	16.7	18.6	15.7
(二)烟酒	2.6	2.5	2.4	2.3	2.8
(三)饮料	0.4	0.5	0.5	0.5	0.6
(四)饮食服务	6.6	7.1	7.5	6.0	7.6
二、衣着	**6.0**	**6.5**	**6.0**	**5.6**	**5.8**
(一)衣类	4.9	5.3	4.9	4.6	4.7
(二)鞋类	1.1	1.2	1.1	1.1	1.0
三、居住	**26.4**	**26.5**	**26.6**	**29.5**	**26.8**
(一)租赁房房租	1.9	2.4	2.2	1.7	1.4
(二)住房维修及管理	4.2	2.4	2.7	4.1	4.2
(三)水电燃料及其他	3.0	3.1	2.9	3.0	2.7
(四)自有住房折算租金	17.2	18.6	18.8	20.7	18.6
四、生活用品及服务	**5.1**	**5.7**	**5.5**	**5.7**	**5.7**
(一)家具及室内装饰品	1.0	0.9	0.9	1.0	1.0
(二)家用器具	1.2	1.4	1.3	1.4	1.4
(三)家用纺织品	0.5	0.5	0.5	0.5	0.5
(四)家庭日用杂品	1.2	1.2	1.1	1.1	1.0
(五)个人用品	0.9	1.4	1.4	1.4	1.5
(六)家庭服务	0.3	0.4	0.3	0.3	0.4
五、交通通信	**15.5**	**14.5**	**14.3**	**13.8**	**14.5**
(一)交通	12.1	11.1	11.4	10.6	11.7
(二)通信	3.4	3.4	2.9	3.1	2.8
六、教育文化娱乐	**11.0**	**10.6**	**11.6**	**9.5**	**10.8**
(一)教育	6.0	5.9	6.8	6.5	8.0
(二)文化娱乐	5.0	4.8	4.8	3.0	2.8
七、医疗保健	**5.9**	**6.6**	**6.1**	**6.0**	**6.8**
(一)医疗器具及药品	2.2	2.1	1.8	1.9	1.8
(二)医疗服务	3.7	4.5	4.3	4.1	5.0
八、其他用品及服务	**2.2**	**2.6**	**2.7**	**2.5**	**2.9**
(一)其他用品	1.2	1.3	1.4	1.4	1.7
(二)其他服务	1.0	1.3	1.4	1.1	1.3

2-32 农村常住居民家庭人均消费支出构成(2017-2021)

单位：%

指　　标	2017	2018	2019	2020	2021
消费支出	**100.0**	**100.0**	**100.0**	**100.0**	**100.0**
一、食品烟酒	**31.0**	**30.3**	**30.6**	**32.3**	**31.0**
(一)食品	22.7	21.3	21.6	23.6	22.6
(二)烟酒	4.3	4.4	4.2	4.4	3.9
(三)饮料	0.6	0.5	0.6	0.6	0.6
(四)饮食服务	3.4	4.1	4.2	3.6	3.8
二、衣着	**5.3**	**5.2**	**5.3**	**4.8**	**5.0**
(一)衣类	4.1	4.1	4.2	3.8	3.8
(二)鞋类	1.2	1.0	1.1	1.0	1.1
三、居住	**24.1**	**25.3**	**25.0**	**26.5**	**28.2**
(一)租赁房房租	0.6	0.6	0.6	0.7	0.6
(二)住房维修及管理	3.9	3.0	3.4	4.9	4.4
(三)水电燃料及其他	4.1	4.1	4.1	3.9	3.5
(四)自有住房折算租金	15.5	17.6	17.0	17.1	19.7
四、生活用品及服务	**4.7**	**5.3**	**4.8**	**5.7**	**5.4**
(一)家具及室内装饰品	0.7	0.9	0.6	1.1	1.1
(二)家用器具	1.4	1.7	1.3	1.8	1.5
(三)家用纺织品	0.3	0.4	0.4	0.3	0.4
(四)家庭日用杂品	1.4	1.4	1.4	1.4	1.3
(五)个人用品	0.7	0.8	0.8	1.0	0.9
(六)家庭服务	0.1	0.1	0.1	0.1	0.2
五、交通通信	**17.1**	**15.0**	**13.9**	**13.6**	**13.2**
(一)交通	13.3	11.2	10.3	10.0	9.7
(二)通信	3.9	3.8	3.6	3.6	3.5
六、教育文化娱乐	**8.8**	**9.1**	**10.4**	**8.2**	**8.7**
(一)教育	6.5	6.5	7.8	6.2	6.6
(二)文化娱乐	2.3	2.6	2.6	2.0	2.1
七、医疗保健	**7.6**	**8.3**	**8.3**	**7.2**	**6.9**
(一)医疗器具及药品	2.3	2.7	2.4	2.1	2.3
(二)医疗服务	5.3	5.6	6.0	5.1	4.6
八、其他用品及服务	**1.5**	**1.6**	**1.7**	**1.6**	**1.7**
(一)其他用品	0.8	0.8	1.1	1.0	1.0
(二)其他服务	0.6	0.8	0.6	0.6	0.7

2-33 全体居民家庭人均现金消费支出(2017-2021)

单位：元

指　　标	2017	2018	2019	2020	2021
现金消费支出	**21691**	**23224**	**25247**	**24237**	**28669**
一、食品烟酒	**7406**	**7906**	**8624**	**8623**	**9898**
(一)食品	5053	5103	5491	5963	6144
(二)烟酒	806	863	899	877	1113
(三)饮料	122	150	168	170	223
(四)饮食服务	1424	1790	2065	1613	2418
二、衣着	**1585**	**1813**	**1876**	**1703**	**2050**
(一)衣类	1275	1481	1525	1376	1661
(二)鞋类	310	332	351	328	389
三、居住	**2409**	**2282**	**2483**	**2777**	**2965**
(一)租赁房房租	434	589	575	453	433
(二)住房维修及管理	1121	740	923	1327	1560
(三)水电燃料及其他	853	953	985	997	972
四、生活用品及服务	**1333**	**1642**	**1702**	**1778**	**2066**
(一)家具及室内装饰品	247	261	272	325	384
(二)家用器具	348	420	418	457	525
(三)家用纺织品	116	137	166	139	166
(四)家庭日用杂品	324	355	349	358	383
(五)个人用品	229	363	401	409	489
(六)家庭服务	70	105	96	90	119
五、交通通信	**4300**	**4298**	**4550**	**4297**	**5192**
(一)交通	3350	3280	3561	3280	4116
(二)通信	951	1018	989	1017	1076
六、教育文化娱乐	**2841**	**3029**	**3621**	**2883**	**3765**
(一)教育	1654	1772	2257	2022	2810
(二)文化娱乐	1186	1256	1364	861	955
七、医疗保健	**1270**	**1570**	**1595**	**1457**	**1761**
(一)医疗器具及药品	593	668	627	604	693
(二)医疗服务	677	902	968	853	1068
八、其他用品及服务	**547**	**685**	**796**	**719**	**972**
(一)其他用品	300	349	411	420	562
(二)其他服务	247	335	385	299	410

2-34 城镇常住居民家庭人均现金消费支出(2017-2021)

单位：元

指标	2017	2018	2019	2020	2021
现金消费支出	**25582**	**27319**	**29596**	**27884**	**33259**
一、食品烟酒	**8618**	**9180**	**9950**	**9714**	**11127**
(一)食品	5774	5817	6167	6631	6541
(二)烟酒	819	861	896	841	1168
(三)饮料	133	173	193	190	256
(四)饮食服务	1892	2330	2695	2053	3162
二、衣着	**1925**	**2231**	**2258**	**2035**	**2437**
(一)衣类	1562	1832	1844	1654	1998
(二)鞋类	362	399	413	382	439
三、居住	**2905**	**2703**	**2915**	**3161**	**3454**
(一)租赁房房租	609	837	807	606	572
(二)住房维修及管理	1347	817	1025	1466	1776
(三)水电燃料及其他	949	1049	1083	1089	1106
四、生活用品及服务	**1602**	**1956**	**2060**	**2064**	**2412**
(一)家具及室内装饰品	317	302	343	370	439
(二)家用器具	397	468	486	496	591
(三)家用纺织品	148	168	204	172	203
(四)家庭日用杂品	364	397	384	391	411
(五)个人用品	282	475	515	511	616
(六)家庭服务	95	145	129	124	151
五、交通通信	**4948**	**5004**	**5364**	**4981**	**6100**
(一)交通	3861	3841	4259	3845	4932
(二)通信	1087	1164	1105	1136	1168
六、教育文化娱乐	**3515**	**3680**	**4338**	**3442**	**4533**
(一)教育	1912	2032	2561	2365	3368
(二)文化娱乐	1603	1648	1778	1076	1165
七、医疗保健	**1368**	**1679**	**1692**	**1582**	**1962**
(一)医疗器具及药品	691	743	692	679	744
(二)医疗服务	676	936	1000	903	1218
八、其他用品及服务	**701**	**886**	**1019**	**905**	**1235**
(一)其他用品	380	450	504	521	710
(二)其他服务	321	435	515	384	525

2-35 农村常住居民家庭人均现金消费支出(2017-2021)

单位：元

指　　标	2017	2018	2019	2020	2021
现金消费支出	**14476**	**15424**	**16780**	**16992**	**19319**
一、食品烟酒	**5159**	**5478**	**6042**	**6455**	**7393**
(一)食品	3718	3744	4176	4637	5334
(二)烟酒	783	869	905	951	1001
(三)饮料	102	105	120	129	156
(四)饮食服务	557	761	841	739	902
二、衣着	**955**	**1018**	**1133**	**1043**	**1263**
(一)衣类	742	812	904	823	975
(二)鞋类	213	206	230	220	288
三、居住	**1489**	**1478**	**1642**	**2015**	**1969**
(一)租赁房房租	110	117	125	151	149
(二)住房维修及管理	703	593	723	1049	1122
(三)水电燃料及其他	676	769	794	816	698
四、生活用品及服务	**834**	**1044**	**1007**	**1210**	**1362**
(一)家具及室内装饰品	118	183	134	236	271
(二)家用器具	257	330	285	380	391
(三)家用纺织品	55	77	93	74	91
(四)家庭日用杂品	249	273	281	291	324
(五)个人用品	132	151	181	206	230
(六)家庭服务	24	29	32	22	54
五、交通通信	**3100**	**2952**	**2965**	**2937**	**3343**
(一)交通	2402	2211	2201	2157	2454
(二)通信	698	741	763	780	888
六、教育文化娱乐	**1590**	**1788**	**2226**	**1774**	**2202**
(一)教育	1176	1278	1667	1341	1674
(二)文化娱乐	414	510	559	433	528
七、医疗保健	**1089**	**1364**	**1406**	**1209**	**1353**
(一)医疗器具及药品	411	526	501	457	590
(二)医疗服务	678	838	905	752	762
八、其他用品及服务	**260**	**302**	**360**	**349**	**435**
(一)其他用品	150	157	230	219	261
(二)其他服务	111	145	131	129	174

2-36 全体居民家庭耐用消费品拥有量(2017-2021)

指　　标		2017	2018	2019	2020	2021
平均每百户拥有量						
(一)家用汽车	(辆)	47.9	44.4	44.9	48.2	53.3
(二)摩托车	(辆)	17.7	12.7	11.6	11.5	8.6
(三)电冰箱(柜)	(台)	101.1	104.0	105.6	106.5	111.7
(四)洗衣机	(台)	88.9	90.6	92.9	93.7	97.8
(五)热水器	(个)	95.3	101.9	104.0	105.9	106.7
#太阳能热水器	(个)	37.6	33.7			
(六)空调	(台)	176.1	193.1	195.8	198.5	217.9
(七)彩色电视机	(台)	178.2	173.2	175.5	176.1	175.0
(八)摄像机	(架)					
(九)照相机	(架)	23.7	17.3	17.6	17.0	11.5
(十)计算机	(台)	80.7	72.6	72.3	73.7	62.5
#接入互联网计算机	(台)	71.7	64.7	62.5	65.7	58.3
(十一)中高档乐器	(架)	4.9	7.6	8.5	8.5	7.4
(十二)固定电话	(部)	44.2	27.8	20.9	19.4	10.2
(十三)移动电话	(部)	239.9	243.6	245.0	247.9	253.6
#接入互联网移动电话	(部)	153.6	178.8	188.3	211.5	222.0

注：摄像机、太阳能热水器数量先后于2017年、2019年暂停统计。

2-37 城镇常住居民家庭耐用消费品拥有量(2017-2021)

指　　标		2017	2018	2019	2020	2021
平均每百户拥有量						
(一)家用汽车	(辆)	55.5	52.4	52.8	55.6	62.5
(二)摩托车	(辆)	11.8	7.8	7.7	7.2	5.8
(三)电冰箱(柜)	(台)	100.3	103.2	104.5	105.2	108.1
(四)洗衣机	(台)	92.5	93.9	95.4	96.5	99.5
(五)热水器	(个)	98.4	105.3	107.2	109.2	108.3
#太阳能热水器	(个)	30.7	27.8			
(六)空调	(台)	206.0	220.5	220.6	222.5	236.6
(七)彩色电视机	(台)	179.1	171.9	175.1	176.2	172.2
(八)摄像机	(架)					
(九)照相机	(架)	32.4	23.2	23.7	22.9	15.2
(十)计算机	(台)	95.6	86.4	85.2	86.0	75.8
#接入互联网计算机	(台)	85.8	78.3	75.1	78.2	71.4
(十一)中高档乐器	(架)	6.9	10.6	11.8	11.6	10.3
(十二)固定电话	(部)	47.3	28.2	21.5	19.7	10.3
(十三)移动电话	(部)	242.3	243.1	242.8	245.4	254.4
#接入互联网移动电话	(部)	170.5	193.1	200.2	221.6	228.5

注：摄像机、太阳能热水器数量先后于2017年、2019年暂停统计。

2-38 农村常住居民家庭耐用消费品拥有量(2017-2021)

指　　标		2017	2018	2019	2020	2021
平均每百户拥有量						
(一)家用汽车	(辆)	33.3	28.8	28.9	33.0	35.5
(二)摩托车	(辆)	29.0	22.2	19.6	20.3	13.9
(三)电冰箱(柜)	(台)	102.7	105.6	107.7	109.2	118.7
(四)洗衣机	(台)	82.0	84.2	87.9	87.8	94.4
(五)热水器	(个)	89.3	95.4	97.5	99.1	103.7
#太阳能热水器	(个)	51.0	45.2			
(六)空调	(台)	118.8	139.6	145.4	149.0	181.7
(七)彩色电视机	(台)	176.4	175.7	176.3	175.9	180.4
(八)摄像机	(架)					
(九)照相机	(架)	6.9	5.8	5.1	4.9	4.4
(十)计算机	(台)	52.2	45.5	46.1	48.2	36.8
#接入互联网计算机	(台)	44.8	38.3	36.9	39.9	32.9
(十一)中高档乐器	(架)	1.0	1.9	1.9	2.1	1.9
(十二)固定电话	(部)	38.2	27.2	19.6	18.7	9.9
(十三)移动电话	(部)	235.2	244.5	249.6	253.1	251.9
#接入互联网移动电话	(部)	121.2	151.2	164.1	190.9	209.3

注：摄像机、太阳能热水器数量先后于2017年、2019年暂停统计。

2-39 全体居民主要食品消费量(2017-2021)

单位：公斤/人

指　　标	2017	2018	2019	2020	2021
一、粮食消费量	**134.1**	**132.9**	**132.9**	**137.3**	**152.1**
(一)谷物消费量	120.7	119.6	119.0	123.0	135.4
1. 小麦	15.5	19.2	20.3	22.1	27.7
2. 稻谷	94.2	88.0	85.7	87.8	94.0
3. 玉米	2.9	3.7	4.0	4.1	5.2
4. 其他谷物	8.1	8.7	9.1	9.0	8.5
(二)薯类消费量	2.2	2.4	2.2	2.4	2.3
1. 红薯	0.8	1.0	0.8	0.8	0.6
2. 马铃薯	1.1	1.0	1.0	1.2	1.3
3. 其他薯类	0.3	0.3	0.4	0.4	0.4
(三)豆类消费量	11.3	10.9	11.7	11.9	14.4
1. 大豆	0.7	0.9	0.8	0.5	0.6
2. 其他豆类	10.6	10.0	10.9	11.4	13.9
二、油脂类消费量	**12.1**	**11.6**	**11.3**	**11.5**	**11.8**
(一)植物油	11.7	10.9	10.8	11.0	11.1
(二)动物油	0.4	0.7	0.5	0.5	0.7
三、蔬菜及菜制品消费量	**96.5**	**91.7**	**95.4**	**96.9**	**109.9**
(一)鲜菜	91.4	87.1	90.5	92.0	104.7
(二)干菜及菜制品	3.0	2.6	2.7	2.7	2.7
(三)鲜菌	1.7	1.6	1.8	1.9	2.3
(四)干菌及菌制品	0.5	0.4	0.4	0.3	0.3
四、肉类	**27.2**	**29.8**	**28.3**	**26.3**	**37.2**
(一)猪肉	21.9	23.7	22.0	20.0	29.4
(二)牛肉	2.0	2.5	2.7	2.9	3.5
(三)羊肉	0.6	0.7	0.7	0.6	0.8
(四)其他肉类及制品	2.8	2.9	3.0	2.8	3.5
五、禽类	**10.6**	**10.7**	**11.9**	**13.0**	**14.3**
(一)鸡	5.1	5.4	6.0	6.7	7.4
(二)鸭	3.2	3.0	3.4	3.7	3.8
(三)鹅	0.1	0.1	0.1	0.2	0.2
(四)其他禽类及制品	2.2	2.1	2.4	2.4	2.9

2-39 续表

指　标	2017	2018	2019	2020	2021
六、水产品	**23.7**	**22.9**	**25.9**	**25.9**	**30.5**
(一)鱼类	13.5	13.3	14.6	14.4	17.4
(二)虾贝蟹类	6.8	6.5	8.0	8.2	9.9
(三)藻类	0.7	0.5	0.6	0.6	0.6
(四)其他	2.6	2.5	2.7	2.7	2.6
七、蛋类及蛋制品	**8.5**	**8.4**	**9.2**	**10.6**	**12.4**
(一)鲜蛋	7.8	7.7	8.5	9.8	11.8
(二)蛋制品	0.8	0.7	0.7	0.7	0.6
八、奶和奶制品	**12.0**	**13.2**	**13.5**	**14.7**	**16.9**
(一)鲜奶	6.3	8.0	8.6	10.1	12.9
(二)酸奶	2.9	2.4	2.6	2.5	2.3
(三)奶粉	0.5	0.8	0.7	0.7	0.6
(四)其他奶制品	2.4	2.0	1.6	1.4	1.0
九、干鲜瓜果类	**50.7**	**52.6**	**55.6**	**56.0**	**68.3**
(一)鲜瓜果	45.7	47.5	50.1	50.7	61.9
(二)瓜果制品	1.3	1.5	1.5	1.4	1.7
(三)坚果类	3.6	3.6	3.9	3.9	4.8
十、糖果糕点类	**6.3**	**7.5**	**7.4**	**7.2**	**8.8**
(一)食糖	1.5	1.5	1.6	1.6	1.8
(二)糖果	0.4	0.7	0.7	0.6	0.7
(三)糕点	3.5	4.1	4.3	4.2	5.4
(四)其他糖果糕点	0.9	1.1	0.9	0.8	0.9
十一、饮料	**0.2**	**0.2**	**0.2**	**0.2**	**0.2**
(一)茶叶	0.2	0.2	0.2	0.2	0.2
十二、烟叶消费量	**28.5**	**29.7**	**30.8**	**30.0**	**35.2**
十三、酒	**9.9**	9.5	8.9	8.7	10.7
(一)白酒	2.0	2.1	2.2	2.1	2.7
(二)啤酒	7.5	6.9	6.2	6.2	7.6
(三)果酒	0.4	0.4	0.5	0.4	0.4

2-40 城镇常住居民主要食品消费量(2017-2021)

单位：公斤/人

指 标	2017	2018	2019	2020	2021
一、粮食消费量	**118.2**	**119.2**	**118.0**	**124.2**	**135.7**
(一)谷物消费量	105.6	106.9	104.8	110.5	120.6
1. 小麦	15.5	20.1	21.1	22.8	27.4
2. 稻谷	80.1	76.0	72.8	76.1	81.0
3. 玉米	2.7	3.1	3.6	3.8	4.5
4. 其他谷物	7.3	7.7	7.3	7.7	7.7
(二)薯类消费量	1.6	1.7	1.9	2.0	2.1
1. 红薯	0.4	0.5	0.5	0.5	0.5
2. 马铃薯	0.9	0.9	1.0	1.1	1.2
3. 其他薯类	0.3	0.4	0.4	0.4	0.5
(三)豆类消费量	10.9	10.6	11.2	11.6	13.0
1. 大豆	0.5	0.6	0.5	0.4	0.4
2. 其他豆类	10.4	9.9	10.7	11.2	12.6
二、油脂类消费量	**11.8**	**11.1**	**10.8**	**10.9**	**10.7**
(一)植物油	11.5	10.5	10.3	10.5	10.2
(二)动物油	0.3	0.6	0.5	0.4	0.5
三、蔬菜及菜制品消费量	**97.4**	**91.2**	**95.4**	**97.8**	**105.7**
(一)鲜菜	92.0	86.3	90.3	92.8	100.5
(二)干菜及菜制品	3.2	2.7	2.8	2.7	2.6
(三)鲜菌	1.7	1.7	1.9	2.0	2.3
(四)干菌及菌制品	0.5	0.4	0.4	0.3	0.3
四、肉类	**27.3**	**29.6**	**28.5**	**27.1**	**36.5**
(一)猪肉	21.2	22.7	21.4	19.8	27.8
(二)牛肉	2.3	2.9	3.1	3.4	3.9
(三)羊肉	0.7	0.7	0.7	0.6	0.9
(四)其他肉类及制品	3.0	3.2	3.2	3.2	4.0
五、禽类	**11.5**	**11.4**	**12.5**	**13.6**	**14.1**
(一)鸡	5.5	5.6	6.2	6.9	7.1
(二)鸭	3.4	3.2	3.5	3.8	3.7
(三)鹅	0.1	0.1	0.1	0.2	0.2
(四)其他禽类及制品	2.4	2.4	2.7	2.7	3.2

2-40 续表

指　标	2017	2018	2019	2020	2021
六、水产品	**26.4**	**25.2**	**28.3**	**28.3**	**31.4**
(一)鱼类	14.7	14.2	15.5	15.3	17.4
(二)虾贝蟹类	7.9	7.5	9.1	9.2	10.7
(三)藻类	0.6	0.5	0.5	0.6	0.5
(四)其他	3.1	2.9	3.1	3.1	2.9
七、蛋类及蛋制品	**8.8**	**8.7**	**9.3**	**10.9**	**12.0**
(一)鲜蛋	7.9	7.9	8.6	10.2	11.4
(二)蛋制品	0.8	0.7	0.7	0.8	0.6
八、奶和奶制品	**13.4**	**15.1**	**15.1**	**16.5**	**18.2**
(一)鲜奶	7.2	9.4	9.7	11.4	13.7
(二)酸奶	3.1	2.9	3.0	2.9	2.7
(三)奶粉	0.5	0.9	0.9	0.9	0.8
(四)其他奶制品	2.6	1.9	1.5	1.4	1.1
九、干鲜瓜果类	**56.3**	**59.0**	**62.1**	**62.1**	**71.3**
(一)鲜瓜果	51.0	53.4	56.3	56.4	65.0
(二)瓜果制品	1.5	1.7	1.7	1.6	1.7
(三)坚果类	3.9	3.9	4.2	4.1	4.6
十、糖果糕点类	**6.3**	**8.1**	**7.7**	**7.5**	**8.8**
(一)食糖	1.4	1.4	1.4	1.5	1.4
(二)糖果	0.4	0.8	0.7	0.6	0.8
(三)糕点	3.7	4.7	4.7	4.4	5.7
(四)其他糖果糕点	0.8	1.2	0.9	0.9	0.8
十一、饮料	**0.2**	**0.2**	**0.2**	**0.2**	**0.2**
(一)茶叶	0.2	0.2	0.2	0.2	0.2
十二、烟叶消费量	**23.1**	**24.6**	**26.2**	**24.7**	**31.7**
十三、酒	**7.8**	**7.6**	**7.5**	**7.3**	**9.4**
(一)白酒	1.9	1.9	2.0	1.9	2.7
(二)啤酒	5.4	5.1	4.8	4.8	6.1
(三)果酒	0.5	0.6	0.7	0.6	0.5

2-41 农村常住居民主要食品消费量(2017-2021)

单位：公斤/人

指　标	2017	2018	2019	2020	2021
一、粮食消费量	**163.8**	**158.9**	**162.1**	**163.5**	**185.5**
(一)谷物消费量	148.7	143.8	146.7	147.9	165.4
1. 小麦	15.6	17.6	18.8	20.6	28.2
2. 稻谷	120.2	110.9	110.7	110.9	120.5
3. 玉米	3.3	4.8	4.8	4.7	6.6
4. 其他谷物	9.7	10.6	12.5	11.7	10.1
(二)薯类消费量	3.2	3.6	2.7	3.2	2.7
1. 红薯	1.6	2.0	1.3	1.4	0.8
2. 马铃薯	1.4	1.3	1.1	1.4	1.5
3. 其他薯类	0.2	0.3	0.3	0.3	0.4
(三)豆类消费量	11.9	11.5	12.7	12.4	17.4
1. 大豆	1.1	1.3	1.4	0.8	1.0
2. 其他豆类	10.7	10.2	11.3	11.7	16.5
二、油脂类消费量	**12.8**	**12.5**	**12.2**	**12.7**	**13.8**
(一)植物油	12.2	11.7	11.6	12.0	12.8
(二)动物油	0.6	0.8	0.7	0.7	1.0
三、蔬菜及菜制品消费量	**94.8**	**92.8**	**95.3**	**95.1**	**118.5**
(一)鲜菜	90.3	88.7	90.8	90.5	113.2
(二)干菜及菜制品	2.5	2.5	2.6	2.6	2.8
(三)鲜菌	1.6	1.2	1.5	1.7	2.2
(四)干菌及菌制品	0.4	0.3	0.3	0.3	0.3
四、肉类	**27.2**	**30.0**	**28.1**	**24.8**	**38.7**
(一)猪肉	23.1	25.4	23.2	20.2	32.7
(二)牛肉	1.3	1.6	1.8	2.0	2.7
(三)羊肉	0.5	0.6	0.6	0.5	0.8
(四)其他肉类及制品	2.2	2.4	2.4	2.1	2.6
五、禽类	**9.0**	**9.4**	**10.8**	**11.8**	**14.8**
(一)鸡	4.5	5.0	5.8	6.2	7.9
(二)鸭	2.9	2.7	3.2	3.5	4.2
(三)鹅	0.1	0.1	0.1	0.2	0.2
(四)其他禽类及制品	1.6	1.6	1.8	1.9	2.5

2-41 续表

指　标	2017	2018	2019	2020	2021
六、水产品	**18.6**	**18.5**	**21.2**	**21.2**	**28.5**
(一)鱼类	11.4	11.7	12.8	12.6	17.3
(二)虾贝蟹类	4.9	4.6	5.7	6.0	8.4
(三)藻类	0.7	0.5	0.7	0.7	0.7
(四)其他	1.7	1.7	2.0	1.9	2.1
七、蛋类及蛋制品	**8.1**	**8.0**	**9.1**	**9.8**	**13.2**
(一)鲜蛋	7.4	7.4	8.4	9.1	12.6
(二)蛋制品	0.7	0.6	0.7	0.7	0.6
八、奶和奶制品	**9.4**	**9.5**	**10.4**	**11.3**	**14.3**
(一)鲜奶	4.5	5.4	6.4	7.6	11.4
(二)酸奶	2.5	1.6	1.7	1.7	1.6
(三)奶粉	0.4	0.5	0.5	0.5	0.4
(四)其他奶制品	2.0	2.1	1.9	1.4	1.0
九、干鲜瓜果类	**40.2**	**40.4**	**42.8**	**43.8**	**62.3**
(一)鲜瓜果	36.0	36.2	38.1	39.3	55.6
(二)瓜果制品	1.0	1.1	1.2	1.1	1.5
(三)坚果类	3.2	3.1	3.5	3.5	5.2
十、糖果糕点类	**6.2**	**6.4**	**6.8**	**6.8**	**9.0**
(一)食糖	1.8	1.8	1.9	1.9	2.5
(二)糖果	0.3	0.6	0.6	0.5	0.6
(三)糕点	3.0	3.0	3.4	3.7	4.9
(四)其他糖果糕点	1.0	1.0	0.8	0.8	1.0
十一、饮料	**0.1**	**0.1**	**0.2**	**0.4**	**0.2**
(一)茶叶	0.1	0.1	0.2	0.4	0.2
十二、烟叶消费量	**38.5**	**39.3**	**39.8**	**40.6**	**42.3**
十三、酒	**13.7**	**13.0**	**11.6**	**11.5**	**13.3**
(一)白酒	2.3	2.5	2.6	2.4	2.6
(二)啤酒	11.3	10.3	8.9	9.0	10.5
(三)果酒	0.2	0.1	0.1	0.1	0.2

2-42 全省居民收支及增长(2020-2021)

指 标	2020(元)	2021(元)	名义增长率(%)
一、全体居民人均可支配收入	**52397**	**57541**	**9.8**
按常住地分:			
城镇居民	62699	68487	9.2
农村居民	31930	35247	10.4
按收入来源分:			
工资性收入	30059	32821	9.2
经营净收入	8313	9294	11.8
财产净收入	6136	6905	12.5
转移净收入	7888	8520	8.0
二、全体居民人均消费支出	**31295**	**36668**	**17.2**
按常住地分:			
城镇居民	36197	42193	16.6
农村居民	21555	25415	17.9
按消费类别分:			
食品烟酒	8922	10160	13.9
衣着	1703	2051	20.4
居住	9009	9943	10.4
生活用品及服务	1789	2073	15.8
交通通信	4301	5196	20.8
教育文化娱乐	2889	3769	30.4
医疗保健	1956	2499	27.8
其他用品及服务	724	977	34.8

2-43 城乡居民收支及增长(2020-2021)

指　　标	2020(元)	2021(元)	名义增长率(%)
一、城镇居民人均可支配收入	**62699**	**68487**	**9.2**
按收入来源分：			
工资性收入	35370	38412	8.6
经营净收入	8672	9671	11.5
财产净收入	8747	9765	11.6
转移净收入	9910	10639	7.4
二、城镇居民人均消费支出	**36197**	**42193**	**16.6**
按消费类别分：			
食品烟酒	9914	11283	13.8
衣着	2036	2437	19.7
居住	10665	11307	6.0
生活用品及服务	2073	2418	16.6
交通通信	4988	6105	22.4
教育文化娱乐	3450	4537	31.5
医疗保健	2162	2866	32.5
其他用品及服务	910	1241	36.2
三、农村居民人均可支配收入	**31930**	**35247**	**10.4**
按收入来源分：			
工资性收入	19510	21434	9.9
经营净收入	7601	8527	12.2
财产净收入	949	1082	13.9
转移净收入	3871	4205	8.6
四、农村居民人均消费支出	**21555**	**25415**	**17.9**
按消费类别分：			
食品烟酒	6952	7873	13.2
衣着	1043	1265	21.3
居住	5720	7166	25.3
生活用品及服务	1225	1370	11.8
交通通信	2937	3346	13.9
教育文化娱乐	1776	2204	24.1
医疗保健	1546	1752	13.3
其他用品及服务	355	439	23.8

2-44 居民家庭人均消费支出(2021)

单位：元

指　　标	全体居民	城镇常住居民	农村常住居民
消费支出	**36668**	**42193**	**25415**
一、食品烟酒	10160	11283	7873
1. 食品	6342	6631	5754
(1)谷物	657	652	669
(2)薯类	92	64	149
(3)豆类	101	96	113
(4)食用油	187	179	203
(5)蔬菜和食用菌	735	760	684
(6)肉类	1431	1475	1340
(7)禽类	440	454	409
(8)水产品	1063	1162	860
(9)蛋类	152	152	151
(10)奶类	338	383	245
(11)干鲜瓜果类	755	836	590
(12)糖果糕点类	204	225	161
(13)其他食品	188	193	179
2. 烟酒	1113	1168	1001
(1)烟草	868	891	821
(2)酒类	245	277	180
3. 饮料	226	257	164
4. 饮食服务	2479	3228	954
(1)食堂用餐	188	221	120
(2)其他在外饮食	2281	3002	812
(3)食品加工服务费	11	5	23
二、衣着	**2051**	**2437**	**1265**
1. 衣类	1662	1998	977
2. 鞋类	389	439	288
三、居住	**9943**	**11307**	**7166**
1. 租赁房房租	433	572	149
2. 住房维修及管理	1560	1776	1122
3. 水电燃料及其他	1045	1128	878
4. 自有住房折算租金	6904	7831	5017
四、生活用品及服务	**2073**	**2418**	**1370**
1. 家具及室内装饰品	385	439	274
2. 家用器具	525	591	391
3. 家用纺织品	166	203	91

2-44 续表

指　　标	全体居民	城镇常住居民	农村常住居民
4. 家庭日用杂品	389	417	330
5. 个人用品	489	616	230
6. 家庭服务	119	151	54
五、交通通信	**5196**	**6105**	**3346**
1. 交通	4121	4937	2458
(1) 交通工具	1794	2291	784
(2) 交通费	243	300	128
(3) 交通工具用燃料	1132	1261	869
(4) 交通工具使用及维修	951	1086	676
其中：车辆保险支出	470	553	301
2. 通信	1076	1168	888
(1) 通信工具	433	480	336
(2) 通信服务	643	688	552
六、教育文化娱乐	**3769**	**4537**	**2204**
1. 教育	2810	3368	1674
(1) 学前教育	458	565	238
(2) 小学教育	662	822	337
(3) 初中教育	356	419	227
(4) 高中教育	481	577	285
(5) 中专职高教育	5	6	4
(6) 大专及以上教育	718	826	499
(7) 成人教育	130	153	84
2. 文化娱乐	959	1169	530
(1) 文娱耐用消费品	265	300	196
(2) 其他文娱用品	255	312	137
(3) 文化娱乐服务	439	557	197
七、医疗保健	**2499**	**2866**	**1752**
1. 医疗器具及药品	694	744	593
2. 医疗服务	1804	2121	1159
(1) 门诊费用	995	1114	752
(2) 住院费用	809	1007	407
八、其他用品及服务	**977**	**1241**	**439**
1. 其他用品	564	712	263
2. 其他服务	412	529	176

2-45 农民工基本情况(2017-2021)

单位：%

指　　标		2017	2018	2019	2020	2021
调查户数	(户)	**3635**	**3770**	**3770**	**3750**	**3770**
一、农民工人数	(万人)	**1387**	**1367**	**1345**	**1296**	**1341**
(一)外出农民工	(万人)	526	511	515	475	469
1. 住户中外出农民工	(万人)	249	306	310	274	265
①外出务工	(万人)	222	267	269	245	233
②外出自营	(万人)	27	39	41	29	32
2. 举家外出农民工	(万人)	277	205	205	201	204
(二)本地农民工	(万人)	861	856	830	821	872
1. 本地非农务工	(万人)	656	677	651	647	687
2. 本地非农自营	(万人)	205	179	179	174	185
二、按农民工类型分		**100**	**100**	**100**	**100**	**100**
(一)外出农民工		37.9	37.4	38.3	36.6	35.0
1. 住户中外出农民工		17.9	22.4	23.0	21.1	19.7
①外出务工		16.0	19.5	20.0	18.9	17.4
②外出自营		1.9	2.9	3.0	2.3	2.3
2. 举家外出农民工		20.0	15.0	15.2	15.5	15.3
(二)本地农民工		62.1	62.6	61.7	63.4	65.0
1. 本地非农务工		47.3	49.5	48.4	50.0	51.2
2. 本地非农自营		14.8	13.1	13.3	13.4	13.8
三、按农民工年龄分		**100**	**100**	**100**	**100**	**100**
(一)16-19 岁		0.3	0.4	0.2	0.2	0.2
(二)20-24 岁		6.1	4.9	4.2	4.2	3.9
(三)25-29 岁		10.0	10.3	9.3	8.7	8.4
(四)30-34 岁		8.7	10.2	10.4	10.3	10.0
(五)35-40 岁		10.9	10.5	10.5	10.7	10.9
(六)41-50 岁		29.3	27.9	26.7	25.1	25.6
(七)51-60 岁		25.4	24.4	26.1	27.6	30.7
(八)61-65 岁		5.8	6.9	7.1	6.9	5.5
(九)66 岁及以上		3.5	4.5	5.6	6.3	4.8
四、按农民工受教育程度分		**100**	**100**	**100**	**100**	**100**
(一)未上过学		2.0	2.1	1.9	1.7	1.0
(二)小学		19.2	20.4	20.2	20.0	15.9
(三)初中		46.7	43.3	42.8	42.1	44.9
(四)高中		18.2	18.5	18.9	18.9	19.0
(五)大学专科		9.4	10.9	11.1	11.9	13.1
(六)大学本科		4.4	4.8	4.8	5.1	5.8
(七)研究生		0.2	0.1	0.1	0.1	0.3

2-45 续表

指　　标	2017	2018	2019	2020	2021
五、按农民工本年度从事主要行业分	**100**	**100**	**100**	**100**	**100**
(一)第一产业	0.2	0.3	0.1	0.2	0.2
1. 农、林、牧、渔业	0.2	0.3	0.1	0.2	0.2
(二)第二产业	55.9	54.2	53.7	54.3	52.2
2. 采矿业	0.2	0.1	0.2	0.2	0.2
3. 制造业	44.5	41.6	41.1	42.1	40.4
4. 电力、热力、燃气及水的生产和供应业	1.0	1.4	1.2	1.0	1.4
5. 建筑业	10.2	11.0	11.2	11.0	10.2
(三)第三产业	43.9	45.5	46.2	45.5	47.6
6. 批发和零售业	13.4	13.5	13.2	13.4	13.2
7. 交通运输、仓储和邮政业	5.2	4.4	4.4	4.1	4.8
8. 住宿和餐饮业	3.6	4.0	4.4	3.9	4.0
9. 信息传输、软件和信息技术服务业	1.5	1.5	1.5	1.5	2.0
10. 金融业	1.1	1.3	1.5	1.4	1.0
11. 房地产业	0.5	0.3	0.5	0.4	0.6
12. 租赁和商务服务业	1.6	1.5	1.3	1.4	0.9
13. 科学研究和技术服务	0.2	0.1	0.1	0.1	0.3
14. 水利、环境和公共设施管理业	0.5	0.8	0.8	1.1	0.7
15. 居民服务、修理和其他服务业	9.4	10.5	11.0	10.8	11.0
16. 教育	1.8	1.5	1.3	1.4	1.6
17. 卫生、社会工作	1.5	2.2	2.1	2.1	2.3
18. 文化、体育和娱乐业	0.6	0.5	0.6	0.5	0.6
19. 公共管理、社会保障和社会组织	3.0	3.3	3.4	3.5	4.5
20. 国际组织					
六、按外出农民工外出地区分	**100**	**100**	**100**	**100**	**100**
(一)本省	86.8	91.5	91.9	92.1	93.1
1. 乡外县内	56.2	58.5	62.7	60.6	64.4
2. 县外省内	30.6	32.9	29.2	31.5	28.7
(二)省外	13.2	8.5	8.1	7.9	6.9
1. 东部地区	8.0	5.5	5.1	4.7	4.9
2. 中部地区	1.8	1.6	1.4	1.5	0.6
3. 西部地区	2.1	0.8	1.2	1.2	0.9
4. 其他地区	1.3	0.6	0.3	0.3	0.3

价格指数

3-1 各种价格总指数(1978-2021)

（上年=100）

年份	居民消费价格指数	商品零售价格指数	农业生产资料价格指数	农产品生产者价格指数	工业生产者出厂价格指数	工业生产者购进价格指数
1978		100.1		103.6		
1981		101.5		99.8		
1982		100.9		103.9		
1983		102.0	103.2	103.9		
1984	103.0	103.4	108.5	108.1		
1985	114.8	114.0	108.7	110.8		
1986	106.2	106.0	105.3	100.6		
1987	108.8	109.5	111.1	119.1		
1988	121.5	122.1	121.0	133.1		
1989	118.2	117.8	117.4	113.6		
1990	102.1	101.6	104.0	98.7	100.4	104.7
1991	103.5	103.0	103.1	101.0	101.8	102.7
1992	107.5	106.6	103.7	106.4	104.8	106.3
1993	119.8	116.7	113.3	117.8	117.3	126.3
1994	124.8	121.7	126.5	136.8	117.5	124.8
1995	116.6	113.5	129.8	112.4	112.3	119.2
1996	107.9	105.8	106.7	104.2	99.5	98.2
1997	102.8	100.3	99.7	96.2	99.2	96.5
1998	99.7	98.4	92.4	94.0	95.6	92.6
1999	98.8	97.7	95.8	88.2	96.8	96.2
2000	101.0	99.0	100.4	100.8	101.1	107.2
2001	99.8	98.1	99.7		98.3	99.6
2002	99.1	98.7	99.5	101.7	96.9	97.5
2003	101.9	99.6	102.9	101.5	100.6	105.8
2004	103.9	102.7	113.2	119.0	105.0	113.4
2005	101.3	100.9	105.8	105.9	102.3	105.4
2006	101.1	100.8	99.6	102.7	103.8	105.6
2007	104.2	103.8	107.3	108.6	102.4	105.3
2008	105.0	106.3	118.9	112.9	104.3	110.6
2009	98.5	98.8	95.9	100.3	94.9	92.6
2010	103.8	103.9	102.9	114.8	106.2	112.0
2011	105.4	105.5	110.8	113.6	105.0	108.3
2012	102.2	101.9	104.2	104.3	97.3	96.7
2013	102.3	101.0	102.8	103.0	98.2	97.7
2014	102.1	100.9	99.8	99.5	98.8	98.2
2015	101.4	99.9	100.9	102.0	96.4	94.5
2016	101.9	101.0	99.5	104.5	98.3	97.8
2017	102.1	101.4	101.8	99.1	104.8	109.6
2018	102.3	102.1	101.8	100.8	103.4	105.1
2019	102.9	102.5	102.9	109.9	98.9	97.1
2020	102.3	101.2	106.1	107.3	96.9	95.9
2021	101.5	102.2	—	99.3	106.3	114.5

注：1. 农产品生产者价格指数 2000 年前称农副产品收购价格指数。

2. 农业生产资料价格指数 2021 年起不再统计。

3-2 居民消费和商品零售价格指数(1978-2021)

(上年=100)

年份	居民消费价格指数			商品零售价格指数		
	全省	城市	农村	全省	城市	农村
1978		100.0		100.1	99.9	100.1
1981		101.7		101.5	101.6	101.4
1982		101.9		100.9	102.1	100.1
1983		102.8		102.0	102.9	101.2
1984	103.0	103.7	101.8	103.4	103.5	103.4
1985	114.8	115.1	114.3	114.0	115.2	112.9
1986	106.2	106.3	106.1	106.0	106.1	105.9
1987	108.8	110.9	106.4	109.5	111.3	107.4
1988	121.5	123.4	119.8	122.1	124.2	120.5
1989	118.2	116.8	119.6	117.8	116.6	118.7
1990	102.1	102.1	102.0	101.6	101.4	101.8
1991	103.5	105.6	101.5	103.0	105.2	101.4
1992	107.5	109.2	104.8	106.6	108.9	104.1
1993	119.8	121.4	117.4	116.7	119.1	115.2
1994	124.8	124.7	124.9	121.7	120.0	124.8
1995	116.6	117.0	116.4	113.5	113.0	114.3
1996	107.9	109.8	107.0	105.8	106.4	105.1
1997	102.8	104.1	102.1	100.3	100.9	99.4
1998	99.7	100.5	99.3	98.4	98.4	98.4
1999	98.8	99.5	98.5	97.7	97.7	97.7
2000	101.0	100.9	101.1	99.0	98.8	99.1
2001	99.8	99.6	100.0	98.1	97.4	99.0
2002	99.1	98.8	99.3	98.7	98.4	99.3
2003	101.9	100.5	102.9	99.6	99.4	99.9
2004	103.9	102.8	104.6	102.7	102.0	103.6
2005	101.3	101.5	101.2	100.9	101.0	100.7
2006	101.1	101.1	101.0	100.8	100.7	101.0
2007	104.2	103.9	104.4	103.8	103.7	103.9
2008	105.0	104.8	105.3	106.3	106.3	106.1
2009	98.5	98.7	98.2	98.8	98.9	98.6
2010	103.8	104.0	103.7	103.9	103.9	103.9
2011	105.4	105.3	105.6	105.5	105.4	105.8
2012	102.2	102.2	102.3	101.9	101.9	101.8
2013	102.3	102.3	102.4	101.0	101.2	100.5
2014	102.1	102.0	102.2	100.9	100.8	101.1
2015	101.4	101.4	101.4	99.9	99.8	100.2
2016	101.9	102.0	101.8	101.0	101.0	101.0
2017	102.1	102.1	102.0	101.4	101.3	101.7
2018	102.3	102.3	102.2	102.1	102.1	102.3
2019	102.9	102.8	103.2	102.5	102.5	102.5
2020	102.3	102.1	102.8	101.2	101.0	102.1
2021	101.5	101.5	101.4	102.2	102.2	102.4

注：1. 城市居民消费价格指数1984年前称城镇职工生活费用价格指数。

2. 1994年前商品零售价格指数包括农业生产资料。

3-3 居民消费和商品零售价格指数(1986-2021)

(1985 年=100)

年份	居民消费价格指数			商品零售价格指数
	全省	城市	农村	
1986	106.2	106.3	106.1	106.0
1987	115.5	117.9	112.9	116.1
1988	140.4	145.5	135.2	141.7
1989	165.9	169.9	161.8	166.9
1990	169.4	173.5	165.0	169.6
1991	175.4	183.2	167.5	174.7
1992	188.5	200.0	175.5	186.2
1993	225.8	242.9	206.0	217.3
1994	281.8	302.8	257.3	264.5
1995	328.6	354.3	299.5	300.2
1996	354.6	389.1	320.5	317.6
1997	364.5	405.0	327.2	318.6
1998	363.4	407.0	324.9	313.5
1999	359.1	405.0	320.1	306.3
2000	362.6	408.6	323.6	303.2
2001	361.9	407.0	323.6	297.4
2002	358.6	402.1	321.3	293.5
2003	365.4	404.1	330.6	292.3
2004	379.7	415.4	345.8	300.2
2005	384.6	421.6	349.9	302.9
2006	388.8	426.2	353.4	305.3
2007	405.1	442.8	368.9	316.9
2008	425.4	464.1	388.5	336.9
2009	419.0	458.1	381.5	332.9
2010	434.9	476.4	395.6	345.9
2011	458.4	501.6	417.8	364.9
2012	468.4	512.4	427.2	371.7
2013	479.2	524.0	437.4	375.4
2014	489.0	534.6	447.0	378.8
2015	495.9	542.1	453.4	378.5
2016	505.6	552.9	461.6	382.3
2017	516.3	564.7	471.1	387.7
2018	528.1	577.7	481.3	395.9
2019	543.3	593.9	496.6	406.0
2020	555.6	606.4	510.7	410.8
2021	563.9	615.6	518.1	419.9

注：1994 年以前商品零售价格指数包括农业生产资料。

3-4 居民消费和商品零售定基价格指数(2021)

基期年份	居民消费价格指数			商品零售价格指数
	全省	城市	农村	
1978=100		874.5		570.2
1980=100		783.2		517.2
1985=100		615.6		419.9
1986=100	531.0	579.2	488.3	396.1
1987=100	488.0	522.3	458.8	361.8
1988=100	401.7	423.3	383.1	296.3
1989=100	339.9	362.5	320.1	251.6
1990=100	332.9	355.3	313.8	247.5
1991=100	321.4	336.5	309.4	240.3
1992=100	299.0	308.2	295.2	225.5
1993=100	249.7	253.9	251.5	193.2
1994=100	200.1	203.5	201.2	158.7
1995=100	171.5	174.0	172.9	139.8
1996=100	159.0	158.3	161.7	132.3
1997=100	155.1	152.0	158.3	131.9
1998=100	155.4	151.3	159.8	134.1
1999=100	157.1	152.0	161.9	137.1
2000=100	155.7	150.6	160.4	138.5
2001=100	156.0	151.3	160.4	141.4
2002=100	157.3	153.2	161.2	143.0
2003=100	154.5	152.3	156.9	143.5
2004=100	148.6	148.3	149.7	139.8
2005=100	146.7	146.1	148.0	138.6
2006=100	145.0	144.5	146.8	137.5
2007=100	139.2	138.9	140.4	132.4
2008=100	132.6	132.6	133.3	124.6
2009=100	134.6	134.5	135.8	126.0
2010=100	129.6	129.3	131.0	121.4
2011=100	123.0	122.8	124.1	115.1
2012=100	120.4	120.1	121.2	113.0
2013=100	117.6	117.5	118.4	111.8
2014=100	115.3	115.1	115.8	110.8
2015=100	113.7	113.5	114.2	110.9
2016=100	111.5	111.4	112.2	109.9
2017=100	109.2	109.0	110.0	108.4
2018=100	106.8	106.6	107.6	106.1
2019=100	103.8	103.6	104.3	103.4
2020=100	101.5	101.5	101.4	102.2

3-5 居民消费价格分类指数(2017-2018)

(上年=100)

指　　标	2017			2018		
	全省	城市	农村	全省	城市	农村
居民消费价格总指数	**102.1**	**102.1**	**102.0**	**102.3**	**102.3**	**102.2**
#服务价格指数	103.6	103.6	103.3	102.3	102.3	102.4
一、食品烟酒	**100.3**	**100.4**	**100.0**	**102.6**	**102.8**	**101.9**
1. 食品	99.1	99.2	98.9	102.6	102.8	102.0
(1) 粮食	101.3	101.1	101.9	100.5	100.4	100.8
(2) 薯类	98.6	98.1	100.2	105.5	105.2	106.3
(3) 豆类	101.3	101.6	100.5	101.7	101.5	102.1
(4) 食用油	99.7	100.0	99.1	99.3	99.4	99.1
(5) 菜	90.7	90.6	90.9	107.2	107.2	107.3
#鲜菜	89.4	89.4	89.7	107.9	107.8	108.2
(6) 畜肉类	96.1	96.5	95.2	98.3	98.5	98.0
#猪肉	94.3	94.5	93.9	96.3	96.3	96.4
(7) 禽肉类	100.5	100.1	101.4	106.7	106.8	106.5
(8) 水产品	105.7	105.9	104.9	103.8	103.8	103.6
(9) 蛋类	97.0	97.2	96.1	109.6	109.6	109.5
(10) 奶类	100.7	101.0	99.6	102.3	102.7	100.9
(11) 干鲜瓜果类	101.3	101.0	102.7	103.8	104.3	101.8
(12) 糖果糕点类	102.1	102.3	101.8	101.2	101.1	101.4
(13) 调味品	102.4	101.9	103.7	102.0	101.7	102.6
(14) 其他食品类	100.2	99.9	101.2	100.5	100.3	101.4
2. 茶及饮料	102.2	101.9	102.9	101.4	101.6	100.9
3. 烟酒	100.8	101.0	100.5	101.2	101.3	101.0
(1) 烟草	100.1	100.2	100.0	100.0	100.0	100.0
(2) 酒类	102.4	102.8	101.5	103.7	104.0	103.1
4. 在外餐饮	103.3	103.2	103.7	103.5	103.6	102.8
二、衣着	**101.9**	**101.6**	**103.1**	**101.1**	**101.1**	**101.3**
1. 服装	102.3	101.9	103.9	101.9	102.0	101.9
(1) 男式服装	102.5	102.2	103.5	102.0	102.1	101.6
(2) 女式服装	102.4	101.8	104.5	102.3	102.3	102.2
(3) 儿童服装	101.6	101.1	103.0	100.1	99.8	101.3
2. 服装材料	105.3	105.5	104.7	103.2	103.5	102.6
3. 其他衣着及配件	99.4	99.0	100.5	100.0	99.5	101.9
4. 衣着加工服务费	102.3	101.8	103.8	103.4	103.5	103.4
5. 鞋类	100.6	100.6	100.7	98.0	97.7	99.1
(1) 鞋	100.6	100.6	100.6	97.9	97.6	99.0
(2) 鞋类加工服务	104.0	104.4	102.7	103.5	104.4	101.2

3-5 续表1

指　　标	2017			2018		
	全省	城市	农村	全省	城市	农村
三、居住	**105.1**	**105.1**	**105.1**	**103.4**	**103.3**	**103.8**
1.租赁房房租	106.7	106.8	106.2	103.9	103.9	104.1
2.住房保养维修及管理	103.0	102.8	103.7	103.4	102.9	105.1
(1)住房装潢材料	102.8	102.8	102.8	103.9	103.7	104.5
(2)物业管理费	100.3	100.2	101.2	100.7	100.7	100.1
(3)住房装潢维修	105.0	104.6	105.8	104.3	103.3	107.3
3.水电燃料	103.4	103.4	103.4	102.2	102.1	102.7
(1)水	109.0	107.7	113.2	101.3	101.4	101.0
(2)电	100.0	100.0	100.0	100.0	100.0	100.0
(3)燃气	107.5	108.3	105.1	107.1	106.5	108.6
(4)取暖费	100.0	100.0	100.0	100.0	100.0	100.0
(5)其他燃料	102.3	101.7	103.9	102.3	102.5	102.0
4.自有住房	105.9	105.9	106.1	103.6	103.6	103.8
四、生活用品及服务	**100.7**	**100.5**	**101.5**	**101.4**	**101.4**	**101.2**
1.家具及室内装饰品	101.0	101.1	100.6	101.7	101.5	102.2
(1)家具	101.2	101.4	100.7	101.9	101.8	102.2
(2)室内装饰品	99.2	98.8	100.3	100.2	99.5	102.4
2.家用器具	99.1	98.4	101.2	99.5	99.4	99.7
(1)大型家用器具	99.1	98.5	101.0	99.7	99.6	99.8
(2)小家电	98.7	97.9	102.3	98.5	98.3	99.3
3.家用纺织品	99.3	99.4	99.0	100.0	100.0	99.9
(1)床上用品	99.1	99.3	98.7	98.8	98.6	99.7
(2)窗帘门帘	102.1	102.2	101.9	109.4	111.7	101.8
(3)其他家用纺织品	98.1	97.9	99.2	100.5	100.7	99.4
4.家庭日用杂品	101.3	101.2	101.7	102.0	102.2	101.7
(1)洗涤卫生用品	101.6	101.8	101.0	102.7	102.8	102.3
(2)厨具餐具茶具	100.5	99.4	103.8	102.1	102.2	101.9
(3)家用手工工具	102.1	102.3	101.7	102.5	102.1	103.1
(4)其他家庭日用杂品	101.3	101.2	101.7	101.1	101.3	100.8
5.个人护理用品	100.7	100.5	101.7	100.1	100.0	101.0
(1)化妆品	101.1	100.9	102.6	99.9	99.7	101.1
(2)其他护理用品类	100.0	100.0	100.5	100.5	100.4	100.8
6.家庭服务	104.9	104.4	108.6	107.6	107.7	106.9
五、交通通信	**101.3**	**101.1**	**101.7**	**101.0**	**100.9**	**101.4**
1.交通	102.4	102.4	102.3	103.3	103.2	103.7
(1)交通工具	98.9	98.9	98.9	99.1	98.8	100.0
(2)交通工具用燃料	109.0	109.1	108.6	112.5	112.5	112.6
(3)交通工具使用和维修	103.3	102.9	104.9	102.4	102.1	103.4
(4)交通费	102.0	102.1	101.7	101.1	101.1	100.9

3-5 续表 2

指　　标	2017			2018		
	全省	城市	农村	全省	城市	农村
2.通信	99.0	98.6	100.5	96.3	96.1	97.1
(1)通信工具	95.6	94.5	99.6	93.4	92.6	95.9
(2)通信服务	100.0	99.8	100.8	97.0	96.9	97.3
(3)邮递服务	100.8	100.9	100.6	104.1	104.3	103.3
六、教育文化娱乐	**102.7**	**102.8**	**102.2**	**102.2**	**102.2**	**102.3**
1.教育	102.8	102.9	102.4	103.0	103.0	102.8
(1)教育用品	99.4	99.1	100.5	101.1	100.9	101.8
(2)教育服务	102.9	103.0	102.4	103.0	103.1	102.9
2.文化娱乐	102.6	102.7	101.7	101.1	101.1	100.6
(1)文娱耐用消费品	97.8	97.1	100.4	96.6	96.5	96.7
(2)其他文娱用品	100.9	100.9	100.8	103.2	103.1	103.6
(3)文化娱乐服务	101.4	101.5	100.9	100.6	100.5	100.9
(4)旅游	105.7	105.7	105.2	102.4	102.4	103.2
七、医疗保健	**102.3**	**102.6**	**101.5**	**102.6**	**103.0**	**101.6**
1.药品及医疗器具	106.2	106.5	104.9	105.3	105.9	102.8
(1)中药	106.5	106.9	105.3	105.5	106.0	103.8
(2)西药	106.3	107.1	103.9	107.2	108.5	103.0
(3)滋补保健品	108.0	107.8	109.4	103.2	103.3	102.7
(4)医疗卫生器具	101.1	101.1	101.2	101.1	101.1	101.1
(5)保健器具	100.4	100.4	100.7	100.3	100.7	97.4
2.医疗服务	100.2	100.2	100.2	101.0	101.0	101.0
(1)综合医疗类	100.8	100.8	100.8	103.0	102.4	104.5
(2)诊断类	100.0	100.0	100.0	100.3	100.4	100.0
(3)治疗类	100.0	100.0	100.1	100.5	100.7	100.1
(4)康复类	100.0	100.0	100.0	101.0	101.4	99.9
(5)中医医疗服务类	100.3	100.4	100.1	103.1	103.1	103.1
(6)其他医疗服务	100.1	100.1	100.0	100.1	100.2	100.1
八、其他用品及服务	**101.1**	**100.8**	**102.3**	**100.2**	**100.0**	**101.2**
1.其他用品类	100.5	99.8	103.4	99.2	98.9	100.5
(1)首饰手表	101.6	100.7	105.7	98.8	98.5	100.1
(2)其他杂项用品	98.6	98.3	99.8	99.8	99.5	101.2
2.其他服务类	101.5	101.5	101.5	100.9	100.7	101.7
(1)旅馆住宿	102.2	102.3	102.0	100.6	100.3	101.8
(2)美容美发洗浴	104.0	104.1	103.6	103.1	102.8	104.1
(3)养老服务	102.6	103.0	100.5	104.5	104.8	102.8
(4)金融保险	98.6	98.6	98.8	98.0	98.0	98.3
(5)其他服务类	105.8	105.8	105.5	103.8	103.7	104.2

3-6 居民消费价格分类指数(2019-2020)

(上年=100)

指　　标	2019			2020		
	全省	城市	农村	全省	城市	农村
居民消费价格总指数	**102.9**	**102.8**	**103.2**	**102.3**	**102.1**	**102.8**
#服务价格指数	102.0	102.0	101.9	101.0	101.1	100.8
一、食品烟酒	**106.2**	**105.8**	**107.3**	**107.4**	**106.9**	**109.0**
1.食品	108.0	107.4	109.6	109.5	108.8	111.7
(1)粮食	100.2	100.3	99.9	101.7	101.7	101.5
(2)薯类	102.9	103.3	101.7	105.2	101.9	114.7
(3)豆类	104.9	104.3	106.5	105.8	105.7	106.3
(4)食用油	102.0	101.4	103.6	105.3	104.1	108.1
(5)菜	104.8	104.7	105.1	104.6	104.4	105.3
#鲜菜	105.1	105.0	105.5	105.1	104.8	106.0
(6)畜肉类	126.3	125.1	129.4	137.3	137.1	137.9
#猪肉	133.1	131.9	135.9	143.0	143.3	142.3
(7)禽肉类	107.3	107.4	107.1	104.0	104.6	102.4
(8)水产品	98.7	98.3	100.1	102.1	101.9	102.8
(9)蛋类	103.9	104.0	103.5	94.5	95.3	92.1
(10)奶类	102.5	102.6	102.3	100.8	100.8	101.0
(11)干鲜瓜果类	112.3	112.3	112.3	93.3	93.1	94.3
(12)糖果糕点类	100.9	100.7	101.6	102.7	103.1	101.3
(13)调味品	102.8	102.9	102.4	102.4	102.9	101.2
(14)其他食品类	101.3	101.3	101.0	102.9	103.1	102.2
2.茶及饮料	102.2	102.2	102.3	100.7	100.4	101.8
3.烟酒	101.0	101.0	101.0	100.8	100.5	101.4
(1)烟草	100.1	100.0	100.1	100.4	100.2	100.8
(2)酒类	102.9	103.0	102.7	101.6	101.2	102.5
4.在外餐饮	104.0	104.0	103.9	104.8	104.7	105.0
二、衣着	**101.8**	**101.5**	**102.8**	**100.5**	**100.5**	**100.5**
1.服装	102.1	101.8	103.1	100.9	101.0	100.8
(1)男式服装	102.6	103.2	100.5	101.3	101.5	100.7
(2)女式服装	101.8	101.0	104.7	100.5	100.6	100.3
(3)儿童服装	101.6	100.9	104.1	101.6	101.2	103.0
2.服装材料	102.3	102.4	102.0	100.1	100.3	99.5
3.其他衣着及配件	101.1	101.3	100.3	101.0	101.4	99.7
4.衣着加工服务费	104.5	104.1	105.4	103.2	103.0	103.7
5.鞋类	100.3	99.8	101.8	98.5	98.3	99.4
(1)鞋	100.3	99.8	101.8	98.5	98.2	99.4
(2)鞋类加工服务	102.2	102.2	102.3	101.1	101.1	100.9

3-6 续表 1

指　　标	2019			2020		
	全省	城市	农村	全省	城市	农村
三、居住	**100.6**	**100.6**	**100.8**	**99.9**	**100.0**	**99.6**
1. 租赁房房租	100.6	100.7	100.6	99.9	99.9	99.4
2. 住房保养维修及管理	102.2	102.0	103.0	101.6	101.4	101.9
(1) 住房装潢材料	100.9	100.7	101.7	100.1	99.8	101.0
(2) 物业管理费	100.0	100.0	100.4	101.1	101.1	101.0
(3) 住房装潢维修	105.5	105.5	105.4	104.0	104.2	103.3
3. 水电燃料	100.1	100.1	100.3	98.9	99.0	98.8
(1) 水	100.8	101.1	100.0	100.0	100.0	100.0
(2) 电	100.0	100.0	99.9	100.0	100.0	100.0
(3) 燃气	100.0	99.7	100.9	96.3	96.3	96.2
(4) 取暖费	100.0	100.0	100.0	100.0	100.0	100.0
(5) 其他燃料	101.2	100.7	102.4	101.0	100.5	102.0
4. 自有住房	100.4	100.4	100.3	99.8	100.0	99.2
四、生活用品及服务	**101.8**	**102.1**	**101.0**	**101.6**	**101.8**	**100.8**
1. 家具及室内装饰品	101.7	102.1	100.6	101.1	101.2	100.8
(1) 家具	102.0	102.4	100.8	101.2	101.4	100.5
(2) 室内装饰品	99.3	99.2	99.6	100.2	99.2	102.9
2. 家用器具	99.9	99.6	100.7	98.7	98.3	99.8
(1) 大型家用器具	99.8	99.6	100.2	98.7	98.3	99.6
(2) 小家电	100.5	99.7	103.6	98.7	98.2	100.7
3. 家用纺织品	103.2	104.0	100.5	102.4	102.1	103.5
(1) 床上用品	103.5	104.4	99.8	102.6	102.3	103.8
(2) 窗帘门帘	104.6	104.4	105.4	100.9	100.5	102.4
(3) 其他家用纺织品	99.4	99.1	101.2	103.0	103.1	102.5
4. 家庭日用杂品	102.4	103.0	100.7	102.2	102.9	100.3
(1) 洗涤卫生用品	103.6	104.6	100.6	103.6	104.6	100.6
(2) 厨具餐具茶具	101.9	102.3	100.6	102.3	103.1	100.0
(3) 家用手工工具	101.8	101.6	102.2	101.5	101.6	101.2
(4) 其他家庭日用杂品	101.1	101.2	100.8	100.4	100.6	100.0
5. 个人护理用品	102.3	102.3	102.0	102.9	103.1	101.1
(1) 化妆品	102.9	103.0	102.4	103.4	103.8	100.9
(2) 其他护理用品类	101.3	101.3	101.5	102.0	102.1	101.4
6. 家庭服务	103.7	103.6	104.6	105.3	105.5	104.0
五、交通通信	**99.0**	**99.0**	**98.9**	**96.5**	**96.3**	**97.0**
1. 交通	98.4	98.5	98.1	94.9	94.9	95.3
(1) 交通工具	98.9	99.1	98.5	97.1	97.0	97.4
(2) 交通工具用燃料	94.1	94.1	94.1	86.0	86.0	85.9
(3) 交通工具使用和维修	102.5	102.9	101.1	104.0	104.5	102.3
(4) 交通费	101.7	101.7	101.5	97.5	97.1	98.9

3-6 续表 2

指　　标	2019			2020		
	全省	城市	农村	全省	城市	农村
2. 通信	100.2	100.1	100.6	99.8	99.6	100.4
(1) 通信工具	101.7	101.6	101.9	101.1	100.9	101.8
(2) 通信服务	99.8	99.7	100.3	99.4	99.2	100.1
(3) 邮递服务	100.3	100.2	100.5	99.1	99.0	99.4
六、教育文化娱乐	**103.7**	**103.8**	**103.4**	**101.8**	**101.8**	**101.8**
1. 教育	104.4	104.6	103.9	103.6	103.9	102.5
(1) 教育用品	101.6	101.7	101.6	101.2	101.6	100.0
(2) 教育服务	104.5	104.7	104.0	103.6	104.0	102.6
2. 文化娱乐	102.6	102.7	102.0	99.1	99.0	99.9
(1) 文娱耐用消费品	99.7	99.4	100.8	100.3	100.0	101.2
(2) 其他文娱用品	103.9	104.0	103.1	101.1	100.9	101.8
(3) 文化娱乐服务	101.4	101.5	101.1	100.4	100.7	99.0
(4) 旅游	103.8	103.9	103.5	97.5	97.5	97.7
七、医疗保健	**104.8**	**105.3**	**103.2**	**101.5**	**101.4**	**101.9**
1. 药品及医疗器具	107.1	107.9	103.7	98.5	98.0	100.5
(1) 中药	104.8	104.9	104.2	100.2	100.0	100.9
(2) 西药	107.2	108.1	104.0	95.7	94.9	98.5
(3) 滋补保健品	110.5	111.9	103.3	100.5	100.7	99.2
(4) 医疗卫生器具	103.2	103.3	102.5	105.8	103.3	117.8
(5) 保健器具	100.1	100.2	98.9	100.0	99.7	102.0
2. 医疗服务	103.3	103.5	102.9	103.5	103.9	102.5
(1) 综合医疗类	106.3	106.2	106.5	105.7	106.2	104.5
(2) 诊断类	102.9	102.7	103.2	104.4	105.0	103.1
(3) 治疗类	101.4	102.0	99.7	100.4	100.8	99.4
(4) 康复类	103.4	104.5	100.7	101.4	100.4	103.9
(5) 中医医疗服务类	108.1	107.7	109.1	108.4	108.9	107.2
(6) 其他医疗服务	101.3	100.7	102.5	101.1	101.5	100.1
八、其他用品及服务	**103.2**	**103.2**	**103.3**	**104.2**	**104.3**	**103.9**
1. 其他用品类	104.8	104.7	105.1	110.2	110.2	110.3
(1) 首饰手表	107.3	107.3	107.4	115.4	115.2	116.3
(2) 其他杂项用品	100.4	100.2	101.2	100.7	101.0	99.7
2. 其他服务类	102.1	102.1	102.1	100.2	100.4	99.6
(1) 旅馆住宿	102.1	101.8	103.0	99.5	100.1	97.8
(2) 美容美发洗浴	104.4	104.6	103.7	104.8	105.6	102.2
(3) 养老服务	104.9	105.3	102.7	101.5	101.7	100.9
(4) 金融保险	100.0	100.0	100.0	96.4	96.3	96.7
(5) 其他服务类	100.8	100.9	99.9	100.4	100.5	99.6

3-7 居民消费价格分类指数(2021)

(上年=100)

指　标	2021		
	全省	城市	农村
居民消费价格总指数	**101.5**	**101.5**	**101.4**
#服务价格指数	101.3	101.3	101.2
一、食品烟酒	**100.7**	**100.8**	**100.1**
1.食品	99.8	99.9	99.3
(1)粮食	100.5	100.5	100.6
(2)薯类	97.9	98.2	96.7
(3)豆类	105.6	105.4	106.3
(4)食用油	109.8	110.0	109.1
(5)菜及食用菌	105.1	104.6	107.1
#鲜菜	105.6	105.0	108.0
(6)畜肉类	81.6	82.3	79.7
#猪肉	72.8	73.1	72.3
(7)禽肉类	95.6	95.3	96.6
(8)水产品	110.3	109.9	112.0
(9)蛋类	106.8	106.2	109.0
(10)奶类	103.3	103.3	103.3
(11)干鲜瓜果类	103.1	102.9	103.9
(12)糖果糕点类	102.5	102.6	102.0
(13)调味品	101.5	101.6	101.3
(14)其他食品类	101.1	100.9	101.8
2.茶及饮料	101.2	101.4	100.2
3.烟酒	101.4	101.5	101.4
(1)卷烟	100.9	100.7	101.4
(2)酒类	102.7	103.1	101.5
4.在外餐饮	102.8	102.8	103.1
二、衣着	**101.0**	**100.8**	**101.7**
1.服装	100.8	100.7	101.4
(1)男式服装	101.0	101.1	100.9
(2)女式服装	100.6	100.5	101.2
(3)儿童服装	100.5	100.0	102.5
(4)衣着材料及配件	101.5	101.4	102.1
(5)衣着服务费	101.3	100.4	104.7
2.鞋类	101.7	101.3	103.2
(1)鞋	101.7	101.3	103.2
(2)鞋类服务	103.7	103.1	106.0

3-7 续表1

指标	2021		
	全省	城市	农村
三、居住	**100.9**	**100.8**	**101.1**
1.租赁房房租	99.9	99.9	100.3
2.住房保养维修及管理	104.7	105.2	102.8
(1)住房装潢材料	104.4	104.5	104.0
(2)住房维修管理费用	105.0	105.9	101.2
3.水电燃料	101.7	101.4	102.7
(1)水	100.1	100.0	100.6
(2)电	100.0	100.0	100.0
(3)燃气	106.3	105.4	108.6
(4)其他水电燃料类	102.5	102.0	104.0
4.自有住房	100.0	99.9	100.3
四、生活用品及服务	**101.6**	**101.4**	**102.5**
1.家具及室内装饰品	101.4	100.6	104.2
(1)家具	101.6	100.7	104.4
(2)室内装饰品	100.5	99.9	102.6
2.家用器具	102.2	101.8	103.6
(1)大型家用器具	102.5	102.2	103.7
(2)小家电	101.0	100.5	103.0
3.家用纺织品	101.6	101.3	102.8
(1)床上用品	101.3	100.9	103.0
(2)窗帘门帘	104.0	103.8	104.6
(3)其他家用纺织品	102.0	102.7	98.2
4.家庭日用杂品	101.2	101.3	101.1
(1)洗涤卫生用品	101.4	101.6	100.6
(2)厨具餐具茶具	99.7	100.1	98.1
(3)其他家庭日用杂品	101.9	101.5	102.9
5.个人护理用品	99.9	100.1	98.9
(1)化妆品	99.1	99.3	97.8
(2)其他护理用品类	101.5	101.7	100.7
6.家庭服务	104.0	103.8	105.7
五、交通通信	**104.1**	**104.2**	**103.6**
1.交通	105.0	105.1	104.5
(1)交通工具	99.4	99.4	99.4
(2)交通工具用燃料	117.0	116.9	117.6
(3)交通工具使用和维修	103.5	103.9	101.9
(4)交通费	102.1	102.2	101.5
2.通信	101.1	101.1	101.0
(1)通信工具	104.3	104.3	104.4
(2)通信服务	99.8	99.8	99.6
(3)邮递服务	99.7	99.4	100.9

3-7 续表 2

指　　标	2021		
	全省	城市	农村
六、教育文化娱乐	**103.5**	**103.7**	**102.7**
1. 教育	103.9	104.2	102.9
(1)教育用品	101.0	101.0	101.1
(2)教育服务	104.0	104.3	102.9
2. 文化娱乐	102.9	103.0	102.4
(1)文娱耐用消费品	102.4	102.5	102.0
(2)其他文娱用品	100.4	100.4	100.6
(3)文化娱乐服务	102.2	102.2	102.1
(4)旅游	104.6	104.6	104.2
七、医疗保健	**100.8**	**100.5**	**101.6**
1. 药品及医疗器具	100.0	99.9	100.3
(1)中药	100.4	100.5	100.0
(2)西药	99.5	99.3	100.2
(3)滋补保健品	99.5	99.4	99.8
(4)医疗卫生器具	102.3	102.3	102.3
(5)保健器具	99.6	99.6	99.2
2. 医疗服务	101.1	100.8	102.1
(1)综合医疗类	102.0	101.4	104.1
(2)诊断类	101.2	100.7	102.5
(3)治疗类	100.4	100.5	100.0
(4)康复类	100.2	100.3	100.1
(5)中医医疗服务类	101.0	100.4	102.9
(6)其他医疗保健服务	100.8	100.7	100.9
八、其他用品及服务	**97.1**	**97.1**	**97.1**
1. 其他用品	99.0	99.0	99.0
(1)首饰手表	98.0	97.9	98.6
(2)母婴用品	99.6	99.7	98.9
(3)其他杂项用品	100.8	101.0	99.9
2. 其他服务	95.4	95.4	95.4
(1)在外住宿	101.5	101.6	100.9
(2)美容美发洗浴	101.9	101.7	102.4
(3)养老服务	103.7	104.1	101.4
(4)金融及保险服务	87.4	87.6	86.1
(5)中介法律及其他服务	100.5	100.4	101.1

3-8 商品零售价格分类指数(2017-2018)

(上年=100)

指　　标	2017			2018		
	全省	城市	农村	全省	城市	农村
商品零售价格总指数	**101.4**	**101.3**	**101.7**	**102.1**	**102.1**	**102.3**
一、食品	**100.1**	**100.1**	**99.8**	**102.9**	**103.0**	**102.5**
1.粮食	101.2	101.0	102.1	100.6	100.5	100.9
2.薯类	98.3	98.1	99.6	105.1	104.9	106.2
3.豆类	101.6	101.9	100.8	102.0	101.9	102.2
4.食用油	100.0	100.2	99.3	99.4	99.6	99.0
5.菜	90.8	90.7	91.3	107.1	107.1	106.8
6.畜肉类	96.1	96.4	94.8	98.3	98.3	98.1
7.禽肉类	100.3	100.0	101.8	106.5	106.5	106.4
8.水产品	105.9	106.0	105.6	103.7	103.8	103.6
9.蛋类	97.1	97.3	96.3	109.4	109.4	109.4
10.奶类	100.7	100.9	99.4	102.5	102.7	101.1
11.干鲜瓜果类	101.3	101.1	102.2	103.5	103.9	101.6
12.糖果糕点类	102.2	102.2	101.7	101.3	101.1	102.3
13.调味品	102.2	101.9	103.3	101.9	101.7	102.9
14.其他食品类	100.2	99.9	101.5	100.8	100.6	101.7
15.在外餐饮	103.3	103.2	104.2	103.5	103.5	103.6
二、饮料、烟酒	**101.1**	**101.2**	**100.9**	**101.3**	**101.3**	**101.2**
1.茶及饮料	102.0	101.9	102.3	101.6	101.6	101.5
2.烟草	100.2	100.2	100.1	100.0	100.0	100.0
3.酒类	102.2	102.4	101.4	103.5	103.5	103.3
三、服装、鞋帽	**101.8**	**101.7**	**102.5**	**101.1**	**101.1**	**101.3**
1.服装	102.3	102.0	103.5	102.0	102.0	102.1
(1)男士服装	102.8	102.8	102.7	102.1	102.1	102.1
(2)女士服装	102.1	101.7	104.2	102.3	102.3	102.3
(3)儿童服装	101.5	101.1	103.0	100.6	100.4	101.8
2.鞋帽袜	100.6	100.9	99.5	98.2	98.2	98.5
(1)鞋	100.6	100.9	99.3	98.0	97.9	98.3
(2)袜子	100.4	100.1	101.9	101.4	101.2	102.2
(3)帽子	101.2	101.4	100.4	100.2	100.2	100.1
3.其他衣着配件	98.4	98.2	99.5	98.8	97.9	102.8
四、纺织品	**100.8**	**101.1**	**99.6**	**99.9**	**99.6**	**101.5**
1.服装材料	106.4	107.0	103.3	103.5	103.5	103.4
2.床上用品	99.0	99.1	98.3	98.7	98.3	100.8

3-8 续表

指 标	2017			2018		
	全省	城市	农村	全省	城市	农村
五、家用电器及音像器材	**98.4**	**98.0**	**100.4**	**98.2**	**98.2**	**98.3**
1. 家庭设备	99.1	98.7	101.0	99.7	99.6	99.9
2. 文娱用耐用消费品	96.9	96.3	99.2	95.2	95.3	95.0
3. 专业音像器材	99.0	98.7	100.8	98.4	98.4	97.9
六、文化办公用品	**99.2**	**98.8**	**101.6**	**100.5**	**100.5**	**101.0**
七、日用品	**100.5**	**100.3**	**101.5**	**101.5**	**101.2**	**102.6**
1. 日用百货	101.3	101.1	101.9	101.9	101.8	102.6
2. 厨具餐具茶具	100.3	99.7	103.1	102.4	102.3	103.0
3. 清洗用品	101.2	101.2	100.8	101.7	101.2	104.1
4. 其他日用品	98.8	98.5	99.9	99.8	99.5	101.0
八、体育娱乐用品	**100.1**	**100.2**	**99.6**	**100.7**	**100.7**	**100.8**
1. 体育户外用品	100.1	100.2	99.5	100.7	100.6	101.4
2. 娱乐用品	100.1	100.1	99.6	100.7	100.7	100.6
九、交通、通信用品	**98.8**	**98.7**	**99.7**	**98.4**	**98.3**	**99.3**
1. 交通运输机械	99.4	99.4	99.3	99.3	99.1	100.3
2. 通信器材	96.5	95.5	100.9	94.6	94.2	96.4
十、家具	**101.3**	**101.4**	**100.6**	**101.8**	**101.8**	**102.0**
十一、化妆品	**100.9**	**100.8**	**101.9**	**99.8**	**99.7**	**100.8**
十二、金银饰品	**101.5**	**100.8**	**106.5**	**98.3**	**98.0**	**100.0**
十三、中西药品及医疗保健用品	**106.5**	**106.7**	**105.8**	**105.3**	**105.8**	**102.8**
1. 医疗卫生器具	101.2	101.1	101.8	101.1	101.1	101.1
2. 中药	106.6	106.7	105.8	105.1	105.4	103.5
3. 西药	106.2	106.6	104.3	107.1	108.1	102.7
4. 保健器具及用品	107.9	107.6	110.2	102.9	103.0	102.4
十四、书报杂志及电子出版物	**101.1**	**101.0**	**101.5**	**104.3**	**104.2**	**104.9**
1. 教材及参考书	99.4	99.2	100.6	101.1	101.0	101.5
2. 书报杂志	102.6	102.6	102.6	109.9	109.9	109.9
3. 计算机办公软件	100.7	100.7	100.7	97.9	97.9	97.9
十五、燃料	**108.6**	**108.9**	**107.2**	**110.0**	**109.9**	**110.4**
1. 煤炭及制品	107.9	108.8	104.3	102.0	101.9	102.7
2. 石油及制品	108.7	108.9	107.6	111.0	110.8	111.7
十六、建筑材料及五金电料	**102.3**	**102.2**	**102.8**	**103.6**	**103.4**	**104.3**
1. 建筑装璜材料	102.8	102.8	102.8	104.0	103.8	104.7
2. 五金水暖	101.1	100.8	102.6	102.6	102.4	103.5

3-9 商品零售价格分类指数(2019-2020)

(上年=100)

指　标	2019			2020		
	全省	城市	农村	全省	城市	农村
商品零售价格总指数	**102.5**	**102.5**	**102.5**	**101.2**	**101.0**	**102.1**
一、食品	**106.8**	**106.5**	**108.1**	**108.1**	**107.8**	**109.5**
1.粮食	100.2	100.3	100.0	101.5	101.5	101.4
2.薯类	103.3	103.5	101.7	103.5	102.1	111.4
3.豆类	105.2	104.9	106.2	106.0	105.9	106.3
4.食用油	101.9	101.5	103.4	104.8	103.9	107.9
5.菜	104.4	104.4	104.3	104.7	104.5	105.7
6.畜肉类	126.0	125.2	129.4	137.6	137.3	139.0
7.禽肉类	107.4	107.5	107.2	104.4	105.0	102.0
8.水产品	98.5	98.2	99.9	102.1	102.0	102.7
9.蛋类	104.0	104.1	103.3	94.6	95.0	92.6
10.奶类	102.6	102.7	102.6	101.0	101.0	100.9
11.干鲜瓜果类	112.5	112.6	111.7	93.3	93.1	94.1
12.糖果糕点类	101.1	100.8	102.4	102.6	102.9	101.3
13.调味品	102.8	102.8	102.9	102.2	102.5	101.2
14.其他食品类	101.3	101.4	100.8	102.8	102.9	102.2
15.在外餐饮	104.3	104.1	105.4	104.9	104.9	104.9
二、饮料、烟酒	**101.3**	**101.3**	**101.2**	**100.7**	**100.6**	**101.3**
1.茶及饮料	102.0	102.0	101.9	100.7	100.5	101.6
2.烟草	100.0	100.0	100.1	100.3	100.2	100.8
3.酒类	102.7	102.8	102.6	101.4	101.2	102.1
三、服装、鞋帽	**101.5**	**101.4**	**102.2**	**100.4**	**100.3**	**100.8**
1.服装	101.9	101.8	102.6	100.8	100.8	101.1
(1)男士服装	102.7	103.0	101.1	101.2	101.2	101.1
(2)女士服装	101.5	101.0	103.7	100.5	100.5	100.7
(3)儿童服装	101.2	100.9	102.5	101.1	100.7	102.6
2.鞋帽袜	100.1	100.0	101.0	98.9	98.6	100.0
(1)鞋	100.0	99.8	101.1	98.7	98.4	100.2
(2)袜子	103.0	103.5	100.2	101.3	102.0	97.8
(3)帽子	98.5	98.2	100.2	100.7	101.0	99.6
3.其他衣着配件	100.1	99.8	101.3	101.1	101.2	100.5
四、纺织品	**103.7**	**104.3**	**100.5**	**102.1**	**102.2**	**101.8**
1.服装材料	102.8	103.0	101.7	100.1	100.3	99.3
2.床上用品	104.0	104.8	100.0	102.8	102.8	102.7

3-9 续表

指标	2019			2020		
	全省	城市	农村	全省	城市	农村
五、家用电器及音像器材	**99.0**	**98.8**	**100.0**	**98.9**	**98.8**	**99.6**
1. 家庭设备	99.9	99.8	100.4	98.6	98.3	99.6
2. 文娱用耐用消费品	98.7	98.3	100.0	99.5	99.5	99.3
3. 专业音像器材	94.1	93.9	95.1	99.3	99.2	99.8
六、文化办公用品	**100.3**	**100.3**	**100.6**	**99.8**	**99.2**	**103.1**
七、日用品	**102.4**	**102.6**	**101.4**	**101.2**	**101.5**	**99.7**
1. 日用百货	102.9	103.3	101.3	100.8	101.0	99.7
2. 厨具餐具茶具	102.0	102.3	101.0	102.3	102.9	99.4
3. 清洗用品	103.8	104.1	102.1	102.0	102.3	100.3
4. 其他日用品	100.1	99.9	101.0	100.5	100.7	99.5
八、体育娱乐用品	**101.3**	**101.5**	**100.5**	**101.3**	**101.3**	**101.0**
1. 体育户外用品	99.5	99.5	99.2	102.2	102.5	100.3
2. 娱乐用品	102.2	102.4	101.1	100.9	100.8	101.3
九、交通、通信用品	**99.7**	**99.9**	**99.1**	**98.5**	**98.5**	**98.7**
1. 交通运输机械	99.4	99.5	98.7	97.9	97.8	98.0
2. 通信器材	101.5	101.8	100.2	101.6	101.7	100.8
十、家具	**102.2**	**102.4**	**100.7**	**101.2**	**101.3**	**100.8**
十一、化妆品	**102.8**	**102.9**	**102.1**	**103.3**	**103.7**	**101.1**
十二、金银饰品	**108.3**	**108.3**	**108.4**	**116.6**	**116.4**	**117.6**
十三、中西药品及医疗保健用品	**107.6**	**108.3**	**103.7**	**98.5**	**98.0**	**101.0**
1. 医疗卫生器具	103.2	103.3	102.5	105.6	103.3	117.8
2. 中药	104.6	104.7	104.2	100.4	100.2	101.2
3. 西药	107.1	107.6	104.4	96.1	95.3	100.1
4. 保健器具及用品	111.3	112.7	101.7	100.4	100.5	99.8
十四、书报杂志及电子出版物	**104.5**	**104.5**	**104.2**	**101.0**	**101.0**	**101.3**
1. 教材及参考书	101.8	101.9	101.0	101.7	102.0	100.2
2. 书报杂志	109.7	110.1	108.0	101.2	101.0	102.4
3. 计算机办公软件	96.6	96.2	99.1	99.0	98.9	100.0
十五、燃料	**96.4**	**96.3**	**97.0**	**90.4**	**90.3**	**91.1**
1. 煤炭及制品	98.9	98.5	100.5	100.1	99.9	100.9
2. 石油及制品	96.1	96.0	96.4	89.2	89.2	89.5
十六、建筑材料及五金电料	**101.1**	**100.9**	**101.9**	**100.3**	**100.1**	**100.8**
1. 建筑装璜材料	101.0	100.9	101.8	99.9	99.8	100.5
2. 五金水暖	101.3	101.1	102.3	101.1	101.0	101.3

3-10 商品零售价格分类指数(2021)

(上年=100)

指　　标	2021		
	全省	城市	农村
商品零售价格总指数	**102.2**	**102.2**	**102.4**
一、食品	**100.6**	**100.7**	**99.8**
1.粮食	100.7	100.6	100.9
2.薯类	97.9	98.1	97.0
3.豆类	105.2	105.4	104.5
4.食用油	109.5	110.0	107.9
5.菜及食用菌	105.1	104.7	106.5
6.畜肉类	81.8	82.4	79.7
7.禽肉类	95.7	95.4	97.3
8.水产品	110.5	110.1	112.4
9.蛋类	106.7	106.2	108.9
10.奶类	103.2	103.3	102.5
11.干鲜瓜果类	103.2	102.9	104.6
12.糖果糕点类	102.5	102.6	102.0
13.调味品	101.4	101.6	100.9
14.其他食品类	100.8	100.8	100.7
15.餐饮业零售	102.8	102.8	102.8
二、饮料、烟酒	**101.4**	**101.4**	**101.2**
1.茶及饮料	101.3	101.5	100.4
2.卷烟	100.9	100.8	101.5
3.酒类	102.7	103.0	101.0
三、服装、鞋帽	**100.8**	**100.7**	**101.1**
1.服装	100.7	100.6	101.1
(1)男士服装	101.0	101.0	101.1
(2)女士服装	100.6	100.5	100.9
(3)儿童服装	100.3	99.9	102.0
2.鞋帽袜	101.2	101.2	101.1
(1)鞋	101.2	101.2	101.1
(2)袜子	102.1	102.3	100.9
(3)帽子	101.4	100.9	104.0
3.其他衣着配件	100.8	100.7	101.6
四、纺织品	**101.4**	**101.0**	**102.8**
1.服装材料	101.7	101.2	103.3
2.床上用品	101.3	101.0	102.6

3-10 续表

指　　标	2021		
	全省	城市	农村
五、家用电器及音像器材	**102.6**	**102.4**	**103.6**
1. 家庭设备	102.1	101.8	103.3
2. 文娱用耐用消费品	103.8	103.6	104.7
3. 专业音像器材	101.8	101.9	100.2
六、文化办公用品	**101.0**	**101.0**	**101.2**
七、日用品	**100.5**	**100.5**	**100.3**
1. 日用百货	100.4	100.3	100.9
2. 厨具餐具茶具	99.7	100.0	97.9
3. 清洗用品	101.0	101.1	100.7
4. 其他日用品	100.7	100.7	100.5
八、体育娱乐用品	**100.6**	**100.7**	**100.3**
1. 体育户外用品	101.5	101.8	99.9
2. 娱乐用品	100.3	100.2	100.5
九、交通、通信用品	**100.6**	**100.6**	**100.6**
1. 交通运输机械	99.7	99.7	99.8
2. 通信器材	104.2	104.3	103.9
十、家具	**101.4**	**100.8**	**104.4**
十一、化妆品	**99.8**	**100.0**	**98.4**
十二、金银饰品	**97.2**	**97.0**	**98.5**
十三、中西药品及医疗保健用品	**99.9**	**99.8**	**100.2**
1. 医疗卫生器具	102.1	102.1	102.3
2. 中药	100.5	100.5	100.2
3. 西药	99.4	99.3	99.8
4. 保健器具及用品	99.3	99.1	100.5
十四、书报杂志及电子出版物	**100.2**	**100.2**	**100.2**
1. 教材及参考书	101.0	101.0	101.1
2. 书报杂志及音像制品	100.0	100.0	100.0
3. 计算机办公软件	98.8	98.8	98.8
十五、燃料	**115.4**	**115.3**	**115.7**
1. 煤炭及制品	120.6	122.0	113.1
2. 石油及制品	114.9	114.7	116.0
十六、建筑材料及五金电料	**104.2**	**104.0**	**105.0**
1. 建筑装璜材料	104.4	104.4	104.4
2. 五金水暖	103.5	102.9	106.4

3-11 居民消费价格分类指数(2021年1月)

指标	上年同月=100(同比)			上月=100(环比)		
	全省	城市	农村	全省	城市	农村
居民消费价格总指数	**100.3**	**100.2**	**100.9**	**101.0**	**101.0**	**101.1**
#服务价格指数	100.0	99.9	100.6	100.2	100.2	100.1
工业品价格指数	99.1	99.0	99.7	100.4	100.4	100.5
消费品价格指数	100.5	100.4	101.1	101.6	101.6	101.8
非食品价格指数	99.9	99.7	100.4	100.3	100.3	100.3
一、食品烟酒	**102.2**	**102.0**	**102.6**	**103.1**	**103.0**	**103.3**
1.食品	102.4	102.3	103.0	104.4	104.4	104.7
(1)粮食	102.1	102.4	101.2	100.1	100.0	100.1
(2)薯类	98.7	97.6	103.8	104.6	104.5	105.3
(3)豆类	104.3	103.6	106.5	100.9	100.6	101.6
(4)食用油	107.5	107.3	108.1	103.6	103.8	103.0
(5)菜及食用菌	114.9	113.8	119.2	119.4	119.2	120.0
#鲜菜	116.8	115.4	122.4	122.0	121.8	123.1
(6)畜肉类	97.9	97.8	98.2	102.7	102.2	104.0
#猪肉	95.5	95.3	96.1	104.2	103.8	105.5
(7)禽肉类	92.3	92.2	92.8	100.2	100.0	100.9
(8)水产品	100.0	99.5	102.4	106.0	106.3	104.7
(9)蛋类	99.3	99.2	99.6	105.2	104.5	107.5
(10)奶类	102.9	103.0	102.2	100.9	100.9	100.7
(11)干鲜瓜果类	105.9	106.2	104.4	100.6	100.4	101.4
(12)糖果糕点类	103.0	103.1	102.4	100.4	100.5	99.9
(13)调味品	101.2	101.2	101.0	99.7	99.7	99.6
(14)其他食品类	101.2	101.2	101.3	100.9	100.9	100.9
2.茶及饮料	101.8	102.2	100.0	100.0	100.0	99.8
3.烟酒	100.8	100.7	101.0	100.2	100.2	100.0
(1)卷烟	100.1	100.0	100.2	100.0	100.1	100.0
(2)酒类	102.6	102.5	102.8	100.5	100.7	100.0
4.在外餐饮	102.1	102.0	102.7	100.7	100.7	100.9
二、衣着	**102.0**	**101.4**	**104.4**	**99.6**	**99.6**	**99.4**
1.服装	101.8	101.3	103.9	99.1	99.2	99.1
(1)男式服装	102.1	102.0	102.8	98.5	98.7	97.6
(2)女式服装	101.6	100.9	104.4	99.4	99.3	99.8
(3)儿童服装	102.1	101.2	105.7	99.5	99.4	99.6
(4)衣着材料及配件	101.6	101.5	102.2	100.2	100.2	99.8
(5)衣着服务费	101.2	100.4	104.1	100.5	100.3	101.2
2.鞋类	102.8	101.9	106.6	101.3	101.4	100.6
(1)鞋	102.9	102.0	106.8	101.3	101.5	100.6
(2)鞋类服务	98.7	99.7	95.3	100.1	100.1	100.0

3-11 续表 1

指标	上年同月=100(同比)			上月=100(环比)		
	全省	城市	农村	全省	城市	农村
三、居住	**100.2**	**100.2**	**100.3**	**100.2**	**100.2**	**100.2**
1. 租赁房房租	100.0	99.8	100.6	99.9	99.9	99.9
2. 住房保养维修及管理	101.8	102.0	101.1	100.9	101.1	100.1
(1) 住房装潢材料	100.6	100.6	100.5	100.2	100.2	100.2
(2) 住房维修管理费用	103.2	103.5	101.7	101.7	102.1	100.0
3. 水电燃料	99.6	99.6	99.7	100.6	100.5	101.0
(1) 水	100.0	100.0	100.0	100.0	100.0	100.0
(2) 电	100.0	100.0	100.0	100.0	100.0	100.0
(3) 燃气	97.9	97.9	98.1	102.6	102.4	103.2
(4) 其他水电燃料类	101.2	101.0	102.1	100.4	100.2	101.3
4. 自有住房	100.0	100.0	100.3	99.9	99.9	99.9
四、生活用品及服务	**101.1**	**100.9**	**101.8**	**100.5**	**100.4**	**100.6**
1. 家具及室内装饰品	100.5	99.9	102.7	100.2	100.0	101.1
(1) 家具	100.6	99.9	102.8	100.2	99.9	101.0
(2) 室内装饰品	100.2	99.7	102.2	100.5	100.3	101.2
2. 家用器具	100.3	99.9	101.9	100.6	100.7	100.1
(1) 大型家用器具	100.3	99.9	101.7	100.7	101.0	100.0
(2) 小家电	100.5	99.8	102.9	99.9	99.8	100.4
3. 家用纺织品	101.5	101.5	101.4	100.5	100.4	100.9
(1) 床上用品	101.3	101.2	101.8	100.7	100.5	101.2
(2) 窗帘门帘	101.0	101.1	100.4	101.5	102.1	99.5
(3) 其他家用纺织品	103.5	104.5	98.2	97.9	97.5	100.1
4. 家庭日用杂品	102.2	102.6	100.9	100.2	100.0	100.8
(1) 洗涤卫生用品	103.2	103.7	101.5	100.1	99.8	101.2
(2) 厨具餐具茶具	100.3	101.4	96.6	101.0	100.6	102.3
(3) 其他家庭日用杂品	102.0	101.8	102.4	99.9	99.9	99.8
5. 个人护理用品	102.3	102.5	101.1	99.8	99.8	99.6
(1) 化妆品	102.1	102.2	101.0	99.3	99.4	99.0
(2) 其他护理用品类	102.7	103.0	101.2	100.7	100.7	100.5
6. 家庭服务	99.6	98.9	104.1	102.2	102.2	102.1
五、交通通信	**96.1**	**96.0**	**96.3**	**101.0**	**101.0**	**100.7**
1. 交通	94.5	94.5	94.7	101.3	101.3	101.1
(1) 交通工具	98.2	98.3	97.9	99.8	99.8	99.8
(2) 交通工具用燃料	86.7	86.7	86.8	104.0	104.0	104.4
(3) 交通工具使用和维修	98.8	99.0	97.9	102.1	102.3	100.9
(4) 交通费	96.1	95.9	96.8	100.4	100.5	100.2
2. 通信	101.6	101.6	101.6	99.9	99.9	99.7
(1) 通信工具	106.8	106.7	107.0	99.9	99.9	99.7
(2) 通信服务	99.7	99.7	99.6	99.9	99.9	99.7
(3) 邮递服务	98.2	98.0	99.2	100.1	100.1	100.1

3-11 续表 2

指　　标	上年同月=100(同比)			上月=100(环比)		
	全省	城市	农村	全省	城市	农村
六、教育文化娱乐	**100.9**	**100.7**	**102.0**	**100.2**	**100.2**	**100.1**
1.教育	102.8	102.7	103.0	100.0	100.0	100.0
(1)教育用品	100.7	100.5	101.1	100.0	100.0	100.0
(2)教育服务	102.8	102.8	103.0	100.0	100.0	100.0
2.文化娱乐	97.8	97.5	99.3	100.5	100.5	100.3
(1)文娱耐用消费品	101.0	101.0	101.0	100.4	100.7	99.6
(2)其他文娱用品	100.4	100.4	100.5	99.9	99.9	100.4
(3)文化娱乐服务	101.3	101.5	100.0	100.5	100.5	100.4
(4)旅游	92.8	92.5	95.6	100.7	100.7	100.9
七、医疗保健	**100.7**	**100.3**	**101.8**	**100.1**	**100.0**	**100.3**
1.药品及医疗器具	99.8	99.7	100.5	99.9	99.8	99.9
(1)中药	99.7	99.7	99.6	100.1	100.2	99.8
(2)西药	98.3	98.3	98.2	99.8	99.8	99.9
(3)滋补保健品	99.4	99.5	99.1	99.6	99.6	99.9
(4)医疗卫生器具	108.2	105.7	120.6	99.8	99.8	100.0
(5)保健器具	99.6	99.8	98.9	100.6	100.8	99.4
2.医疗服务	101.0	100.6	102.2	100.2	100.1	100.4
(1)综合医疗类	101.6	100.9	104.0	100.7	100.6	100.8
(2)诊断类	101.3	100.8	102.7	100.1	100.0	100.4
(3)治疗类	100.2	100.2	100.1	100.0	100.0	100.1
(4)康复类	100.1	100.0	100.2	100.0	100.0	100.0
(5)中医医疗服务类	101.0	100.2	103.6	100.4	100.1	101.6
(6)其他医疗保健服务	101.6	101.6	101.6	100.2	100.0	100.7
八、其他用品及服务	**97.9**	**97.9**	**97.8**	**100.5**	**100.5**	**100.8**
1.其他用品	103.7	103.6	104.1	100.6	100.5	101.1
(1)首饰手表	107.2	107.0	108.7	101.2	101.1	101.6
(2)母婴用品	98.6	98.7	98.1	100.0	99.9	101.0
(3)其他杂项用品	99.9	99.9	99.9	99.7	99.5	100.4
2.其他服务	92.8	92.8	92.4	100.4	100.5	100.4
(1)在外住宿	99.1	99.0	99.5	99.6	99.5	100.0
(2)美容美发洗浴	99.9	100.0	99.1	100.6	100.5	101.0
(3)养老服务	103.5	103.9	101.4	102.8	103.3	100.0
(4)金融及保险服务	84.1	84.3	82.5	100.0	100.0	100.0
(5)中介法律及其他服务	99.0	98.8	100.5	100.2	100.2	100.2

3-12 居民消费价格分类指数(2021年2月)

指标	上年同月=100(同比)			上月=100(环比)		
	全省	城市	农村	全省	城市	农村
居民消费价格总指数	**100.7**	**100.6**	**101.2**	**101.0**	**101.0**	**101.0**
#服务价格指数	100.9	100.8	101.4	100.6	100.6	100.5
工业品价格指数	100.1	99.9	100.7	100.2	100.2	100.3
消费品价格指数	100.6	100.5	101.0	101.4	101.4	101.2
非食品价格指数	100.7	100.5	101.1	100.4	100.4	100.4
一、食品烟酒	**101.2**	**101.2**	**101.3**	**102.7**	**102.8**	**102.2**
1.食品	101.0	100.9	101.2	103.8	104.0	103.2
(1)粮食	100.6	100.6	100.8	100.3	100.2	100.5
(2)薯类	91.7	91.3	93.5	109.1	109.4	107.8
(3)豆类	101.6	101.2	102.7	101.8	101.4	103.1
(4)食用油	107.5	107.5	107.6	100.9	101.0	100.7
(5)菜及食用菌	107.4	106.3	111.4	103.8	104.1	102.4
#鲜菜	108.5	107.3	113.7	104.5	104.8	103.0
(6)畜肉类	88.9	88.9	88.8	100.2	100.5	99.3
#猪肉	83.3	82.8	84.5	99.2	99.5	98.3
(7)禽肉类	92.2	91.8	93.4	102.1	102.0	102.4
(8)水产品	109.6	109.1	111.4	113.5	113.6	113.1
(9)蛋类	101.6	101.4	102.4	101.4	101.6	100.7
(10)奶类	103.3	103.5	102.5	100.1	100.1	100.3
(11)干鲜瓜果类	105.8	105.8	106.2	104.5	104.3	105.8
(12)糖果糕点类	101.6	101.7	101.0	99.8	100.0	99.3
(13)调味品	101.8	102.0	101.4	100.9	101.0	100.7
(14)其他食品类	99.7	99.3	101.1	99.4	99.1	100.4
2.茶及饮料	100.6	100.7	99.7	99.6	99.6	99.9
3.烟酒	100.4	100.3	100.6	99.9	99.9	99.8
(1)卷烟	100.1	100.0	100.2	100.0	100.0	100.0
(2)酒类	101.0	100.9	101.5	99.6	99.7	99.3
4.在外餐饮	102.5	102.5	102.9	100.9	100.9	100.5
二、衣着	**102.1**	**101.4**	**105.0**	**99.7**	**99.6**	**99.8**
1.服装	101.9	101.3	104.5	99.7	99.6	99.7
(1)男式服装	102.4	102.0	104.0	99.7	99.6	100.0
(2)女式服装	101.5	100.8	104.5	99.6	99.6	99.4
(3)儿童服装	102.0	101.0	106.1	99.7	99.6	100.3
(4)衣着材料及配件	101.4	101.4	101.5	99.9	100.0	99.4
(5)衣着服务费	101.6	100.5	105.7	100.3	100.0	101.5
2.鞋类	103.1	102.1	107.1	99.7	99.6	99.8
(1)鞋	103.1	102.1	107.1	99.6	99.6	99.7
(2)鞋类服务	101.7	99.7	109.1	101.9	100.0	108.9

3-12 续表1

指标	上年同月=100(同比)			上月=100(环比)		
	全省	城市	农村	全省	城市	农村
三、居住	**100.4**	**100.4**	**100.5**	**100.1**	**100.1**	**100.1**
1.租赁房房租	100.0	99.9	100.6	100.0	100.0	100.0
2.住房保养维修及管理	103.0	103.4	101.2	100.7	100.8	100.2
(1)住房装潢材料	100.9	101.0	100.8	100.1	100.1	100.3
(2)住房维修管理费用	105.2	106.0	101.7	101.4	101.7	100.0
3.水电燃料	99.8	99.7	100.3	100.1	100.0	100.3
(1)水	100.1	100.0	100.7	100.1	100.0	100.7
(2)电	100.0	100.0	100.0	100.0	100.0	100.0
(3)燃气	98.4	98.0	99.6	100.1	100.0	100.3
(4)其他水电燃料类	101.8	101.3	103.2	100.5	100.4	101.1
4.自有住房	100.1	100.0	100.3	100.0	100.0	100.0
四、生活用品及服务	**101.9**	**101.9**	**101.7**	**100.5**	**100.6**	**100.3**
1.家具及室内装饰品	100.5	99.8	102.7	100.0	100.0	100.0
(1)家具	100.5	99.8	102.8	100.0	100.0	100.0
(2)室内装饰品	100.1	99.5	102.3	100.0	99.9	100.3
2.家用器具	100.6	100.2	102.1	100.1	100.1	100.1
(1)大型家用器具	100.4	100.1	101.7	100.1	100.1	100.0
(2)小家电	101.2	100.6	103.6	100.1	100.1	100.3
3.家用纺织品	101.4	101.3	101.9	100.0	100.1	100.0
(1)床上用品	101.2	100.9	102.3	99.8	99.9	99.8
(2)窗帘门帘	101.5	101.9	100.4	100.6	100.7	100.0
(3)其他家用纺织品	104.0	104.8	99.8	101.4	101.3	102.1
4.家庭日用杂品	101.9	102.3	100.7	100.4	100.3	100.4
(1)洗涤卫生用品	103.5	104.1	101.1	100.6	100.8	99.9
(2)厨具餐具茶具	99.7	100.9	95.7	100.1	100.1	100.1
(3)其他家庭日用杂品	101.2	100.7	102.6	100.2	99.8	101.2
5.个人护理用品	100.4	100.8	98.5	99.5	99.6	99.1
(1)化妆品	99.2	99.6	96.9	99.1	99.2	98.5
(2)其他护理用品类	102.7	103.1	101.0	100.2	100.2	100.2
6.家庭服务	110.1	110.4	108.1	104.9	105.1	103.5
五、交通通信	**98.9**	**98.9**	**99.1**	**101.0**	**100.9**	**101.2**
1.交通	98.0	98.0	98.1	101.2	101.2	101.5
(1)交通工具	98.3	98.4	97.8	100.0	100.0	100.0
(2)交通工具用燃料	95.1	95.1	95.3	103.4	103.3	103.4
(3)交通工具使用和维修	102.7	102.4	103.6	103.0	102.6	104.6
(4)交通费	99.3	99.3	99.6	99.7	99.6	100.5
2.通信	101.9	101.9	102.0	100.2	100.1	100.4
(1)通信工具	107.5	107.3	108.2	100.3	100.2	100.9
(2)通信服务	99.7	99.7	99.6	100.0	100.0	100.0
(3)邮递服务	100.1	99.7	101.9	101.5	101.2	102.5

3-12 续表2

指标	上年同月=100(同比)			上月=100(环比)		
	全省	城市	农村	全省	城市	农村
六、教育文化娱乐	**101.9**	**101.7**	**102.6**	**101.0**	**101.1**	**100.6**
1.教育	102.8	102.7	103.0	100.0	100.0	100.0
(1)教育用品	100.6	100.5	101.0	99.9	100.0	99.9
(2)教育服务	102.8	102.8	103.0	100.0	100.0	100.0
2.文化娱乐	100.4	100.3	101.5	102.7	102.8	102.1
(1)文娱耐用消费品	100.9	100.8	101.2	99.9	99.9	100.0
(2)其他文娱用品	100.3	100.3	100.0	99.9	100.0	99.4
(3)文化娱乐服务	103.6	103.4	104.4	102.2	101.9	104.1
(4)旅游	98.1	97.9	99.5	105.7	105.8	104.0
七、医疗保健	**100.9**	**100.5**	**102.4**	**100.2**	**100.1**	**100.6**
1.药品及医疗器具	99.6	99.4	100.6	99.7	99.6	100.0
(1)中药	99.8	99.8	99.8	100.0	100.0	100.0
(2)西药	98.0	97.9	98.2	99.6	99.4	100.0
(3)滋补保健品	99.0	99.0	99.0	99.5	99.3	100.1
(4)医疗卫生器具	108.1	105.7	120.2	100.0	100.0	100.0
(5)保健器具	99.7	99.8	99.3	100.1	100.0	100.5
2.医疗服务	101.5	101.0	103.1	100.5	100.4	100.9
(1)综合医疗类	102.5	101.4	105.8	100.8	100.5	101.7
(2)诊断类	101.8	101.1	103.9	100.5	100.3	101.2
(3)治疗类	100.5	100.6	100.1	100.4	100.5	100.0
(4)康复类	100.1	100.0	100.2	100.0	100.0	100.0
(5)中医医疗服务类	101.0	100.3	103.6	100.0	100.0	100.0
(6)其他医疗保健服务	101.6	101.6	101.6	100.0	100.0	100.0
八、其他用品及服务	**98.0**	**97.9**	**98.6**	**99.7**	**99.6**	**100.3**
1.其他用品	102.2	102.0	102.9	98.4	98.3	98.8
(1)首饰手表	104.6	104.3	106.7	97.8	97.6	98.9
(2)母婴用品	98.9	98.9	99.1	100.0	100.0	99.9
(3)其他杂项用品	99.3	99.4	98.7	98.7	98.8	98.1
2.其他服务	94.4	94.3	94.9	100.9	100.8	101.8
(1)在外住宿	101.3	100.9	104.3	101.2	100.7	103.9
(2)美容美发洗浴	104.6	104.5	105.2	102.5	102.3	103.5
(3)养老服务	103.5	103.9	101.4	100.0	100.0	100.0
(4)金融及保险服务	84.1	84.3	82.5	100.0	100.0	100.0
(5)中介法律及其他服务	101.2	101.0	102.4	100.9	100.8	101.9

3-13 居民消费价格分类指数(2021年3月)

指　标	上年同月=100(同比)			上月=100(环比)		
	全省	城市	农村	全省	城市	农村
居民消费价格总指数	**101.3**	**101.3**	**101.7**	**99.4**	**99.5**	**99.2**
#服务价格指数	100.7	100.6	101.3	99.7	99.7	99.7
工业品价格指数	102.0	101.9	102.3	100.8	100.9	100.5
消费品价格指数	101.8	101.8	101.9	99.2	99.3	98.9
非食品价格指数	101.3	101.2	101.8	100.2	100.2	100.1
一、食品烟酒	**101.6**	**101.6**	**101.5**	**97.5**	**97.6**	**97.2**
1.食品	101.3	101.3	101.4	96.0	96.0	95.9
(1)粮食	100.7	100.7	100.7	99.8	99.7	99.8
(2)薯类	93.4	93.2	94.4	99.4	99.3	99.8
(3)豆类	103.2	102.7	104.6	100.6	100.8	100.1
(4)食用油	108.7	108.6	108.9	100.2	100.3	100.0
(5)菜及食用菌	102.8	102.3	105.0	86.4	86.4	86.4
#鲜菜	103.2	102.5	106.1	84.9	84.9	84.9
(6)畜肉类	89.0	89.2	88.3	93.0	93.4	92.0
#猪肉	82.8	82.8	83.0	89.7	90.0	88.8
(7)禽肉类	93.3	93.1	94.0	99.3	99.4	99.2
(8)水产品	113.8	113.2	116.3	97.2	97.1	97.9
(9)蛋类	102.6	102.2	103.8	97.2	97.5	96.2
(10)奶类	104.5	104.7	103.5	101.1	101.1	101.0
(11)干鲜瓜果类	104.5	104.1	106.3	98.2	98.0	99.2
(12)糖果糕点类	102.6	102.7	102.2	100.8	100.8	101.0
(13)调味品	101.9	102.2	101.2	99.7	99.7	99.7
(14)其他食品类	98.8	98.0	101.6	100.6	100.5	100.7
2.茶及饮料	101.1	101.3	100.2	101.2	101.4	100.4
3.烟酒	100.9	101.0	100.7	100.7	100.9	100.3
(1)卷烟	100.0	100.0	100.0	100.0	100.0	100.0
(2)酒类	103.0	103.3	102.3	102.4	102.9	101.0
4.在外餐饮	102.8	102.6	103.5	100.2	100.2	100.3
二、衣着	**102.8**	**102.4**	**104.7**	**100.4**	**100.5**	**99.6**
1.服装	102.5	102.1	104.2	100.4	100.6	99.7
(1)男式服装	103.3	102.9	104.7	100.9	101.0	100.4
(2)女式服装	102.1	101.8	103.5	100.3	100.5	99.1
(3)儿童服装	102.2	101.1	106.5	99.6	99.6	99.5
(4)衣着材料及配件	101.9	101.7	102.7	100.5	100.3	101.4
(5)衣着服务费	100.9	100.0	104.4	99.4	99.5	98.9
2.鞋类	104.3	103.7	106.5	100.2	100.4	99.5
(1)鞋	104.3	103.7	106.4	100.2	100.4	99.5
(2)鞋类服务	104.9	103.8	108.9	102.7	103.7	99.4

3-13 续表 1

指标	上年同月=100(同比)			上月=100(环比)		
	全省	城市	农村	全省	城市	农村
三、居住	**100.6**	**100.5**	**100.9**	**100.1**	**100.2**	**100.0**
1.租赁房房租	100.0	99.8	100.9	100.0	100.1	100.0
2.住房保养维修及管理	103.6	104.1	101.5	100.8	100.9	100.2
(1)住房装潢材料	102.3	102.6	101.5	101.2	101.4	100.4
(2)住房维修管理费用	105.0	105.8	101.5	100.3	100.4	100.0
3.水电燃料	100.7	100.6	101.2	100.0	100.0	99.9
(1)水	100.1	100.0	100.7	100.0	100.0	100.0
(2)电	100.0	100.0	100.0	100.0	100.0	100.0
(3)燃气	102.6	102.3	103.4	99.9	99.9	99.7
(4)其他水电燃料类	101.3	101.1	102.1	100.0	100.2	99.3
4.自有住房	100.0	99.8	100.7	100.0	100.0	100.0
四、生活用品及服务	**101.6**	**101.5**	**102.1**	**99.7**	**99.5**	**100.2**
1.家具及室内装饰品	100.9	100.3	103.0	100.2	100.3	100.1
(1)家具	101.0	100.4	103.1	100.2	100.3	100.1
(2)室内装饰品	100.4	100.0	102.3	100.2	100.2	100.2
2.家用器具	100.9	100.4	102.7	100.2	100.2	100.5
(1)大型家用器具	100.9	100.4	102.5	100.3	100.2	100.6
(2)小家电	101.1	100.4	103.5	100.0	100.0	100.2
3.家用纺织品	101.6	101.4	102.2	100.2	100.1	100.8
(1)床上用品	101.2	100.8	102.8	100.1	99.9	101.1
(2)窗帘门帘	102.5	102.9	101.3	100.9	101.0	100.6
(3)其他家用纺织品	104.4	105.9	97.2	100.6	101.0	97.9
4.家庭日用杂品	102.2	102.6	100.9	100.5	100.6	100.1
(1)洗涤卫生用品	103.7	104.4	101.2	100.6	100.6	100.5
(2)厨具餐具茶具	98.8	99.8	95.7	99.5	99.6	99.4
(3)其他家庭日用杂品	102.3	101.9	103.2	100.8	101.1	100.0
5.个人护理用品	100.9	101.1	100.0	100.0	99.9	100.5
(1)化妆品	100.7	100.8	99.6	99.8	99.8	100.4
(2)其他护理用品类	101.4	101.6	100.5	100.2	100.0	100.8
6.家庭服务	104.7	104.4	106.4	95.1	94.6	98.3
五、交通通信	**102.8**	**102.9**	**102.1**	**101.2**	**101.3**	**100.7**
1.交通	103.0	103.2	102.1	101.6	101.7	101.0
(1)交通工具	98.3	98.5	97.6	100.1	100.2	99.7
(2)交通工具用燃料	111.4	111.4	111.9	106.4	106.4	106.5
(3)交通工具使用和维修	102.7	103.1	100.7	97.6	98.0	95.9
(4)交通费	102.8	103.0	101.8	100.2	100.3	99.6
2.通信	101.9	101.9	101.9	99.9	100.0	99.8
(1)通信工具	107.8	107.7	108.4	100.0	100.1	99.6
(2)通信服务	99.7	99.7	99.6	100.0	100.0	100.0
(3)邮递服务	98.7	98.5	99.6	98.6	98.8	97.7

3-13 续表2

指标	上年同月=100(同比)			上月=100(环比)		
	全省	城市	农村	全省	城市	农村
六、教育文化娱乐	**101.3**	**101.1**	**102.1**	**99.4**	**99.4**	**99.6**
1.教育	103.1	103.1	103.0	100.3	100.4	100.0
(1)教育用品	100.8	100.7	100.9	100.2	100.3	99.9
(2)教育服务	103.1	103.1	103.0	100.3	100.4	100.0
2.文化娱乐	98.4	98.2	99.9	98.0	97.9	98.5
(1)文娱耐用消费品	101.5	101.5	101.6	100.4	100.3	100.6
(2)其他文娱用品	100.4	100.3	100.7	100.1	100.0	100.7
(3)文化娱乐服务	102.5	102.6	101.4	98.9	99.2	97.3
(4)旅游	93.3	93.2	95.4	95.2	95.1	95.9
七、医疗保健	**100.8**	**100.4**	**101.9**	**100.0**	**100.0**	**100.0**
1.药品及医疗器具	99.2	99.2	99.3	100.0	100.0	100.0
(1)中药	99.6	99.6	99.8	99.8	99.8	100.1
(2)西药	98.0	97.8	98.4	99.9	99.8	100.0
(3)滋补保健品	99.8	100.0	99.1	101.0	101.1	100.3
(4)医疗卫生器具	103.0	102.9	103.6	99.5	99.4	99.7
(5)保健器具	98.7	98.8	98.1	98.8	98.9	98.4
2.医疗服务	101.4	101.0	102.8	100.0	100.0	100.0
(1)综合医疗类	102.4	101.4	105.5	100.0	100.0	100.1
(2)诊断类	101.7	101.1	103.6	100.0	100.0	100.0
(3)治疗类	100.5	100.6	100.0	100.0	100.0	100.0
(4)康复类	100.1	100.0	100.2	100.0	100.0	100.0
(5)中医医疗服务类	101.0	100.3	103.6	100.0	100.0	100.0
(6)其他医疗保健服务	101.5	101.6	101.0	100.0	100.0	100.0
八、其他用品及服务	**96.5**	**96.4**	**97.0**	**98.9**	**99.1**	**98.2**
1.其他用品	99.9	99.7	100.9	98.7	98.8	97.9
(1)首饰手表	99.2	98.9	101.3	97.4	97.6	96.1
(2)母婴用品	101.2	101.0	102.0	100.6	100.6	100.6
(3)其他杂项用品	100.4	100.5	99.6	100.2	100.3	99.7
2.其他服务	93.6	93.6	93.6	99.2	99.3	98.4
(1)在外住宿	101.4	101.2	102.7	98.8	99.3	95.5
(2)美容美发洗浴	101.5	101.4	102.1	97.8	98.0	97.1
(3)养老服务	104.0	104.6	100.0	100.6	100.7	100.0
(4)金融及保险服务	84.1	84.3	82.5	100.0	100.0	100.0
(5)中介法律及其他服务	100.5	100.3	101.3	99.1	99.1	98.8

3-14 居民消费价格分类指数(2021年4月)

指　　标	上年同月=100(同比)			上月=100(环比)		
	全省	城市	农村	全省	城市	农村
居民消费价格总指数	**101.6**	**101.5**	**101.7**	**99.7**	**99.7**	**99.6**
#服务价格指数	101.1	101.0	101.4	100.2	100.3	100.1
工业品价格指数	102.7	102.6	103.0	100.0	99.9	100.1
消费品价格指数	101.9	101.9	101.9	99.2	99.2	99.2
非食品价格指数	101.8	101.8	102.1	100.1	100.1	100.1
一、食品烟酒	**101.0**	**101.0**	**100.7**	**98.4**	**98.5**	**98.2**
1.食品	100.4	100.4	100.3	97.5	97.5	97.5
(1)粮食	100.1	100.1	100.3	99.9	100.0	99.6
(2)薯类	92.2	93.0	89.0	97.0	97.3	95.9
(3)豆类	105.5	105.4	105.7	101.5	101.9	100.2
(4)食用油	110.0	109.9	110.5	100.8	100.9	100.5
(5)菜及食用菌	97.5	97.3	98.2	92.8	92.6	93.7
#鲜菜	97.1	96.8	98.0	91.8	91.5	92.6
(6)畜肉类	88.7	89.3	86.7	93.5	93.9	92.2
#猪肉	81.4	82.0	80.0	90.0	90.4	88.8
(7)禽肉类	93.6	93.4	94.2	98.6	98.6	98.7
(8)水产品	114.6	114.0	117.1	102.3	102.2	102.8
(9)蛋类	103.5	103.1	104.8	99.4	99.5	99.1
(10)奶类	104.4	104.5	104.0	99.8	99.7	100.3
(11)干鲜瓜果类	99.8	99.2	103.0	94.4	94.1	95.7
(12)糖果糕点类	102.8	103.0	101.9	100.0	100.1	99.9
(13)调味品	101.1	101.2	100.7	99.8	99.8	99.8
(14)其他食品类	98.9	98.2	101.4	100.5	100.7	99.8
2.茶及饮料	100.8	101.0	100.1	99.8	99.7	100.1
3.烟酒	100.7	100.9	100.3	100.0	100.0	99.8
(1)卷烟	100.1	100.1	100.0	100.1	100.1	100.0
(2)酒类	102.3	102.6	101.2	99.7	99.8	99.4
4.在外餐饮	102.9	102.9	103.0	100.2	100.2	99.9
二、衣着	**102.3**	**102.0**	**103.7**	**99.7**	**99.7**	**99.7**
1.服装	101.9	101.7	103.0	99.8	99.8	99.6
(1)男式服装	102.7	102.6	103.3	99.7	99.7	99.7
(2)女式服装	101.5	101.4	102.1	99.7	99.7	99.5
(3)儿童服装	101.7	100.7	105.7	100.2	100.4	99.4
(4)衣着材料及配件	101.6	101.5	102.1	99.9	99.9	100.0
(5)衣着服务费	101.1	100.0	105.2	100.2	100.0	100.8
2.鞋类	103.7	103.0	106.2	99.6	99.5	100.1
(1)鞋	103.7	103.0	106.2	99.6	99.5	100.1
(2)鞋类服务	104.9	103.8	108.9	100.0	100.0	100.0

3-14 续表 1

指 标	上年同月=100(同比)			上月=100(环比)		
	全省	城市	农村	全省	城市	农村
三、居住	**100.5**	**100.4**	**101.1**	**100.0**	**100.0**	**100.0**
1.租赁房房租	99.7	99.5	100.9	99.9	99.9	99.8
2.住房保养维修及管理	104.2	104.8	101.8	100.3	100.4	100.2
(1)住房装潢材料	103.2	103.5	102.1	100.4	100.4	100.3
(2)住房维修管理费用	105.3	106.2	101.5	100.3	100.4	100.0
3.水电燃料	101.2	100.9	102.0	100.1	100.1	100.2
(1)水	100.1	100.0	100.7	100.0	100.0	100.0
(2)电	100.0	100.0	100.0	100.0	100.0	100.0
(3)燃气	104.4	103.8	106.2	100.6	100.6	100.5
(4)其他水电燃料类	101.7	101.2	103.2	100.2	100.1	100.4
4.自有住房	99.7	99.5	100.6	99.9	99.9	99.9
四、生活用品及服务	**101.9**	**101.7**	**102.7**	**100.4**	**100.3**	**100.5**
1.家具及室内装饰品	101.4	100.7	103.7	100.2	100.1	100.5
(1)家具	101.5	100.8	103.9	100.3	100.2	100.6
(2)室内装饰品	100.4	100.0	102.1	99.9	99.9	99.7
2.家用器具	101.8	101.3	103.5	100.8	100.7	101.3
(1)大型家用器具	102.0	101.5	103.6	101.0	100.8	101.5
(2)小家电	101.2	100.6	103.5	100.2	100.3	100.1
3.家用纺织品	102.2	102.1	102.5	100.1	100.1	100.2
(1)床上用品	102.1	101.9	103.3	100.1	100.0	100.3
(2)窗帘门帘	103.0	103.5	101.5	100.3	100.2	100.6
(3)其他家用纺织品	101.9	103.3	94.9	100.0	100.2	99.0
4.家庭日用杂品	102.0	102.1	101.6	100.2	100.3	100.1
(1)洗涤卫生用品	102.5	102.7	101.6	100.0	100.0	100.0
(2)厨具餐具茶具	99.9	100.4	98.2	100.4	100.3	100.4
(3)其他家庭日用杂品	102.5	102.2	103.2	100.4	100.5	100.0
5.个人护理用品	100.8	101.0	99.9	100.2	100.2	100.2
(1)化妆品	100.2	100.3	99.7	100.2	100.2	100.7
(2)其他护理用品类	102.0	102.4	100.2	100.0	100.1	99.4
6.家庭服务	104.2	103.9	106.3	100.0	100.0	100.0
五、交通通信	**104.5**	**104.7**	**103.8**	**100.2**	**100.1**	**100.2**
1.交通	105.3	105.5	104.3	100.2	100.2	100.3
(1)交通工具	98.4	98.5	98.1	99.9	99.8	100.4
(2)交通工具用燃料	119.2	119.1	119.8	99.3	99.3	99.3
(3)交通工具使用和维修	103.6	104.2	100.8	100.2	100.2	100.0
(4)交通费	104.5	104.8	103.1	103.3	103.5	102.4
2.通信	102.1	102.0	102.3	99.9	99.9	100.0
(1)通信工具	108.3	107.9	109.8	99.8	99.8	99.9
(2)通信服务	99.7	99.8	99.6	100.0	100.0	100.0
(3)邮递服务	98.8	98.6	99.5	100.0	100.0	100.0

3-14 续表 2

指　　标	上年同月=100(同比)			上月=100(环比)		
	全省	城市	农村	全省	城市	农村
六、教育文化娱乐	**103.1**	**103.1**	**102.8**	**100.6**	**100.7**	**100.3**
1.教育	103.1	103.1	103.0	100.1	100.1	100.1
(1)教育用品	100.8	100.7	100.9	100.0	100.0	100.0
(2)教育服务	103.2	103.2	103.1	100.1	100.1	100.1
2.文化娱乐	103.0	103.2	102.3	101.5	101.6	101.0
(1)文娱耐用消费品	102.3	102.2	102.6	100.5	100.4	100.9
(2)其他文娱用品	100.6	100.6	100.8	99.9	99.9	100.0
(3)文化娱乐服务	102.2	102.3	101.5	99.6	99.5	100.1
(4)旅游	105.0	105.1	103.6	104.2	104.3	103.1
七、医疗保健	**100.6**	**100.4**	**101.5**	**100.0**	**100.0**	**100.0**
1.药品及医疗器具	99.0	99.0	98.8	99.9	99.9	100.1
(1)中药	99.5	99.4	99.9	100.2	100.2	100.2
(2)西药	98.3	98.3	98.5	100.0	100.0	100.1
(3)滋补保健品	98.4	98.3	98.6	99.4	99.3	100.2
(4)医疗卫生器具	102.1	102.9	98.9	99.9	100.0	99.6
(5)保健器具	99.4	99.5	99.1	100.3	100.1	101.0
2.医疗服务	101.3	101.0	102.5	100.0	100.0	100.0
(1)综合医疗类	102.3	101.4	104.8	100.0	100.0	100.1
(2)诊断类	101.6	101.1	103.2	100.0	100.0	99.9
(3)治疗类	100.5	100.6	100.0	100.0	100.0	100.0
(4)康复类	100.1	100.0	100.2	100.0	100.0	100.0
(5)中医医疗服务类	101.1	100.3	103.9	100.1	100.0	100.3
(6)其他医疗保健服务	101.4	101.6	100.8	100.0	100.0	100.0
八、其他用品及服务	**96.3**	**96.4**	**96.3**	**100.3**	**100.3**	**100.0**
1.其他用品	99.3	99.3	99.5	100.4	100.5	100.0
(1)首饰手表	99.8	99.6	101.2	101.5	101.5	101.7
(2)母婴用品	99.3	99.5	98.6	99.6	99.7	99.2
(3)其他杂项用品	98.4	98.6	97.0	98.8	99.0	97.5
2.其他服务	93.7	93.7	93.5	100.2	100.2	100.0
(1)在外住宿	102.9	103.0	102.3	101.0	101.2	99.8
(2)美容美发洗浴	101.6	101.5	101.8	100.2	100.2	100.0
(3)养老服务	103.8	104.4	100.0	100.0	100.0	100.0
(4)金融及保险服务	84.1	84.3	82.5	100.0	100.0	100.0
(5)中介法律及其他服务	100.4	100.2	101.4	100.0	100.0	100.0

3-15 居民消费价格分类指数(2021年5月)

指　　标	上年同月=100(同比)			上月=100(环比)		
	全省	城市	农村	全省	城市	农村
居民消费价格总指数	**101.9**	**101.9**	**101.9**	**99.8**	**99.8**	**99.7**
#服务价格指数	101.3	101.3	101.5	100.2	100.2	100.1
工业品价格指数	103.0	102.9	103.2	100.1	100.1	100.1
消费品价格指数	102.3	102.4	102.2	99.5	99.5	99.4
非食品价格指数	102.1	102.0	102.2	100.1	100.1	100.1
一、食品烟酒	**101.6**	**101.7**	**101.0**	**98.8**	**98.8**	**98.6**
1.食品	101.1	101.3	100.6	98.0	98.1	97.8
(1)粮食	100.7	101.0	99.9	100.1	100.1	100.0
(2)薯类	93.4	94.8	87.5	96.4	96.7	95.2
(3)豆类	106.0	105.7	106.7	100.2	100.2	100.3
(4)食用油	111.7	112.0	110.7	100.8	101.1	99.9
(5)菜及食用菌	100.8	100.5	102.1	96.4	96.5	96.2
#鲜菜	100.9	100.5	102.5	95.9	96.0	95.6
(6)畜肉类	87.6	88.3	85.2	93.8	94.2	92.8
#猪肉	79.6	80.3	77.6	90.3	90.5	89.6
(7)禽肉类	94.7	94.4	95.9	99.2	99.2	99.1
(8)水产品	114.7	114.5	115.8	100.1	99.9	101.2
(9)蛋类	107.3	106.6	109.5	100.8	100.4	101.9
(10)奶类	103.6	103.5	103.9	100.3	100.4	100.1
(11)干鲜瓜果类	100.9	100.5	102.7	96.3	96.4	95.7
(12)糖果糕点类	103.0	103.3	101.6	99.9	99.9	100.0
(13)调味品	100.8	100.7	101.1	100.1	100.0	100.4
(14)其他食品类	99.4	99.0	100.8	100.2	100.4	99.5
2.茶及饮料	101.3	101.7	100.0	100.0	100.0	99.9
3.烟酒	101.1	101.3	100.6	100.1	100.0	100.3
(1)卷烟	100.2	100.2	100.3	100.2	100.1	100.3
(2)酒类	103.3	103.9	101.4	100.0	99.8	100.3
4.在外餐饮	103.2	103.1	103.4	100.1	100.1	100.1
二、衣着	**102.1**	**101.8**	**103.0**	**99.6**	**99.5**	**99.8**
1.服装	101.7	101.5	102.5	99.6	99.6	99.7
(1)男式服装	102.3	102.3	102.3	99.3	99.3	99.4
(2)女式服装	101.3	101.2	101.7	99.8	99.8	99.8
(3)儿童服装	101.2	100.2	105.2	99.7	99.7	100.0
(4)衣着材料及配件	102.2	101.9	103.6	99.9	99.8	99.9
(5)衣着服务费	101.4	100.1	106.2	100.2	100.2	100.1
2.鞋类	103.7	103.3	105.4	99.4	99.2	100.2
(1)鞋	103.7	103.3	105.4	99.4	99.2	100.3
(2)鞋类服务	104.9	103.8	108.9	100.0	100.0	100.0

3-15 续表 1

指标	上年同月=100(同比)			上月=100(环比)		
	全省	城市	农村	全省	城市	农村
三、居住	**100.7**	**100.6**	**101.2**	**100.1**	**100.1**	**100.0**
1.租赁房房租	100.0	99.8	100.9	100.0	100.1	99.9
2.住房保养维修及管理	104.1	104.6	102.3	100.2	100.2	100.4
(1)住房装潢材料	103.6	103.8	103.0	100.4	100.3	100.7
(2)住房维修管理费用	104.7	105.4	101.5	100.0	100.0	100.0
3.水电燃料	101.4	101.2	102.1	100.1	100.1	100.0
(1)水	100.1	100.0	100.7	100.0	100.0	100.0
(2)电	100.0	100.0	100.0	100.0	100.0	100.0
(3)燃气	105.3	104.8	106.9	100.2	100.3	100.0
(4)其他水电燃料类	102.1	101.9	102.8	100.5	100.7	99.7
4.自有住房	99.9	99.8	100.7	100.1	100.1	100.0
四、生活用品及服务	**101.8**	**101.6**	**102.5**	**100.0**	**100.0**	**100.0**
1.家具及室内装饰品	101.2	100.6	103.5	100.0	100.0	99.8
(1)家具	101.3	100.6	103.6	100.0	100.0	99.7
(2)室内装饰品	100.8	100.1	103.5	100.1	99.9	100.7
2.家用器具	102.6	102.2	103.9	100.5	100.6	100.3
(1)大型家用器具	102.7	102.3	103.9	100.6	100.7	100.5
(2)小家电	102.2	101.7	103.8	100.1	100.2	99.6
3.家用纺织品	101.8	101.5	102.8	100.1	100.1	100.1
(1)床上用品	101.5	101.0	103.6	100.1	100.1	100.0
(2)窗帘门帘	103.4	103.7	102.6	100.3	100.0	101.5
(3)其他家用纺织品	102.3	103.8	94.9	100.2	100.3	99.6
4.家庭日用杂品	101.2	101.4	100.6	99.6	99.5	100.0
(1)洗涤卫生用品	101.2	101.5	100.2	98.9	98.8	99.2
(2)厨具餐具茶具	98.6	99.1	97.2	99.8	99.7	100.3
(3)其他家庭日用杂品	102.6	102.6	102.6	100.4	100.3	100.7
5.个人护理用品	100.3	100.4	99.6	99.5	99.5	99.2
(1)化妆品	100.2	100.4	99.3	99.5	99.6	98.8
(2)其他护理用品类	100.4	100.4	100.0	99.4	99.3	99.7
6.家庭服务	104.3	104.1	106.0	100.0	100.0	100.2
五、交通通信	**104.9**	**105.0**	**104.2**	**100.3**	**100.3**	**100.2**
1.交通	105.8	105.9	105.1	100.4	100.4	100.4
(1)交通工具	98.6	98.6	98.7	99.8	99.8	99.8
(2)交通工具用燃料	121.2	121.1	121.8	101.6	101.6	101.7
(3)交通工具使用和维修	103.9	104.6	101.0	100.1	100.1	99.8
(4)交通费	103.6	103.8	102.7	100.1	100.1	100.1
2.通信	102.0	102.0	101.8	99.8	99.8	99.8
(1)通信工具	107.6	107.4	108.0	99.5	99.5	99.3
(2)通信服务	99.8	99.8	99.6	100.0	100.0	100.0
(3)邮递服务	99.9	100.0	99.6	100.0	100.0	100.0

3-15 续表 2

指　标	上年同月=100(同比)			上月=100(环比)		
	全省	城市	农村	全省	城市	农村
六、教育文化娱乐	**103.6**	**103.7**	**103.1**	**100.5**	**100.5**	**100.2**
1.教育	103.2	103.2	103.1	100.1	100.1	100.0
(1)教育用品	100.8	100.7	100.9	100.0	100.0	100.0
(2)教育服务	103.3	103.3	103.2	100.1	100.1	100.0
2.文化娱乐	104.4	104.6	103.2	101.1	101.2	100.7
(1)文娱耐用消费品	102.6	102.6	102.7	99.9	99.9	99.9
(2)其他文娱用品	100.3	100.3	100.4	100.1	100.2	99.7
(3)文化娱乐服务	102.6	102.7	102.0	100.5	100.5	100.5
(4)旅游	108.3	108.4	106.9	102.6	102.6	102.8
七、医疗保健	**100.8**	**100.5**	**101.6**	**100.0**	**100.0**	**100.0**
1.药品及医疗器具	99.7	99.7	99.6	100.0	100.0	100.0
(1)中药	100.0	100.1	99.7	100.0	100.0	100.0
(2)西药	99.1	98.8	100.0	99.9	99.9	100.0
(3)滋补保健品	99.3	99.5	98.5	100.3	100.4	100.0
(4)医疗卫生器具	102.2	102.9	99.0	100.0	100.0	100.0
(5)保健器具	99.5	99.5	99.7	100.1	100.0	100.8
2.医疗服务	101.3	100.9	102.4	100.0	100.0	100.0
(1)综合医疗类	102.2	101.4	104.4	100.0	100.0	100.0
(2)诊断类	101.5	101.1	103.0	100.0	100.0	100.1
(3)治疗类	100.5	100.6	100.0	100.0	100.0	100.0
(4)康复类	100.1	100.0	100.2	100.0	100.0	100.0
(5)中医医疗服务类	100.9	100.3	103.2	100.0	100.0	100.0
(6)其他医疗保健服务	100.2	100.0	100.8	100.0	100.0	100.0
八、其他用品及服务	**96.8**	**96.8**	**96.6**	**100.6**	**100.6**	**100.9**
1.其他用品	100.0	100.0	99.8	101.0	101.0	101.2
(1)首饰手表	100.4	100.3	101.4	101.8	101.8	102.1
(2)母婴用品	100.8	100.6	101.6	98.7	98.9	97.7
(3)其他杂项用品	98.7	99.2	96.1	100.8	100.7	101.6
2.其他服务	93.9	93.9	93.8	100.3	100.2	100.6
(1)在外住宿	105.4	105.2	106.7	102.6	102.1	106.2
(2)美容美发洗浴	101.5	101.5	101.7	100.0	100.0	100.0
(3)养老服务	103.8	104.4	100.0	100.0	100.0	100.0
(4)金融及保险服务	84.1	84.3	82.5	100.0	100.0	100.0
(5)中介法律及其他服务	100.3	100.1	101.5	100.0	100.0	100.0

3-16 居民消费价格分类指数(2021年6月)

指标	上年同月=100(同比)			上月=100(环比)		
	全省	城市	农村	全省	城市	农村
居民消费价格总指数	**101.7**	**101.8**	**101.5**	**99.8**	**99.9**	**99.8**
#服务价格指数	101.3	101.3	101.3	99.9	99.9	99.9
工业品价格指数	103.2	103.1	103.4	100.2	100.2	100.2
消费品价格指数	102.0	102.1	101.7	99.8	99.8	99.7
非食品价格指数	102.1	102.1	102.2	100.1	100.1	100.1
一、食品烟酒	**100.7**	**100.9**	**99.7**	**99.3**	**99.4**	**99.0**
1.食品	99.7	100.0	98.6	98.8	98.9	98.4
(1)粮食	100.5	100.6	100.3	99.9	99.7	100.4
(2)薯类	97.6	98.3	94.6	99.4	99.0	101.4
(3)豆类	106.4	106.1	107.2	100.1	100.0	100.3
(4)食用油	111.4	111.6	110.8	100.2	100.2	100.2
(5)菜及食用菌	97.3	96.7	99.3	102.2	102.2	102.3
#鲜菜	96.8	96.2	99.0	102.6	102.6	102.7
(6)畜肉类	80.0	81.1	76.5	92.8	93.1	91.8
#猪肉	68.5	69.2	66.4	88.8	88.8	88.7
(7)禽肉类	95.9	95.4	97.7	99.5	99.5	99.5
(8)水产品	116.0	115.8	116.5	99.7	99.6	100.1
(9)蛋类	110.7	109.6	114.9	100.0	99.8	100.4
(10)奶类	104.2	104.3	103.6	100.4	100.5	100.1
(11)干鲜瓜果类	102.3	102.3	102.4	98.4	99.0	95.8
(12)糖果糕点类	102.8	103.1	101.9	100.2	100.0	100.8
(13)调味品	100.7	100.3	101.9	100.2	100.0	100.5
(14)其他食品类	99.3	99.0	100.8	100.1	100.1	100.4
2.茶及饮料	101.1	101.4	100.3	100.4	100.4	100.3
3.烟酒	101.5	101.7	101.1	100.3	100.3	100.5
(1)卷烟	100.5	100.3	100.8	100.2	100.1	100.6
(2)酒类	104.0	104.8	101.8	100.6	100.7	100.4
4.在外餐饮	103.1	103.0	103.4	100.0	100.0	100.2
二、衣着	**101.4**	**101.2**	**102.4**	**99.6**	**99.5**	**100.0**
1.服装	101.1	100.9	101.9	99.7	99.7	100.1
(1)男式服装	101.7	101.7	101.7	99.7	99.7	100.1
(2)女式服装	100.9	100.8	101.2	99.9	99.8	100.1
(3)儿童服装	100.5	99.4	104.7	99.1	98.9	100.1
(4)衣着材料及配件	101.4	101.5	101.4	99.8	99.9	99.2
(5)衣着服务费	101.4	100.1	106.1	100.0	100.0	100.0
2.鞋类	102.6	102.1	104.5	99.0	98.9	99.8
(1)鞋	102.6	102.1	104.5	99.0	98.8	99.8
(2)鞋类服务	104.3	103.8	106.3	99.5	100.0	97.6

3-16 续表 1

指 标	上年同月=100(同比)			上月=100(环比)		
	全省	城市	农村	全省	城市	农村
三、居住	**100.7**	**100.7**	**100.9**	**100.1**	**100.1**	**100.1**
1.租赁房房租	99.9	99.9	100.0	100.1	100.1	100.0
2.住房保养维修及管理	104.5	104.9	102.6	100.2	100.2	100.3
(1)住房装潢材料	104.3	104.5	103.6	100.4	100.4	100.5
(2)住房维修管理费用	104.7	105.4	101.5	100.0	100.0	100.0
3.水电燃料	101.4	101.2	102.2	100.0	100.0	100.1
(1)水	100.1	100.0	100.7	100.0	100.0	100.0
(2)电	100.0	100.0	100.0	100.0	100.0	100.0
(3)燃气	105.6	104.9	107.4	100.1	100.0	100.3
(4)其他水电燃料类	102.0	101.9	102.2	100.0	100.0	100.1
4.自有住房	99.9	99.8	100.3	100.1	100.1	100.0
四、生活用品及服务	**101.7**	**101.5**	**102.1**	**100.0**	**100.1**	**99.9**
1.家具及室内装饰品	101.1	100.6	103.1	100.0	100.0	100.0
(1)家具	101.3	100.7	103.2	100.0	100.0	100.0
(2)室内装饰品	100.2	99.7	102.4	99.7	99.7	99.9
2.家用器具	102.6	102.4	103.1	100.0	100.0	100.0
(1)大型家用器具	103.0	102.9	103.3	100.1	100.1	100.3
(2)小家电	100.9	100.5	102.1	99.2	99.3	98.9
3.家用纺织品	101.8	101.6	102.9	100.1	100.1	100.2
(1)床上用品	101.5	101.1	103.4	100.1	100.1	100.0
(2)窗帘门帘	103.9	104.2	103.0	100.3	100.4	100.0
(3)其他家用纺织品	102.6	103.5	97.6	100.1	99.6	102.8
4.家庭日用杂品	101.1	101.2	100.8	100.1	100.2	99.7
(1)洗涤卫生用品	101.1	101.6	99.5	100.5	100.7	99.7
(2)厨具餐具茶具	99.0	99.1	98.6	99.5	99.8	98.4
(3)其他家庭日用杂品	102.2	101.9	103.0	100.0	100.0	100.2
5.个人护理用品	99.9	100.1	98.8	100.0	100.2	99.5
(1)化妆品	99.5	99.6	98.6	100.3	100.4	99.8
(2)其他护理用品类	100.7	101.0	99.2	99.6	99.8	98.9
6.家庭服务	103.9	103.6	105.8	100.1	100.1	100.1
五、交通通信	**105.5**	**105.6**	**105.0**	**100.3**	**100.3**	**100.2**
1.交通	106.7	106.9	106.1	100.4	100.4	100.4
(1)交通工具	98.9	98.8	99.1	100.1	100.1	100.0
(2)交通工具用燃料	123.5	123.3	124.1	102.0	102.0	102.1
(3)交通工具使用和维修	104.2	104.7	102.2	100.0	100.0	100.2
(4)交通费	104.9	105.2	103.6	98.4	98.3	98.8
2.通信	101.4	101.4	101.7	99.9	99.9	99.8
(1)通信工具	105.6	105.0	107.7	99.6	99.7	99.4
(2)通信服务	99.8	99.9	99.6	100.0	100.0	100.0
(3)邮递服务	99.9	100.0	99.6	100.0	100.0	100.0

3-16 续表2

指　　标	上年同月=100(同比)			上月=100(环比)		
	全省	城市	农村	全省	城市	农村
六、教育文化娱乐	**103.5**	**103.6**	**103.0**	**99.8**	**99.7**	**100.0**
1.教育	103.1	103.1	103.1	100.0	100.0	100.0
(1)教育用品	100.7	100.7	100.9	100.0	100.0	100.0
(2)教育服务	103.2	103.2	103.1	100.0	100.0	100.0
2.文化娱乐	104.3	104.5	102.9	99.4	99.3	99.7
(1)文娱耐用消费品	103.0	103.2	102.1	100.1	100.2	99.9
(2)其他文娱用品	100.1	100.1	100.1	99.9	99.9	99.8
(3)文化娱乐服务	102.3	102.4	101.6	99.7	99.7	99.6
(4)旅游	108.1	108.1	107.4	98.6	98.5	99.6
七、医疗保健	**100.8**	**100.6**	**101.6**	**100.0**	**100.0**	**100.0**
1.药品及医疗器具	99.9	99.8	100.0	100.1	100.1	100.1
(1)中药	100.5	100.6	100.1	100.4	100.5	100.0
(2)西药	99.3	99.1	100.2	100.2	100.2	100.0
(3)滋补保健品	99.5	99.4	100.1	99.9	99.8	100.7
(4)医疗卫生器具	102.1	102.9	98.8	100.0	100.0	99.7
(5)保健器具	99.2	99.4	98.2	100.0	100.0	100.1
2.医疗服务	101.2	100.9	102.2	100.0	100.0	100.0
(1)综合医疗类	102.2	101.4	104.5	100.0	100.0	100.0
(2)诊断类	101.5	101.1	102.7	100.0	100.0	100.0
(3)治疗类	100.5	100.6	100.0	100.0	100.0	100.0
(4)康复类	100.0	100.0	100.0	100.0	100.0	100.0
(5)中医医疗服务类	100.9	100.3	103.2	100.0	100.0	100.0
(6)其他医疗保健服务	100.2	100.0	100.8	100.0	100.0	100.0
八、其他用品及服务	**97.2**	**97.3**	**96.8**	**100.4**	**100.5**	**100.4**
1.其他用品	101.2	101.3	100.8	101.1	101.1	101.2
(1)首饰手表	101.4	101.4	101.4	101.5	101.5	101.3
(2)母婴用品	99.4	99.7	97.8	100.0	100.1	99.4
(3)其他杂项用品	101.9	102.0	101.4	101.1	100.9	102.1
2.其他服务	93.6	93.6	93.3	99.8	99.8	99.6
(1)在外住宿	102.1	102.6	99.2	97.8	98.4	94.1
(2)美容美发洗浴	101.6	101.5	102.2	100.1	100.0	100.4
(3)养老服务	103.5	104.0	100.0	100.0	100.0	100.0
(4)金融及保险服务	84.1	84.3	82.5	100.0	100.0	100.0
(5)中介法律及其他服务	100.2	100.1	101.0	100.0	100.0	100.0

3-17 居民消费价格分类指数(2021年7月)

指　　标	上年同月=100(同比)			上月=100(环比)		
	全省	城市	农村	全省	城市	农村
居民消费价格总指数	**101.5**	**101.6**	**101.2**	**100.4**	**100.4**	**100.4**
#服务价格指数	101.6	101.7	101.5	100.4	100.5	100.3
工业品价格指数	103.3	103.3	103.7	100.5	100.4	100.6
消费品价格指数	101.4	101.5	101.0	100.3	100.3	100.4
非食品价格指数	102.4	102.3	102.4	100.4	100.4	100.4
一、食品烟酒	**99.3**	**99.6**	**98.1**	**100.1**	**100.1**	**100.2**
1.食品	97.6	98.0	96.3	100.2	100.2	100.2
(1)粮食	100.1	100.0	100.3	99.8	99.8	99.9
(2)薯类	99.0	99.5	97.0	99.8	99.6	100.8
(3)豆类	105.9	105.5	107.1	100.3	100.4	100.0
(4)食用油	111.1	111.6	109.7	99.7	99.6	100.2
(5)菜及食用菌	92.6	92.2	94.0	102.3	102.3	102.3
#鲜菜	91.5	91.1	92.9	102.5	102.5	102.5
(6)畜肉类	73.8	75.0	70.3	98.5	98.2	99.1
#猪肉	61.4	61.9	60.1	98.7	98.2	100.1
(7)禽肉类	96.5	96.2	97.7	100.2	100.3	99.8
(8)水产品	115.0	114.5	117.3	101.9	102.1	101.2
(9)蛋类	110.8	109.8	114.4	100.4	100.3	100.8
(10)奶类	103.5	103.5	103.6	100.2	100.2	100.5
(11)干鲜瓜果类	103.3	103.4	102.8	97.8	97.8	97.6
(12)糖果糕点类	103.0	103.2	102.1	100.2	100.2	100.2
(13)调味品	101.7	102.0	101.0	100.8	101.3	99.7
(14)其他食品类	101.6	101.6	101.4	100.0	99.9	100.4
2.茶及饮料	102.1	102.6	100.3	100.2	100.2	100.1
3.烟酒	101.6	101.5	101.6	100.2	100.1	100.5
(1)卷烟	100.7	100.5	101.2	100.2	100.1	100.4
(2)酒类	103.7	104.1	102.4	100.2	99.9	100.8
4.在外餐饮	102.8	102.8	103.1	99.9	99.9	100.0
二、衣着	**100.9**	**100.7**	**101.8**	**99.8**	**99.8**	**99.8**
1.服装	100.8	100.7	101.3	99.7	99.7	99.7
(1)男式服装	101.2	101.3	101.2	99.6	99.5	99.8
(2)女式服装	100.6	100.7	100.2	99.8	99.9	99.4
(3)儿童服装	100.2	99.0	104.8	99.4	99.3	100.0
(4)衣着材料及配件	101.4	101.1	102.5	100.0	99.8	100.8
(5)衣着服务费	101.2	99.8	106.1	99.8	99.8	100.0
2.鞋类	101.3	100.7	103.8	100.3	100.3	100.3
(1)鞋	101.3	100.7	103.8	100.3	100.3	100.3
(2)鞋类服务	104.3	103.8	106.3	100.0	100.0	100.0

3-17 续表 1

指　　标	上年同月=100(同比)			上月=100(环比)		
	全省	城市	农村	全省	城市	农村
三、居住	**100.9**	**100.8**	**101.0**	**100.1**	**100.1**	**100.1**
1.租赁房房租	100.0	100.0	100.0	100.1	100.1	100.0
2.住房保养维修及管理	104.7	105.2	102.3	100.2	100.2	100.1
(1)住房装潢材料	104.8	105.0	103.7	100.4	100.5	100.2
(2)住房维修管理费用	104.5	105.5	100.6	100.0	100.0	100.0
3.水电燃料	101.7	101.4	102.8	100.2	100.1	100.3
(1)水	100.1	100.0	100.7	100.0	100.0	100.0
(2)电	100.0	100.0	100.0	100.0	100.0	100.0
(3)燃气	106.7	105.7	109.8	100.8	100.6	101.2
(4)其他水电燃料类	102.0	102.0	102.0	100.1	100.1	99.9
4.自有住房	100.0	99.9	100.3	100.1	100.1	100.0
四、生活用品及服务	**101.6**	**101.4**	**102.4**	**100.2**	**100.1**	**100.8**
1.家具及室内装饰品	101.5	100.7	104.2	100.2	99.9	101.0
(1)家具	101.6	100.7	104.3	100.2	99.9	101.1
(2)室内装饰品	100.9	100.4	103.0	100.1	100.0	100.3
2.家用器具	102.9	102.7	103.7	100.4	100.2	100.9
(1)大型家用器具	103.3	103.1	103.9	100.4	100.2	100.9
(2)小家电	101.3	100.9	103.0	100.5	100.4	100.9
3.家用纺织品	102.1	101.9	103.3	100.1	100.1	100.1
(1)床上用品	101.9	101.5	103.9	100.1	100.1	100.0
(2)窗帘门帘	104.3	104.2	104.6	100.4	100.0	102.0
(3)其他家用纺织品	102.1	103.3	95.9	99.8	100.1	98.1
4.家庭日用杂品	101.3	101.2	101.6	100.6	100.3	101.5
(1)洗涤卫生用品	101.2	101.4	100.5	100.8	100.5	101.8
(2)厨具餐具茶具	100.5	100.7	99.6	102.2	101.6	104.3
(3)其他家庭日用杂品	101.8	101.1	103.5	99.4	99.2	100.0
5.个人护理用品	98.7	99.0	96.8	99.5	99.5	99.4
(1)化妆品	97.6	97.9	95.3	98.9	99.0	98.6
(2)其他护理用品类	100.7	101.0	99.1	100.6	100.6	100.7
6.家庭服务	103.7	103.4	105.7	100.2	100.2	100.1
五、交通通信	**106.2**	**106.3**	**105.6**	**101.2**	**101.3**	**101.1**
1.交通	107.6	107.7	107.0	101.6	101.6	101.4
(1)交通工具	99.4	99.3	99.8	100.2	100.1	100.3
(2)交通工具用燃料	124.8	124.6	125.5	103.4	103.4	103.4
(3)交通工具使用和维修	103.5	104.0	101.7	100.1	100.2	100.0
(4)交通费	106.6	107.0	104.7	103.3	103.5	102.5
2.通信	101.7	101.6	101.7	100.2	100.2	100.0
(1)通信工具	106.2	106.0	107.1	100.6	100.7	100.1
(2)通信服务	99.8	99.9	99.6	100.0	100.0	100.0
(3)邮递服务	100.5	100.0	102.3	100.0	100.0	100.0

3-17 续表2

指标	上年同月=100(同比)			上月=100(环比)		
	全省	城市	农村	全省	城市	农村
六、教育文化娱乐	**104.6**	**104.8**	**103.8**	**101.1**	**101.1**	**100.7**
1.教育	103.3	103.3	103.6	100.2	100.1	100.5
(1)教育用品	100.7	100.7	100.8	100.0	100.0	99.9
(2)教育服务	103.4	103.3	103.7	100.2	100.1	100.5
2.文化娱乐	106.8	107.2	104.5	102.6	102.7	101.5
(1)文娱耐用消费品	103.6	103.7	103.0	100.5	100.5	100.5
(2)其他文娱用品	100.6	100.6	100.7	100.2	100.2	100.3
(3)文化娱乐服务	102.3	102.4	102.0	99.9	99.9	100.0
(4)旅游	114.4	114.6	111.9	106.4	106.6	105.0
七、医疗保健	**100.9**	**100.6**	**101.8**	**100.1**	**100.1**	**100.1**
1.药品及医疗器具	100.1	100.0	100.6	100.3	100.3	100.6
(1)中药	100.3	100.4	99.9	99.9	100.0	99.9
(2)西药	99.8	99.3	101.4	100.7	100.5	101.2
(3)滋补保健品	99.7	99.5	100.5	100.2	100.2	100.0
(4)医疗卫生器具	102.1	102.8	98.8	99.9	99.9	100.1
(5)保健器具	99.3	99.4	98.7	100.0	100.1	99.6
2.医疗服务	101.2	100.9	102.2	100.0	100.0	100.0
(1)综合医疗类	102.2	101.4	104.5	100.0	100.0	100.0
(2)诊断类	101.5	101.1	102.7	100.0	100.0	100.0
(3)治疗类	100.5	100.6	100.0	100.0	100.0	100.0
(4)康复类	100.0	100.0	100.0	100.0	100.0	100.0
(5)中医医疗服务类	100.9	100.3	103.2	100.0	100.0	100.0
(6)其他医疗保健服务	100.2	100.0	100.8	100.0	100.0	100.0
八、其他用品及服务	**96.0**	**96.0**	**96.2**	**99.7**	**99.6**	**100.0**
1.其他用品	98.8	98.7	99.1	99.3	99.2	99.7
(1)首饰手表	96.7	96.6	97.2	98.1	98.1	98.1
(2)母婴用品	101.8	101.8	101.9	101.0	100.8	101.8
(3)其他杂项用品	101.6	101.7	101.1	100.7	100.5	101.6
2.其他服务	93.5	93.5	93.5	100.1	100.0	100.3
(1)在外住宿	101.5	101.5	101.3	100.6	100.2	103.2
(2)美容美发洗浴	101.6	101.5	102.2	100.0	100.0	100.0
(3)养老服务	103.5	104.0	100.0	100.0	100.0	100.0
(4)金融及保险服务	84.1	84.3	82.5	100.0	100.0	100.0
(5)中介法律及其他服务	100.1	99.9	101.0	100.0	100.0	100.0

3-18 居民消费价格分类指数(2021年8月)

指标	上年同月=100(同比)			上月=100(环比)		
	全省	城市	农村	全省	城市	农村
居民消费价格总指数	**101.2**	**101.3**	**101.0**	**99.9**	**99.9**	**100.0**
#服务价格指数	101.5	101.5	101.4	100.0	100.0	99.9
工业品价格指数	102.8	102.6	103.3	99.7	99.7	99.8
消费品价格指数	101.1	101.1	100.8	99.9	99.9	100.0
非食品价格指数	102.1	102.0	102.2	99.9	99.9	99.9
一、食品烟酒	**99.1**	**99.4**	**98.0**	**100.1**	**100.0**	**100.2**
1.食品	97.4	97.7	96.1	100.0	100.0	100.1
(1)粮食	100.0	99.9	100.1	100.1	100.1	100.1
(2)薯类	100.3	100.7	98.4	100.9	100.9	100.6
(3)豆类	106.2	105.9	107.1	100.6	100.6	100.3
(4)食用油	111.2	111.7	109.8	100.5	100.6	100.0
(5)菜及食用菌	98.6	98.2	100.3	108.3	108.2	108.4
#鲜菜	98.2	97.8	99.9	109.3	109.2	109.6
(6)畜肉类	72.5	73.7	69.1	99.3	99.3	99.5
#猪肉	60.4	60.9	59.0	99.1	99.0	99.3
(7)禽肉类	96.6	96.2	97.9	99.9	99.8	100.2
(8)水产品	111.4	110.7	114.2	94.5	94.4	95.2
(9)蛋类	108.7	108.1	111.0	104.9	104.9	105.1
(10)奶类	102.9	102.8	103.3	99.5	99.5	99.6
(11)干鲜瓜果类	104.1	104.3	103.2	100.7	101.0	99.5
(12)糖果糕点类	102.3	102.4	102.1	99.7	99.6	100.1
(13)调味品	101.5	101.8	100.7	100.1	100.1	100.1
(14)其他食品类	101.3	101.4	101.0	100.8	100.9	100.2
2.茶及饮料	101.9	102.3	100.3	99.6	99.6	100.0
3.烟酒	101.8	101.8	101.7	100.4	100.4	100.3
(1)卷烟	101.3	101.0	102.1	100.6	100.6	100.9
(2)酒类	102.8	103.6	100.6	99.8	100.0	99.1
4.在外餐饮	102.7	102.7	103.2	100.1	100.1	100.4
二、衣着	**100.3**	**100.2**	**101.1**	**99.8**	**100.0**	**99.1**
1.服装	100.5	100.3	101.1	100.0	100.1	99.5
(1)男式服装	100.5	100.7	99.8	99.6	99.9	98.5
(2)女式服装	100.5	100.3	101.4	100.0	100.0	100.0
(3)儿童服装	99.8	99.0	103.2	100.8	100.9	100.2
(4)衣着材料及配件	101.2	100.8	103.0	100.1	100.0	100.3
(5)衣着服务费	100.6	99.8	103.4	99.5	100.0	97.9
2.鞋类	99.7	99.5	100.8	99.3	99.6	97.8
(1)鞋	99.7	99.4	100.8	99.2	99.6	97.8
(2)鞋类服务	104.2	103.8	105.7	100.0	100.0	100.0

3-18 续表 1

指　　标	上年同月=100(同比)			上月=100(环比)		
	全省	城市	农村	全省	城市	农村
三、居住	**100.9**	**100.9**	**101.1**	**100.1**	**100.1**	**100.1**
1.租赁房房租	100.0	100.0	100.0	100.1	100.1	100.0
2.住房保养维修及管理	104.8	105.3	102.6	100.2	100.1	100.4
(1)住房装潢材料	105.0	105.2	104.4	100.4	100.3	100.8
(2)住房维修管理费用	104.5	105.5	100.4	100.0	100.0	100.0
3.水电燃料	101.8	101.4	103.1	100.1	100.0	100.3
(1)水	100.1	100.0	100.7	100.0	100.0	100.0
(2)电	100.0	100.0	100.0	100.0	100.0	100.0
(3)燃气	107.3	105.9	111.2	100.3	100.1	101.0
(4)其他水电燃料类	102.0	101.9	102.3	100.1	100.0	100.4
4.自有住房	100.1	100.0	100.2	100.1	100.1	100.0
四、生活用品及服务	**101.4**	**101.0**	**102.7**	**99.7**	**99.6**	**100.2**
1.家具及室内装饰品	101.6	100.8	104.2	99.9	99.9	100.1
(1)家具	101.7	100.9	104.5	99.9	99.8	100.3
(2)室内装饰品	100.4	99.9	102.2	99.9	100.1	99.1
2.家用器具	102.7	102.4	104.0	100.0	99.8	100.9
(1)大型家用器具	103.3	102.9	104.4	100.2	100.0	101.2
(2)小家电	100.5	100.1	102.2	99.2	99.0	99.7
3.家用纺织品	101.7	101.4	103.2	99.8	99.7	100.5
(1)床上用品	101.4	101.0	103.3	99.7	99.6	100.2
(2)窗帘门帘	104.4	104.2	105.1	100.2	100.0	100.9
(3)其他家用纺织品	101.7	102.2	99.0	100.4	99.9	102.7
4.家庭日用杂品	100.3	100.1	101.0	98.7	98.7	98.8
(1)洗涤卫生用品	99.9	99.8	100.3	98.4	98.3	98.7
(2)厨具餐具茶具	98.8	99.2	97.8	98.0	98.3	96.8
(3)其他家庭日用杂品	101.6	100.9	103.2	99.5	99.4	99.9
5.个人护理用品	98.8	98.8	98.8	100.2	99.9	101.5
(1)化妆品	97.8	97.8	97.6	100.4	100.1	102.0
(2)其他护理用品类	100.8	100.8	100.5	99.7	99.5	100.7
6.家庭服务	103.7	103.4	105.7	100.1	100.1	100.0
五、交通通信	**105.3**	**105.4**	**104.8**	**99.4**	**99.4**	**99.6**
1.交通	106.6	106.7	106.1	99.4	99.4	99.5
(1)交通工具	99.6	99.6	99.9	100.1	100.1	100.0
(2)交通工具用燃料	122.1	121.9	122.7	98.7	98.7	98.7
(3)交通工具使用和维修	104.0	104.4	102.3	101.2	101.2	101.2
(4)交通费	103.3	103.5	102.3	97.2	97.1	97.9
2.通信	101.0	101.1	101.0	99.5	99.5	99.9
(1)通信工具	104.1	104.0	104.2	98.5	98.2	99.5
(2)通信服务	99.8	99.9	99.6	100.0	100.0	100.0
(3)邮递服务	100.5	100.0	102.3	100.0	100.0	100.0

3-18 续表2

指 标	上年同月=100(同比)			上月=100(环比)		
	全省	城市	农村	全省	城市	农村
六、教育文化娱乐	**104.6**	**104.7**	**103.9**	**99.9**	**99.9**	**100.1**
1.教育	103.3	103.3	103.6	100.0	100.0	100.1
(1)教育用品	100.7	100.7	100.4	100.0	100.1	99.6
(2)教育服务	103.4	103.3	103.7	100.0	100.0	100.1
2.文化娱乐	106.7	107.0	104.7	99.8	99.8	100.0
(1)文娱耐用消费品	103.2	103.2	103.2	99.5	99.3	100.0
(2)其他文娱用品	100.3	100.3	100.3	99.9	99.9	100.0
(3)文化娱乐服务	102.4	102.4	102.6	100.3	100.3	100.0
(4)旅游	114.3	114.6	112.1	99.6	99.6	100.1
七、医疗保健	**100.8**	**100.6**	**101.6**	**100.1**	**100.1**	**100.0**
1.药品及医疗器具	100.5	100.5	100.6	100.4	100.4	100.0
(1)中药	100.2	100.3	99.9	100.2	100.2	100.2
(2)西药	100.4	100.1	101.3	100.3	100.4	100.0
(3)滋补保健品	100.1	100.0	100.6	100.4	100.5	100.1
(4)医疗卫生器具	102.8	103.7	98.9	100.6	100.8	99.9
(5)保健器具	99.5	99.6	99.2	100.1	100.1	99.9
2.医疗服务	100.9	100.6	102.0	100.0	100.0	100.0
(1)综合医疗类	102.2	101.4	104.5	100.0	100.0	100.0
(2)诊断类	100.7	100.3	102.2	100.0	100.0	100.0
(3)治疗类	100.5	100.6	100.0	100.0	100.0	100.0
(4)康复类	100.0	100.0	100.0	100.0	100.0	100.0
(5)中医医疗服务类	100.9	100.3	103.2	100.0	100.0	100.0
(6)其他医疗保健服务	100.2	100.0	100.8	100.0	100.0	100.0
八、其他用品及服务	**93.6**	**93.6**	**93.5**	**99.2**	**99.2**	**99.1**
1.其他用品	93.8	93.9	93.6	98.5	98.6	98.1
(1)首饰手表	89.5	89.7	88.7	98.4	98.4	98.2
(2)母婴用品	98.5	98.8	96.8	98.9	99.1	97.8
(3)其他杂项用品	100.6	100.5	101.4	98.6	98.7	98.1
2.其他服务	93.4	93.4	93.4	99.9	99.9	100.0
(1)在外住宿	101.2	101.5	99.3	100.4	100.5	99.4
(2)美容美发洗浴	101.7	101.5	102.8	100.1	100.0	100.7
(3)养老服务	103.5	104.0	100.0	100.0	100.0	100.0
(4)金融及保险服务	83.7	83.9	82.1	99.5	99.5	99.5
(5)中介法律及其他服务	100.1	100.0	101.0	100.0	100.0	100.0

3-19 居民消费价格分类指数(2021年9月)

指 标	上年同月=100(同比)			上月=100(环比)		
	全省	城市	农村	全省	城市	农村
居民消费价格总指数	**101.1**	**101.3**	**100.6**	**100.2**	**100.3**	**100.0**
#服务价格指数	101.6	101.8	100.9	100.6	100.7	100.2
工业品价格指数	103.1	103.0	103.4	100.3	100.3	100.3
消费品价格指数	100.8	100.9	100.5	99.9	99.9	99.9
非食品价格指数	102.2	102.3	102.0	100.4	100.5	100.2
一、食品烟酒	**98.2**	**98.5**	**97.2**	**99.5**	**99.5**	**99.5**
1.食品	96.1	96.4	95.0	99.2	99.2	99.3
(1)粮食	100.2	100.1	100.3	100.1	100.1	100.0
(2)薯类	100.0	100.4	98.2	98.5	98.5	98.5
(3)豆类	107.0	107.0	107.1	100.4	100.6	99.9
(4)食用油	109.4	109.9	108.0	99.8	99.9	99.3
(5)菜及食用菌	97.2	96.6	99.5	100.7	100.4	101.7
#鲜菜	96.4	95.8	99.0	100.7	100.4	101.8
(6)畜肉类	70.9	72.0	67.7	97.3	97.4	97.1
#猪肉	58.5	59.0	57.2	95.7	95.9	95.3
(7)禽肉类	97.1	96.8	98.3	100.2	100.1	100.4
(8)水产品	108.6	108.2	110.1	96.4	96.5	96.1
(9)蛋类	108.8	108.0	111.3	100.3	100.3	100.4
(10)奶类	103.0	102.8	103.7	99.3	99.0	100.5
(11)干鲜瓜果类	101.5	101.6	101.3	102.1	101.9	102.7
(12)糖果糕点类	102.2	102.3	101.7	100.2	100.4	99.7
(13)调味品	101.4	101.4	101.4	99.7	99.5	100.4
(14)其他食品类	101.5	101.4	102.2	100.4	100.4	100.2
2.茶及饮料	100.7	100.8	100.2	99.8	99.7	99.9
3.烟酒	101.6	101.5	101.8	99.8	99.7	100.1
(1)卷烟	101.5	101.2	102.3	100.2	100.2	100.2
(2)酒类	101.7	102.1	100.5	98.7	98.4	99.7
4.在外餐饮	102.7	102.7	103.1	100.2	100.2	99.9
二、衣着	**100.0**	**100.0**	**100.2**	**100.5**	**100.5**	**100.5**
1.服装	100.0	99.9	100.2	100.4	100.4	100.3
(1)男式服装	99.9	99.9	99.7	100.3	100.1	100.7
(2)女式服装	99.8	99.7	100.3	100.3	100.4	100.0
(3)儿童服装	100.4	100.4	100.4	101.2	101.5	100.3
(4)衣着材料及配件	102.0	101.9	102.4	101.2	101.5	100.1
(5)衣着服务费	100.7	99.8	103.8	100.1	100.0	100.4
2.鞋类	100.3	100.4	99.9	100.8	100.6	101.4
(1)鞋	100.2	100.3	99.8	100.8	100.7	101.5
(2)鞋类服务	104.2	103.8	105.7	100.0	100.0	100.0

3-19 续表 1

指标	上年同月=100(同比)			上月=100(环比)		
	全省	城市	农村	全省	城市	农村
三、居住	**101.0**	**101.0**	**101.1**	**100.1**	**100.1**	**100.1**
1.租赁房房租	100.0	100.0	99.9	100.0	99.9	100.0
2.住房保养维修及管理	105.2	105.8	103.0	100.4	100.3	100.6
(1)住房装潢材料	105.9	106.0	105.4	100.8	100.7	101.2
(2)住房维修管理费用	104.4	105.5	100.1	100.0	100.0	100.0
3.水电燃料	102.3	101.9	103.4	100.4	100.4	100.3
(1)水	100.1	100.0	100.7	100.0	100.0	100.0
(2)电	100.0	100.0	100.0	100.0	100.0	100.0
(3)燃气	109.3	108.3	112.2	101.6	101.7	101.1
(4)其他水电燃料类	101.9	101.7	102.6	99.9	99.8	100.3
4.自有住房	100.0	100.0	100.1	99.9	99.9	100.0
四、生活用品及服务	**101.2**	**100.8**	**102.6**	**100.0**	**100.0**	**100.1**
1.家具及室内装饰品	101.5	100.7	104.3	100.4	100.4	100.4
(1)家具	101.7	100.8	104.5	100.4	100.5	100.3
(2)室内装饰品	100.5	99.9	102.8	100.2	100.0	100.9
2.家用器具	102.5	102.1	104.0	100.1	100.0	100.3
(1)大型家用器具	103.0	102.6	104.3	100.0	99.9	100.2
(2)小家电	100.6	100.0	102.9	100.5	100.3	101.1
3.家用纺织品	101.4	101.0	103.6	100.0	100.0	100.0
(1)床上用品	101.2	100.7	103.6	100.0	100.0	99.9
(2)窗帘门帘	104.7	104.2	106.5	100.3	100.0	101.4
(3)其他家用纺织品	100.2	100.3	99.3	100.1	100.3	99.3
4.家庭日用杂品	100.0	99.7	101.2	99.9	99.7	100.3
(1)洗涤卫生用品	99.4	98.9	101.2	99.1	98.7	100.8
(2)厨具餐具茶具	98.5	98.9	97.2	100.7	100.8	100.6
(3)其他家庭日用杂品	101.7	101.1	103.2	100.4	100.6	99.7
5.个人护理用品	98.4	98.5	97.8	99.7	99.9	98.8
(1)化妆品	97.0	97.2	96.1	99.1	99.3	97.9
(2)其他护理用品类	100.9	101.0	100.5	100.9	101.1	100.2
6.家庭服务	103.7	103.5	105.2	100.0	100.0	100.2
五、交通通信	**105.6**	**105.7**	**105.1**	**100.0**	**100.0**	**99.9**
1.交通	107.0	107.2	106.5	100.0	100.0	100.0
(1)交通工具	100.4	100.4	100.6	100.5	100.5	100.4
(2)交通工具用燃料	122.7	122.5	123.3	99.6	99.6	99.6
(3)交通工具使用和维修	104.3	104.8	102.2	100.2	100.3	100.0
(4)交通费	102.4	102.6	101.7	99.3	99.3	99.5
2.通信	100.9	100.9	101.1	99.8	99.8	99.8
(1)通信工具	103.9	103.6	104.7	99.3	99.3	99.4
(2)通信服务	99.8	99.9	99.6	100.0	100.0	100.0
(3)邮递服务	99.7	99.0	102.4	100.0	100.0	100.0

3-19 续表 2

指　　标	上年同月=100(同比)			上月=100(环比)		
	全省	城市	农村	全省	城市	农村
六、教育文化娱乐	**105.3**	**105.9**	**102.6**	**102.6**	**103.0**	**101.0**
1.教育	105.6	106.5	102.3	104.8	105.6	101.6
(1)教育用品	101.7	101.7	101.4	101.5	101.3	102.1
(2)教育服务	105.7	106.6	102.3	104.9	105.8	101.6
2.文化娱乐	104.7	104.9	103.5	99.0	98.9	99.3
(1)文娱耐用消费品	103.3	103.6	102.4	100.5	100.7	99.8
(2)其他文娱用品	100.5	100.4	100.9	100.2	100.2	100.1
(3)文化娱乐服务	102.0	101.8	102.7	100.0	99.9	100.4
(4)旅游	109.0	109.1	107.2	97.2	97.2	97.1
七、医疗保健	**100.6**	**100.4**	**101.2**	**100.1**	**100.1**	**100.1**
1.药品及医疗器具	100.4	100.3	100.9	100.2	100.2	100.3
(1)中药	101.5	101.8	100.1	100.2	100.3	100.1
(2)西药	100.6	100.4	101.5	100.8	100.9	100.4
(3)滋补保健品	99.3	98.9	101.0	99.0	98.7	100.1
(4)医疗卫生器具	99.8	100.0	98.8	100.1	100.1	99.9
(5)保健器具	99.9	99.9	99.8	100.0	100.0	100.1
2.医疗服务	100.7	100.5	101.3	100.0	100.0	100.0
(1)综合医疗类	101.6	101.2	102.8	100.0	100.0	100.0
(2)诊断类	100.6	100.3	101.5	100.0	100.0	100.0
(3)治疗类	100.4	100.5	100.1	100.0	100.0	100.0
(4)康复类	100.0	100.0	100.0	100.0	100.0	100.0
(5)中医医疗服务类	100.5	100.1	101.9	100.0	100.0	100.0
(6)其他医疗保健服务	100.2	100.0	100.7	100.0	100.0	100.0
八、其他用品及服务	**94.9**	**95.0**	**94.6**	**100.6**	**100.6**	**100.2**
1.其他用品	96.5	96.6	95.9	101.0	101.1	100.5
(1)首饰手表	93.2	93.4	92.0	100.7	100.9	99.9
(2)母婴用品	99.8	100.0	98.7	101.1	100.9	101.7
(3)其他杂项用品	101.7	101.6	101.8	101.5	101.6	100.7
2.其他服务	93.4	93.4	93.4	100.1	100.2	100.0
(1)在外住宿	100.8	101.2	98.5	99.6	99.7	98.6
(2)美容美发洗浴	101.9	101.6	102.8	100.4	100.5	100.0
(3)养老服务	103.7	104.0	101.5	100.2	100.0	101.5
(4)金融及保险服务	83.7	83.9	82.1	100.0	100.0	100.0
(5)中介法律及其他服务	100.6	100.6	100.9	100.5	100.6	100.0

3-20 居民消费价格分类指数(2021年10月)

指　　标	上年同月=100(同比)			上月=100(环比)		
	全省	城市	农村	全省	城市	农村
居民消费价格总指数	**102.1**	**102.2**	**101.6**	**100.7**	**100.7**	**100.7**
#服务价格指数	101.7	101.9	101.0	100.2	100.3	100.2
工业品价格指数	104.1	104.0	104.2	101.0	101.1	100.9
消费品价格指数	102.3	102.4	102.0	101.0	101.0	101.0
非食品价格指数	102.7	102.8	102.4	100.6	100.6	100.5
一、食品烟酒	**100.3**	**100.5**	**99.5**	**101.0**	**100.9**	**101.1**
1.食品	99.1	99.3	98.2	101.3	101.2	101.5
(1)粮食	100.3	100.1	100.8	100.0	99.9	100.2
(2)薯类	102.8	103.1	101.6	99.7	99.6	100.0
(3)豆类	106.7	106.6	106.9	100.0	100.0	100.0
(4)食用油	109.1	109.6	107.5	99.9	99.7	100.5
(5)菜及食用菌	115.1	114.7	116.8	112.0	112.1	111.4
#鲜菜	116.5	116.0	118.6	113.4	113.5	113.1
(6)畜肉类	72.7	73.5	70.5	98.7	98.5	99.3
#猪肉	61.2	61.3	61.0	98.2	97.9	99.3
(7)禽肉类	97.7	97.4	98.8	99.7	99.6	99.8
(8)水产品	107.0	106.7	108.0	96.6	96.5	97.1
(9)蛋类	108.5	107.8	111.0	99.2	99.2	99.2
(10)奶类	102.6	102.5	103.2	100.1	100.2	99.8
(11)干鲜瓜果类	103.9	103.7	104.9	103.9	103.7	105.2
(12)糖果糕点类	101.7	101.5	102.2	99.9	99.8	100.5
(13)调味品	101.3	101.4	101.1	100.1	100.1	100.1
(14)其他食品类	103.3	103.4	103.1	100.3	100.3	100.5
2.茶及饮料	100.8	100.9	100.2	100.0	100.0	100.1
3.烟酒	102.1	102.0	102.1	100.7	100.8	100.4
(1)卷烟	101.9	101.7	102.6	100.4	100.4	100.3
(2)酒类	102.4	102.9	100.9	101.3	101.6	100.4
4.在外餐饮	102.9	102.9	103.0	100.4	100.4	100.2
二、衣着	**99.6**	**99.7**	**98.9**	**100.3**	**100.5**	**99.7**
1.服装	99.6	99.8	98.7	100.4	100.6	99.7
(1)男式服装	99.5	99.9	98.0	100.8	101.0	100.1
(2)女式服装	99.3	99.3	99.5	100.3	100.3	100.1
(3)儿童服装	99.9	100.9	96.0	99.9	100.8	96.5
(4)衣着材料及配件	101.5	101.3	102.0	99.7	99.8	99.3
(5)衣着服务费	101.4	100.8	103.8	100.7	100.9	100.0
2.鞋类	99.6	99.6	99.8	100.0	100.1	99.7
(1)鞋	99.6	99.5	99.7	100.0	100.1	99.7
(2)鞋类服务	104.2	103.8	105.7	100.0	100.0	100.0

3-20 续表 1

指标	上年同月=100(同比)			上月=100(环比)		
	全省	城市	农村	全省	城市	农村
三、居住	**101.5**	**101.4**	**101.7**	**100.5**	**100.4**	**100.7**
1.租赁房房租	100.0	100.0	99.9	100.0	100.0	100.1
2.住房保养维修及管理	107.0	107.5	104.8	102.1	102.1	101.9
(1)住房装潢材料	107.8	107.8	107.9	102.0	101.8	102.5
(2)住房维修管理费用	106.1	107.3	101.1	102.2	102.4	101.0
3.水电燃料	103.4	102.9	105.1	101.2	101.1	101.8
(1)水	100.1	100.0	100.7	100.0	100.0	100.0
(2)电	100.0	100.0	100.0	100.0	100.0	100.0
(3)燃气	113.7	112.2	117.7	104.7	104.4	105.4
(4)其他水电燃料类	103.1	102.3	105.6	101.2	100.7	103.0
4.自有住房	100.0	100.0	100.1	100.0	100.0	100.1
四、生活用品及服务	**101.9**	**101.6**	**103.2**	**100.7**	**100.8**	**100.4**
1.家具及室内装饰品	102.1	101.3	105.0	100.8	100.6	101.5
(1)家具	102.3	101.5	105.2	100.9	100.6	101.7
(2)室内装饰品	100.7	100.0	103.3	100.0	100.0	100.0
2.家用器具	102.9	102.5	104.4	100.4	100.6	99.9
(1)大型家用器具	103.5	103.1	104.6	100.5	100.7	100.1
(2)小家电	100.6	100.0	103.1	99.9	100.0	99.4
3.家用纺织品	101.7	101.4	103.2	100.3	100.2	100.4
(1)床上用品	101.4	101.1	102.9	100.2	100.2	100.4
(2)窗帘门帘	105.7	105.1	107.9	101.1	101.0	101.3
(3)其他家用纺织品	100.1	100.2	99.3	99.9	100.0	99.3
4.家庭日用杂品	101.2	101.1	101.7	101.2	101.6	100.1
(1)洗涤卫生用品	101.5	101.5	101.4	102.0	102.7	99.3
(2)厨具餐具茶具	99.9	100.3	98.7	100.9	101.0	100.6
(3)其他家庭日用杂品	101.7	101.0	103.5	100.4	100.3	100.6
5.个人护理用品	100.1	100.1	100.0	101.2	101.2	101.0
(1)化妆品	99.0	99.1	98.6	101.4	101.4	101.1
(2)其他护理用品类	102.0	102.0	102.3	100.7	100.7	100.9
6.家庭服务	103.6	103.3	105.0	100.2	100.2	100.2
五、交通通信	**106.9**	**107.1**	**106.0**	**101.2**	**101.3**	**101.0**
1.交通	108.9	109.1	108.4	101.5	101.6	101.5
(1)交通工具	100.4	100.4	100.6	100.1	100.1	100.1
(2)交通工具用燃料	131.3	131.1	132.1	104.6	104.6	104.7
(3)交通工具使用和维修	104.7	105.1	102.8	100.2	100.2	100.3
(4)交通费	100.9	100.9	100.7	100.4	100.5	100.3
2.通信	100.3	100.5	99.5	100.1	100.2	99.6
(1)通信工具	101.6	102.3	98.9	100.3	100.8	98.5
(2)通信服务	99.8	99.8	99.6	100.0	100.0	100.0
(3)邮递服务	99.7	99.0	102.4	100.0	100.0	100.0

3-20 续表 2

指标	上年同月=100(同比)			上月=100(环比)		
	全省	城市	农村	全省	城市	农村
六、教育文化娱乐	**104.6**	**105.1**	**102.3**	**100.4**	**100.4**	**100.2**
1.教育	105.5	106.4	102.3	100.0	100.0	100.0
(1)教育用品	101.7	101.7	101.4	100.0	100.0	100.0
(2)教育服务	105.7	106.6	102.3	100.0	100.0	100.0
2.文化娱乐	102.9	103.0	102.4	101.0	101.1	100.7
(1)文娱耐用消费品	102.6	102.7	101.9	100.4	100.5	100.2
(2)其他文娱用品	100.5	100.4	101.0	100.2	100.2	100.3
(3)文化娱乐服务	102.0	101.9	102.6	100.7	100.7	100.7
(4)旅游	104.6	104.7	103.7	101.8	101.8	101.6
七、医疗保健	**100.7**	**100.6**	**101.2**	**100.1**	**100.2**	**100.0**
1.药品及医疗器具	100.5	100.4	100.9	100.2	100.3	100.1
(1)中药	101.4	101.8	100.1	100.2	100.3	100.0
(2)西药	100.7	100.5	101.6	100.2	100.3	100.0
(3)滋补保健品	99.8	99.6	101.0	100.7	100.7	100.4
(4)医疗卫生器具	99.4	99.6	98.9	99.6	99.5	100.0
(5)保健器具	100.2	100.0	101.1	100.0	100.0	100.1
2.医疗服务	100.8	100.6	101.3	100.1	100.1	100.0
(1)综合医疗类	101.8	101.5	102.8	100.2	100.3	100.0
(2)诊断类	100.6	100.3	101.5	100.0	100.0	100.0
(3)治疗类	100.3	100.4	100.1	100.0	100.0	100.0
(4)康复类	100.8	101.1	100.0	100.8	101.1	100.0
(5)中医医疗服务类	101.0	100.8	101.9	100.5	100.7	100.0
(6)其他医疗保健服务	100.7	100.7	100.7	100.5	100.7	100.0
八、其他用品及服务	**99.2**	**99.1**	**99.3**	**100.1**	**100.1**	**100.5**
1.其他用品	97.3	97.3	97.3	99.6	99.5	100.2
(1)首饰手表	93.7	93.7	93.6	98.6	98.4	99.8
(2)母婴用品	100.8	100.9	99.8	99.6	99.7	99.1
(3)其他杂项用品	102.9	102.9	102.8	101.6	101.6	101.6
2.其他服务	101.0	101.0	101.2	100.6	100.6	100.8
(1)在外住宿	101.2	101.4	99.8	104.5	104.3	106.0
(2)美容美发洗浴	101.9	101.6	102.8	100.1	100.1	100.0
(3)养老服务	104.0	104.0	103.7	100.3	100.0	102.1
(4)金融及保险服务	99.6	99.6	99.5	100.1	100.1	100.0
(5)中介法律及其他服务	101.0	101.0	100.8	100.4	100.4	100.0

3-21 居民消费价格分类指数(2021年11月)

指标	上年同月=100(同比)			上月=100(环比)		
	全省	城市	农村	全省	城市	农村
居民消费价格总指数	**102.7**	**102.8**	**102.5**	**100.1**	**100.1**	**100.4**
#服务价格指数	101.7	101.9	101.0	99.6	99.6	99.9
工业品价格指数	104.4	104.4	104.6	100.4	100.4	100.4
消费品价格指数	103.5	103.4	103.5	100.5	100.4	100.7
非食品价格指数	102.8	102.9	102.6	100.0	99.9	100.2
一、食品烟酒	**102.3**	**102.3**	**102.3**	**100.6**	**100.5**	**101.0**
1.食品	102.2	102.2	102.0	100.8	100.7	101.1
(1)粮食	100.5	100.3	101.1	100.6	100.7	100.5
(2)薯类	106.0	106.4	104.3	100.0	100.5	98.1
(3)豆类	106.9	106.9	106.9	100.4	100.4	100.4
(4)食用油	110.5	110.7	109.8	101.8	101.6	102.5
(5)菜及食用菌	127.9	127.2	130.3	100.0	99.8	100.6
#鲜菜	131.2	130.4	134.3	99.8	99.7	100.5
(6)畜肉类	79.6	80.0	78.2	104.9	104.7	105.7
#猪肉	71.1	70.9	71.4	109.2	109.0	109.7
(7)禽肉类	98.5	98.2	99.7	100.1	100.2	99.8
(8)水产品	107.2	106.9	108.6	98.1	98.1	98.0
(9)蛋类	111.0	109.9	114.7	101.7	101.5	102.4
(10)奶类	102.4	102.2	103.1	100.4	100.5	100.0
(11)干鲜瓜果类	103.6	103.2	105.6	101.2	101.0	102.2
(12)糖果糕点类	102.4	102.4	102.6	101.0	101.1	100.7
(13)调味品	101.8	101.8	101.6	100.7	100.8	100.4
(14)其他食品类	104.1	104.3	103.3	100.6	100.7	100.6
2.茶及饮料	101.0	101.1	100.4	100.5	100.6	100.1
3.烟酒	102.2	102.0	102.6	100.3	100.2	100.6
(1)卷烟	102.2	101.9	103.1	100.3	100.3	100.5
(2)酒类	102.0	102.2	101.5	100.3	100.0	101.0
4.在外餐饮	103.0	102.9	103.3	100.1	100.1	100.6
二、衣着	**99.6**	**99.8**	**98.7**	**100.1**	**100.0**	**100.3**
1.服装	99.4	99.6	98.5	100.1	100.1	100.3
(1)男式服装	99.2	99.6	97.9	100.3	100.2	100.5
(2)女式服装	99.5	99.7	98.8	100.3	100.3	100.0
(3)儿童服装	98.3	98.6	96.8	98.8	98.3	100.9
(4)衣着材料及配件	101.2	101.2	101.4	100.2	100.0	100.9
(5)衣着服务费	102.0	101.2	105.1	100.6	100.4	101.2
2.鞋类	100.3	100.5	99.6	99.8	99.7	100.4
(1)鞋	100.3	100.5	99.5	99.8	99.7	100.5
(2)鞋类服务	104.2	103.8	105.7	100.0	100.0	100.0

3-21 续表 1

指标	上年同月=100(同比)			上月=100(环比)		
	全省	城市	农村	全省	城市	农村
三、居住	**101.5**	**101.4**	**101.8**	**100.0**	**100.0**	**100.2**
1.租赁房房租	100.0	100.0	99.8	99.9	99.9	100.1
2.住房保养维修及管理	107.0	107.4	105.1	100.2	100.2	100.3
(1)住房装潢材料	107.7	107.6	108.1	100.3	100.3	100.2
(2)住房维修管理费用	106.2	107.3	101.6	100.1	100.0	100.5
3.水电燃料	103.6	102.9	105.8	100.2	100.1	100.7
(1)水	100.1	100.0	100.7	100.0	100.0	100.0
(2)电	100.0	100.0	100.0	100.0	100.0	100.0
(3)燃气	113.9	112.2	118.8	100.3	100.0	101.2
(4)其他水电燃料类	104.9	103.3	109.8	101.7	100.9	104.0
4.自有住房	100.0	100.0	100.0	100.0	99.9	100.1
四、生活用品及服务	**101.8**	**101.4**	**103.1**	**99.9**	**100.0**	**99.9**
1.家具及室内装饰品	102.8	101.6	106.9	101.0	100.7	102.1
(1)家具	103.1	101.9	107.4	101.1	100.8	102.3
(2)室内装饰品	100.6	100.0	102.6	100.0	100.0	100.0
2.家用器具	103.2	102.8	104.8	100.1	100.2	99.6
(1)大型家用器具	103.7	103.3	105.0	100.0	100.2	99.5
(2)小家电	101.4	100.8	103.6	100.2	100.3	100.0
3.家用纺织品	100.8	100.2	103.0	99.5	99.5	99.9
(1)床上用品	100.2	99.7	102.2	99.3	99.3	99.4
(2)窗帘门帘	106.1	105.1	109.9	100.4	100.0	101.8
(3)其他家用纺织品	100.4	100.2	101.8	100.4	100.2	101.6
4.家庭日用杂品	100.8	100.7	101.0	99.4	99.4	99.3
(1)洗涤卫生用品	100.1	100.2	99.8	99.6	99.5	99.8
(2)厨具餐具茶具	100.7	100.7	100.9	97.4	97.5	96.7
(3)其他家庭日用杂品	101.7	101.4	102.3	100.3	100.4	99.9
5.个人护理用品	99.2	99.5	97.4	99.6	99.7	99.0
(1)化妆品	97.9	98.4	94.9	99.5	99.7	98.6
(2)其他护理用品类	101.7	101.7	101.5	99.8	99.9	99.6
6.家庭服务	103.5	103.3	104.7	100.1	100.1	100.0
五、交通通信	**107.7**	**107.9**	**106.9**	**100.5**	**100.5**	**100.5**
1.交通	110.4	110.5	109.9	100.7	100.7	100.8
(1)交通工具	100.8	100.7	101.2	100.3	100.3	100.3
(2)交通工具用燃料	135.7	135.5	136.6	103.0	103.0	103.0
(3)交通工具使用和维修	105.1	105.5	103.7	100.4	100.3	100.9
(4)交通费	101.2	101.3	101.1	97.3	97.1	98.2
2.通信	99.0	99.2	98.5	99.7	99.7	99.6
(1)通信工具	97.1	97.7	95.0	98.9	99.0	98.5
(2)通信服务	99.8	99.8	99.6	100.0	100.0	100.0
(3)邮递服务	100.5	100.0	102.4	100.0	100.0	100.0

3-21 续表2

指　标	上年同月=100(同比)			上月=100(环比)		
	全省	城市	农村	全省	城市	农村
六、教育文化娱乐	**104.5**	**105.0**	**102.2**	**99.1**	**99.0**	**99.5**
1.教育	105.5	106.4	102.3	100.0	100.0	100.0
(1)教育用品	101.7	101.7	101.4	100.0	100.0	100.0
(2)教育服务	105.7	106.6	102.3	100.0	100.0	100.0
2.文化娱乐	102.7	102.8	102.1	97.5	97.4	98.2
(1)文娱耐用消费品	102.6	102.9	101.2	99.5	99.5	99.3
(2)其他文娱用品	100.5	100.5	100.7	100.1	100.1	99.9
(3)文化娱乐服务	101.5	101.5	102.0	99.4	99.5	99.0
(4)旅游	104.5	104.6	104.2	94.4	94.3	95.2
七、医疗保健	**100.7**	**100.5**	**101.2**	**99.9**	**99.9**	**100.0**
1.药品及医疗器具	100.4	100.3	100.8	99.7	99.6	99.9
(1)中药	101.5	101.7	100.7	100.0	99.8	100.6
(2)西药	100.8	100.6	101.6	99.6	99.4	100.0
(3)滋补保健品	99.3	99.2	100.0	99.7	99.9	98.8
(4)医疗卫生器具	98.9	98.9	98.7	99.5	99.4	99.9
(5)保健器具	99.8	100.0	99.0	100.0	100.0	100.0
2.医疗服务	100.8	100.6	101.3	100.0	100.0	100.0
(1)综合医疗类	101.8	101.5	102.8	100.0	100.0	100.0
(2)诊断类	100.6	100.3	101.5	100.0	100.0	100.0
(3)治疗类	100.3	100.4	100.1	100.0	100.0	100.0
(4)康复类	100.8	101.1	100.0	100.0	100.0	100.0
(5)中医医疗服务类	101.0	100.8	101.9	100.0	100.0	100.0
(6)其他医疗保健服务	100.7	100.7	100.7	100.0	100.0	100.0
八、其他用品及服务	**99.7**	**99.7**	**99.5**	**99.9**	**100.1**	**99.3**
1.其他用品	98.2	98.3	97.6	100.2	100.5	98.9
(1)首饰手表	96.5	96.4	97.3	101.1	101.2	100.4
(2)母婴用品	97.0	97.4	95.0	98.1	98.1	98.2
(3)其他杂项用品	102.3	102.9	99.5	99.7	100.2	96.7
2.其他服务	101.2	101.1	101.4	99.7	99.7	99.6
(1)在外住宿	101.3	101.7	99.1	95.5	95.7	93.9
(2)美容美发洗浴	102.2	102.0	103.1	100.4	100.4	100.4
(3)养老服务	104.1	104.0	104.5	100.1	100.0	100.8
(4)金融及保险服务	99.6	99.6	99.5	100.0	100.0	100.0
(5)中介法律及其他服务	101.3	101.4	100.7	100.3	100.4	100.0

3-22 居民消费价格分类指数(2021年12月)

指　　标	上年同月=100(同比)			上月=100(环比)		
	全省	城市	农村	全省	城市	农村
居民消费价格总指数	**101.8**	**101.9**	**101.4**	**99.7**	**99.7**	**99.7**
#服务价格指数	101.7	101.9	101.0	100.0	100.0	100.0
工业品价格指数	103.0	103.0	103.2	99.3	99.3	99.5
消费品价格指数	101.8	101.9	101.6	99.5	99.5	99.5
非食品价格指数	102.3	102.4	102.1	99.8	99.7	99.8
一、食品烟酒	**100.5**	**100.7**	**99.8**	**99.7**	**99.8**	**99.4**
1.食品	99.3	99.5	98.4	99.5	99.6	99.0
(1)粮食	100.8	100.5	101.5	100.2	100.1	100.3
(2)薯类	103.7	103.9	102.6	99.4	99.3	99.8
(3)豆类	107.4	107.6	106.7	100.5	100.5	100.3
(4)食用油	109.1	109.6	107.7	100.6	100.6	100.7
(5)菜及食用菌	111.7	112.0	110.8	91.5	92.0	89.5
#鲜菜	112.9	113.2	112.0	90.4	91.0	88.1
(6)畜肉类	77.0	77.4	75.7	100.3	100.1	100.9
#猪肉	67.6	67.5	67.9	100.6	100.4	101.2
(7)禽肉类	99.2	99.1	99.7	100.3	100.3	100.0
(8)水产品	105.9	105.9	106.0	100.7	100.9	99.8
(9)蛋类	110.1	109.3	112.7	99.4	99.6	98.9
(10)奶类	102.7	102.6	103.4	100.5	100.5	100.5
(11)干鲜瓜果类	101.7	101.3	103.6	104.2	104.3	103.5
(12)糖果糕点类	102.3	102.3	102.3	100.1	100.1	100.2
(13)调味品	102.8	103.0	102.5	101.0	100.9	101.1
(14)其他食品类	104.2	104.2	103.9	100.3	100.3	100.4
2.茶及饮料	101.1	101.2	100.9	100.1	100.1	100.2
3.烟酒	102.8	102.7	103.0	100.3	100.3	100.3
(1)卷烟	102.5	102.0	103.7	100.2	100.1	100.6
(2)酒类	103.5	104.4	101.2	100.5	100.7	99.7
4.在外餐饮	102.9	102.9	103.0	100.0	100.0	100.0
二、衣着	**98.7**	**99.0**	**97.4**	**99.6**	**99.6**	**99.6**
1.服装	98.6	99.0	96.8	99.6	99.7	99.5
(1)男式服装	97.8	98.2	96.3	99.4	99.4	99.4
(2)女式服装	99.0	99.5	96.9	99.7	99.7	99.5
(3)儿童服装	97.7	98.0	96.5	99.8	99.8	99.7
(4)衣着材料及配件	101.2	101.3	100.5	99.9	100.0	99.4
(5)衣着服务费	101.9	101.9	102.0	100.6	100.7	100.0
2.鞋类	99.1	99.0	99.6	99.7	99.6	100.0
(1)鞋	99.1	98.9	99.5	99.7	99.6	100.0
(2)鞋类服务	104.2	103.8	105.7	100.0	100.0	100.0

3-22 续表1

指　　标	上年同月=100(同比)			上月=100(环比)		
	全省	城市	农村	全省	城市	农村
三、居住	**101.3**	**101.2**	**101.6**	**99.9**	**99.9**	**100.0**
1.租赁房房租	99.9	99.9	99.8	99.9	99.9	100.0
2.住房保养维修及管理	106.5	106.9	104.8	100.0	100.1	100.0
(1)住房装潢材料	106.7	106.5	107.6	100.1	100.1	100.0
(2)住房维修管理费用	106.2	107.3	101.5	100.0	100.0	100.0
3.水电燃料	103.0	102.6	104.7	100.0	100.0	99.9
(1)水	100.1	100.0	100.7	100.0	100.0	100.0
(2)电	100.0	100.0	100.0	100.0	100.0	100.0
(3)燃气	111.0	109.9	113.9	99.5	99.6	99.3
(4)其他水电燃料类	105.7	104.2	110.4	100.9	101.0	100.5
4.自有住房	100.0	100.0	100.1	99.9	99.9	100.0
四、生活用品及服务	**101.8**	**101.5**	**103.2**	**100.1**	**100.1**	**100.2**
1.家具及室内装饰品	102.0	100.6	106.7	99.1	98.8	100.0
(1)家具	102.2	100.7	107.1	98.9	98.6	99.9
(2)室内装饰品	100.6	100.0	102.9	100.1	100.0	100.6
2.家用器具	103.7	103.4	104.6	100.4	100.3	100.5
(1)大型家用器具	104.3	104.0	105.0	100.2	100.2	100.2
(2)小家电	101.0	100.6	102.5	101.0	100.8	101.8
3.家用纺织品	100.8	100.3	103.3	100.0	99.9	100.3
(1)床上用品	100.2	99.6	102.5	99.9	99.9	100.2
(2)窗帘门帘	106.9	105.6	111.4	100.4	100.1	101.4
(3)其他家用纺织品	100.7	100.6	101.2	100.1	100.3	98.8
4.家庭日用杂品	100.8	100.7	101.0	100.1	100.2	99.8
(1)洗涤卫生用品	99.6	99.7	99.5	99.2	99.3	98.8
(2)厨具餐具茶具	101.4	101.2	102.0	101.9	101.9	102.2
(3)其他家庭日用杂品	101.9	101.9	102.0	100.3	100.4	99.8
5.个人护理用品	99.3	99.5	98.3	100.2	100.1	100.5
(1)化妆品	97.9	98.2	95.9	100.3	100.2	100.5
(2)其他护理用品类	102.0	101.9	102.1	100.0	99.9	100.5
6.家庭服务	104.0	103.8	105.4	101.2	101.3	100.8
五、交通通信	**105.1**	**105.2**	**104.6**	**98.8**	**98.7**	**99.1**
1.交通	107.0	107.1	106.8	98.5	98.4	98.8
(1)交通工具	101.0	100.9	101.4	100.2	100.1	100.7
(2)交通工具用燃料	122.2	122.1	122.9	94.7	94.7	94.7
(3)交通工具使用和维修	105.3	105.6	104.0	100.1	100.0	100.3
(4)交通费	99.9	100.0	99.8	100.3	100.4	100.1
2.通信	98.9	99.0	98.5	99.9	99.9	100.1
(1)通信工具	96.5	96.8	95.4	99.8	99.6	100.3
(2)通信服务	99.9	99.9	99.7	100.0	100.0	100.0
(3)邮递服务	100.1	100.0	100.2	100.0	100.0	100.0

3-22 续表 2

指标	上年同月=100(同比)			上月=100(环比)		
	全省	城市	农村	全省	城市	农村
六、教育文化娱乐	**104.6**	**105.1**	**102.3**	**100.0**	**100.0**	**100.0**
1. 教育	105.5	106.4	102.3	100.0	100.0	100.0
(1)教育用品	101.6	101.6	101.4	100.0	100.0	100.0
(2)教育服务	105.6	106.5	102.3	100.0	100.0	100.0
2. 文化娱乐	103.0	103.2	102.2	100.1	100.1	100.2
(1)文娱耐用消费品	102.2	102.5	101.1	100.5	100.5	100.4
(2)其他文娱用品	100.5	100.4	101.2	100.1	100.1	100.6
(3)文化娱乐服务	101.7	101.6	102.0	100.1	100.1	100.0
(4)旅游	105.5	105.6	104.8	99.8	99.8	99.9
七、医疗保健	**100.8**	**100.6**	**101.2**	**100.1**	**100.1**	**100.0**
1. 药品及医疗器具	100.5	100.4	100.8	100.1	100.2	99.8
(1)中药	101.1	101.2	100.7	100.0	100.0	100.0
(2)西药	100.8	100.6	101.4	100.0	100.0	99.8
(3)滋补保健品	99.9	99.9	100.0	100.2	100.4	99.4
(4)医疗卫生器具	99.4	99.6	98.7	100.5	100.7	100.0
(5)保健器具	99.9	99.9	100.1	100.0	100.0	100.0
2. 医疗服务	100.9	100.7	101.4	100.1	100.1	100.1
(1)综合医疗类	101.8	101.5	102.8	100.0	100.0	100.0
(2)诊断类	100.7	100.4	101.7	100.2	100.2	100.2
(3)治疗类	100.3	100.4	100.1	100.0	100.0	100.0
(4)康复类	100.8	101.1	100.0	100.0	100.0	100.0
(5)中医医疗服务类	101.0	100.8	101.9	100.0	100.0	100.0
(6)其他医疗保健服务	100.7	100.7	100.7	100.0	100.0	100.0
八、其他用品及服务	**99.6**	**99.6**	**99.5**	**99.6**	**99.5**	**100.0**
1. 其他用品	98.1	98.1	97.7	99.2	99.1	100.1
(1)首饰手表	95.7	95.5	96.9	97.7	97.5	99.0
(2)母婴用品	99.0	99.2	97.4	101.6	101.6	101.1
(3)其他杂项用品	102.3	102.9	99.3	101.0	100.9	101.3
2. 其他服务	101.0	101.0	101.3	99.9	99.9	99.9
(1)在外住宿	100.1	100.4	98.0	98.9	99.0	98.4
(2)美容美发洗浴	102.2	102.0	103.2	100.1	100.1	100.2
(3)养老服务	104.1	104.0	104.5	100.0	100.0	100.0
(4)金融及保险服务	99.6	99.6	99.5	100.0	100.0	100.0
(5)中介法律及其他服务	101.4	101.5	100.9	100.0	100.0	100.0

3-23 商品零售价格分类指数(2021年1月)

指 标	上年同月=100(同比)			上月=100(环比)		
	全省	城市	农村	全省	城市	农村
商品零售价格总指数	**100.1**	**100.0**	**100.6**	**101.1**	**101.1**	**101.2**
一、食品	**102.3**	**102.2**	**102.7**	**103.5**	**103.4**	**103.9**
1.粮食	102.1	102.3	101.5	100.1	100.1	100.2
2.薯类	98.7	98.1	101.9	104.7	104.4	106.0
3.豆类	104.5	104.1	106.1	100.8	100.7	101.2
4.食用油	107.3	107.4	107.0	103.5	103.8	102.6
5.菜及食用菌	114.4	113.9	116.9	119.1	119.2	118.4
6.畜肉类	98.1	98.0	98.6	102.7	102.2	104.2
7.禽肉类	92.5	92.3	93.5	100.1	100.0	100.9
8.水产品	100.0	99.5	102.3	106.1	106.4	104.7
9.蛋类	99.2	99.2	99.3	105.0	104.5	107.1
10.奶类	102.8	103.0	101.6	100.9	100.9	100.8
11.干鲜瓜果类	105.6	105.8	104.4	100.4	100.2	101.2
12.糖果糕点类	103.0	103.2	102.2	100.4	100.5	100.0
13.调味品	101.2	101.2	101.0	99.8	99.8	99.7
14.其他食品类	101.1	101.2	100.8	100.8	100.9	100.6
15.餐饮业零售	102.0	102.0	102.4	100.7	100.7	100.9
二、饮料、烟酒	**101.0**	**101.0**	**100.9**	**100.2**	**100.2**	**100.0**
1.茶及饮料	102.0	102.2	100.1	100.0	100.0	99.8
2.卷烟	100.0	100.0	100.2	100.0	100.1	100.0
3.酒类	102.7	102.6	103.0	100.6	100.7	100.1
三、服装、鞋帽	**101.8**	**101.4**	**104.1**	**99.6**	**99.6**	**99.5**
1.服装	101.5	101.1	103.7	99.1	99.1	99.3
(1)男士服装	101.9	101.7	102.7	98.7	98.7	98.3
(2)女士服装	101.2	100.6	104.1	99.4	99.3	100.0
(3)儿童服装	101.9	101.3	105.1	99.4	99.4	99.5
2.鞋帽袜	102.9	102.4	105.6	101.1	101.3	100.2
(1)鞋	103.0	102.5	105.8	101.2	101.4	100.2
(2)袜子	102.1	102.4	100.7	99.7	99.7	99.5
(3)帽子	99.2	98.5	104.0	100.6	100.7	99.9
3.其他衣着配件	101.2	101.2	101.2	100.5	100.5	100.3
四、纺织品	**101.5**	**101.4**	**101.9**	**100.7**	**100.5**	**101.4**
1.服装材料	101.6	101.4	102.6	100.5	100.0	101.9
2.床上用品	101.5	101.4	101.7	100.8	100.7	101.2

3-23 续表

指　　标	上年同月=100(同比)			上月=100(环比)		
	全省	城市	农村	全省	城市	农村
五、家用电器及音像器材	**100.4**	**100.0**	**102.5**	**101.0**	**101.2**	**99.9**
1.家庭设备	100.2	99.9	101.9	100.6	100.7	100.0
2.文娱用耐用消费品	100.8	100.2	104.2	101.9	102.3	99.6
3.专业音像器材	100.0	100.0	100.0	100.3	100.3	100.3
六、文化办公用品	**101.2**	**101.3**	**100.6**	**99.7**	**99.8**	**99.3**
七、日用品	**100.7**	**100.8**	**100.2**	**100.1**	**99.9**	**101.0**
1.日用百货	100.6	100.7	100.5	100.2	100.2	100.2
2.厨具餐具茶具	100.5	101.3	96.6	100.8	100.6	102.1
3.清洗用品	102.1	101.9	103.1	99.8	99.3	102.1
4.其他日用品	99.8	99.8	99.8	99.8	99.6	100.5
八、体育娱乐用品	**101.1**	**101.3**	**100.1**	**99.8**	**99.7**	**100.4**
1.体育户外用品	103.7	104.5	99.0	100.2	100.2	100.3
2.娱乐用品	100.0	99.8	100.6	99.6	99.4	100.4
九、交通、通信用品	**100.2**	**100.2**	**100.3**	**99.9**	**99.9**	**99.8**
1.交通运输机械	98.7	98.7	98.8	99.8	99.8	99.8
2.通信器材	106.4	106.5	105.9	100.0	100.0	99.7
十、家具	**100.3**	**100.0**	**101.9**	**100.0**	**99.9**	**100.5**
十一、化妆品	**102.5**	**102.7**	**101.0**	**99.7**	**99.8**	**99.3**
十二、金银饰品	**108.6**	**108.4**	**109.4**	**101.4**	**101.4**	**101.8**
十三、中西药品及医疗保健用品	**99.7**	**99.6**	**100.6**	**99.8**	**99.8**	**99.9**
1.医疗卫生器具	107.6	105.6	120.5	99.8	99.7	100.0
2.中药	99.7	99.7	99.8	100.1	100.2	99.9
3.西药	98.1	98.2	97.6	99.8	99.8	99.9
4.保健器具及用品	99.5	99.3	100.9	99.7	99.7	99.9
十四、书报杂志及电子出版物	**99.6**	**99.6**	**99.9**	**99.4**	**99.4**	**99.5**
1.教材及参考书	100.6	100.5	101.1	100.0	100.0	100.0
2.书报杂志及音像制品	100.0	100.0	100.0	100.0	100.0	100.0
3.计算机办公软件	96.3	96.3	96.8	96.3	96.3	96.8
十五、燃料	**91.1**	**91.1**	**91.5**	**104.3**	**104.3**	**104.3**
1.煤炭及制品	109.0	110.1	103.3	106.1	106.9	102.1
2.石油及制品	89.6	89.5	90.5	104.1	104.0	104.6
十六、建筑材料及五金电料	**101.1**	**101.0**	**101.4**	**100.2**	**100.2**	**100.2**
1.建筑装璜材料	100.6	100.6	100.9	100.2	100.2	100.1
2.五金水暖	102.1	101.9	102.8	100.3	100.2	100.5

3-24 商品零售价格分类指数(2021 年 2 月)

指　标	上年同月=100(同比)			上月=100(环比)		
	全省	城市	农村	全省	城市	农村
商品零售价格总指数	**100.4**	**100.3**	**101.0**	**100.7**	**100.7**	**100.8**
一、食品	**101.4**	**101.4**	**101.2**	**103.2**	**103.2**	**103.1**
1.粮食	100.7	100.6	100.9	100.4	100.3	100.7
2.薯类	92.0	91.9	92.6	109.0	109.2	107.7
3.豆类	100.5	101.5	97.5	101.7	101.5	102.5
4.食用油	107.5	107.7	106.7	100.9	101.0	100.7
5.菜及食用菌	107.4	106.8	109.7	104.2	104.3	103.7
6.畜肉类	89.0	89.1	88.6	100.3	100.5	99.7
7.禽肉类	92.4	92.1	94.2	102.0	101.9	102.5
8.水产品	109.7	109.2	112.2	113.7	113.7	114.0
9.蛋类	101.6	101.5	102.3	101.5	101.6	101.1
10.奶类	103.2	103.5	101.7	100.0	100.0	100.1
11.干鲜瓜果类	105.7	105.5	106.5	104.5	104.2	106.1
12.糖果糕点类	101.6	101.7	101.0	99.8	99.9	99.2
13.调味品	101.8	102.0	101.2	100.9	101.0	100.5
14.其他食品类	99.5	99.3	100.3	99.3	99.1	100.3
15.餐饮业零售	102.5	102.5	102.6	100.8	100.8	100.5
二、饮料、烟酒	**100.4**	**100.4**	**100.6**	**99.8**	**99.8**	**99.8**
1.茶及饮料	100.7	100.8	99.8	99.6	99.5	99.9
2.卷烟	100.0	100.0	100.2	100.0	100.0	100.0
3.酒类	101.1	101.0	102.0	99.6	99.7	99.3
三、服装、鞋帽	**101.8**	**101.3**	**104.3**	**99.6**	**99.6**	**99.5**
1.服装	101.5	101.0	104.3	99.6	99.6	99.8
(1)男士服装	101.9	101.6	104.0	99.6	99.6	100.1
(2)女士服装	101.2	100.6	104.2	99.6	99.6	99.5
(3)儿童服装	101.8	101.1	105.4	99.6	99.5	100.2
2.鞋帽袜	102.7	102.3	104.6	99.3	99.5	98.6
(1)鞋	102.8	102.4	104.8	99.3	99.4	98.5
(2)袜子	101.7	102.2	98.8	99.8	100.0	98.3
(3)帽子	100.4	99.6	105.1	101.2	101.2	101.1
3.其他衣着配件	100.8	100.7	101.2	99.5	99.4	100.0
四、纺织品	**101.4**	**101.1**	**102.3**	**99.9**	**99.9**	**99.8**
1.服装材料	101.7	101.4	102.6	100.1	100.1	100.0
2.床上用品	101.3	101.0	102.2	99.8	99.8	99.8

3-24 续表

指　　标	上年同月=100(同比)			上月=100(环比)		
	全省	城市	农村	全省	城市	农村
五、家用电器及音像器材	**100.4**	**100.0**	**102.6**	**100.0**	**100.0**	**100.0**
1.家庭设备	100.5	100.2	102.1	100.1	100.1	100.1
2.文娱用耐用消费品	100.3	99.7	104.0	99.7	99.7	99.8
3.专业音像器材	100.3	100.3	100.3	100.0	100.0	100.0
六、文化办公用品	**101.4**	**101.5**	**100.9**	**100.0**	**99.9**	**100.0**
七、日用品	**100.6**	**100.9**	**99.4**	**100.0**	**100.1**	**99.5**
1.日用百货	100.2	100.3	99.7	99.8	99.9	99.5
2.厨具餐具茶具	99.9	100.8	95.7	100.1	100.1	99.9
3.清洗用品	103.0	103.3	101.9	100.7	101.0	99.4
4.其他日用品	99.6	99.6	99.5	99.6	99.6	99.5
八、体育娱乐用品	**100.7**	**100.9**	**99.6**	**99.7**	**99.7**	**99.5**
1.体育户外用品	102.8	103.5	99.3	99.3	99.2	100.0
2.娱乐用品	99.8	99.8	99.8	99.9	100.0	99.2
九、交通、通信用品	**100.4**	**100.4**	**100.5**	**100.0**	**100.0**	**100.1**
1.交通运输机械	98.8	98.8	98.8	100.0	100.0	100.0
2.通信器材	107.1	107.0	107.3	100.2	100.1	100.7
十、家具	**100.3**	**100.0**	**101.9**	**100.0**	**100.0**	**100.0**
十一、化妆品	**100.3**	**100.6**	**98.1**	**99.4**	**99.4**	**99.0**
十二、金银饰品	**105.5**	**105.2**	**107.3**	**97.3**	**97.1**	**98.7**
十三、中西药品及医疗保健用品	**99.4**	**99.2**	**100.6**	**99.6**	**99.6**	**100.0**
1.医疗卫生器具	107.5	105.6	119.8	100.0	100.0	100.0
2.中药	99.8	99.8	100.0	100.0	100.0	100.0
3.西药	97.7	97.7	97.7	99.5	99.4	100.0
4.保健器具及用品	99.1	98.9	101.0	99.4	99.3	100.1
十四、书报杂志及电子出版物	**99.1**	**99.1**	**99.1**	**99.5**	**99.6**	**99.2**
1.教材及参考书	100.5	100.4	101.0	99.9	99.9	99.9
2.书报杂志及音像制品	100.0	100.0	100.0	100.0	100.0	100.0
3.计算机办公软件	93.7	93.9	92.0	97.2	97.6	95.1
十五、燃料	**96.9**	**96.7**	**97.7**	**102.1**	**102.1**	**102.3**
1.煤炭及制品	109.6	110.4	105.4	100.5	100.3	102.0
2.石油及制品	95.7	95.5	97.1	102.3	102.3	102.3
十六、建筑材料及五金电料	**101.3**	**101.2**	**102.1**	**100.2**	**100.1**	**100.7**
1.建筑装璜材料	101.0	100.9	101.2	100.1	100.0	100.3
2.五金水暖	102.2	101.8	104.3	100.4	100.2	101.5

3-25 商品零售价格分类指数(2021年3月)

指　　标	上年同月=100(同比)			上月=100(环比)		
	全省	城市	农村	全省	城市	农村
商品零售价格总指数	**101.7**	**101.7**	**102.1**	**99.9**	**100.0**	**99.6**
一、食品	**101.7**	**101.7**	**101.8**	**97.0**	**97.1**	**96.5**
1.粮食	100.8	100.8	100.7	99.7	99.7	99.7
2.薯类	93.5	93.4	93.9	99.2	99.4	98.5
3.豆类	102.7	103.1	101.5	100.6	100.7	100.2
4.食用油	108.5	108.7	107.9	100.2	100.2	100.1
5.菜及食用菌	102.8	102.4	104.5	86.3	86.3	86.0
6.畜肉类	89.2	89.4	88.4	93.0	93.4	91.9
7.禽肉类	93.6	93.2	95.4	99.4	99.4	99.4
8.水产品	114.1	113.4	117.3	97.4	97.3	98.2
9.蛋类	102.6	102.3	103.6	97.2	97.5	96.2
10.奶类	104.3	104.7	102.6	101.1	101.2	100.8
11.干鲜瓜果类	104.3	103.9	106.9	98.2	98.1	99.1
12.糖果糕点类	102.5	102.7	101.9	100.8	100.7	100.8
13.调味品	101.9	102.2	100.9	99.6	99.7	99.6
14.其他食品类	98.3	97.8	100.7	100.4	100.3	100.5
15.餐饮业零售	102.7	102.7	103.2	100.3	100.3	100.2
二、饮料、烟酒	**101.0**	**101.0**	**100.7**	**100.8**	**100.9**	**100.3**
1.茶及饮料	101.3	101.5	100.2	101.2	101.4	100.4
2.卷烟	100.0	100.0	100.0	100.0	100.0	100.0
3.酒类	103.1	103.2	102.7	102.5	102.9	101.0
三、服装、鞋帽	**102.6**	**102.3**	**104.1**	**100.4**	**100.6**	**99.6**
1.服装	102.3	101.9	104.1	100.5	100.7	99.6
(1)男士服装	103.0	102.7	104.8	100.9	101.0	100.5
(2)女士服装	101.8	101.6	103.2	100.4	100.6	99.1
(3)儿童服装	102.0	101.3	105.6	99.7	99.7	99.6
2.鞋帽袜	104.0	103.9	104.1	100.2	100.4	99.4
(1)鞋	104.1	104.1	104.2	100.2	100.4	99.3
(2)袜子	102.3	102.5	101.3	100.7	100.5	102.1
(3)帽子	101.2	100.6	104.9	99.9	99.9	99.9
3.其他衣着配件	100.9	100.7	101.7	100.4	100.2	101.3
四、纺织品	**101.2**	**100.9**	**102.4**	**100.1**	**99.9**	**100.6**
1.服装材料	101.4	101.2	102.4	100.0	100.0	100.0
2.床上用品	101.2	100.8	102.5	100.1	99.9	100.9

3-25 续表

指标	上年同月=100(同比)			上月=100(环比)		
	全省	城市	农村	全省	城市	农村
五、家用电器及音像器材	**100.9**	**100.5**	**103.2**	**100.3**	**100.3**	**100.6**
1.家庭设备	100.7	100.4	102.6	100.2	100.1	100.4
2.文娱用耐用消费品	101.5	100.9	105.1	100.7	100.6	101.0
3.专业音像器材	100.3	100.3	100.3	100.0	100.0	100.0
六、文化办公用品	**100.9**	**101.0**	**100.2**	**100.2**	**100.1**	**100.9**
七、日用品	**100.8**	**101.0**	**99.9**	**100.2**	**100.2**	**100.3**
1.日用百货	100.9	100.9	100.6	100.6	100.6	100.7
2.厨具餐具茶具	98.9	99.5	95.8	99.5	99.5	99.3
3.清洗用品	102.2	102.5	100.9	99.8	99.7	100.2
4.其他日用品	100.8	100.8	100.9	100.5	100.5	100.5
八、体育娱乐用品	**100.8**	**101.0**	**100.2**	**100.1**	**100.0**	**100.5**
1.体育户外用品	103.2	103.8	99.7	100.4	100.4	100.4
2.娱乐用品	99.8	99.7	100.5	100.0	99.9	100.6
九、交通、通信用品	**100.5**	**100.4**	**100.6**	**100.0**	**100.1**	**99.7**
1.交通运输机械	98.8	98.8	98.7	100.0	100.1	99.8
2.通信器材	107.4	107.4	107.5	100.0	100.1	99.5
十、家具	**100.7**	**100.5**	**102.1**	**100.2**	**100.3**	**100.1**
十一、化妆品	**100.8**	**100.9**	**99.5**	**99.7**	**99.7**	**100.0**
十二、金银饰品	**98.9**	**98.4**	**102.0**	**96.8**	**97.0**	**95.8**
十三、中西药品及医疗保健用品	**99.0**	**99.0**	**99.1**	**100.0**	**100.0**	**99.9**
1.医疗卫生器具	102.9	102.8	103.3	99.4	99.4	99.8
2.中药	99.6	99.5	99.9	99.8	99.7	100.0
3.西药	97.7	97.7	97.6	99.8	99.8	99.8
4.保健器具及用品	99.7	99.5	100.5	100.7	100.8	100.0
十四、书报杂志及电子出版物	**100.4**	**100.4**	**100.5**	**101.3**	**101.3**	**101.3**
1.教材及参考书	100.7	100.7	100.9	100.2	100.3	99.9
2.书报杂志及音像制品	100.0	100.0	100.0	100.0	100.0	100.0
3.计算机办公软件	100.9	100.9	100.8	107.8	107.5	109.5
十五、燃料	**109.0**	**109.0**	**109.2**	**103.7**	**103.8**	**103.5**
1.煤炭及制品	107.3	108.0	104.1	97.7	97.5	99.0
2.石油及制品	109.2	109.1	109.7	104.3	104.4	104.0
十六、建筑材料及五金电料	**102.5**	**102.5**	**102.9**	**101.0**	**101.1**	**100.6**
1.建筑装璜材料	102.5	102.5	102.1	101.2	101.3	100.6
2.五金水暖	102.7	102.3	104.9	100.6	100.6	100.5

3-26 商品零售价格分类指数(2021年4月)

指　　标	上年同月=100(同比)			上月=100(环比)		
	全省	城市	农村	全省	城市	农村
商品零售价格总指数	**102.2**	**102.1**	**102.5**	**99.7**	**99.7**	**99.7**
一、食品	**101.1**	**101.1**	**100.9**	**98.2**	**98.3**	**98.0**
1.粮食	100.3	100.1	100.6	100.0	100.0	99.8
2.薯类	92.6	93.0	90.7	97.3	97.4	96.8
3.豆类	105.3	105.5	104.8	101.4	101.7	100.2
4.食用油	109.9	110.0	109.3	100.8	100.9	100.4
5.菜及食用菌	97.7	97.5	98.6	92.9	92.6	93.9
6.畜肉类	88.9	89.4	87.0	93.6	93.9	92.5
7.禽肉类	93.9	93.5	95.7	98.7	98.7	98.9
8.水产品	114.9	114.3	117.7	102.2	102.2	102.4
9.蛋类	103.6	103.2	105.1	99.5	99.6	99.3
10.奶类	104.2	104.5	103.0	99.8	99.7	100.3
11.干鲜瓜果类	99.8	99.1	103.6	94.5	94.2	95.9
12.糖果糕点类	102.8	103.0	102.0	100.1	100.1	100.0
13.调味品	101.1	101.3	100.6	99.8	99.8	99.9
14.其他食品类	98.7	98.3	100.5	100.7	100.9	99.9
15.餐饮业零售	102.9	103.0	102.5	100.2	100.2	99.9
二、饮料、烟酒	**100.8**	**100.9**	**100.2**	**99.9**	**100.0**	**99.8**
1.茶及饮料	101.0	101.1	100.1	99.8	99.7	100.2
2.卷烟	100.1	100.1	100.0	100.1	100.1	100.0
3.酒类	102.3	102.6	100.9	99.7	99.8	99.3
三、服装、鞋帽	**102.1**	**102.0**	**103.0**	**99.8**	**99.8**	**99.6**
1.服装	101.9	101.7	102.8	99.8	99.8	99.5
(1)男士服装	102.6	102.4	103.4	99.8	99.8	99.7
(2)女士服装	101.4	101.3	102.0	99.7	99.8	99.3
(3)儿童服装	101.5	100.9	104.4	100.1	100.2	99.4
2.鞋帽袜	103.3	103.2	103.7	99.6	99.6	100.1
(1)鞋	103.4	103.3	103.8	99.6	99.5	100.1
(2)袜子	102.1	102.5	100.1	99.9	99.8	100.0
(3)帽子	100.7	100.1	104.6	99.9	99.9	99.9
3.其他衣着配件	100.9	100.7	102.2	100.1	100.1	100.0
四、纺织品	**102.1**	**102.0**	**102.6**	**100.1**	**100.0**	**100.2**
1.服装材料	101.3	101.0	102.4	100.0	100.0	100.0
2.床上用品	102.4	102.3	102.6	100.1	100.0	100.2

3-26 续表

指　　标	上年同月=100(同比)			上月=100(环比)		
	全省	城市	农村	全省	城市	农村
五、家用电器及音像器材	**102.0**	**101.6**	**104.2**	**100.9**	**100.8**	**101.3**
1.家庭设备	101.7	101.3	103.5	100.8	100.7	101.4
2.文娱用耐用消费品	102.8	102.1	106.3	100.9	100.8	101.4
3.专业音像器材	102.0	102.2	100.3	101.7	101.9	100.0
六、文化办公用品	**101.1**	**101.2**	**100.6**	**100.1**	**100.1**	**100.3**
七、日用品	**100.5**	**100.5**	**100.3**	**99.8**	**99.7**	**99.9**
1.日用百货	100.2	100.2	100.6	99.7	99.6	100.0
2.厨具餐具茶具	99.9	100.2	98.4	100.4	100.4	100.5
3.清洗用品	102.1	102.1	102.0	100.0	99.9	100.5
4.其他日用品	99.7	99.8	99.3	99.3	99.4	98.6
八、体育娱乐用品	**100.9**	**101.0**	**100.4**	**99.8**	**99.8**	**100.1**
1.体育户外用品	102.3	102.8	99.7	99.2	99.0	100.0
2.娱乐用品	100.3	100.2	100.7	100.1	100.1	100.1
九、交通、通信用品	**100.6**	**100.5**	**101.1**	**99.8**	**99.8**	**100.1**
1.交通运输机械	98.8	98.8	98.9	99.8	99.8	100.1
2.通信器材	107.8	107.6	109.3	99.8	99.8	100.0
十、家具	**101.2**	**100.9**	**102.9**	**100.2**	**100.2**	**100.3**
十一、化妆品	**100.8**	**100.9**	**100.0**	**100.5**	**100.4**	**100.8**
十二、金银饰品	**99.5**	**99.3**	**101.0**	**101.9**	**101.9**	**101.9**
十三、中西药品及医疗保健用品	**98.9**	**98.9**	**98.7**	**99.9**	**99.9**	**100.3**
1.医疗卫生器具	102.3	102.9	99.1	100.0	100.0	99.8
2.中药	99.5	99.4	100.3	100.2	100.2	100.2
3.西药	98.0	98.1	97.6	100.0	100.0	100.2
4.保健器具及用品	98.4	98.2	100.0	99.5	99.3	100.7
十四、书报杂志及电子出版物	**100.7**	**100.7**	**100.7**	**100.2**	**100.2**	**100.2**
1.教材及参考书	100.7	100.6	100.9	100.0	100.0	100.0
2.书报杂志及音像制品	100.0	100.0	100.0	100.0	100.0	100.0
3.计算机办公软件	102.3	102.3	102.3	101.3	101.3	101.5
十五、燃料	**114.9**	**114.8**	**115.4**	**100.0**	**100.0**	**100.0**
1.煤炭及制品	110.5	111.4	106.3	101.5	101.7	100.4
2.石油及制品	115.3	115.1	116.3	99.9	99.8	99.9
十六、建筑材料及五金电料	**103.5**	**103.5**	**103.5**	**100.5**	**100.6**	**100.3**
1.建筑装璜材料	103.4	103.5	102.7	100.4	100.4	100.4
2.五金水暖	103.7	103.4	105.2	100.9	101.1	100.2

3-27 商品零售价格分类指数(2021年5月)

指　　标	上年同月=100(同比)			上月=100(环比)		
	全省	城市	农村	全省	城市	农村
商品零售价格总指数	**102.6**	**102.6**	**102.8**	**99.9**	**99.9**	**99.7**
一、食品	**101.7**	**101.8**	**101.3**	**98.5**	**98.6**	**98.2**
1.粮食	100.9	101.1	100.5	100.1	100.1	100.1
2.薯类	93.7	94.7	89.4	96.6	96.8	95.8
3.豆类	105.7	105.7	105.3	100.2	100.1	100.2
4.食用油	111.4	112.0	109.4	100.8	101.1	99.7
5.菜及食用菌	100.9	100.6	102.4	96.4	96.4	96.3
6.畜肉类	87.8	88.5	85.5	93.9	94.2	92.7
7.禽肉类	94.9	94.5	96.8	99.2	99.3	99.1
8.水产品	115.1	114.7	116.9	99.9	99.6	101.1
9.蛋类	107.3	106.8	109.6	100.8	100.5	102.0
10.奶类	103.4	103.6	102.9	100.3	100.3	100.1
11.干鲜瓜果类	100.8	100.3	103.5	96.4	96.4	96.2
12.糖果糕点类	103.0	103.3	101.4	99.9	99.9	99.8
13.调味品	100.8	100.8	100.8	100.1	100.0	100.1
14.其他食品类	99.2	99.0	100.1	100.2	100.3	99.6
15.餐饮业零售	103.1	103.1	103.3	100.1	100.1	100.1
二、饮料、烟酒	**101.2**	**101.4**	**100.3**	**100.1**	**100.0**	**100.2**
1.茶及饮料	101.5	101.7	100.2	100.0	100.0	99.8
2.卷烟	100.2	100.2	100.2	100.1	100.1	100.2
3.酒类	103.3	103.8	100.5	99.9	99.8	100.3
三、服装、鞋帽	**101.9**	**101.9**	**102.4**	**99.6**	**99.6**	**99.8**
1.服装	101.6	101.5	102.2	99.6	99.6	99.6
(1)男士服装	102.2	102.2	102.3	99.4	99.4	99.3
(2)女士服装	101.3	101.2	101.7	99.8	99.8	99.8
(3)儿童服装	101.0	100.4	104.0	99.7	99.7	99.9
2.鞋帽袜	103.3	103.4	103.2	99.5	99.3	100.3
(1)鞋	103.4	103.5	103.2	99.4	99.3	100.3
(2)袜子	102.6	102.7	102.1	99.9	99.9	100.0
(3)帽子	99.9	99.3	104.0	99.3	99.2	100.0
3.其他衣着配件	101.6	101.5	102.6	100.0	100.1	99.5
四、纺织品	**101.5**	**101.2**	**102.8**	**100.1**	**100.1**	**100.1**
1.服装材料	101.4	101.2	102.3	100.0	100.0	100.0
2.床上用品	101.6	101.2	103.0	100.1	100.1	100.1

3-27 续表

指　　标	上年同月=100(同比)			上月=100(环比)		
	全省	城市	农村	全省	城市	农村
五、家用电器及音像器材	**102.9**	**102.6**	**104.3**	**100.3**	**100.4**	**100.2**
1.家庭设备	102.4	102.1	103.7	100.5	100.6	100.2
2.文娱用耐用消费品	104.0	103.7	106.1	100.1	100.0	100.3
3.专业音像器材	102.0	102.2	100.3	100.0	100.0	100.0
六、文化办公用品	**100.6**	**100.5**	**100.9**	**99.5**	**99.4**	**100.0**
七、日用品	**100.2**	**100.3**	**99.7**	**99.7**	**99.7**	**99.6**
1.日用百货	100.7	100.6	101.2	100.4	100.4	100.3
2.厨具餐具茶具	98.7	99.0	97.1	99.8	99.7	100.1
3.清洗用品	100.7	101.0	99.1	98.3	98.4	97.7
4.其他日用品	100.0	100.0	99.8	100.0	100.0	100.1
八、体育娱乐用品	**100.7**	**100.8**	**99.9**	**100.3**	**100.5**	**99.5**
1.体育户外用品	101.7	102.3	98.5	100.5	100.8	98.8
2.娱乐用品	100.2	100.1	100.5	100.2	100.3	99.8
九、交通、通信用品	**100.5**	**100.4**	**101.0**	**99.7**	**99.7**	**99.7**
1.交通运输机械	98.9	98.8	99.2	99.8	99.8	99.8
2.通信器材	107.2	107.1	107.8	99.5	99.6	99.5
十、家具	**101.1**	**100.8**	**102.6**	**100.0**	**100.1**	**99.7**
十一、化妆品	**100.3**	**100.5**	**99.3**	**99.3**	**99.4**	**98.8**
十二、金银饰品	**100.1**	**99.9**	**101.4**	**102.0**	**101.9**	**102.4**
十三、中西药品及医疗保健用品	**99.6**	**99.5**	**99.8**	**100.0**	**100.0**	**100.0**
1.医疗卫生器具	102.3	102.8	99.2	100.0	100.0	100.0
2.中药	100.2	100.2	100.1	100.0	100.0	100.0
3.西药	98.9	98.7	99.8	99.9	99.9	100.0
4.保健器具及用品	99.3	99.2	99.9	100.2	100.2	100.1
十四、书报杂志及电子出版物	**100.7**	**100.6**	**100.7**	**100.0**	**100.0**	**100.0**
1.教材及参考书	100.7	100.6	100.9	100.0	100.0	100.0
2.书报杂志及音像制品	100.0	100.0	100.0	100.0	100.0	100.0
3.计算机办公软件	102.3	102.3	102.3	100.0	100.0	100.0
十五、燃料	**117.4**	**117.4**	**117.1**	**101.8**	**101.9**	**101.2**
1.煤炭及制品	118.5	120.4	108.7	107.1	108.0	102.1
2.石油及制品	117.3	117.1	117.9	101.3	101.3	101.1
十六、建筑材料及五金电料	**103.9**	**103.8**	**104.2**	**100.4**	**100.4**	**100.6**
1.建筑装璜材料	103.7	103.7	103.4	100.4	100.4	100.6
2.五金水暖	104.3	103.9	106.2	100.4	100.3	100.7

3-28 商品零售价格分类指数(2021年6月)

指 标	上年同月=100(同比)			上月=100(环比)		
	全省	城市	农村	全省	城市	农村
商品零售价格总指数	**102.5**	**102.5**	**102.5**	**100.0**	**100.0**	**99.9**
一、食品	**100.6**	**100.8**	**99.6**	**99.1**	**99.2**	**98.6**
1.粮食	100.7	100.7	100.6	99.9	99.8	100.2
2.薯类	97.5	98.0	95.0	99.2	98.9	100.7
3.豆类	106.0	106.1	105.9	100.0	100.0	100.2
4.食用油	111.0	111.5	109.4	100.1	100.1	100.1
5.菜及食用菌	97.2	96.8	98.8	102.0	102.1	101.2
6.畜肉类	80.2	81.2	76.8	92.8	93.2	91.6
7.禽肉类	96.0	95.5	98.2	99.5	99.5	99.4
8.水产品	116.3	116.0	117.8	99.7	99.6	100.0
9.蛋类	110.6	109.6	114.7	100.0	99.8	100.5
10.奶类	104.0	104.3	102.6	100.4	100.5	100.1
11.干鲜瓜果类	102.6	102.4	103.6	98.6	99.1	95.9
12.糖果糕点类	102.9	103.1	102.4	100.2	100.0	101.2
13.调味品	100.6	100.4	101.2	100.1	100.0	100.4
14.其他食品类	99.3	99.1	100.0	100.1	100.1	100.2
15.餐饮业零售	103.0	103.0	103.1	100.1	100.0	100.2
二、饮料、烟酒	**101.4**	**101.6**	**100.7**	**100.3**	**100.3**	**100.4**
1.茶及饮料	101.4	101.5	100.7	100.4	100.4	100.4
2.卷烟	100.4	100.3	100.6	100.1	100.1	100.5
3.酒类	104.0	104.6	100.7	100.6	100.7	100.1
三、服装、鞋帽	**101.2**	**101.1**	**101.7**	**99.5**	**99.5**	**100.0**
1.服装	101.0	100.9	101.6	99.7	99.6	100.1
(1)男士服装	101.6	101.5	101.7	99.7	99.6	100.1
(2)女士服装	100.8	100.7	101.1	99.9	99.8	100.0
(3)儿童服装	100.2	99.5	103.6	99.1	98.9	100.1
2.鞋帽袜	102.0	102.0	102.1	98.8	98.7	99.6
(1)鞋	102.1	102.1	102.1	98.8	98.6	99.6
(2)袜子	101.8	102.1	99.8	99.9	100.1	98.5
(3)帽子	99.3	98.7	103.0	99.4	99.2	100.7
3.其他衣着配件	101.3	101.2	101.8	99.8	99.8	99.7
四、纺织品	**101.5**	**101.2**	**102.7**	**100.1**	**100.1**	**100.0**
1.服装材料	101.3	101.0	102.1	100.0	100.0	100.1
2.床上用品	101.6	101.2	102.9	100.1	100.1	100.0

3-28 续表

指　　标	上年同月=100(同比)			上月=100(环比)		
	全省	城市	农村	全省	城市	农村
五、家用电器及音像器材	**103.3**	**103.3**	**103.5**	**100.0**	**100.0**	**99.9**
1.家庭设备	102.5	102.4	103.0	100.0	99.9	100.0
2.文娱用耐用消费品	105.4	105.4	105.2	100.2	100.2	99.8
3.专业音像器材	102.0	102.2	100.3	100.0	100.0	100.0
六、文化办公用品	**100.1**	**100.1**	**100.3**	**100.0**	**99.9**	**100.2**
七、日用品	**100.4**	**100.5**	**99.9**	**100.2**	**100.2**	**99.8**
1.日用百货	100.6	100.5	101.0	100.1	100.2	99.9
2.厨具餐具茶具	98.8	99.0	98.0	99.6	99.8	98.8
3.清洗用品	100.9	101.4	98.3	100.2	100.4	99.5
4.其他日用品	100.9	100.9	101.1	100.5	100.5	101.0
八、体育娱乐用品	**100.4**	**100.5**	**100.1**	**100.0**	**100.0**	**100.2**
1.体育户外用品	100.7	100.9	99.7	99.8	99.5	101.8
2.娱乐用品	100.3	100.3	100.3	100.1	100.2	99.4
九、交通、通信用品	**100.2**	**100.1**	**101.0**	**100.0**	**100.0**	**99.9**
1.交通运输机械	99.0	99.0	99.2	100.1	100.1	100.0
2.通信器材	105.2	104.8	107.7	99.8	99.8	99.6
十、家具	**100.9**	**100.8**	**101.7**	**100.0**	**100.0**	**100.0**
十一、化妆品	**99.8**	**100.1**	**98.2**	**100.0**	**100.1**	**99.4**
十二、金银饰品	**101.4**	**101.3**	**101.8**	**101.8**	**101.8**	**101.8**
十三、中西药品及医疗保健用品	**99.7**	**99.7**	**100.0**	**100.1**	**100.2**	**100.0**
1.医疗卫生器具	102.2	102.8	98.8	99.9	99.9	99.6
2.中药	100.6	100.6	100.3	100.4	100.5	100.0
3.西药	99.2	99.0	100.0	100.2	100.3	100.0
4.保健器具及用品	99.2	99.0	100.3	99.9	99.8	100.4
十四、书报杂志及电子出版物	**99.4**	**99.3**	**99.5**	**98.7**	**98.7**	**98.8**
1.教材及参考书	100.6	100.6	100.9	100.0	100.0	100.0
2.书报杂志及音像制品	100.0	100.0	100.0	100.0	100.0	100.0
3.计算机办公软件	94.7	94.7	94.7	92.6	92.6	92.6
十五、燃料	**118.9**	**118.9**	**118.8**	**101.5**	**101.5**	**101.5**
1.煤炭及制品	119.0	120.9	109.3	102.0	102.0	101.6
2.石油及制品	118.9	118.7	119.7	101.4	101.4	101.5
十六、建筑材料及五金电料	**104.1**	**104.0**	**104.5**	**100.2**	**100.2**	**100.3**
1.建筑装璜材料	104.3	104.4	103.8	100.4	100.4	100.3
2.五金水暖	103.7	103.1	106.3	100.0	99.9	100.3

3-29 商品零售价格分类指数(2021年7月)

指　　标	上年同月=100(同比)			上月=100(环比)		
	全省	城市	农村	全省	城市	农村
商品零售价格总指数	**102.5**	**102.5**	**102.5**	**100.5**	**100.5**	**100.7**
一、食品	**99.0**	**99.3**	**97.5**	**100.2**	**100.2**	**100.1**
1.粮食	100.2	100.1	100.6	99.8	99.8	99.9
2.薯类	98.7	98.9	98.1	99.6	99.3	101.1
3.豆类	105.5	105.5	105.6	100.3	100.4	100.0
4.食用油	110.7	111.4	108.1	99.7	99.6	99.9
5.菜及食用菌	92.5	92.2	93.5	102.5	102.3	102.9
6.畜肉类	74.1	75.1	70.8	98.4	98.3	99.0
7.禽肉类	96.6	96.3	98.4	100.2	100.3	99.7
8.水产品	115.3	114.7	118.1	102.0	102.2	101.0
9.蛋类	110.6	109.7	114.0	100.3	100.3	100.5
10.奶类	103.4	103.6	102.4	100.2	100.2	100.4
11.干鲜瓜果类	103.6	103.5	104.2	97.8	97.8	97.8
12.糖果糕点类	103.1	103.2	102.5	100.2	100.3	100.1
13.调味品	101.6	102.0	100.5	100.9	101.2	99.8
14.其他食品类	101.4	101.6	100.3	100.0	100.0	100.2
15.餐饮业零售	102.8	102.8	102.7	100.0	100.0	100.0
二、饮料、烟酒	**101.6**	**101.7**	**101.3**	**100.2**	**100.1**	**100.7**
1.茶及饮料	102.2	102.5	100.3	100.2	100.2	100.1
2.卷烟	100.6	100.5	101.3	100.2	100.1	100.7
3.酒类	103.6	103.9	101.7	100.1	100.0	101.0
三、服装、鞋帽	**100.7**	**100.6**	**101.0**	**99.8**	**99.8**	**99.8**
1.服装	100.7	100.6	100.9	99.7	99.7	99.7
(1)男士服装	101.1	101.1	101.1	99.6	99.5	99.8
(2)女士服装	100.6	100.7	100.1	99.9	99.9	99.5
(3)儿童服装	99.9	99.1	103.8	99.4	99.2	100.0
2.鞋帽袜	100.7	100.6	101.3	100.2	100.2	100.2
(1)鞋	100.7	100.5	101.3	100.2	100.2	100.2
(2)袜子	102.1	102.5	100.0	100.1	100.0	100.8
(3)帽子	99.3	98.2	105.8	100.1	100.0	100.8
3.其他衣着配件	101.0	100.8	101.7	99.7	99.7	99.9
四、纺织品	**101.7**	**101.4**	**102.9**	**100.1**	**100.1**	**100.0**
1.服装材料	101.2	101.0	101.9	100.0	100.0	100.0
2.床上用品	101.9	101.5	103.2	100.1	100.1	100.0

3-29 续表

指　　标	上年同月=100(同比)			上月=100(环比)		
	全省	城市	农村	全省	城市	农村
五、家用电器及音像器材	**103.4**	**103.3**	**104.1**	**100.3**	**100.3**	**100.6**
1.家庭设备	102.7	102.6	103.5	100.3	100.2	100.8
2.文娱用耐用消费品	105.2	105.0	106.2	100.4	100.4	100.4
3.专业音像器材	102.0	102.2	100.3	100.0	100.0	100.0
六、文化办公用品	**101.6**	**101.6**	**101.6**	**101.0**	**101.1**	**100.9**
七、日用品	**101.0**	**101.0**	**100.9**	**100.9**	**100.7**	**101.6**
1.日用百货	100.4	100.3	100.7	99.9	99.9	100.0
2.厨具餐具茶具	100.4	100.6	99.3	102.0	101.6	104.0
3.清洗用品	102.0	102.2	101.0	102.0	101.8	103.2
4.其他日用品	101.6	101.4	102.3	100.6	100.5	101.3
八、体育娱乐用品	**100.8**	**100.9**	**100.4**	**100.3**	**100.3**	**100.3**
1.体育户外用品	101.1	101.3	99.8	100.4	100.5	100.0
2.娱乐用品	100.7	100.7	100.7	100.2	100.2	100.5
九、交通、通信用品	**101.0**	**100.9**	**101.6**	**100.6**	**100.6**	**100.6**
1.交通运输机械	99.8	99.8	100.2	100.6	100.6	100.7
2.通信器材	105.8	105.6	107.1	100.5	100.6	100.1
十、家具	**101.4**	**100.9**	**104.2**	**100.3**	**99.9**	**102.5**
十一、化妆品	**98.3**	**98.7**	**96.2**	**99.4**	**99.4**	**99.4**
十二、金银饰品	**95.5**	**95.4**	**96.5**	**97.5**	**97.5**	**97.4**
十三、中西药品及医疗保健用品	**99.9**	**99.8**	**100.6**	**100.3**	**100.3**	**100.5**
1.医疗卫生器具	102.1	102.7	98.8	99.9	99.9	100.0
2.中药	100.3	100.4	100.2	99.9	99.9	99.9
3.西药	99.6	99.3	101.1	100.6	100.5	101.1
4.保健器具及用品	99.2	99.0	100.5	100.2	100.2	100.0
十四、书报杂志及电子出版物	**100.6**	**100.6**	**100.7**	**101.3**	**101.3**	**101.2**
1.教材及参考书	100.7	100.6	100.8	100.0	100.0	100.0
2.书报杂志及音像制品	100.0	100.0	100.0	100.0	100.0	100.0
3.计算机办公软件	102.3	102.3	102.3	108.0	108.0	108.0
十五、燃料	**120.3**	**120.2**	**120.5**	**102.5**	**102.5**	**102.5**
1.煤炭及制品	119.0	120.8	109.3	100.6	100.7	100.3
2.石油及制品	120.4	120.2	121.6	102.7	102.7	102.8
十六、建筑材料及五金电料	**104.4**	**104.3**	**105.2**	**100.3**	**100.1**	**100.8**
1.建筑装璜材料	104.8	104.9	104.3	100.5	100.4	100.6
2.五金水暖	103.5	102.6	107.6	99.8	99.4	101.3

3-30 商品零售价格分类指数(2021 年 8 月)

指　　标	上年同月=100(同比)			上月=100(环比)		
	全省	城市	农村	全省	城市	农村
商品零售价格总指数	**102.1**	**102.0**	**102.1**	**99.8**	**99.8**	**99.9**
一、食品	**98.8**	**99.1**	**97.2**	**100.0**	**100.0**	**100.1**
1.粮食	100.1	100.0	100.5	100.1	100.1	100.2
2.薯类	99.9	100.1	99.1	100.6	100.7	100.1
3.豆类	105.9	105.9	105.7	100.5	100.6	100.3
4.食用油	110.7	111.5	108.1	100.5	100.6	100.1
5.菜及食用菌	98.7	98.3	100.3	108.3	108.2	108.5
6.畜肉类	72.8	73.8	69.1	99.2	99.3	99.0
7.禽肉类	96.6	96.3	98.4	99.9	99.8	100.2
8.水产品	111.5	111.0	114.3	94.6	94.5	95.0
9.蛋类	108.6	108.1	110.8	104.9	104.8	104.9
10.奶类	102.8	102.9	102.2	99.5	99.5	99.7
11.干鲜瓜果类	104.4	104.3	104.6	100.8	100.9	99.9
12.糖果糕点类	102.4	102.4	102.0	99.7	99.6	100.1
13.调味品	101.4	101.8	100.3	100.1	100.1	100.2
14.其他食品类	101.1	101.4	99.9	100.7	100.9	99.8
15.餐饮业零售	102.7	102.7	102.9	100.1	100.1	100.4
二、饮料、烟酒	**101.8**	**101.8**	**101.5**	**100.3**	**100.2**	**100.4**
1.茶及饮料	102.1	102.4	100.4	99.7	99.6	100.1
2.卷烟	101.3	101.0	102.5	100.6	100.5	101.1
3.酒类	102.8	103.4	99.6	99.8	100.0	98.9
三、服装、鞋帽	**100.1**	**100.0**	**100.5**	**99.8**	**99.9**	**99.2**
1.服装	100.3	100.2	100.8	99.9	100.0	99.6
(1)男士服装	100.5	100.5	100.2	99.7	99.8	98.7
(2)女士服装	100.4	100.3	100.8	100.0	100.0	100.0
(3)儿童服装	99.6	98.9	102.7	100.7	100.8	100.3
2.鞋帽袜	99.2	99.1	99.5	99.3	99.5	98.0
(1)鞋	99.0	99.0	99.3	99.2	99.5	97.9
(2)袜子	101.4	101.2	102.4	99.9	99.8	101.0
(3)帽子	100.5	99.5	106.3	100.3	100.2	100.5
3.其他衣着配件	100.9	100.7	101.7	100.2	100.2	99.9
四、纺织品	**101.6**	**101.1**	**103.3**	**99.9**	**99.7**	**100.7**
1.服装材料	101.7	101.0	103.9	100.5	100.0	102.2
2.床上用品	101.5	101.1	103.1	99.8	99.6	100.1

3-30 续表

指标	上年同月=100(同比)			上月=100(环比)		
	全省	城市	农村	全省	城市	农村
五、家用电器及音像器材	**103.4**	**103.2**	**104.1**	**100.0**	**99.9**	**100.6**
1.家庭设备	102.5	102.3	103.6	99.9	99.8	100.8
2.文娱用耐用消费品	105.4	105.3	105.9	100.2	100.1	100.4
3.专业音像器材	102.0	102.2	100.3	100.0	100.0	100.0
六、文化办公用品	**100.9**	**100.7**	**101.7**	**99.0**	**99.0**	**99.1**
七、日用品	**99.9**	**99.9**	**100.1**	**98.8**	**98.9**	**98.7**
1.日用百货	99.9	99.8	100.7	99.4	99.3	100.0
2.厨具餐具茶具	98.8	99.1	97.5	98.1	98.3	97.0
3.清洗用品	100.4	100.3	100.8	98.2	98.3	97.8
4.其他日用品	100.2	100.1	100.6	99.0	99.1	98.5
八、体育娱乐用品	**100.4**	**100.5**	**100.0**	**99.9**	**99.9**	**99.9**
1.体育户外用品	100.9	101.2	98.9	100.3	100.5	99.1
2.娱乐用品	100.2	100.2	100.5	99.7	99.6	100.3
九、交通、通信用品	**100.8**	**100.8**	**100.8**	**99.8**	**99.8**	**99.7**
1.交通运输机械	100.1	100.1	100.0	100.1	100.2	99.8
2.通信器材	103.9	103.9	103.4	98.5	98.4	99.4
十、家具	**101.6**	**101.1**	**104.7**	**99.9**	**99.9**	**100.2**
十一、化妆品	**98.5**	**98.6**	**98.4**	**100.2**	**100.0**	**101.6**
十二、金银饰品	**87.0**	**86.9**	**87.0**	**97.9**	**97.9**	**98.1**
十三、中西药品及医疗保健用品	**100.4**	**100.4**	**100.5**	**100.4**	**100.4**	**100.0**
1.医疗卫生器具	102.8	103.5	98.8	100.6	100.8	99.8
2.中药	100.2	100.3	100.0	100.2	100.2	100.1
3.西药	100.3	100.2	101.1	100.4	100.4	100.0
4.保健器具及用品	99.6	99.5	100.6	100.4	100.4	100.1
十四、书报杂志及电子出版物	**100.7**	**100.7**	**100.6**	**100.0**	**100.0**	**99.9**
1.教材及参考书	100.7	100.7	100.6	100.1	100.1	99.8
2.书报杂志及音像制品	100.0	100.0	100.0	100.0	100.0	100.0
3.计算机办公软件	102.3	102.3	102.3	100.0	100.0	100.0
十五、燃料	**119.2**	**119.0**	**119.9**	**99.5**	**99.4**	**100.0**
1.煤炭及制品	121.3	123.5	110.2	101.9	102.1	100.8
2.石油及制品	118.9	118.6	120.8	99.3	99.2	99.9
十六、建筑材料及五金电料	**104.5**	**104.4**	**105.4**	**100.3**	**100.3**	**100.5**
1.建筑装璜材料	105.0	105.0	104.7	100.3	100.2	100.7
2.五金水暖	103.5	102.7	107.1	100.3	100.4	100.1

3-31 商品零售价格分类指数(2021年9月)

指　　标	上年同月=100(同比)			上月=100(环比)		
	全省	城市	农村	全省	城市	农村
商品零售价格总指数	**102.2**	**102.2**	**102.1**	**100.2**	**100.2**	**100.1**
一、食品	**97.8**	**98.1**	**96.3**	**99.5**	**99.5**	**99.4**
1.粮食	100.3	100.2	100.8	100.1	100.1	100.1
2.薯类	99.5	99.8	98.2	98.6	98.6	98.3
3.豆类	106.5	106.8	105.6	100.4	100.5	99.9
4.食用油	109.2	109.9	106.6	99.8	99.9	99.6
5.菜及食用菌	97.3	96.7	99.9	100.7	100.5	101.6
6.畜肉类	71.1	72.0	67.7	97.3	97.3	97.2
7.禽肉类	97.2	96.8	98.8	100.2	100.1	100.4
8.水产品	108.7	108.4	110.1	96.5	96.6	96.3
9.蛋类	108.6	108.0	111.2	100.2	100.2	100.3
10.奶类	102.9	102.9	102.9	99.3	99.1	100.5
11.干鲜瓜果类	101.8	101.7	102.3	102.1	102.0	102.5
12.糖果糕点类	102.2	102.3	101.8	100.2	100.3	99.8
13.调味品	101.2	101.4	100.6	99.7	99.5	100.2
14.其他食品类	101.2	101.3	101.0	100.3	100.3	100.1
15.餐饮业零售	102.7	102.7	102.8	100.2	100.2	99.9
二、饮料、烟酒	**101.4**	**101.4**	**101.5**	**99.7**	**99.7**	**99.9**
1.茶及饮料	100.8	100.8	100.4	99.7	99.7	100.0
2.卷烟	101.5	101.3	102.5	100.2	100.2	100.1
3.酒类	101.6	102.0	99.3	98.6	98.5	99.4
三、服装、鞋帽	**99.9**	**100.0**	**99.5**	**100.5**	**100.5**	**100.5**
1.服装	99.9	99.9	99.9	100.5	100.5	100.3
(1)男士服装	100.0	100.0	100.0	100.4	100.3	100.7
(2)女士服装	99.8	99.8	99.8	100.4	100.4	100.1
(3)儿童服装	100.3	100.3	100.3	101.2	101.4	100.0
2.鞋帽袜	99.7	100.2	97.7	100.8	100.7	101.3
(1)鞋	99.5	99.9	97.4	100.7	100.6	101.3
(2)袜子	102.9	102.8	103.4	102.1	102.4	100.0
(3)帽子	104.6	104.7	104.0	102.7	103.3	99.4
3.其他衣着配件	100.7	100.7	101.1	100.5	100.5	100.7
四、纺织品	**101.3**	**100.7**	**103.5**	**100.0**	**100.0**	**99.9**
1.服装材料	101.5	100.8	104.2	100.0	100.0	100.0
2.床上用品	101.2	100.7	103.3	99.9	100.0	99.9

3-31 续表

指 标	上年同月=100(同比)			上月=100(环比)		
	全省	城市	农村	全省	城市	农村
五、家用电器及音像器材	**103.0**	**102.9**	**103.6**	**100.1**	**100.1**	**100.1**
1.家庭设备	102.3	102.0	103.7	100.1	100.0	100.3
2.文娱用耐用消费品	104.8	105.0	104.2	100.1	100.2	99.8
3.专业音像器材	102.0	102.2	100.3	100.0	100.0	100.0
六、文化办公用品	**101.6**	**101.6**	**101.9**	**100.6**	**100.7**	**100.1**
七、日用品	**99.4**	**99.2**	**100.2**	**99.8**	**99.7**	**100.5**
1.日用百货	100.0	99.7	101.0	99.7	99.7	100.0
2.厨具餐具茶具	98.5	98.8	96.8	100.7	100.8	100.5
3.清洗用品	97.3	96.8	100.3	97.9	97.2	101.4
4.其他日用品	101.0	100.9	101.5	101.0	101.1	100.8
八、体育娱乐用品	**100.5**	**100.5**	**100.6**	**100.1**	**100.1**	**100.0**
1.体育户外用品	100.3	100.4	100.1	99.9	99.8	100.0
2.娱乐用品	100.6	100.6	100.8	100.2	100.3	100.0
九、交通、通信用品	**101.3**	**101.3**	**101.2**	**100.2**	**100.3**	**100.1**
1.交通运输机械	100.7	100.8	100.5	100.5	100.5	100.3
2.通信器材	103.6	103.6	103.8	99.4	99.4	99.5
十、家具	**101.5**	**100.9**	**104.7**	**100.4**	**100.4**	**100.2**
十一、化妆品	**98.2**	**98.3**	**97.3**	**99.7**	**99.9**	**98.7**
十二、金银饰品	**91.5**	**91.5**	**91.4**	**101.0**	**101.0**	**100.6**
十三、中西药品及医疗保健用品	**100.3**	**100.2**	**100.8**	**100.2**	**100.2**	**100.3**
1.医疗卫生器具	99.7	99.8	98.8	100.1	100.1	100.0
2.中药	101.5	101.8	100.0	100.3	100.3	100.1
3.西药	100.7	100.6	101.3	100.9	101.0	100.4
4.保健器具及用品	99.0	98.7	101.0	99.1	98.9	100.4
十四、书报杂志及电子出版物	**101.0**	**101.0**	**100.9**	**100.5**	**100.4**	**100.7**
1.教材及参考书	101.8	101.9	101.4	101.5	101.4	101.8
2.书报杂志及音像制品	100.0	100.0	100.0	100.0	100.0	100.0
3.计算机办公软件	101.4	101.3	102.3	99.2	99.0	100.0
十五、燃料	**121.2**	**121.3**	**120.8**	**101.0**	**101.1**	**100.3**
1.煤炭及制品	128.5	131.4	113.2	106.0	106.5	102.8
2.石油及制品	120.5	120.3	121.6	100.5	100.5	100.1
十六、建筑材料及五金电料	**105.3**	**105.1**	**106.4**	**100.7**	**100.6**	**101.0**
1.建筑装璜材料	105.9	105.9	105.7	100.8	100.7	101.1
2.五金水暖	103.9	103.0	107.9	100.4	100.4	100.7

3-32 商品零售价格分类指数(2021年10月)

指 标	上年同月=100(同比)			上月=100(环比)		
	全省	城市	农村	全省	城市	农村
商品零售价格总指数	**103.5**	**103.5**	**103.3**	**101.1**	**101.2**	**100.9**
一、食品	**100.0**	**100.3**	**98.8**	**101.0**	**101.0**	**101.1**
1.粮食	100.5	100.3	101.2	100.0	99.9	100.1
2.薯类	102.6	102.7	102.0	99.9	99.8	100.4
3.豆类	106.3	106.5	105.5	100.0	100.0	100.0
4.食用油	108.8	109.5	106.3	99.9	99.7	100.4
5.菜及食用菌	115.0	114.7	116.6	111.7	111.9	110.9
6.畜肉类	72.8	73.5	70.2	98.6	98.5	99.1
7.禽肉类	97.8	97.4	99.3	99.7	99.6	99.8
8.水产品	107.1	106.9	108.0	96.6	96.5	96.9
9.蛋类	108.4	107.8	110.9	99.2	99.2	99.3
10.奶类	102.5	102.5	102.6	100.1	100.2	99.9
11.干鲜瓜果类	103.9	103.7	105.3	103.8	103.7	104.4
12.糖果糕点类	101.6	101.4	102.4	99.9	99.8	100.5
13.调味品	101.2	101.4	100.5	100.1	100.1	100.1
14.其他食品类	102.9	103.2	101.6	100.2	100.2	100.4
15.餐饮业零售	102.9	102.9	102.7	100.4	100.4	100.2
二、饮料、烟酒	**101.8**	**101.9**	**101.8**	**100.6**	**100.6**	**100.3**
1.茶及饮料	100.9	101.0	100.5	100.0	100.0	100.1
2.卷烟	101.9	101.7	102.8	100.4	100.4	100.2
3.酒类	102.3	102.8	100.0	101.3	101.5	100.4
三、服装、鞋帽	**99.5**	**99.7**	**98.4**	**100.4**	**100.5**	**99.7**
1.服装	99.7	99.9	98.6	100.5	100.7	99.7
(1)男士服装	99.9	100.1	98.6	100.9	101.1	100.1
(2)女士服装	99.4	99.5	99.1	100.3	100.4	100.1
(3)儿童服装	100.1	100.8	96.6	100.1	100.7	97.2
2.鞋帽袜	99.0	99.3	97.5	100.0	100.1	99.6
(1)鞋	98.7	99.1	97.2	100.0	100.1	99.6
(2)袜子	102.3	102.3	102.3	99.5	99.7	98.3
(3)帽子	103.9	104.0	103.2	100.1	100.2	99.2
3.其他衣着配件	100.4	100.2	101.6	99.9	99.8	100.5
四、纺织品	**101.4**	**101.0**	**103.1**	**100.2**	**100.1**	**100.4**
1.服装材料	101.8	100.8	105.1	100.3	100.1	100.9
2.床上用品	101.3	101.0	102.5	100.1	100.1	100.2

3-32 续表

指标	上年同月=100(同比)			上月=100(环比)		
	全省	城市	农村	全省	城市	农村
五、家用电器及音像器材	**103.4**	**103.3**	**103.6**	**100.5**	**100.6**	**100.0**
1.家庭设备	102.7	102.5	103.9	100.4	100.5	99.9
2.文娱用耐用消费品	104.9	105.2	103.7	100.5	100.5	100.0
3.专业音像器材	102.9	103.2	100.3	100.9	101.0	100.0
六、文化办公用品	**101.3**	**101.2**	**101.9**	**101.0**	**101.1**	**100.6**
七、日用品	**101.0**	**100.9**	**101.3**	**101.2**	**101.4**	**100.3**
1.日用百货	100.4	100.3	101.2	100.6	100.7	100.2
2.厨具餐具茶具	99.9	100.2	98.5	100.9	101.0	100.6
3.清洗用品	101.6	101.5	102.5	103.1	103.7	99.9
4.其他日用品	102.1	102.0	102.5	100.7	100.8	100.5
八、体育娱乐用品	**100.5**	**100.4**	**101.0**	**100.2**	**100.2**	**100.4**
1.体育户外用品	100.4	100.2	101.1	100.4	100.3	101.0
2.娱乐用品	100.6	100.5	100.9	100.2	100.2	100.1
九、交通、通信用品	**101.0**	**101.2**	**100.1**	**100.2**	**100.3**	**99.7**
1.交通运输机械	100.8	100.8	100.5	100.2	100.2	100.0
2.通信器材	101.9	102.6	98.5	100.6	100.9	98.6
十、家具	**101.9**	**101.4**	**104.6**	**100.6**	**100.6**	**100.9**
十一、化妆品	**99.9**	**100.0**	**99.4**	**101.3**	**101.3**	**101.0**
十二、金银饰品	**92.0**	**91.9**	**93.1**	**98.2**	**98.1**	**99.0**
十三、中西药品及医疗保健用品	**100.5**	**100.4**	**100.9**	**100.2**	**100.3**	**100.0**
1.医疗卫生器具	99.3	99.4	98.8	99.6	99.5	100.0
2.中药	101.5	101.8	100.2	100.2	100.3	100.0
3.西药	100.8	100.7	101.4	100.2	100.3	100.0
4.保健器具及用品	99.6	99.4	101.2	100.6	100.7	100.2
十四、书报杂志及电子出版物	**99.8**	**99.8**	**99.7**	**98.8**	**98.8**	**98.8**
1.教材及参考书	101.8	101.9	101.4	100.0	100.0	100.0
2.书报杂志及音像制品	100.0	100.0	100.0	100.0	100.0	100.0
3.计算机办公软件	94.4	94.4	94.4	93.1	93.2	92.3
十五、燃料	**129.7**	**129.8**	**129.3**	**105.9**	**105.9**	**105.8**
1.煤炭及制品	140.1	142.9	125.2	109.8	109.6	110.9
2.石油及制品	128.6	128.4	129.7	105.5	105.5	105.4
十六、建筑材料及五金电料	**106.7**	**106.4**	**108.0**	**101.5**	**101.4**	**102.0**
1.建筑装璜材料	107.7	107.7	107.8	101.9	101.9	102.2
2.五金水暖	104.2	103.3	108.3	100.6	100.4	101.5

3-33 商品零售价格分类指数(2021年11月)

指　标	上年同月=100(同比)			上月=100(环比)		
	全省	城市	农村	全省	城市	农村
商品零售价格总指数	**104.1**	**104.0**	**104.3**	**100.3**	**100.2**	**100.6**
一、食品	**102.3**	**102.4**	**101.8**	**100.6**	**100.5**	**100.9**
1.粮食	100.6	100.4	101.4	100.6	100.7	100.5
2.薯类	105.8	106.1	104.5	100.2	100.6	98.4
3.豆类	106.6	106.8	105.7	100.4	100.4	100.4
4.食用油	110.2	110.6	108.7	101.8	101.7	102.3
5.菜及食用菌	127.5	127.1	129.4	99.9	99.8	100.3
6.畜肉类	79.5	80.0	77.6	104.8	104.6	105.3
7.禽肉类	98.6	98.2	100.0	100.2	100.2	99.8
8.水产品	107.3	107.1	108.2	98.0	98.0	97.7
9.蛋类	110.7	109.9	114.3	101.7	101.6	102.2
10.奶类	102.3	102.2	102.8	100.4	100.5	100.0
11.干鲜瓜果类	103.7	103.3	105.8	101.2	101.0	102.2
12.糖果糕点类	102.3	102.3	102.6	100.9	101.0	100.6
13.调味品	101.8	101.9	101.2	100.8	100.9	100.5
14.其他食品类	103.6	104.0	101.4	100.6	100.7	100.1
15.餐饮业零售	103.0	103.0	102.9	100.1	100.1	100.5
二、饮料、烟酒	**101.9**	**101.9**	**102.3**	**100.3**	**100.3**	**100.5**
1.茶及饮料	101.1	101.1	100.6	100.6	100.7	100.1
2.卷烟	102.2	102.0	103.2	100.3	100.3	100.4
3.酒类	101.9	102.1	100.7	100.2	100.0	101.0
三、服装、鞋帽	**99.5**	**99.8**	**98.1**	**100.0**	**99.9**	**100.3**
1.服装	99.4	99.7	98.2	100.1	100.0	100.2
(1)男士服装	99.6	99.8	98.3	100.2	100.2	100.3
(2)女士服装	99.7	99.9	98.5	100.2	100.3	100.0
(3)儿童服装	98.0	98.3	96.9	98.6	98.2	100.6
2.鞋帽袜	99.6	100.1	97.5	99.8	99.6	100.6
(1)鞋	99.4	99.9	97.3	99.8	99.6	100.6
(2)袜子	101.6	101.9	100.2	100.8	100.6	101.7
(3)帽子	104.3	104.7	102.2	98.9	98.9	99.0
3.其他衣着配件	100.4	100.1	101.9	99.9	99.8	100.4
四、纺织品	**100.8**	**100.2**	**102.8**	**99.9**	**99.9**	**99.7**
1.服装材料	102.4	101.6	105.3	101.1	101.4	100.1
2.床上用品	100.3	99.8	101.9	99.5	99.5	99.6

3-33 续表

指标	上年同月=100(同比)			上月=100(环比)		
	全省	城市	农村	全省	城市	农村
五、家用电器及音像器材	**103.8**	**103.8**	**103.6**	**100.0**	**100.1**	**99.6**
1.家庭设备	103.0	102.8	104.2	100.1	100.2	99.6
2.文娱用耐用消费品	105.6	106.1	103.1	99.8	99.8	99.5
3.专业音像器材	102.9	103.2	100.3	100.0	100.0	100.0
六、文化办公用品	**100.4**	**100.2**	**101.6**	**99.0**	**98.9**	**99.8**
七、日用品	**100.5**	**100.5**	**100.2**	**99.5**	**99.6**	**98.9**
1.日用百货	100.1	100.0	100.7	99.9	100.0	99.9
2.厨具餐具茶具	100.6	100.6	100.4	97.3	97.5	96.3
3.清洗用品	100.4	100.5	100.0	100.2	100.3	99.9
4.其他日用品	101.0	101.3	99.4	99.5	99.8	97.9
八、体育娱乐用品	**100.4**	**100.4**	**100.7**	**100.1**	**100.1**	**100.0**
1.体育户外用品	100.2	100.0	101.3	99.8	99.7	100.2
2.娱乐用品	100.6	100.6	100.5	100.2	100.3	100.0
九、交通、通信用品	**100.5**	**100.7**	**99.8**	**100.1**	**100.1**	**99.9**
1.交通运输机械	101.2	101.2	101.1	100.3	100.3	100.3
2.通信器材	98.0	98.6	95.2	99.1	99.2	98.6
十、家具	**103.1**	**101.7**	**110.6**	**101.6**	**100.7**	**105.8**
十一、化妆品	**98.8**	**99.2**	**96.5**	**99.6**	**99.7**	**99.0**
十二、金银饰品	**95.4**	**95.0**	**97.7**	**101.6**	**101.7**	**101.2**
十三、中西药品及医疗保健用品	**100.4**	**100.4**	**100.7**	**99.7**	**99.7**	**99.9**
1.医疗卫生器具	98.8	98.7	98.9	99.5	99.4	100.0
2.中药	101.6	101.7	100.7	100.0	99.9	100.4
3.西药	101.0	100.9	101.4	99.7	99.6	100.0
4.保健器具及用品	99.1	99.0	99.9	99.8	99.9	98.8
十四、书报杂志及电子出版物	**99.9**	**99.9**	**99.8**	**100.1**	**100.1**	**100.1**
1.教材及参考书	101.8	101.9	101.4	100.0	100.0	100.0
2.书报杂志及音像制品	100.0	100.0	100.0	100.0	100.0	100.0
3.计算机办公软件	95.1	95.1	95.3	100.7	100.7	101.0
十五、燃料	**131.8**	**131.6**	**133.1**	**101.5**	**101.3**	**102.8**
1.煤炭及制品	134.2	134.7	131.3	96.5	95.0	105.6
2.石油及制品	131.6	131.2	133.3	102.1	102.0	102.5
十六、建筑材料及五金电料	**106.7**	**106.3**	**108.5**	**100.4**	**100.3**	**100.6**
1.建筑装璜材料	107.7	107.5	108.6	100.4	100.3	100.8
2.五金水暖	104.3	103.5	108.4	100.2	100.2	100.2

3-34 商品零售价格分类指数(2021年12月)

指　　标	上年同月=100(同比)			上月=100(环比)		
	全省	城市	农村	全省	城市	农村
商品零售价格总指数	**102.8**	**102.8**	**102.8**	**99.6**	**99.5**	**99.6**
一、食品	**100.2**	**100.4**	**98.9**	**99.7**	**99.7**	**99.2**
1.粮食	100.9	100.7	101.9	100.2	100.1	100.5
2.薯类	103.7	104.0	102.2	99.4	99.5	98.9
3.豆类	107.0	107.4	105.8	100.4	100.5	100.3
4.食用油	109.0	109.5	107.1	100.7	100.6	101.1
5.菜及食用菌	111.7	112.2	109.5	91.7	92.1	89.8
6.畜肉类	76.9	77.4	75.2	100.2	100.1	100.8
7.禽肉类	99.3	99.1	100.0	100.3	100.3	100.0
8.水产品	106.0	106.1	105.7	100.6	100.8	99.6
9.蛋类	109.9	109.3	112.5	99.4	99.6	98.9
10.奶类	102.6	102.5	103.0	100.5	100.5	100.5
11.干鲜瓜果类	101.9	101.5	104.3	104.2	104.4	103.7
12.糖果糕点类	102.2	102.2	102.2	100.1	100.1	100.1
13.调味品	102.7	102.9	102.0	100.8	100.8	100.9
14.其他食品类	103.6	104.0	101.7	100.2	100.2	100.1
15.餐饮业零售	102.9	102.9	102.8	100.0	100.0	100.0
二、饮料、烟酒	**102.5**	**102.5**	**102.7**	**100.3**	**100.2**	**100.4**
1.茶及饮料	101.2	101.2	101.1	100.1	100.1	100.2
2.卷烟	102.4	102.1	103.8	100.2	100.1	100.6
3.酒类	103.6	104.2	100.7	100.5	100.7	99.8
三、服装、鞋帽	**98.6**	**98.9**	**97.2**	**99.6**	**99.6**	**99.6**
1.服装	98.7	99.0	97.0	99.6	99.6	99.5
(1)男士服装	98.2	98.5	97.1	99.4	99.3	99.5
(2)女士服装	99.3	99.7	96.9	99.7	99.7	99.5
(3)儿童服装	97.4	97.6	96.8	99.8	99.8	99.8
2.鞋帽袜	98.4	98.5	97.8	99.6	99.6	99.9
(1)鞋	98.1	98.2	97.6	99.6	99.5	99.9
(2)袜子	102.3	102.6	100.2	100.1	100.1	100.0
(3)帽子	103.2	103.5	101.4	100.8	100.8	101.0
3.其他衣着配件	100.0	100.0	100.3	99.5	99.7	98.3
四、纺织品	**100.9**	**100.3**	**102.9**	**100.0**	**100.0**	**100.1**
1.服装材料	102.8	102.1	105.3	100.4	100.5	100.0
2.床上用品	100.2	99.8	102.1	99.9	99.9	100.1

3-34 续表

指标	上年同月=100(同比)			上月=100(环比)		
	全省	城市	农村	全省	城市	农村
五、家用电器及音像器材	**103.8**	**103.9**	**103.3**	**100.3**	**100.3**	**100.4**
1.家庭设备	103.5	103.4	104.1	100.4	100.4	100.4
2.文娱用耐用消费品	104.6	105.0	102.2	100.2	100.2	100.2
3.专业音像器材	102.9	103.2	100.3	100.0	100.0	100.0
六、文化办公用品	**101.1**	**100.9**	**102.2**	**101.1**	**101.1**	**101.0**
七、日用品	**100.7**	**100.6**	**101.3**	**100.6**	**100.5**	**101.1**
1.日用百货	101.0	100.6	103.3	100.6	100.2	102.7
2.厨具餐具茶具	101.1	101.1	101.1	101.9	101.8	102.3
3.清洗用品	99.4	99.5	99.0	99.3	99.6	97.7
4.其他日用品	101.3	101.6	100.1	100.8	100.7	101.0
八、体育娱乐用品	**100.4**	**100.3**	**100.9**	**100.0**	**100.0**	**100.1**
1.体育户外用品	100.7	100.5	102.1	100.5	100.5	100.4
2.娱乐用品	100.3	100.3	100.4	99.8	99.8	100.0
九、交通、通信用品	**100.5**	**100.6**	**99.8**	**100.0**	**100.0**	**100.4**
1.交通运输机械	101.3	101.3	101.1	100.1	100.0	100.5
2.通信器材	97.3	97.7	95.3	99.7	99.7	100.0
十、家具	**102.3**	**100.7**	**110.5**	**99.0**	**98.8**	**100.0**
十一、化妆品	**98.9**	**99.2**	**97.2**	**100.2**	**100.2**	**100.2**
十二、金银饰品	**94.4**	**94.0**	**96.7**	**97.0**	**96.8**	**98.2**
十三、中西药品及医疗保健用品	**100.5**	**100.5**	**100.4**	**100.1**	**100.2**	**99.6**
1.医疗卫生器具	99.3	99.4	98.9	100.6	100.7	100.0
2.中药	101.1	101.2	100.6	100.0	100.0	100.0
3.西药	101.0	101.0	100.9	99.9	100.0	99.5
4.保健器具及用品	99.7	99.7	99.7	100.2	100.4	99.0
十四、书报杂志及电子出版物	**100.8**	**100.8**	**100.6**	**100.9**	**100.9**	**100.8**
1.教材及参考书	101.7	101.7	101.4	100.0	100.0	100.0
2.书报杂志及音像制品	100.0	100.0	100.0	100.0	100.0	100.0
3.计算机办公软件	100.4	100.4	100.4	105.6	105.6	105.3
十五、燃料	**121.7**	**121.6**	**122.6**	**96.2**	**96.2**	**96.5**
1.煤炭及制品	128.7	128.5	129.8	96.7	96.2	99.2
2.石油及制品	121.0	120.8	121.9	96.2	96.2	96.2
十六、建筑材料及五金电料	**106.0**	**105.6**	**108.0**	**100.2**	**100.2**	**100.1**
1.建筑装璜材料	106.7	106.4	108.0	100.1	100.1	100.0
2.五金水暖	104.4	103.5	108.2	100.4	100.4	100.4

3-35 工业生产者购进价格指数(2017-2021)

(上年=100)

指　　标	2017	2018	2019	2020	2021
工业生产者购进价格总指数	**109.6**	**105.1**	**97.1**	**95.9**	**114.5**
1.燃料、动力类	114.9	108.0	98.6	89.8	117.8
2.黑色金属材料类	117.8	106.4	97.9	98.6	123.8
(1)钢材	117.9	106.8	96.6	98.0	121.8
(2)其他	117.2	103.2	107.4	102.4	134.7
3.有色金属材料及电线类	117.5	104.0	95.3	101.6	124.8
4.化工原料类	111.9	107.3	91.7	88.6	123.5
5.木材及纸浆类	109.0	105.4	95.3	97.7	106.2
6.建筑材料及非金属类	117.0	122.1	100.9	98.6	107.9
7.其他工业原材料及半成品类	104.0	101.6	98.2	98.7	106.2
8.农副产品类	102.6	101.0	100.6	102.5	103.2
9.纺织原料类	102.6	101.6	98.6	96.4	105.0

3-36 工业生产者出厂价格指数(2017-2021)

(上年=100)

指标	2017	2018	2019	2020	2021
工业生产者出厂价格总指数	**104.8**	**103.4**	**98.9**	**96.9**	**106.3**
按轻重工业分					
1.轻工业	103.5	102.3	99.5	96.6	103.1
(1)以农产品为原料	102.8	102.0	99.9	98.0	101.6
(2)以非农产品为原料	104.4	102.7	98.9	94.6	104.4
2.重工业	105.6	104.2	98.6	97.2	107.9
(1)采掘	106.5	110.5	109.5	104.6	99.5
(2)原料	107.4	106.4	96.7	93.0	113.2
(3)加工	104.9	103.1	99.3	98.9	105.7
按生产生活资料分					
1.生产资料	106.2	104.2	98.3	96.2	107.9
(1)采掘	106.5	110.5	109.5	104.6	99.5
(2)原料	109.1	106.2	95.9	91.2	113.5
(3)加工	105.1	103.4	99.2	98.1	105.6
2.生活资料	100.7	101.2	100.6	98.9	100.7
(1)食品	100.6	100.4	102.5	101.2	99.5
(2)衣着	100.8	101.3	100.6	97.8	100.8
(3)一般日用品	100.7	101.5	99.9	98.8	100.7
(4)耐用消费品	100.7	100.9	100.5	99.2	101.2
按工业部门分					
(1)冶金工业	117.4	105.4	97.5	100.2	119.0
(2)电力工业	99.5	98.9	99.6	95.6	99.3
(3)煤炭及炼焦工业					
(4)石油工业	109.3	112.3	100.2	85.6	120.7
(5)化学工业	108.4	106.9	96.0	91.8	113.2
(6)机械工业	100.6	100.2	99.1	98.3	102.3
(7)建筑材料工业	109.6	122.3	105.1	101.9	105.3
(8)森林工业	101.3	101.6	100.5	99.9	101.1
(9)食品工业	100.5	100.5	102.6	102.0	100.1
(10)纺织工业	102.9	102.5	99.9	96.2	101.9
(11)缝纫工业	100.8	101.9	100.7	97.3	101.0
(12)皮革工业	100.8	99.3	100.0	99.2	99.2
(13)造纸工业	115.5	105.4	91.7	99.1	105.9
(14)文教艺术用品工业	101.8	101.1	100.5	99.2	102.5
(15)其他工业	102.0	101.9	101.7	99.5	101.3

3-37 分行业工业生产者出厂价格指数(2017-2021)

(上年=100)

指　　标	2017	2018	2019	2020	2021
按工业行业分					
黑色金属矿采选业	114.9	104.9	125.5	127.3	—
有色金属矿采选业	113.6	105.8	87.3	87.5	—
非金属矿采选业	104.5	111.9	111.7	104.8	99.5
农副食品加工业	100.7	101.4	104.9	105.7	100.4
食品制造业	101.4	100.6	101.0	99.9	100.0
酒、饮料及精制茶制造业	100.2	98.9	99.2	96.7	99.2
烟草制品业	100.0	100.4	102.5	100.7	100.0
纺织业	102.8	102.9	100.1	95.8	102.4
纺织服装、服饰业	99.9	100.5	100.7	99.1	99.8
皮革、毛皮、羽毛及其制品和制鞋业	101.2	100.5	100.4	98.3	100.0
木材加工和木、竹、藤、棕、草制品业	101.1	102.1	100.2	99.1	100.7
家具制造业	101.7	100.7	101.3	100.0	101.2
造纸和纸制品业	115.5	105.4	91.7	99.1	105.9
印刷和记录媒介复制业	101.6	100.3	98.0	97.9	105.4
文教、工美、体育和娱乐用品制造业	102.0	101.4	102.4	102.0	100.5
石油加工、炼焦和核燃料加工业	112.6	114.4	98.6	84.4	—
石油、煤炭及其他燃料加工业	—	—	—	—	126.7
化学原料和化学制品制造业	111.6	109.8	94.1	89.7	119.4
医药制造业	98.6	106.8	100.2	99.5	99.6
化学纤维制造业	114.7	107.2	93.7	85.3	115.9
橡胶和塑料制品业	102.7	102.0	99.1	96.8	105.0
非金属矿物制品业	109.2	121.5	104.3	101.3	105.5
黑色金属冶炼和压延加工业	123.5	108.4	96.4	98.6	127.4
有色金属冶炼和压延加工业	123.3	103.8	95.6	102.7	127.4
金属制品业	105.8	103.6	99.8	99.2	105.1
通用设备制造业	101.5	102.0	100.3	98.9	102.9
专用设备制造业	100.0	100.6	99.8	98.8	100.3
汽车制造业	99.5	99.5	99.2	99.1	100.9
铁路、船舶、航空航天和其他运输设备制造业	101.3	100.9	99.7	99.6	103.3
电气机械和器材制造业	101.6	99.8	97.6	97.6	104.9
计算机、通信和其他电子设备制造业	98.5	98.2	98.1	96.4	100.3
仪器仪表制造业	98.1	99.4	100.1	99.2	99.6
其他制造业	101.9	100.8	100.5	99.5	99.7
废弃资源综合利用业	116.0	103.8	98.9	101.6	—
金属制品、机械和设备修理业	99.5	99.7	107.5	104.1	95.2
电力、热力生产和供应业	99.3	98.9	99.9	95.5	99.3
燃气生产和供应业	96.6	100.9	109.6	91.2	102.9
水的生产和供应业	102.8	100.6	100.2	95.5	105.2

注：从2021年起，黑色金属矿采选业、有色金属矿采选业、废弃资源综合利用业不再统计；石油加工、炼焦和核燃料加工业改为石油、煤炭及其他燃料加工业

3-38 各月工业生产者出厂价格指数(同比)(2021)

(上年同月=100)

指　　标	1月	2月	3月	4月	5月	6月	7月	8月	9月	10月	11月	12月
工业生产者出厂价格总指数	**98.9**	**99.9**	**103.3**	**105.6**	**107.2**	**107.2**	**107.5**	**107.7**	**108.2**	**110.2**	**111.0**	**109.2**
按轻重工业分												
1.轻工业	97.9	98.2	100.5	102.4	103.3	103.5	104.4	104.6	104.8	105.9	106.8	105.6
(1)以农产品为原料	98.6	98.6	99.6	101.2	102.0	102.2	102.2	102.3	102.5	103.1	103.8	103.6
(2)以非农产品为原料	97.3	97.8	101.2	103.4	104.4	104.6	106.2	106.6	106.7	108.3	109.3	107.3
2.重工业	99.4	100.7	104.7	107.3	109.3	109.1	109.1	109.3	110.0	112.4	113.1	111.1
(1)采掘	97.6	97.8	96.5	96.4	95.9	99.8	98.3	100.3	101.2	104.0	103.5	103.2
(2)原料	95.4	98.9	108.1	112.5	115.3	114.7	115.2	115.8	117.3	121.8	124.6	121.3
(3)加工	101.2	101.5	103.3	105.2	106.9	106.8	106.6	106.7	107.0	108.6	108.4	106.8
按生产生活资料分												
1.生产资料	98.7	100.0	104.3	107.1	109.2	109.1	109.4	109.8	110.3	112.8	113.6	111.4
(1)采掘	97.6	97.8	96.5	96.4	95.9	99.8	98.3	100.3	101.2	104.0	103.5	103.2
(2)原料	95.2	98.5	108.6	113.5	115.7	114.8	116.2	117.0	118.1	122.6	124.9	120.6
(3)加工	100.3	100.6	102.5	104.5	106.6	106.8	106.7	106.9	107.2	108.9	109.0	107.6
2.生活资料	99.5	99.5	99.6	100.4	100.7	100.6	100.8	100.8	101.2	101.5	102.0	101.8
(1)食品	99.4	99.2	99.8	99.6	99.9	98.8	98.9	98.9	98.9	99.3	100.7	100.6
(2)衣着	98.0	97.8	99.0	100.5	100.8	101.1	101.6	101.4	101.9	102.4	103.0	102.7
(3)一般日用品	99.5	99.4	99.5	100.3	100.8	100.6	100.8	100.7	101.2	101.4	102.2	102.2
(4)耐用消费品	100.8	100.9	100.3	100.8	100.9	101.2	101.4	101.4	101.9	102.0	101.6	101.4
按工业部门分												
(1)冶金工业	108.3	109.8	117.0	121.7	126.2	124.2	120.6	120.7	120.6	123.4	120.4	115.0
(2)电力工业	95.6	96.9	98.9	99.0	97.9	98.0	99.1	99.1	99.6	99.9	101.5	106.3
(3)煤炭及炼焦工业												
(4)石油工业	87.2	94.1	111.0	118.5	124.4	127.7	129.2	126.8	128.8	136.6	142.7	136.5
(5)化学工业	97.2	99.5	107.8	112.9	115.1	113.6	114.9	116.7	118.0	122.4	124.3	117.8
(6)机械工业	99.3	99.3	100.0	100.9	102.0	102.7	103.3	103.3	103.6	104.4	104.8	104.4
(7)建筑材料工业	99.3	99.0	99.3	103.5	106.1	105.4	104.7	104.6	105.8	112.1	113.7	110.1
(8)森林工业	100.6	100.6	101.0	101.2	101.4	101.5	101.5	101.0	100.9	101.1	101.0	101.1
(9)食品工业	100.5	100.2	100.5	100.2	100.5	99.4	99.5	99.4	99.4	99.7	100.9	100.7
(10)纺织工业	96.7	96.9	98.5	100.5	101.7	102.2	103.1	103.7	103.9	105.4	105.8	105.6
(11)缝纫工业	97.6	97.3	98.9	100.7	101.0	101.2	101.8	101.6	102.3	102.8	103.5	103.2
(12)皮革工业	98.3	98.0	97.8	98.3	99.1	99.3	99.5	99.5	99.8	100.2	100.3	100.1
(13)造纸工业	101.7	102.7	102.8	106.6	109.3	110.2	106.9	106.2	105.9	105.7	106.6	106.4
(14)文教艺术用品工业	99.5	99.5	99.9	101.5	103.2	103.2	103.6	103.6	103.9	103.4	104.2	104.1
(15)其他工业	99.4	99.7	100.2	100.7	101.7	100.9	101.3	101.7	101.9	102.1	102.5	103.3

3-39 各月工业生产者出厂价格指数(环比)(2021)

(上月=100)

指 标	1月	2月	3月	4月	5月	6月	7月	8月	9月	10月	11月	12月
工业生产者出厂价格总指数	**100.8**	**100.5**	**102.0**	**100.6**	**101.1**	**100.2**	**100.2**	**100.4**	**100.6**	**101.9**	**101.0**	**99.4**
按轻重工业分												
1. 轻工业	100.6	100.3	102.0	100.3	100.3	100.1	100.5	100.3	99.9	101.4	100.8	99.1
(1)以农产品为原料	100.4	100.1	100.9	100.3	100.1	100.0	100.2	100.1	100.1	100.7	100.7	99.9
(2)以非农产品为原料	100.8	100.4	102.9	100.2	100.4	100.2	100.8	100.5	99.7	101.9	100.9	98.5
2. 重工业	100.9	100.6	102.0	100.8	101.4	100.3	100.1	100.5	100.9	102.2	101.2	99.6
(1)采掘	101.0	100.6	99.2	100.5	99.6	101.9	98.5	99.9	99.5	102.7	100.1	99.6
(2)原料	101.3	101.8	104.7	100.4	101.3	100.3	100.4	100.5	101.5	103.7	103.4	100.3
(3)加工	100.7	100.2	100.9	101.0	101.5	100.3	100.0	100.5	100.6	101.6	100.1	99.3
按生产生活资料分												
1. 生产资料	101.0	100.7	102.6	100.7	101.3	100.3	100.3	100.5	100.7	102.4	101.2	99.3
(1)采掘	101.0	100.6	99.2	100.5	99.6	101.9	98.5	99.9	99.5	102.7	100.1	99.6
(2)原料	101.8	101.9	105.9	100.1	100.8	100.1	100.9	100.6	100.8	104.0	103.0	99.3
(3)加工	100.7	100.1	101.2	100.9	101.5	100.4	100.0	100.5	100.6	101.7	100.4	99.3
2. 生活资料	100.2	100.0	100.0	100.5	100.2	99.9	100.1	100.1	100.2	100.3	100.3	100.0
(1)食品	100.8	100.0	99.9	99.6	99.5	99.3	100.5	100.1	99.8	100.0	100.8	100.4
(2)衣着	99.9	99.9	100.8	100.7	100.0	99.9	100.3	100.1	100.3	100.5	100.4	99.9
(3)一般日用品	100.1	100.0	100.2	100.5	100.6	100.0	100.0	100.1	100.1	100.3	100.4	99.9
(4)耐用消费品	100.3	100.0	99.4	100.8	100.4	100.0	100.0	100.2	100.4	100.1	99.8	100.0
按工业部门分												
(1)冶金工业	102.3	100.8	104.4	101.9	104.4	100.2	99.1	101.4	100.9	102.4	98.2	98.1
(2)电力工业	100.0	100.0	100.0	98.9	98.9	100.1	100.1	100.0	100.5	100.3	101.9	105.6
(3)煤炭及炼焦工业												
(4)石油工业	104.1	102.8	107.5	99.2	102.4	103.1	102.3	99.1	100.1	103.3	106.0	102.0
(5)化学工业	101.5	101.9	105.8	100.9	100.9	99.6	100.5	101.0	100.9	104.6	102.5	96.7
(6)机械工业	100.1	99.9	100.4	100.6	100.7	100.6	100.6	100.3	100.3	100.6	100.4	99.8
(7)建筑材料工业	100.8	99.3	98.3	101.6	102.5	98.9	97.1	99.7	103.6	107.3	102.8	98.1
(8)森林工业	100.0	100.0	100.4	100.2	100.4	99.9	100.2	99.7	100.0	100.1	100.0	100.0
(9)食品工业	100.8	100.0	100.0	99.5	99.5	99.4	100.5	100.1	99.8	100.0	100.8	100.4
(10)纺织工业	100.3	100.2	101.2	101.1	100.4	100.0	100.5	100.2	100.0	101.4	100.4	99.8
(11)缝纫工业	99.9	99.8	101.0	100.8	100.0	99.9	100.4	100.1	100.5	100.5	100.5	99.8
(12)皮革工业	99.7	99.9	100.0	100.1	100.4	99.9	99.9	100.4	99.8	100.2	99.9	100.0
(13)造纸工业	101.4	101.5	101.9	99.0	100.5	101.2	99.3	99.8	99.7	100.8	101.6	99.4
(14)文教艺术用品工业	100.2	100.1	100.3	101.2	100.7	100.1	100.5	99.8	100.3	99.9	101.0	100.1
(15)其他工业	100.6	99.9	99.7	100.3	100.7	99.6	100.4	100.5	100.3	100.2	100.4	100.6

3-40 各月按行业分工业生产者

指标	1月	2月	3月	4月	5月
按工业行业分					
非金属矿采选业	97.6	97.8	96.5	96.4	95.9
农副食品加工业	103.3	101.6	102.2	101.5	101.5
食品制造业	100.2	100.4	100.4	100.4	99.6
酒、饮料和精制茶制造业	98.2	98.6	99.1	98.9	99.2
烟草制品业	100.0	100.0	100.0	100.0	100.0
纺织业	96.7	96.9	98.9	101.0	102.1
纺织服装、服饰业	97.6	97.4	98.2	99.6	99.9
皮革、毛皮、羽毛及其制品和制鞋业	98.4	98.6	98.7	99.2	99.9
木材加工和木、竹、藤、棕、草制品业	99.9	99.8	100.4	100.7	101.3
家具制造业	99.4	99.7	99.9	100.4	100.8
造纸和纸制品业	101.7	102.7	102.8	106.6	109.3
印刷和记录媒介复制业	98.0	98.6	99.6	104.0	108.1
文教、工美、体育和娱乐用品制造业	101.6	100.8	100.3	100.2	100.6
石油、煤炭及其他燃料加工业	85.5	94.0	115.5	125.5	133.7
化学原料和化学制品制造业	96.6	100.1	110.8	117.7	123.1
医药制造业	99.7	100.3	99.4	99.3	98.6
化学纤维制造业	94.1	96.6	111.5	119.1	118.1
橡胶和塑料制品业	99.6	100.1	102.4	104.8	105.3
非金属矿物制品业	99.6	99.4	99.7	103.9	106.7
黑色金属冶炼和压延加工业	111.5	113.9	120.4	128.3	136.8
有色金属冶炼和压延加工业	113.7	115.8	130.3	136.6	141.7
金属制品业	100.7	101.2	102.7	104.2	105.4
通用设备制造业	99.1	99.4	100.0	101.2	102.0
专用设备制造业	98.5	98.3	98.6	99.0	99.8
汽车制造业	100.3	100.3	100.2	100.6	101.0
铁路、船舶、航空航天和其他运输设备制造业	100.5	100.5	101.0	101.5	102.4
电气机械和器材制造业	99.8	99.6	101.0	102.5	104.9
计算机、通信和其他电子设备制造业	98.5	98.4	98.9	99.4	99.8
仪器仪表制造业	97.8	97.5	98.4	98.3	98.9
其他制造业	99.4	99.4	99.2	99.2	99.5
金属制品、机械和设备修理业	95.3	94.9	94.5	94.4	93.8
电力、热力生产和供应业	95.6	96.9	98.9	99.0	97.9
燃气生产和供应业	93.0	94.4	97.9	99.3	99.0
水的生产和供应业	96.3	99.3	104.8	105.3	107.0

出厂价格指数(同比)(2021)

(上年同月=100)

6月	7月	8月	9月	10月	11月	12月
99.8	98.3	100.3	101.2	104.0	103.5	103.2
98.9	98.5	98.3	97.9	98.5	102.0	101.1
99.1	99.4	99.5	99.8	99.5	100.6	101.0
98.8	99.5	99.4	99.9	99.7	99.7	99.7
100.0	100.0	100.0	100.0	100.0	100.0	100.0
102.7	103.7	104.3	104.7	105.9	106.3	105.9
99.9	100.2	99.8	100.4	101.0	101.9	102.0
100.0	100.3	100.3	100.9	101.3	101.5	101.1
100.9	101.2	101.0	100.7	101.0	100.8	100.7
100.8	100.8	101.4	101.5	102.5	103.3	103.9
110.2	106.9	106.2	105.9	105.7	106.6	106.4
108.4	108.3	108.3	107.6	106.7	108.8	109.0
99.9	100.5	99.8	100.5	100.3	100.6	100.4
137.9	138.3	134.3	136.2	146.9	154.7	139.2
120.9	121.0	123.7	126.5	133.0	136.2	127.3
98.2	98.5	98.5	99.5	99.4	101.6	101.7
115.8	122.0	124.2	122.9	128.0	127.3	117.5
105.1	105.5	106.2	106.8	108.9	109.1	106.5
105.6	105.1	105.1	106.1	111.9	113.3	110.1
133.6	131.4	133.1	132.7	137.6	129.9	120.5
137.1	127.9	126.2	125.9	129.0	127.7	120.0
106.4	106.5	106.6	106.8	107.4	106.7	106.3
102.9	104.1	104.6	105.1	105.5	105.4	105.5
99.8	100.6	100.9	101.4	102.2	102.2	102.1
101.0	100.9	100.4	100.7	101.4	102.4	101.7
102.8	103.5	104.2	104.9	105.8	106.8	105.6
106.5	107.3	106.8	106.9	107.9	108.2	107.5
99.9	100.4	100.8	100.8	101.8	102.5	102.2
99.1	99.8	100.8	101.0	101.3	101.4	101.5
98.7	99.3	99.6	99.5	99.9	100.5	102.0
92.0	94.3	94.9	96.2	96.8	97.3	98.0
98.0	99.1	99.1	99.6	99.9	101.5	106.3
99.5	102.4	104.0	105.8	106.0	108.0	128.4
107.0	107.0	107.3	107.3	107.3	107.3	107.3

3-41 各月按行业分工业生产者

指　　标	1月	2月	3月	4月	5月
按工业行业分					
非金属矿采选业	101.0	100.6	99.2	100.5	99.6
农副食品加工业	102.1	99.0	99.7	98.7	98.9
食品制造业	99.6	100.3	100.1	100.2	99.9
酒、饮料和精制茶制造业	100.1	100.2	100.5	99.7	99.5
烟草制品业	100.0	100.0	100.0	100.0	100.0
纺织业	100.4	100.1	101.5	101.3	100.3
纺织服装、服饰业	99.4	99.8	100.2	100.3	100.1
皮革、毛皮、羽毛及其制品和制鞋业	100.0	100.1	100.0	100.0	100.3
木材加工和木、竹、藤、棕、草制品业	100.0	99.9	100.6	100.2	100.5
家具制造业	100.4	100.0	100.1	100.6	100.6
造纸和纸制品业	101.4	101.5	101.9	99.0	100.5
印刷和记录媒介复制业	100.4	100.7	100.7	103.0	101.5
文教、工美、体育和娱乐用品制造业	100.4	99.2	99.6	100.2	100.5
石油、煤炭及其他燃料加工业	104.7	103.8	109.8	99.2	103.7
化学原料和化学制品制造业	101.2	102.9	106.6	102.1	102.2
医药制造业	100.0	100.8	100.1	100.4	100.2
化学纤维制造业	104.4	102.4	112.5	98.4	98.7
橡胶和塑料制品业	100.4	100.2	101.2	100.8	100.3
非金属矿物制品业	100.7	99.3	98.3	101.5	102.4
黑色金属冶炼和压延加工业	105.8	101.2	103.8	104.4	106.6
有色金属冶炼和压延加工业	101.5	100.8	108.1	101.0	106.0
金属制品业	100.7	100.5	101.0	100.6	101.1
通用设备制造业	100.3	100.1	100.5	101.0	100.7
专用设备制造业	99.7	99.7	100.4	100.3	100.8
汽车制造业	100.1	100.3	99.7	100.4	100.0
铁路、船舶、航空航天和其他运输设备制造业	100.0	100.0	100.5	100.7	100.4
电气机械和器材制造业	100.1	99.7	100.9	101.0	101.4
计算机、通信和其他电子设备制造业	100.1	99.7	100.3	100.1	100.1
仪器仪表制造业	100.0	99.7	100.7	100.0	100.1
其他制造业	100.2	99.9	99.8	100.2	100.3
金属制品、机械和设备修理业	99.5	99.2	100.1	100.9	99.3
电力、热力生产和供应业	100.0	100.0	100.0	98.9	98.9
燃气生产和供应业	102.2	99.8	100.0	99.0	97.9
水的生产和供应业	102.0	102.8	100.7	100.0	101.7

出厂价格指数(环比)(2021)

(上月=100)

6月	7月	8月	9月	10月	11月	12月
101.9	98.5	99.9	99.5	102.7	100.1	99.6
98.5	101.2	100.2	99.3	100.1	102.4	100.9
99.8	100.2	100.1	100.2	100.0	100.4	100.2
99.7	100.0	99.8	100.3	99.8	100.0	100.0
100.0	100.0	100.0	100.0	100.0	100.0	100.0
100.0	100.5	100.4	100.1	101.2	100.3	99.5
99.8	100.3	99.6	100.4	100.7	100.8	100.4
99.8	100.0	100.2	100.4	100.3	100.0	100.0
99.6	100.3	99.6	100.0	100.2	100.1	99.9
99.9	100.3	100.3	100.2	100.4	100.6	100.4
101.2	99.3	99.8	99.7	100.8	101.6	99.4
100.5	100.4	99.4	99.3	99.8	102.4	100.6
99.6	100.3	100.2	100.5	99.9	100.2	99.7
104.0	103.0	98.8	100.2	104.1	106.1	96.8
99.6	99.7	101.4	102.7	106.1	104.1	96.2
100.2	99.7	99.9	100.3	99.8	100.4	99.8
98.7	103.5	101.4	97.0	106.1	100.8	93.6
100.0	100.0	100.4	100.5	102.1	101.0	99.2
98.9	97.4	99.8	103.5	107.0	102.7	98.4
99.6	99.4	102.4	101.2	103.9	95.8	95.3
100.1	98.1	101.1	101.4	102.5	99.4	98.7
101.2	100.2	100.6	100.1	100.6	99.5	100.0
100.5	101.1	100.3	100.3	100.4	100.0	100.1
100.1	100.7	100.2	100.1	100.4	99.9	99.8
100.3	99.9	100.2	100.1	100.6	101.0	99.1
100.3	100.6	101.2	100.6	100.7	101.1	99.4
101.2	100.7	100.3	100.6	101.0	100.3	99.9
100.4	100.5	100.5	99.9	100.6	100.2	99.8
100.2	100.6	100.2	100.1	100.1	100.0	100.0
99.4	100.0	100.3	99.8	100.4	100.4	101.3
98.6	101.2	99.9	100.0	99.9	99.8	99.5
100.1	100.1	100.0	100.5	100.3	101.9	105.6
99.8	99.6	100.0	100.0	100.1	105.9	123.3
100.0	100.0	100.0	100.0	100.0	100.0	100.0

3-42 各月工业生产者

指　　标	1月	2月	3月	4月	5月
工业生产者购进价格总指数	**100.5**	**102.6**	**107.5**	**113.3**	**118.3**
1.燃料、动力类	92.5	98.4	101.8	110.7	122.7
2.黑色金属材料类	110.9	113.4	119.4	125.7	134.0
(1)钢材	107.2	109.3	114.9	121.2	127.7
(2)其他	131.1	135.7	145.4	151.3	169.6
3.有色金属材料及电线类	111.4	112.4	122.8	131.5	136.5
4.化工原料类	97.8	100.4	112.7	124.2	131.5
5.木材及纸浆类	100.2	101.4	102.5	105.8	107.6
6.建筑材料及非金属类	97.0	97.0	98.0	103.1	107.0
7.其他工业原材料及半成品类	101.3	102.1	103.3	104.6	105.9
8.农副产品类	103.7	102.6	103.0	104.3	103.9
9.纺织原料类	97.9	98.3	100.2	102.3	103.5

3-43 各月工业生产者

指　　标	1月	2月	3月	4月	5月
工业生产者购进价格总指数	**102.2**	**101.7**	**102.5**	**101.5**	**102.2**
1.燃料、动力类	104.2	104.9	99.1	99.3	102.5
2.黑色金属材料类	104.3	102.2	103.5	103.1	105.8
(1)钢材	102.5	101.9	103.9	103.4	104.2
(2)其他	113.5	103.6	101.6	101.8	112.8
3.有色金属材料及电线类	101.5	100.7	105.4	102.9	104.9
4.化工原料类	103.1	102.3	107.8	103.7	100.9
5.木材及纸浆类	100.5	101.2	102.5	101.2	100.6
6.建筑材料及非金属类	100.4	98.1	97.6	102.4	104.1
7.其他工业原材料及半成品类	100.7	100.7	100.6	100.3	101.3
8.农副产品类	101.8	99.2	100.1	101.1	98.8
9.纺织原料类	100.5	100.4	101.8	100.9	100.9

购进价格指数(同比)(2021)

(上年同月=100)

6月	7月	8月	9月	10月	11月	12月
118.7	**118.2**	**118.0**	**117.6**	**120.9**	**122.2**	**117.7**
123.5	122.8	121.9	122.9	132.0	140.0	132.2
134.1	133.7	130.0	123.5	125.6	121.1	115.8
127.7	127.1	126.9	125.8	128.7	125.6	119.5
168.5	169.0	146.1	111.8	110.2	98.1	97.4
133.7	128.2	124.6	125.1	127.3	126.3	119.6
130.4	129.7	132.3	130.8	135.0	136.4	127.2
107.8	108.0	108.0	107.9	108.4	108.5	108.1
109.8	107.5	107.8	111.0	120.4	120.8	116.7
107.4	108.0	108.0	108.3	108.9	108.9	107.9
102.6	102.4	103.1	102.9	102.9	104.1	103.5
105.2	106.1	107.4	107.6	109.6	111.6	110.7

购进价格指数(环比)(2021)

(上月=100)

6月	7月	8月	9月	10月	11月	12月
101.2	**100.9**	**100.7**	**100.6**	**103.0**	**101.7**	**98.3**
103.1	103.7	101.5	102.6	106.1	105.8	95.8
101.5	100.9	99.1	97.1	102.2	97.4	98.0
100.7	100.5	101.4	101.0	102.7	98.9	97.1
105.0	102.3	90.1	79.7	99.0	89.1	104.4
100.3	99.2	100.9	101.4	102.1	100.0	99.1
100.6	100.5	101.7	99.5	104.5	102.7	97.2
100.5	100.9	99.9	100.0	100.5	100.2	99.8
102.0	95.8	97.8	105.5	111.2	103.2	98.4
101.2	100.9	100.6	100.7	100.7	100.3	99.7
99.2	100.8	100.7	99.8	99.6	101.7	100.7
100.8	100.5	100.4	100.4	101.5	102.2	100.0

3-44 农产品生产者价格指数(2017-2021)

(上年=100)

指　标	2017	2018	2019	2020	2021
农产品生产者价格总指数	**99.1**	**100.8**	**109.9**	**107.3**	**99.3**
一、种植业产品	**99.8**	**100.1**	**102.8**	**98.2**	**105.5**
谷物	102.0	96.9	94.5	102.5	100.8
稻谷	102.4	97.1	93.8	102.7	100.8
早籼稻	107.6	93.0	100.0	105.2	96.8
晚籼稻	101.0	96.7	95.9	100.5	100.3
粳稻	102.6	98.6	90.3	104.4	109.9
薯类	99.2	101.4	106.6	102.0	111.6
油料	107.4	98.7	111.9	97.4	108.0
油菜籽	99.2	104.1	104.3	104.8	104.4
豆类	111.0	111.8		93.4	105.3
大豆	111.1	111.8		125.0	103.1
蔬菜	97.0	102.8	106.4	96.5	105.8
叶菜类蔬菜	99.4	102.8	106.4	98.6	108.6
根茎类蔬菜	95.6	104.3	106.3	94.9	113.7
瓜菜类蔬菜	107.2	102.5	101.6	97.6	102.4
豆类蔬菜	111.3	105.5	95.8	101.9	98.1
茄果类蔬菜	99.3	100.5	108.3	93.5	102.3
食用菌	98.7	99.1	106.2	102.9	98.8
花卉	100.5	105.9	94.2	98.3	97.7
水果及坚果	105.2	108.3	100.2	98.7	111.1
水果(园林水果)	106.4	97.1	104.6	101.2	109.3
食用坚果	92.4	96.9	105.3	83.3	129.1
茶叶	97.1	99.2	97.0	92.1	98.2
中草药材	88.2	98.2	103.0	96.6	104.2
二、林业产品	**99.1**	**94.7**	**96.4**	**100.4**	**101.9**
苗木	100.6	99.2	100.3	98.9	102.4
木材采伐产品	100.4	100.4	98.6	99.9	99.0
竹材采伐产品	88.9	100.6	100.1	93.0	102.4
林产品	101.7	91.5	100.0	109.6	101.6
三、畜牧业产品	**89.0**	**100.5**	**104.8**	**138.2**	**73.9**
猪	85.1	95.6	140.3	155.2	60.3
羊	102.5	90.9	112.7	107.8	107.3
活鸡	93.8	104.7	104.0	94.7	106.2
活鸭	94.6	104.4	106.3	94.9	107.1
禽蛋	93.0	107.3	100.0	90.1	110.5
鸡蛋	93.9	117.6	98.9	92.1	102.6
鸭蛋	92.2	110.5	101.1	88.2	118.5
天然蜂蜜及副产品	99.7	124.6	103.4	97.9	98.2
蚕茧	118.0	101.2	108.8	95.7	116.2
四、渔业产品	**105.0**	**101.6**	**102.2**	**101.5**	**102.9**
海水养殖产品	102.4	106.3	102.7	99.9	104.6
海水捕捞产品	109.2	104.9	103.3	102.3	100.8
淡水养殖产品	98.5	110.0	100.0	100.7	106.2

3-45 各季农产品生产者价格指数(2021)

(上年同期=100)

指标	1季度	2季度	3季度	4季度
农产品生产者价格总指数	**98.9**	**98.4**	**98.9**	**101.2**
一、种植业产品	**99.0**	**99.8**	**108.4**	**112.2**
谷物	101.9	81.3	102.2	102.0
稻谷	101.9		97.7	101.5
早籼稻			96.8	
晚籼稻	91.2		106.0	100.1
粳稻	116.4			102.9
薯类	105.9	86.5	92.6	118.5
油料	100.0	104.4	111.0	103.0
油菜籽		104.4		
豆类		117.2		103.2
大豆				103.1
蔬菜	96.8	102.6	108.5	121.0
叶菜类蔬菜	109.4	102.4	109.1	126.3
根茎类蔬菜	97.8	113.0	118.7	120.8
瓜菜类蔬菜	81.9	99.5	102.1	119.7
豆类蔬菜	65.0	102.0	96.8	105.2
茄果类蔬菜	99.2	100.8	104.1	128.8
食用菌	102.7	92.5	95.4	100.8
花卉	101.3	88.9	91.0	103.2
水果及坚果	94.6	104.7	114.0	120.8
水果(园林水果)	99.0	104.7	113.8	107.1
食用坚果	82.7		115.3	134.3
茶叶	106.4	95.6	95.3	95.8
中草药材	114.2	97.5	106.8	108.9
二、林业产品	**102.2**	**97.7**	**97.8**	**103.1**
苗木	104.2	105.1	97.4	101.1
木材采伐产品	110.6	78.8	92.0	100.0
竹材采伐产品	92.2	100.9	106.0	105.0
林产品	99.9	95.6		119.3
三、畜牧业产品	**91.3**	**83.2**	**63.1**	**67.9**
猪	86.0	64.4	43.1	46.4
羊	105.4	103.1	109.3	101.3
活鸡	110.6	107.3	101.8	104.9
活鸭	112.3	114.3	97.5	103.5
禽蛋	102.6	107.8	105.4	114.1
鸡蛋	101.5	106.2	101.2	101.9
鸭蛋	107.6	115.5	126.0	126.4
天然蜂蜜及副产品	100.0	100.0	96.4	94.3
蚕茧		132.4	97.6	92.6
四、渔业产品	**102.7**	**105.6**	**103.6**	**103.5**
海水养殖产品	106.1	106.9	103.4	100.5
海水捕捞产品	102.3	102.7	101.0	100.3
淡水养殖产品	101.1	111.3	106.7	108.9

四 农业调查

4-1 畜禽监测主要指标(2017-2021)

指 标		2017	2018	2019	2020	2021
生猪存栏	(万头)	542.55	516.79	427.30	627.58	640.23
#能繁母猪	(万头)	47.55	43.31	40.20	58.07	69.31
生猪出栏	(万头)	1022.42	911.62	756.05	665.42	773.91
猪肉产量	(万吨)	83.31	73.95	60.16	54.20	65.15
家禽存栏	(万只)	7820.03	8320.64	8616.65	8740.08	8036.48
#鸡	(万只)	5707.51	6787.67	7031.19	7198.36	6717.67
家禽出栏	(万只)	17319.88	17195.93	19501.16	20979.21	21962.36
禽肉产量	(万吨)	27.01	26.39	29.86	31.75	33.87
禽蛋数量	(万吨)	35.85	31.49	33.57	33.17	30.94
牛存栏	(万头)	14.90	13.71	13.24	14.95	16.69
#奶牛	(万头)	3.27	3.19	3.08	4.04	4.31
牛出栏	(万头)	8.79	8.15	8.61	8.84	10.15
牛肉产量	(万吨)	1.32	1.24	1.30	1.39	1.66
牛奶产量	(万吨)	14.31	15.73	15.48	18.33	18.55
羊存栏	(万只)	133.80	125.88	117.46	140.14	151.21
羊出栏	(万只)	141.95	135.06	134.46	129.94	140.05
羊肉产量	(万吨)	2.36	2.29	2.27	2.18	2.42
猪牛羊禽肉产量	(万吨)	114.00	103.87	93.59	89.52	103.10

注：2007年以来数据已根据第三次农业普查结果调整。

4-2 粮食播种面积和产量(2012-2013)

单位：千公顷、公斤、万吨

指 标	2012			2013		
	播种面积	公顷产	总产量	播种面积	公顷产	总产量
粮食作物合计	**1043.07**	**6215**	**648.22**	**1016.85**	**5912**	**601.17**
1.谷 物	854.53	6721	574.33	832.08	6424	534.55
(1)稻 谷	700.14	7306	511.50	677.05	7001	474.02
①早 稻	93.07	6037	56.19	94.04	6230	58.59
②晚 稻	607.07	7500	455.31	583.01	7126	415.43
#单季稻	504.72	7718	389.54	484.47	7417	359.34
(2)小 麦	79.47	3638	28.91	81.45	3685	30.01
(3)大 麦	17.61	4181	7.36	16.68	4049	6.75
(4)玉 米	50.83	4701	23.89	50.31	4221	21.23
(5)其他谷物	6.48	4113	2.66	6.59	3837	2.53
2.豆 类	111.11	2952	32.80	108.88	2718	29.59
(1)大 豆	85.24	2850	24.30	84.55	2565	21.68
(2)杂 豆	25.87	3289	8.51	24.33	3250	7.91
3.薯 类	77.43	5306	41.09	75.90	4879	37.03
(1)马铃薯	40.47	4150	16.80	40.31	4136	16.67
(2)蕃 薯	36.96	6572	24.29	35.58	5721	20.36

注：2007年以来数据已根据第三次农业普查结果调整。

4-3 粮食播种面积和产量(2014-2015)

单位：千公顷、公斤、万吨

指 标	2014			2015		
	播种面积	公顷产	总产量	播种面积	公顷产	总产量
粮食作物合计	**1005.59**	**6003**	**603.61**	**989.70**	**5901**	**583.97**
1.谷 物	815.99	6544	534.02	800.90	6428	514.83
(1)稻 谷	654.20	7160	468.38	634.24	7029	445.80
①早 稻	92.37	6144	56.75	89.91	5806	52.21
②晚 稻	561.83	7327	411.63	544.32	7231	393.59
#单季稻	466.48	7555	352.42	450.47	7462	336.14
(2)小 麦	89.53	3769	33.74	98.96	3909	38.68
(3)大 麦	14.71	4259	6.27	10.81	4575	4.94
(4)玉 米	51.07	4523	23.10	51.63	4474	23.10
(5)其他谷物	6.48	3901	2.53	5.26	4392	2.31
2.豆 类	114.78	2691	30.89	114.92	2619	30.10
(1)大 豆	85.10	2707	23.04	86.27	2566	22.14
(2)杂 豆	29.68	2645	7.85	28.65	2779	7.96
3.薯 类	74.81	5174	38.70	73.88	5285	39.04
(1)马铃薯	39.99	4163	16.65	39.38	4158	16.37
(2)蕃 薯	34.82	6334	22.06	34.50	6570	22.67

注：2007年以来数据已根据第三次农业普查结果调整。

4-4 粮食播种面积和产量(2016-2017)

单位：千公顷、公斤、万吨

指　标	2016			2017		
	播种面积	公顷产	总产量	播种面积	公顷产	总产量
粮食作物合计	**951.36**	**5937**	**564.84**	**977.19**	**5937**	**580.14**
1.谷　物	757.99	6582	498.92	784.86	6542	513.43
⑴稻　谷	613.09	7256	444.83	620.68	7168	444.91
①早　稻	86.53	6390	55.29	86.43	6105	52.77
②晚　稻	526.56	7398	389.54	534.25	7340	392.15
#单季稻	433.94	7620	330.66	439.58	7590	333.64
⑵小　麦	85.32	3315	28.28	103.67	4043	41.92
⑶大　麦	5.76	3818	2.20	5.12	3853	1.97
⑷玉　米	49.94	4382	21.88	51.88	4440	23.04
⑸其他谷物	3.88	4427	1.72	3.50	4536	1.59
2.豆　类	114.38	2373	27.14	108.25	2529	27.38
⑴大　豆	83.82	2428	20.36	80.41	2535	20.38
⑵杂　豆	30.55	2221	6.79	27.84	2513	7.00
3.薯　类	78.99	4910	38.79	84.08	4677	39.32
⑴马铃薯	41.87	3935	16.47	44.99	4148	18.66
⑵蕃　薯	37.12	6011	22.31	39.08	5285	20.66

注：2007年以来数据已根据第三次农业普查结果调整。

4-5 粮食播种面积和产量(2018-2019)

单位：千公顷、公斤、万吨

指　标	2018			2019		
	播种面积	公顷产	总产量	播种面积	公顷产	总产量
粮食作物合计	**975.73**	**6140**	**599.14**	**977.44**	**6058**	**592.15**
1.谷　物	789.90	6782	535.74	791.27	6680	528.57
⑴稻　谷	651.07	7333	477.40	627.52	7363	462.06
①早　稻	97.10	6399	62.13	98.81	6104	60.32
②晚　稻	553.97	7496	415.27	528.71	7599	401.74
#单季稻	454.94	7756	352.85	425.73	7930	337.62
⑵小　麦	85.36	4193	35.79	82.66	3917	32.38
⑶大　麦	0.38	4474	0.17	0.41	3759	0.15
⑷玉　米	49.34	4183	20.64	76.42	4229	32.32
⑸其他谷物	3.75	4639	1.74	4.27	3886	1.66
2.豆　类	113.14	2495	28.22	118.73	2576	30.58
⑴大　豆	85.21	2518	21.46	90.16	2590	23.36
⑵杂　豆	27.93	2424	6.77	28.57	2528	7.22
3.薯　类	72.68	4838	35.17	67.44	4894	33.00
⑴马铃薯	34.29	3848	13.20	32.81	3847	12.62
⑵蕃　薯	38.39	5723	21.97	34.63	5886	20.38

注：2007年以来数据已根据第三次农业普查结果调整。

4-6 粮食播种面积和产量(2020-2021)

单位：千公顷、公斤、万吨

指　　标	2020			2021		
	播种面积	公顷产	总产量	播种面积	公顷产	总产量
粮食作物合计	**993.40**	**6097**	**605.70**	**1006.71**	**6168**	**620.90**
1.谷　物	804.25	6665	536.05	817.30	6698	547.40
⑴稻　谷	636.02	7313	465.12	633.36	7407	469.12
①早　稻	101.22	6202	62.78	101.99	6161	62.83
②晚　稻	534.80	7523	402.35	531.38	7646	406.29
#单季稻	445.21	7700	342.82	440.97	7890	347.92
⑵小　麦	93.36	4370	40.79	114.81	4210	48.34
⑶大　麦	2.01	4416	0.89	1.74	3991	0.70
⑷玉　米	63.28	4094	25.91	57.97	4410	25.56
⑸其他谷物	9.57	3485	3.33	9.41	3909	3.68
2.豆　类	115.81	2663	30.84	108.04	2779	30.03
⑴大　豆	82.75	2628	21.75	75.95	2800	21.27
⑵杂　豆	33.05	2752	9.10	32.09	2729	8.76
3.薯　类	73.35	5291	38.81	81.37	5343	43.48
⑴马铃薯	23.54	3810	8.97	27.45	3875	10.64
⑵蕃　薯	49.81	5991	29.84	53.92	6090	32.84

注：2007年以来数据已根据第三次农业普查结果调整。

4-7 夏、秋粮食播种面积和产量(2012-2013)

单位：千公顷、公斤、万吨

指　　标	2012			2013		
	播种面积	公顷产	总产量	播种面积	公顷产	总产量
(一)夏收粮食合计	**147.36**	**3750**	**55.26**	**147.14**	**3779**	**55.60**
1.小　麦	79.47	3638	28.91	81.45	3685	30.01
2.大　麦	17.61	4181	7.36	16.68	4049	6.75
3.春季豆类	15.44	3031	4.68	14.49	3120	4.52
4.春季薯类	34.83	4107	14.31	34.53	4145	14.31
(1)马铃薯	34.44	4076	14.04	34.14	4114	14.04
(2)甘　薯	0.40	6773	0.27	0.39	6872	0.27
(二)秋收粮食合计	**802.64**	**6688**	**536.77**	**775.66**	**6278**	**486.98**
1.晚　稻	607.07	7500	455.31	583.01	7126	415.43
(1)单　晚	504.72	7718	389.54	484.47	7417	359.34
(2)双　晚	102.35	6426	65.77	98.54	5693	56.09
2.夏秋玉米	50.83	4701	23.89	50.31	4221	21.23
3.夏秋豆类	95.67	2939	28.12	94.39	2656	25.07
(1)夏秋大豆	85.24	2850	24.30	84.55	2565	21.68
(2)杂　豆	10.43	3670	3.83	9.84	3441	3.39
4.夏秋薯类	42.60	6287	26.78	41.37	5491	22.72
(1)马铃薯	6.04	4575	2.76	6.18	4256	2.63
(2)甘　薯	36.56	6569	24.02	35.19	5708	20.09
5.秋杂粮	6.48	4113	2.66	6.59	3837	2.53

注：2007年以来数据已根据第三次农业普查结果调整。

4-8 夏、秋粮食播种面积和产量(2014-2015)

单位：千公顷、公斤、万吨

指　　标	2014			2015		
	播种面积	公顷产	总产量	播种面积	公顷产	总产量
(一)夏收粮食合计	**156.09**	**3756**	**58.63**	**161.13**	**3883**	**62.57**
1.小　麦	89.53	3769	33.74	98.96	3909	38.68
2.大　麦	14.71	4259	6.27	10.81	4575	4.94
3.春季豆类	18.18	2519	4.58	16.96	2726	4.62
4.春季薯类	33.67	4171	14.04	34.40	4163	14.32
(1)马铃薯	33.32	4142	13.80	34.13	4122	14.07
(2)甘　薯	0.35	6933	0.24	0.26	9475	0.25
(二)秋收粮食合计	**757.13**	**6448**	**488.23**	**738.65**	**6352**	**469.20**
1.晚　稻	561.83	7327	411.63	544.32	7231	393.59
(1)单　晚	466.48	7555	352.42	450.47	7462	336.14
(2)双　晚	95.35	6210	59.21	93.85	6122	57.45
2.夏秋玉米	51.07	4523	23.10	51.63	4474	23.10
3.夏秋豆类	96.60	2723	26.31	97.96	2601	25.48
(1)夏秋大豆	85.10	2707	23.04	86.27	2566	22.14
(2)杂　豆	11.50	2845	3.27	11.69	2857	3.34
4.夏秋薯类	41.14	5994	24.66	39.48	6262	24.72
(1)马铃薯	6.67	4266	2.85	5.24	4397	2.31
(2)甘　薯	34.47	6328	21.81	34.23	6548	22.42
5.秋杂粮	6.48	3901	2.53	5.26	4392	2.31

注：2007 年以来数据已根据第三次农业普查结果调整。

4-9　夏、秋粮食播种面积和产量(2016-2017)

单位：千公顷、公斤、万吨

指　　标	2016			2017		
	播种面积	公顷产	总产量	播种面积	公顷产	总产量
(一)夏收粮食合计	**145.32**	**3347**	**48.64**	**162.28**	**3975**	**64.50**
1.小　麦	85.32	3315	28.28	103.67	4043	41.92
2.大　麦	5.76	3818	2.20	5.12	3853	1.97
3.春季豆类	16.72	2157	3.61	13.02	2828	3.68
4.春季薯类	37.52	3878	14.55	40.46	4184	16.93
(1)马铃薯	37.23	3875	14.43	40.01	4172	16.69
(2)甘　薯	0.28	4313	0.12	0.46	5231	0.24
(二)秋收粮食合计	**719.50**	**6406**	**460.91**	**728.48**	**6354**	**462.87**
1.晚　稻	526.56	7398	389.54	534.25	7340	392.15
(1)单　晚	433.94	7620	330.66	439.58	7590	333.64
(2)双　晚	92.62	6358	58.89	94.67	6180	58.50
2.夏秋玉米	49.94	4382	21.88	51.88	4440	23.04
3.夏秋豆类	97.65	2410	23.54	95.24	2489	23.70
(1)夏秋大豆	83.82	2428	20.36	80.41	2535	20.38
(2)杂　豆	13.83	2298	3.18	14.83	2237	3.32
4.夏秋薯类	41.47	5845	24.24	43.62	5134	22.39
(1)马铃薯	4.63	4420	2.05	4.99	3959	1.98
(2)甘　薯	36.84	6024	22.19	38.63	5286	20.42
5.秋杂粮	3.88	4427	1.72	3.50	4536	1.59

注：2007 年以来数据已根据第三次农业普查结果调整。

4-10　夏、秋粮食播种面积和产量(2018-2019)

单位：千公顷、公斤、万吨

指　　标	2018			2019		
	播种面积	公顷产	总产量	播种面积	公顷产	总产量
(一)夏收粮食合计	**129.75**	**3937**	**51.08**	**127.38**	**3729**	**47.50**
1.小　麦	85.36	4193	35.79	82.66	3917	32.38
2.大　麦	0.38	4474	0.17	0.41	3759	0.15
3.春季豆类	13.76	2580	3.55	16.26	2614	4.25
4.春季薯类	30.25	3826	11.57	28.06	3821	10.72
(1)马铃薯	29.83	3809	11.36	27.70	3791	10.50
(2)甘　薯	0.42	5048	0.21	0.36	6103	0.22
(二)秋收粮食合计	**748.88**	**6489**	**485.92**	**751.24**	**6447**	**484.33**
1.晚　稻	553.97	7496	415.27	528.71	7599	401.74
(1)单　晚	454.94	7756	352.85	425.73	7930	337.62
(2)双　晚	99.03	6304	62.43	102.98	6227	64.12
2.夏秋玉米	49.34	4183	20.64	76.42	4229	32.32
3.夏秋豆类	99.38	2483	24.67	102.48	2569	26.33
(1)夏秋大豆	85.21	2518	21.46	90.16	2590	23.36
(2)杂　豆	14.17	2272	3.22	12.31	2415	2.97
4.夏秋薯类	42.43	5560	23.59	39.38	5659	22.28
(1)马铃薯	4.46	4110	1.83	5.12	4153	2.12
(2)甘　薯	37.97	5731	21.76	34.26	5883	20.16
5.秋杂粮	3.75	4639	1.74	4.27	3886	1.66

注：2007年以来数据已根据第三次农业普查结果调整。

4-11　夏、秋粮食播种面积和产量(2020-2021)

单位：千公顷、公斤、万吨

指　　标	2020			2021		
	播种面积	公顷产	总产量	播种面积	公顷产	总产量
(一)夏收粮食合计	**138.62**	**4015**	**55.66**	**166.16**	**3931**	**65.32**
1.小　麦	93.36	4370	40.79	114.81	4210	48.34
2.大　麦	2.01	4416	0.89	1.74	3991	0.70
3.春季豆类	27.73	2960	8.21	28.92	2817	8.15
4.春季薯类	15.13	3699	5.60	20.44	3934	8.04
(1)马铃薯	14.94	3670	5.48	19.75	3862	7.62
(2)甘　薯	0.19	6001	0.11	0.70	6001	0.42
5.春杂粮	0.39	4365	0.17	0.24	4270	0.10
(二)秋收粮食合计	**753.56**	**6466**	**487.27**	**738.57**	**6672**	**492.75**
1.晚　稻	534.80	7523	402.35	531.38	7646	406.29
(1)单　晚	445.21	7700	342.82	440.97	7890	347.92
(2)双　晚	89.60	6643	59.52	90.41	6456	58.37
2.夏秋玉米	63.28	4094	25.91	57.97	4410	25.56
3.夏秋豆类	88.08	2570	22.64	79.11	2766	21.88
(1)夏秋大豆	78.06	2582	20.15	72.05	2775	19.99
(2)杂　豆	10.02	2480	2.49	7.07	2670	1.89
4.夏秋薯类	58.22	5705	33.22	60.93	5815	35.43
(1)马铃薯	8.60	4054	3.49	7.71	3910	3.01
(2)甘　薯	49.62	5991	29.73	53.23	6091	32.42
5.秋杂粮	9.18	3448	3.16	9.18	3900	3.58

注：2007年以来数据已根据第三次农业普查结果调整。

五　市县数据

5-1 各设区市全体居民人均可支配收入(2017-2021)

单位：元

地　区	2017	2018	2019	2020	2021
杭州市	49832	54348	59261	61879	67709
宁波市	48233	52402	56982	59952	65436
温州市	43185	46920	51490	54025	59588
嘉兴市	43507	47380	51615	54667	60048
湖州市	40702	44487	48673	51800	57497
绍兴市	45306	49389	53839	56600	62509
金华市	40629	44326	48155	50580	55880
衢州市	29378	32269	35412	37935	42658
舟山市	45195	49217	53568	55830	60848
台州市	40439	43973	47988	50643	55499
丽水市	29329	32245	35450	37744	42042

5-2 各设区市全体居民人均消费支出(2017-2021)

单位：元

地　区	2017	2018	2019	2020	2021
杭州市	34146	37369	40016	38235	44609
宁波市	29316	32200	33944	34455	40478
温州市	28627	31213	34107	34283	39900
嘉兴市	25619	27738	30547	31756	37158
湖州市	24421	26964	29657	30413	35874
绍兴市	26459	28691	31109	31613	37448
金华市	26661	28628	30911	30949	36471
衢州市	16794	18736	20635	21029	25048
舟山市	28259	29989	32347	32459	37561
台州市	27129	29421	31768	30969	36227
丽水市	21568	23508	25718	25940	30390

5-3 各设区市城镇常住居民人均可支配收入(2017-2021)

单位：元

地 区	2017	2018	2019	2020	2021
杭州市	56276	61172	66068	68666	74700
宁波市	55656	60134	64886	68008	73869
温州市	51866	56097	60957	63481	69678
嘉兴市	53057	57437	61940	64124	69839
湖州市	49934	54393	59028	61743	67983
绍兴市	54445	59049	63935	66694	73101
金华市	50653	54883	59348	61545	67374
衢州市	39577	43126	46933	49300	54577
舟山市	52516	56622	61479	63702	69103
台州市	51374	55705	60351	62598	68053
丽水市	38996	42557	46437	48532	53259

5-4 各设区市城镇常住居民人均消费支出(2017-2021)

单位：元

地 区	2017	2018	2019	2020	2021
杭州市	38179	41615	44076	41916	48629
宁波市	33197	36712	38274	38702	45362
温州市	33663	36709	39804	39860	46147
嘉兴市	29875	32366	35435	36384	42305
湖州市	28962	31829	34916	35488	41532
绍兴市	30879	33319	35925	36392	42766
金华市	32368	34503	37166	36828	43031
衢州市	21934	24273	26535	26801	31434
舟山市	32218	33826	36333	36478	42047
台州市	32514	35100	37616	36131	42096
丽水市	27017	29271	31876	31756	36678

5-5 各设区市农村常住居民人均可支配收入(2017-2021)

单位：元

地 区	2017	2018	2019	2020	2021
杭州市	30397	33193	36255	38700	42692
宁波市	30871	33633	36632	39132	42946
温州市	25154	27478	30211	32428	35844
嘉兴市	31436	34279	37413	39801	43598
湖州市	28999	31767	34803	37244	41303
绍兴市	30331	33097	36120	38696	42636
金华市	23922	26218	28511	30365	33709
衢州市	20225	22255	24426	26290	29266
舟山市	30791	33812	36784	39096	42945
台州市	25369	27631	30221	32188	35419
丽水市	18072	19922	21931	23637	26386

5-6 各设区市农村常住居民人均消费支出(2017-2021)

单位：元

地 区	2017	2018	2019	2020	2021
杭州市	21983	24203	26296	25664	30224
宁波市	20239	21248	22797	23481	27451
温州市	18169	19568	21301	21544	25198
嘉兴市	20240	21708	23824	24482	28510
湖州市	18665	20718	22613	22984	27134
绍兴市	19216	20888	22658	23135	27471
金华市	17149	18550	19933	20112	23816
衢州市	12181	13629	15009	15115	17872
舟山市	20472	22007	23891	23915	27831
台州市	19709	21510	23364	23001	26838
丽水市	15222	16623	18141	18335	21613

5-7 杭州居民家庭人均收支及增长情况(2021)

指标	全体居民		城镇常住居民		农村常住居民	
	水平(元)	增长(%)	水平(元)	增长(%)	水平(元)	增长(%)
可支配收入	**67709**	**9.4**	**74700**	**8.8**	**42692**	**10.3**
1.工资性收入	39396	9.4	43245	8.9	25626	9.7
2.经营净收入	7016	8.8	6099	8.1	10297	12.0
3.财产净收入	9144	11.0	11198	10.0	1792	13.0
4.转移净收入	12153	8.7	14158	7.9	4977	9.2
生活消费支出	**44609**	**16.7**	**48629**	**16.0**	**30224**	**17.8**
1.食品烟酒	11268	13.8	12129	13.2	8187	15.1
2.衣着	2292	16.2	2528	16.1	1449	13.9
3.居住	12107	13.6	12878	12.6	9348	16.8
4.生活用品及服务	2647	26.5	2949	28.9	1566	10.0
5.交通通信	7084	13.3	7786	13.1	4571	11.5
6.教育文化娱乐	4414	36.2	4960	33.9	2458	47.7
7.医疗保健	3556	10.6	3929	7.6	2224	28.6
8.其他用品及服务	1241	37.6	1470	38.4	421	18.6

5-8 杭州居民家庭收支构成情况(2021)

单位：%

指标	全体居民	城镇常住居民	农村常住居民
可支配收入	**100.0**	**100.0**	**100.0**
1.工资性收入	58.2	57.9	60.0
2.经营净收入	10.4	8.2	24.1
3.财产净收入	13.5	15.0	4.2
4.转移净收入	17.9	18.9	11.7
生活消费支出	**100.0**	**100.0**	**100.0**
1.食品烟酒	25.3	24.9	27.1
2.衣着	5.1	5.2	4.8
3.居住	27.1	26.5	30.9
4.生活用品及服务	5.9	6.1	5.2
5.交通通信	15.9	16.0	15.1
6.教育文化娱乐	9.9	10.2	8.1
7.医疗保健	8.0	8.1	7.4
8.其他用品及服务	2.8	3.0	1.4

5-9 宁波居民家庭人均收支及增长情况(2021)

指标	全体居民		城镇常住居民		农村常住居民	
	水平(元)	增长(%)	水平(元)	增长(%)	水平(元)	增长(%)
可支配收入	**65436**	**9.1**	**73869**	**8.6**	**42946**	**9.7**
1. 工资性收入	37357	7.2	41809	6.8	25482	7.3
2. 经营净收入	11914	6.0	12956	5.6	9138	6.7
3. 财产净收入	6982	15.4	9033	14.7	1512	14.5
4. 转移净收入	9183	17.6	10071	15.7	6814	24.2
生活消费支出	**40478**	**17.5**	**45362**	**17.2**	**27451**	**16.9**
1. 食品烟酒	11346	14.8	12353	14.3	8661	15.8
2. 衣着	2342	19.6	2673	19.4	1458	18.0
3. 居住	10963	21.3	12286	20.3	7434	24.0
4. 生活用品及服务	2430	12.1	2797	9.4	1452	25.3
5. 交通通信	5629	6.7	6309	9.0	3815	-3.3
6. 教育文化娱乐	4255	39.9	4976	37.2	2332	52.0
7. 医疗保健	2328	19.3	2536	22.6	1771	7.7
8. 其他用品及服务	1185	3.7	1432	2.5	528	8.2

5-10 宁波居民家庭收支构成情况(2021)

单位：%

指标	全体居民	城镇常住居民	农村常住居民
可支配收入	**100.0**	**100.0**	**100.0**
1. 工资性收入	57.1	56.6	59.3
2. 经营净收入	18.2	17.6	21.3
3. 财产净收入	10.7	12.2	3.5
4. 转移净收入	14.0	13.6	15.9
生活消费支出	**100.0**	**100.0**	**100.0**
1. 食品烟酒	28.0	27.2	31.6
2. 衣着	5.8	5.9	5.3
3. 居住	27.1	27.1	27.1
4. 生活用品及服务	6.0	6.2	5.3
5. 交通通信	13.9	13.9	13.9
6. 教育文化娱乐	10.5	11.0	8.5
7. 医疗保健	5.8	5.6	6.4
8. 其他用品及服务	2.9	3.1	1.9

5-11 温州居民家庭人均收支及增长情况(2021)

指　标	全体居民		城镇常住居民		农村常住居民	
	水平(元)	增长(%)	水平(元)	增长(%)	水平(元)	增长(%)
可支配收入	**59588**	**10.3**	**69678**	**9.8**	**35844**	**10.5**
1.工资性收入	31604	11.2	36114	10.8	20990	11.2
2.经营净收入	10902	10.6	11872	10.4	8617	10.5
3.财产净收入	9179	9.1	12295	8.3	1844	8.8
4.转移净收入	7904	7.7	9396	7.1	4392	8.1
生活消费支出	**39900**	**16.4**	**46147**	**15.8**	**25198**	**17.0**
1.食品烟酒	11556	14.7	12734	14.3	8784	15.1
2.衣着	2504	22.3	2804	16.4	1798	47.7
3.居住	10207	7.2	12215	7.9	5479	1.4
4.生活用品及服务	2979	38.5	3437	35.9	1901	47.4
5.交通通信	3972	2.6	4710	2.4	2236	1.1
6.教育文化娱乐	5286	26.7	6213	22.0	3105	50.0
7.医疗保健	2174	30.3	2533	38.6	1328	2.0
8.其他用品及服务	1222	57.4	1501	60.8	567	35.8

5-12 温州居民家庭收支构成情况(2021)

单位：%

指　标	全体居民	城镇常住居民	农村常住居民
可支配收入	**100.0**	**100.0**	**100.0**
1.工资性收入	53.0	51.8	58.6
2.经营净收入	18.3	17.0	24.0
3.财产净收入	15.4	17.6	5.1
4.转移净收入	13.3	13.5	12.3
生活消费支出	**100.0**	**100.0**	**100.0**
1.食品烟酒	29.0	27.6	34.9
2.衣着	6.3	6.1	7.1
3.居住	25.6	26.5	21.7
4.生活用品及服务	7.5	7.4	7.5
5.交通通信	10.0	10.2	8.9
6.教育文化娱乐	13.2	13.5	12.3
7.医疗保健	5.4	5.5	5.3
8.其他用品及服务	3.1	3.3	2.3

5-13 嘉兴居民家庭人均收支及增长情况(2021)

指　　标	全体居民		城镇常住居民		农村常住居民	
	水平(元)	增长(%)	水平(元)	增长(%)	水平(元)	增长(%)
可支配收入	**60048**	**9.8**	**69839**	**8.9**	**43598**	**9.5**
1.工资性收入	37940	10.4	43789	9.3	28112	10.5
2.经营净收入	7995	3.6	7050	3.2	9583	5.1
3.财产净收入	4868	12.1	6680	10.5	1824	9.6
4.转移净收入	9245	12.4	12320	10.1	4079	14.4
生活消费支出	**37158**	**17.0**	**42305**	**16.3**	**28510**	**16.5**
1.食品烟酒	9929	15.4	11198	15.5	7796	13.1
2.衣着	2038	19.8	2419	18.3	1397	20.2
3.居住	8751	19.1	9938	15.4	6757	26.3
4.生活用品及服务	2409	29.1	2809	30.5	1737	22.6
5.交通通信	6421	7.4	6935	7.4	5558	6.3
6.教育文化娱乐	3919	22.4	4913	21.9	2249	18.2
7.医疗保健	2604	13.8	2814	14.1	2253	12.1
8.其他用品及服务	1087	41.6	1279	38.4	764	46.5

5-14 嘉兴居民家庭收支构成情况(2021)

单位：%

指　　标	全体居民	城镇常住居民	农村常住居民
可支配收入	**100.0**	**100.0**	**100.0**
1.工资性收入	63.2	62.7	64.5
2.经营净收入	13.3	10.1	22.0
3.财产净收入	8.1	9.6	4.2
4.转移净收入	15.4	17.6	9.4
生活消费支出	**100.0**	**100.0**	**100.0**
1.食品烟酒	26.7	26.5	27.3
2.衣着	5.5	5.7	4.9
3.居住	23.6	23.5	23.7
4.生活用品及服务	6.5	6.6	6.1
5.交通通信	17.3	16.4	19.5
6.教育文化娱乐	10.5	11.6	7.9
7.医疗保健	7.0	6.7	7.9
8.其他用品及服务	2.9	3.0	2.7

5-15 湖州居民家庭人均收支及增长情况(2021)

指　标	全体居民		城镇常住居民		农村常住居民	
	水平(元)	增长(%)	水平(元)	增长(%)	水平(元)	增长(%)
可支配收入	**57497**	**11.0**	**67983**	**10.1**	**41303**	**10.9**
1.工资性收入	33300	11.0	37392	10.3	26981	11.0
2.经营净收入	12129	11.3	13341	10.6	10256	11.4
3.财产净收入	4608	12.0	6629	10.6	1485	9.6
4.转移净收入	7461	10.1	10620	8.5	2581	9.1
生活消费支出	**35874**	**18.0**	**41532**	**17.0**	**27134**	**18.1**
1.食品烟酒	10232	17.4	11487	16.4	8295	17.9
2.衣着	2544	21.6	3077	19.3	1721	24.9
3.居住	8463	15.5	9963	14.0	6145	17.0
4.生活用品及服务	2038	16.3	2182	13.1	1815	21.7
5.交通通信	5680	13.1	6309	13.5	4707	11.1
6.教育文化娱乐	3811	33.9	4922	33.5	2095	29.6
7.医疗保健	2151	15.7	2392	14.0	1779	17.9
8.其他用品及服务	956	19.5	1200	16.6	578	24.5

5-16 湖州居民家庭收支构成情况(2021)

单位：%

指　标	全体居民	城镇常住居民	农村常住居民
可支配收入	**100.0**	**100.0**	**100.0**
1.工资性收入	57.9	55.0	65.3
2.经营净收入	21.1	19.6	24.8
3.财产净收入	8.0	9.8	3.6
4.转移净收入	13.0	15.6	6.2
生活消费支出	**100.0**	**100.0**	**100.0**
1.食品烟酒	28.5	27.7	30.6
2.衣着	7.1	7.4	6.3
3.居住	23.6	24.0	22.6
4.生活用品及服务	5.7	5.3	6.7
5.交通通信	15.8	15.2	17.3
6.教育文化娱乐	10.6	11.8	7.7
7.医疗保健	6.0	5.8	6.6
8.其他用品及服务	2.7	2.9	2.1

5-17 绍兴居民家庭人均收支及增长情况(2021)

指　　标	全体居民		城镇常住居民		农村常住居民	
	水平(元)	增长(%)	水平(元)	增长(%)	水平(元)	增长(%)
可支配收入	**62509**	**10.4**	**73101**	**9.6**	**42636**	**10.2**
1.工资性收入	35239	10.1	40709	9.2	24976	10.2
2.经营净收入	13364	11.3	14050	11.3	12076	10.8
3.财产净收入	6011	11.6	8557	9.9	1233	9.6
4.转移净收入	7896	9.5	9785	8.5	4352	8.4
生活消费支出	**37448**	**18.5**	**42766**	**17.5**	**27471**	**18.7**
1.食品烟酒	10290	16.2	11396	15.0	8215	17.7
2.衣着	2580	21.2	3071	20.4	1658	20.3
3.居住	9641	18.1	11347	16.9	6440	18.5
4.生活用品及服务	1706	18.9	1898	18.2	1347	18.8
5.交通通信	5782	20.9	6411	20.4	4601	20.3
6.教育文化娱乐	4017	19.7	4779	18.7	2587	19.2
7.医疗保健	2515	18.7	2763	18.3	2052	18.2
8.其他用品及服务	917	18.9	1100	17.6	572	19.5

5-18 绍兴居民家庭收支构成情况(2021)

单位：%

指　　标	全体居民	城镇常住居民	农村常住居民
可支配收入	**100.0**	**100.0**	**100.0**
1.工资性收入	56.4	55.7	58.6
2.经营净收入	21.4	19.2	28.3
3.财产净收入	9.6	11.7	2.9
4.转移净收入	12.6	13.4	10.2
生活消费支出	**100.0**	**100.0**	**100.0**
1.食品烟酒	27.5	26.6	29.9
2.衣着	6.9	7.2	6.0
3.居住	25.7	26.5	23.4
4.生活用品及服务	4.6	4.4	4.9
5.交通通信	15.4	15.0	16.7
6.教育文化娱乐	10.7	11.2	9.4
7.医疗保健	6.7	6.5	7.5
8.其他用品及服务	2.5	2.6	2.1

5-19 金华居民家庭人均收支及增长情况(2021)

指　标	全体居民		城镇常住居民		农村常住居民	
	水平(元)	增长(%)	水平(元)	增长(%)	水平(元)	增长(%)
可支配收入	**55880**	**10.5**	**67374**	**9.5**	**33709**	**11.0**
1.工资性收入	30926	9.7	36847	8.8	19502	10.3
2.经营净收入	9943	15.0	10500	15.7	8869	12.8
3.财产净收入	7260	9.3	10311	7.3	1376	17.3
4.转移净收入	7751	9.0	9716	8.1	3961	8.5
生活消费支出	**36471**	**17.8**	**43031**	**16.8**	**23816**	**18.4**
1.食品烟酒	9230	16.6	10312	16.0	7143	16.7
2.衣着	2318	21.0	2871	19.4	1251	23.3
3.居住	8790	12.4	10209	11.2	6051	13.8
4.生活用品及服务	2199	20.8	2560	17.7	1504	28.7
5.交通通信	5781	14.1	7199	12.4	3045	16.8
6.教育文化娱乐	4165	30.9	5138	29.2	2289	33.6
7.医疗保健	3132	20.8	3672	22.4	2091	13.3
8.其他用品及服务	857	35.8	1071	34.8	443	35.0

5-20 金华居民家庭收支构成情况(2021)

单位：%

指　标	全体居民	城镇常住居民	农村常住居民
可支配收入	**100.0**	**100.0**	**100.0**
1.工资性收入	55.3	54.7	57.9
2.经营净收入	17.8	15.6	26.3
3.财产净收入	13.0	15.3	4.1
4.转移净收入	13.9	14.4	11.8
生活消费支出	**100.0**	**100.0**	**100.0**
1.食品烟酒	25.3	24.0	30.0
2.衣着	6.4	6.7	5.3
3.居住	24.1	23.7	25.4
4.生活用品及服务	6.0	5.9	6.3
5.交通通信	15.8	16.7	12.8
6.教育文化娱乐	11.4	11.9	9.6
7.医疗保健	8.6	8.5	8.8
8.其他用品及服务	2.3	2.5	1.9

5-21 衢州居民家庭人均收支及增长情况(2021)

指标	全体居民		城镇常住居民		农村常住居民	
	水平(元)	增长(%)	水平(元)	增长(%)	水平(元)	增长(%)
可支配收入	**42658**	**12.5**	**54577**	**10.7**	**29266**	**11.3**
1. 工资性收入	25651	12.7	32907	10.7	17497	12.1
2. 经营净收入	7153	11.9	7567	13.4	6688	9.5
3. 财产净收入	3024	16.3	5288	11.3	480	21.3
4. 转移净收入	6830	10.4	8815	8.1	4601	10.2
生活消费支出	**25048**	**19.1**	**31434**	**17.3**	**17872**	**18.2**
1. 食品烟酒	6667	13.5	7751	11.8	5449	13.7
2. 衣着	1561	19.0	2061	11.7	999	30.8
3. 居住	6378	13.7	8026	8.9	4526	18.9
4. 生活用品及服务	1420	23.9	1871	21.2	912	23.5
5. 交通通信	2991	25.6	3770	26.3	2115	19.9
6. 教育文化娱乐	3671	35.8	4924	36.6	2264	27.2
7. 医疗保健	1828	13.6	2250	16.6	1354	5.7
8. 其他用品及服务	533	36.0	782	32.3	252	34.6

5-22 衢州居民家庭收支构成情况(2021)

单位：%

指标	全体居民	城镇常住居民	农村常住居民
可支配收入	**100.0**	**100.0**	**100.0**
1. 工资性收入	60.1	60.3	59.8
2. 经营净收入	16.8	13.9	22.9
3. 财产净收入	7.1	9.7	1.6
4. 转移净收入	16.0	16.2	15.7
生活消费支出	**100.0**	**100.0**	**100.0**
1. 食品烟酒	26.6	24.7	30.5
2. 衣着	6.2	6.6	5.6
3. 居住	25.5	25.5	25.3
4. 生活用品及服务	5.7	6.0	5.1
5. 交通通信	11.9	12.0	11.8
6. 教育文化娱乐	14.7	15.7	12.7
7. 医疗保健	7.3	7.2	7.6
8. 其他用品及服务	2.1	2.5	1.4

5-23 舟山居民家庭人均收支及增长情况(2021)

指　　标	全体居民		城镇常住居民		农村常住居民	
	水平(元)	增长(%)	水平(元)	增长(%)	水平(元)	增长(%)
可支配收入	**60848**	**9.0**	**69103**	**8.5**	**42945**	**9.8**
1. 工资性收入	40249	9.8	46117	9.3	27523	10.7
2. 经营净收入	7193	7.1	7351	6.6	6850	8.1
3. 财产净收入	4508	7.6	5817	6.8	1669	9.6
4. 转移净收入	8898	7.6	9818	7.2	6903	8.5
生活消费支出	**37561**	**15.7**	**42047**	**15.3**	**27831**	**16.4**
1. 食品烟酒	11043	11.8	12135	11.3	8676	12.7
2. 衣着	3064	16.9	3687	15.9	1712	19.8
3. 居住	8753	17.6	9210	17.2	7761	18.4
4. 生活用品及服务	1951	15.9	2153	15.2	1508	17.2
5. 交通通信	4168	15.6	5010	14.7	2304	16.2
6. 教育文化娱乐	4158	20.3	5054	20.4	2257	20.1
7. 医疗保健	2650	17.0	2794	17.2	2338	16.3
8. 其他用品及服务	1774	17.5	2004	16.8	1275	18.9

5-24 舟山居民家庭收支构成情况(2021)

单位：%

指　　标	全体居民	城镇常住居民	农村常住居民
可支配收入	**100.0**	**100.0**	**100.0**
1. 工资性收入	66.2	66.7	64.1
2. 经营净收入	11.8	10.7	15.9
3. 财产净收入	7.4	8.4	3.9
4. 转移净收入	14.6	14.2	16.1
生活消费支出	**100.0**	**100.0**	**100.0**
1. 食品烟酒	29.4	28.9	31.2
2. 衣着	8.2	8.8	6.1
3. 居住	23.3	21.9	27.9
4. 生活用品及服务	5.2	5.1	5.4
5. 交通通信	11.1	11.9	8.3
6. 教育文化娱乐	11.1	12.0	8.1
7. 医疗保健	7.0	6.6	8.4
8. 其他用品及服务	4.7	4.8	4.6

5-25 台州居民家庭人均收支及增长情况(2021)

指　　标	全体居民		城镇常住居民		农村常住居民	
	水平(元)	增长(%)	水平(元)	增长(%)	水平(元)	增长(%)
可支配收入	**55499**	**9.6**	**68053**	**8.7**	**35419**	**10.0**
1.工资性收入	33159	10.1	39504	9.0	23012	11.1
2.经营净收入	10306	8.7	11906	8.0	7748	9.1
3.财产净收入	6316	10.6	9103	9.8	1858	7.4
4.转移净收入	5717	7.4	7540	6.8	2803	6.2
生活消费支出	**36227**	**17.0**	**42096**	**16.5**	**26838**	**16.7**
1.食品烟酒	10329	13.8	11941	13.0	7751	14.5
2.衣着	2675	17.2	3305	16.2	1667	17.8
3.居住	8516	15.8	9978	14.9	6178	16.4
4.生活用品及服务	2115	17.9	2607	17.1	1328	18.1
5.交通通信	6013	19.1	6811	19.6	4737	16.8
6.教育文化娱乐	3659	24.7	4221	24.8	2760	22.9
7.医疗保健	2100	19.7	2192	21.4	1952	16.5
8.其他用品及服务	820	13.2	1041	12.0	465	14.3

5-26 台州居民家庭收支构成情况(2021)

单位：%

指　　标	全体居民	城镇常住居民	农村常住居民
可支配收入	**100.0**	**100.0**	**100.0**
1.工资性收入	59.7	58.0	65.0
2.经营净收入	18.6	17.5	21.9
3.财产净收入	11.4	13.4	5.2
4.转移净收入	10.3	11.1	7.9
生活消费支出	**100.0**	**100.0**	**100.0**
1.食品烟酒	28.5	28.4	28.9
2.衣着	7.4	7.9	6.2
3.居住	23.5	23.7	23.0
4.生活用品及服务	5.8	6.2	4.9
5.交通通信	16.6	16.2	17.7
6.教育文化娱乐	10.1	10.0	10.3
7.医疗保健	5.8	5.2	7.3
8.其他用品及服务	2.3	2.5	1.7

5-27 丽水居民家庭人均收支及增长情况(2021)

指标	全体居民		城镇常住居民		农村常住居民	
	水平(元)	增长(%)	水平(元)	增长(%)	水平(元)	增长(%)
可支配收入	**42042**	**11.4**	**53259**	**9.7**	**26386**	**11.6**
1.工资性收入	22019	10.4	27921	8.0	13781	12.6
2.经营净收入	7986	11.0	8088	11.0	7844	10.9
3.财产净收入	4644	14.0	7398	11.7	801	9.0
4.转移净收入	7393	13.2	9852	12.2	3960	10.2
生活消费支出	**30390**	**17.2**	**36678**	**15.5**	**21613**	**17.9**
1.食品烟酒	8628	16.4	10160	14.9	6490	17.0
2.衣着	2399	15.9	3036	11.9	1509	22.9
3.居住	8528	14.6	10726	14.0	5460	12.0
4.生活用品及服务	1434	25.0	1586	19.3	1222	34.3
5.交通通信	3222	15.2	3610	10.8	2681	22.3
6.教育文化娱乐	2416	24.7	2793	24.2	1889	23.4
7.医疗保健	3086	18.8	3895	19.9	1957	12.0
8.其他用品及服务	677	27.2	872	23.0	405	34.6

5-28 丽水居民家庭收支构成情况(2021)

单位：%

指标	全体居民	城镇常住居民	农村常住居民
可支配收入	**100.0**	**100.0**	**100.0**
1.工资性收入	52.4	52.4	52.2
2.经营净收入	19.0	15.2	29.7
3.财产净收入	11.0	13.9	3.1
4.转移净收入	17.6	18.5	15.0
生活消费支出	**100.0**	**100.0**	**100.0**
1.食品烟酒	28.4	27.7	30.0
2.衣着	7.9	8.3	7.0
3.居住	28.1	29.3	25.3
4.生活用品及服务	4.7	4.3	5.6
5.交通通信	10.6	9.8	12.4
6.教育文化娱乐	7.9	7.6	8.7
7.医疗保健	10.2	10.6	9.1
8.其他用品及服务	2.2	2.4	1.9

5-29 各设区市市区及各调查县(市/区)居民消费价格总指数(2017-2021)

(上年=100)

地　区	2017	2018	2019	2020	2021
杭州市区	102.5	102.3	103.1	102.1	101.3
宁波市区	101.8	102.2	103.0	101.9	102.1
温州市区	102.4	102.3	102.2	102.0	101.4
嘉兴市区	102.2	102.3	102.9	102.4	101.6
湖州市区	101.8	102.2	103.0	102.3	102.1
绍兴市区	101.8	102.4	102.7	102.4	101.4
金华市区	101.9	102.3	103.1	102.4	101.4
衢州市区	101.9	102.2	103.0	101.9	101.4
舟山市区	101.7	102.8	102.3	101.9	100.9
台州市区	102.4	102.4	102.3	102.1	101.7
丽水市区	101.5	102.5	103.3	102.0	101.8
萧山区	102.7	102.7	102.5	102.2	101.4
建德市	101.4	102.1	103.0	102.4	101.1
宁海县	102.1	102.0	103.3	102.9	101.0
瑞安市	102.6	101.6	103.3	102.7	101.2
海宁市	101.9	101.6	103.0	103.3	101.4
桐乡市	101.9	102.6	103.2	103.0	101.4
安吉县	101.6	102.7	103.7	103.0	101.4
新昌县	101.4	101.9	102.5	103.0	101.1
兰溪市	101.9	101.6	103.1	103.0	—
义乌市	101.1	102.9	102.9	103.3	102.1
江山市	101.8	101.9	103.1	102.5	101.3
临海市	101.7	102.8	104.2	103.2	102.0
龙泉市	101.2	102.1	103.4	102.6	101.1

5-30 各设区市市区及各调查县(市/区)商品零售价格总指数(2017-2021)

(上年=100)

地 区	2017	2018	2019	2020	2021
杭州市区	101.0	102.0	103.1	100.9	101.6
宁波市区	101.1	102.1	102.3	100.2	103.3
温州市区	101.5	102.5	101.9	101.2	102.2
嘉兴市区	101.1	102.2	102.2	101.5	102.9
湖州市区	101.4	102.3	102.9	101.4	103.2
绍兴市区	101.8	101.8	103.1	101.4	101.6
金华市区	102.1	102.2	102.4	101.2	102.0
衢州市区	101.0	101.9	101.7	100.6	102.2
舟山市区	101.7	102.2	102.1	100.9	101.4
台州市区	101.5	101.6	101.7	101.6	102.6
丽水市区	101.7	102.5	101.9	100.9	102.3
萧山区	101.9	102.4	102.2	101.6	102.2
建德市	100.8	102.9	102.2	101.6	101.4
宁海县	101.6	102.5	102.4	101.9	101.7
瑞安市	102.0	101.9	102.9	102.2	102.5
海宁市	101.8	101.6	101.6	102.0	102.5
桐乡市	101.2	102.7	102.6	102.3	103.2
安吉县	101.6	102.3	102.2	102.2	102.3
新昌县	101.4	101.3	102.3	102.3	101.8
兰溪市	102.2	101.0	103.7	102.3	-
义乌市	102.1	103.0	102.4	102.4	102.3
江山市	100.6	101.2	102.6	101.4	102.3
临海市	101.1	102.3	103.8	101.3	102.9
龙泉市	101.0	103.0	102.9	101.7	101.6

5-31　全省及部分地区工业生产者出厂价格指数(2017-2021)

(上年=100)

地　区	2017	2018	2019	2020	2021
全　省	104.8	103.4	98.9	96.9	106.3
杭州市	104.4	102.4	99.0	97.5	104.9
宁波市	106.7	104.2	97.9	95.7	108.5
温州市	102.2	102.0	100.1	98.9	103.7
嘉兴市	107.1	104.1	98.7	95.8	108.2
湖州市	105.2	103.9	99.2	97.7	105.0
绍兴市	105.6	106.9	98.1	95.4	107.5
金华市	104.4	102.3	99.3	99.6	105.8
衢州市	113.1	107.4	96.7	97.9	114.7
台州市	103.2	102.0	100.1	98.8	102.7

5-32　全省及部分地区工业生产者购进价格指数(2017-2021)

(上年=100)

地　区	2017	2018	2019	2020	2021
全　省	109.6	105.1	97.1	95.9	114.5
杭州市	108.4	103.7	96.8	96.1	113.0
宁波市	113.0	107.5	96.2	92.3	121.2
温州市	106.2	103.5	98.0	97.9	111.7
嘉兴市	113.4	105.8	97.3	96.6	119.4
湖州市	115.0	106.6	94.5	95.2	115.4
绍兴市	109.6	107.1	96.5	95.1	115.1
金华市	111.0	103.7	97.9	98.2	116.2
衢州市	116.3	107.3	100.9	98.8	123.7
台州市	108.2	103.9	97.3	97.3	112.9

5-33 各设区市市区居民

指　　标	杭州市区	宁波市区	温州市区	嘉兴市区	湖州市区
居民消费价格总指数	**101.3**	**102.1**	**101.4**	**101.6**	**102.1**
#服务价格指数	101.5	101.4	101.1	100.5	101.2
工业品价格指数	102.4	103.0	102.4	102.8	103.1
消费品价格指数	101.1	102.6	101.6	102.4	102.8
非食品价格指数	101.9	102.2	101.7	101.5	102.1
一、食品烟酒	**99.5**	**102.1**	**100.8**	**102.0**	**102.4**
1.食品	98.1	101.5	100.0	102.0	102.5
(1)粮食	98.1	102.3	101.9	102.8	102.1
(2)薯类	93.8	109.2	93.4	105.4	102.4
(3)豆类	101.1	107.6	112.8	107.7	104.7
(4)食用油	107.1	119.5	112.1	105.5	109.5
(5)菜及食用菌	99.0	110.1	105.0	110.0	106.3
#鲜菜	98.7	110.9	105.7	110.8	108.1
(6)畜肉类	82.4	83.2	81.1	83.1	82.8
#猪肉	73.4	74.2	71.0	72.8	73.3
(7)禽肉类	93.5	94.2	95.5	98.3	95.5
(8)水产品	109.2	107.3	106.8	117.9	118.3
(9)蛋类	104.9	104.7	107.0	104.2	107.4
(10)奶类	104.9	104.6	100.3	99.4	104.0
(11)干鲜瓜果类	100.4	104.4	105.9	105.0	111.3
(12)糖果糕点类	101.4	105.9	101.1	104.5	100.4
(13)调味品	102.1	103.0	99.9	101.8	103.8
(14)其他食品类	101.1	99.8	101.7	102.6	98.4
2.茶及饮料	101.4	103.7	100.2	101.3	102.3
3.烟酒	101.8	101.8	100.6	100.9	100.0
(1)卷烟	100.7	101.4	100.2	100.3	100.4
(2)酒类	104.8	102.7	101.3	102.5	99.2
4.在外餐饮	101.7	103.9	103.2	102.4	103.2
二、衣着	**101.2**	**99.6**	**101.4**	**100.1**	**102.2**
1.服装	101.3	99.6	101.0	100.4	101.2
(1)男式服装	101.0	101.0	101.6	100.1	101.8
(2)女式服装	102.0	98.6	100.0	101.5	100.7
(3)儿童服装	99.2	98.8	102.9	96.1	101.2
(4)衣着材料及配件	101.6	101.0	104.7	102.3	100.6
(5)衣着服务费	100.2	100.5	100.0	100.0	104.2
5.鞋类	100.8	99.6	103.1	99.0	106.5
(1)鞋	100.7	99.6	103.2	99.0	106.7
(2)鞋类服务	107.8	100.0	100.0	100.0	100.0

消费价格分类指数(2021)

(上年=100)

绍兴市区	金华市区	衢州市区	舟山市区	台州市区	丽水市区
101.4	**101.4**	**101.4**	**100.9**	**101.7**	**101.8**
100.8	101.0	101.3	100.8	101.3	101.8
101.5	101.8	102.1	101.5	102.9	102.6
101.9	101.7	101.5	101.0	102.0	101.7
101.3	101.5	101.7	101.1	102.0	102.1
102.3	**101.5**	**100.7**	**100.5**	**101.0**	**100.8**
101.8	100.8	100.0	99.9	100.3	100.0
100.7	105.9	101.5	101.0	101.1	100.2
98.3	93.0	95.7	109.7	93.4	93.1
106.4	105.6	110.7	106.0	105.0	106.4
110.6	105.5	111.5	111.3	104.9	107.5
107.2	108.2	105.2	105.5	108.7	107.8
107.7	108.5	105.8	106.0	109.1	108.3
83.5	82.7	79.7	85.1	78.9	81.6
74.9	73.0	70.7	75.9	70.2	72.0
101.8	98.1	94.3	95.8	96.5	95.8
114.9	117.2	114.8	105.2	111.4	111.7
107.7	105.5	108.9	108.1	111.4	116.3
102.8	101.2	104.1	101.8	100.2	105.0
104.8	97.7	102.8	101.8	104.3	98.8
102.7	102.2	101.6	99.2	104.7	104.4
99.5	101.1	101.8	100.9	99.5	102.2
100.6	102.8	102.0	99.8	101.0	101.5
100.4	102.4	100.5	100.8	100.8	99.3
100.7	103.0	102.2	101.1	101.0	100.9
100.3	102.9	102.3	100.5	100.0	100.4
101.5	103.1	101.9	102.3	103.2	101.7
104.9	102.7	102.0	101.9	102.7	103.0
100.1	**99.9**	**99.6**	**100.4**	**101.4**	**101.3**
98.8	100.3	99.9	101.4	101.2	101.4
99.0	99.9	99.3	101.0	103.8	101.3
98.7	100.2	100.1	100.4	99.4	101.9
98.5	102.2	99.6	107.8	101.1	100.1
100.2	99.1	104.9	95.9	99.3	99.9
99.1	100.0	101.4	100.2	101.8	100.0
104.9	98.3	98.5	96.1	102.5	100.7
105.0	98.3	98.5	96.0	102.6	100.7
100.0	100.0	100.0	104.9	99.4	100.0

5-33 续表 1

指　　标	杭州市区	宁波市区	温州市区	嘉兴市区	湖州市区
三、居住	**101.1**	**100.8**	**100.5**	**100.7**	**100.1**
1.租赁房房租	100.1	99.3	99.7	99.7	99.9
2.住房保养维修及管理	107.4	106.4	103.6	105.8	101.6
(1)住房装潢材料	106.2	105.7	102.4	104.8	102.3
(2)住房维修管理费用	108.8	107.0	104.8	106.8	100.9
3.水电燃料	100.6	102.7	101.6	101.6	100.6
(1)水	100.0	100.0	100.0	100.0	100.0
(2)电	100.0	100.0	100.0	100.0	100.0
(3)燃气	102.3	111.7	107.4	104.7	102.1
(4)其他水电燃料类	101.5	102.0	100.0	104.9	101.4
4.自有住房	100.1	99.5	99.7	99.5	99.7
四、生活用品及服务	**101.0**	**102.3**	**101.4**	**102.2**	**102.6**
1.家具及室内装饰品	99.7	102.3	100.5	102.2	100.2
(1)家具	99.8	102.5	100.5	102.2	100.1
(2)室内装饰品	98.9	101.4	99.9	102.1	101.0
2.家用器具	100.9	101.7	103.3	103.3	104.3
(1)大型家用器具	101.3	102.5	103.4	104.4	104.8
(2)小家电	99.3	98.1	102.8	98.8	102.3
3.家用纺织品	101.5	100.8	100.3	100.1	102.7
(1)床上用品	100.7	100.3	100.0	100.2	103.1
(2)窗帘门帘	105.9	105.7	103.2	101.8	98.9
(3)其他家用纺织品	105.4	100.7	100.3	98.0	102.2
4.家庭日用杂品	100.8	101.6	102.6	102.4	102.9
(1)洗涤卫生用品	102.4	100.1	102.3	102.4	102.6
(2)厨具餐具茶具	100.7	102.2	100.3	99.0	100.3
(3)其他家庭日用杂品	98.9	103.1	104.1	104.5	104.5
5.个人护理用品	101.0	100.0	98.3	99.9	99.6
(1)化妆品	100.1	98.9	97.1	100.1	99.7
(2)其他护理用品类	102.8	102.2	100.6	99.5	99.3
6.家庭服务	102.4	110.4	102.2	104.2	105.1
五、交通通信	**104.4**	**105.3**	**103.0**	**104.9**	**104.7**
1.交通	105.6	105.5	104.0	106.1	105.1
(1)交通工具	99.7	99.4	98.3	101.6	100.0
(2)交通工具用燃料	116.9	116.9	116.9	116.8	116.9
(3)交通工具使用和维修	107.4	103.1	101.4	103.5	100.9
(4)交通费	102.4	103.9	100.1	102.3	103.9

（上年=100）

绍兴市区	金华市区	衢州市区	舟山市区	台州市区	丽水市区
100.4	**100.3**	**101.2**	**100.9**	**100.3**	**101.2**
100.0	99.7	100.5	100.5	100.1	100.7
102.0	101.6	102.4	103.1	100.8	104.3
101.7	103.2	101.4	103.1	101.5	102.7
102.3	99.8	103.5	103.1	100.0	106.0
101.0	101.6	103.3	101.6	101.6	101.7
100.0	100.0	100.0	100.0	100.0	100.0
100.0	100.0	100.0	100.0	100.0	100.0
103.4	108.0	112.4	106.4	105.5	105.0
103.5	99.0	106.2	101.8	104.5	106.4
100.0	99.7	100.5	100.4	99.9	100.3
100.7	**102.1**	**101.6**	**100.9**	**101.8**	**99.7**
101.6	99.5	100.5	100.6	101.3	99.6
101.6	99.6	100.6	100.6	101.6	99.8
102.2	98.7	99.7	100.7	98.9	98.5
101.3	101.7	102.3	101.1	104.2	98.4
101.2	101.5	102.3	100.8	103.9	98.5
101.9	102.9	102.3	102.3	105.0	98.2
100.2	105.9	100.0	103.2	102.2	98.9
100.1	106.8	99.8	103.5	101.7	99.3
100.9	101.6	101.2	100.1	103.6	94.4
100.0	102.5	100.3	103.5	104.4	100.6
99.8	103.3	102.2	99.9	100.5	101.3
100.9	101.1	101.0	100.3	100.2	100.3
97.4	98.1	98.6	97.0	97.8	98.8
99.6	109.3	105.7	100.8	102.3	103.9
99.5	100.4	99.3	98.6	100.4	98.7
99.4	99.1	98.6	98.0	100.3	97.8
99.8	103.1	100.8	99.9	100.6	100.3
102.4	104.3	104.7	104.5	101.3	101.3
103.2	**103.4**	**103.2**	**102.9**	**104.1**	**104.2**
104.1	104.2	104.3	103.5	104.9	105.3
98.1	97.9	99.2	96.9	100.6	100.7
116.9	116.9	117.0	116.9	116.9	116.7
101.1	102.2	102.1	98.4	100.3	103.9
102.8	101.3	98.4	104.0	101.3	99.9

5-33 续表 2

指　　标	杭州市区	宁波市区	温州市区	嘉兴市区	湖州市区
2.通信	100.1	104.6	99.9	100.5	102.9
(1)通信工具	100.6	115.6	100.3	102.8	110.4
(2)通信服务	100.0	100.0	100.0	99.5	100.0
(3)邮递服务	99.4	100.2	96.6	100.3	99.4
六、教育文化娱乐	**103.6**	**104.4**	**104.6**	**101.4**	**103.9**
1.教育	104.7	105.1	104.3	101.0	103.8
(1)教育用品	100.1	101.3	101.2	105.6	101.8
(2)教育服务	104.9	105.3	104.3	100.9	103.8
2.文化娱乐	101.9	103.2	105.2	102.1	104.2
(1)文娱耐用消费品	100.2	105.7	103.3	103.0	109.1
(2)其他文娱用品	100.1	100.9	100.2	100.4	99.7
(3)文化娱乐服务	101.8	102.2	106.6	100.4	101.1
(4)旅游	103.2	103.7	106.9	103.4	105.5
七、医疗保健	**100.0**	**100.4**	**100.5**	**99.8**	**102.6**
1.药品及医疗器具	99.9	98.7	101.5	99.5	100.8
(1)中药	101.5	101.0	100.3	100.5	101.2
(2)西药	98.5	98.7	98.9	98.4	103.0
(3)滋补保健品	100.0	96.2	107.1	99.6	94.6
(4)医疗卫生器具	103.0	100.5	103.7	102.6	102.6
(5)保健器具	100.4	99.6	99.9	96.2	99.5
2.医疗服务	100.0	101.1	100.1	99.9	103.4
(1)综合医疗类	100.0	100.1	100.2	100.0	116.0
(2)诊断类	100.0	102.8	100.1	99.9	100.0
(3)治疗类	100.0	100.0	100.0	100.0	100.0
(4)康复类	100.0	100.0	100.0	100.0	100.0
(5)中医医疗服务类	100.0	100.0	100.0	100.0	102.2
(6)其他医疗保健服务	101.3	100.0	100.0	100.0	100.0
八、其他用品及服务	**97.7**	**97.3**	**97.0**	**96.8**	**96.2**
1.其他用品	99.8	98.2	99.4	98.1	97.9
(1)首饰手表	98.8	96.8	98.3	97.2	96.4
(2)母婴用品	100.0	99.5	102.9	98.8	99.6
(3)其他杂项用品	101.8	100.2	99.9	99.8	100.0
2.其他服务	95.7	96.4	94.7	95.6	94.7
(1)在外住宿	103.9	104.5	99.9	102.3	101.9
(2)美容美发洗浴	101.1	104.1	101.2	104.5	101.1
(3)养老服务	109.8	104.2	100.0	100.0	100.0
(4)金融及保险服务	87.4	87.8	87.8	87.0	87.6
(5)中介法律及其他服务	100.8	99.4	100.0	102.3	99.7

(上年=100)

绍兴市区	金华市区	衢州市区	舟山市区	台州市区	丽水市区
100.3	100.6	98.7	100.4	101.1	100.6
104.1	101.3	101.5	101.3	104.0	104.0
98.7	100.0	97.5	100.0	100.0	99.1
100.0	103.2	98.3	100.0	100.1	100.3
102.6	**104.1**	**102.5**	**101.6**	**104.2**	**104.7**
101.1	104.4	102.4	102.4	105.9	103.6
100.8	100.1	100.4	103.3	100.9	107.3
101.1	104.6	102.4	102.4	106.1	103.4
105.1	103.7	102.6	100.1	101.7	106.5
99.7	99.9	101.1	100.0	106.7	103.9
98.9	101.3	100.5	101.6	102.5	100.5
100.2	101.3	103.6	101.9	100.8	102.4
114.0	108.2	103.5	98.3	99.5	111.9
100.1	**99.6**	**102.8**	**99.7**	**103.2**	**102.1**
99.7	98.6	100.3	99.0	99.9	100.7
98.1	98.8	100.3	98.6	98.9	99.7
102.3	97.6	100.3	97.7	101.4	100.9
94.8	100.1	98.8	100.2	96.1	101.2
100.4	99.6	102.6	102.8	102.4	102.2
99.4	100.2	99.6	99.6	98.2	93.3
100.3	100.0	104.0	100.0	104.7	102.8
100.6	100.0	109.2	100.0	106.9	107.3
100.0	100.0	100.0	100.0	103.4	103.0
99.9	100.0	106.4	100.0	106.6	100.0
103.5	100.0	100.0	100.0	100.0	100.0
102.0	100.0	107.0	100.0	100.0	102.3
102.1	100.0	100.0	100.0	100.0	100.0
95.8	**96.3**	**97.1**	**96.9**	**97.1**	**96.8**
97.4	97.6	99.0	98.9	100.0	100.1
96.3	96.3	98.6	98.3	98.3	99.7
96.8	96.9	99.1	97.6	99.1	103.4
100.2	100.6	100.0	100.9	103.9	99.6
94.4	95.3	95.3	95.1	94.6	94.0
92.0	101.8	98.1	100.8	101.1	97.9
100.3	102.4	103.0	102.2	100.6	100.0
100.0	100.0	100.0	100.0	100.0	100.0
88.2	87.8	88.2	88.0	87.8	87.4
101.3	100.4	100.1	100.0	100.0	99.9

5-34 各调查县(市/区)居民

指　　标	萧山区	建德市	宁海县	瑞安市	海宁市
居民消费价格指数	**101.4**	**101.1**	**101.0**	**101.2**	**101.4**
#服务价格指数	100.1	101.5	100.8	100.8	101.3
工业品价格指数	102.8	101.8	102.4	103.2	102.4
消费品价格指数	102.3	100.8	101.0	101.4	101.5
非食品价格指数	101.4	101.7	101.6	101.9	101.8
一、食品烟酒	**101.6**	**99.6**	**99.6**	**99.5**	**100.5**
1.食品	101.4	98.4	98.4	98.1	100.0
(1)粮食	97.7	100.2	98.4	102.4	100.9
(2)薯类	98.6	93.9	106.8	95.0	93.0
(3)豆类	102.2	109.5	105.7	108.4	109.9
(4)食用油	116.0	112.3	111.2	106.1	114.5
(5)菜及食用菌	105.6	105.1	111.0	106.7	106.5
#鲜菜	106.5	105.7	112.5	107.3	106.6
(6)畜肉类	84.1	76.0	80.6	79.4	77.6
#猪肉	77.2	67.5	73.9	71.4	69.9
(7)禽肉类	98.3	98.1	94.6	94.1	100.5
(8)水产品	115.4	117.4	104.8	105.5	118.6
(9)蛋类	110.2	108.0	105.1	109.2	106.1
(10)奶类	105.8	102.0	106.5	103.2	102.9
(11)干鲜瓜果类	106.5	101.2	98.4	100.5	105.4
(12)糖果糕点类	104.9	101.3	99.4	101.6	102.9
(13)调味品	102.3	103.3	102.0	100.9	100.2
(14)其他食品类	104.7	99.0	100.7	100.8	104.0
2.茶及饮料	100.7	96.1	100.1	100.2	100.1
3.烟酒	100.5	101.8	101.8	102.4	100.8
(1)卷烟	101.0	101.5	101.3	102.0	100.4
(2)酒类	99.3	102.6	103.3	103.5	101.7
4.在外餐饮	103.9	104.0	102.5	103.0	102.3
二、衣着	**104.2**	**99.6**	**101.5**	**103.4**	**98.0**
1.服装	103.0	98.9	101.1	102.5	98.5
(1)男式服装	102.6	99.0	102.5	103.9	98.4
(2)女式服装	102.0	97.5	100.3	102.3	97.6
(3)儿童服装	109.6	103.5	101.2	97.7	100.8
(4)衣着材料及配件	100.3	101.4	101.7	105.8	100.7
(5)衣着服务费	100.0	101.9	100.8	108.6	105.5
5.鞋类	109.2	102.2	102.7	107.1	96.2
(1)鞋	108.9	102.2	102.7	107.3	96.2
(2)鞋类服务	125.9	100.0	106.5	98.6	99.9

消费价格分类指数(2021)

(上年=100)

桐乡市	安吉县	新昌县	义乌市	江山市	临海市	龙泉市
101.4	**101.4**	**101.1**	**102.1**	**101.3**	**102.0**	**101.1**
100.3	101.1	100.8	103.3	101.2	102.7	101.7
103.1	102.6	103.3	103.2	102.9	103.5	102.4
102.1	101.6	101.3	101.3	101.4	101.6	100.7
101.7	101.8	101.9	103.0	102.1	102.9	101.9
101.0	**100.6**	**99.1**	**99.3**	**99.7**	**99.5**	**98.9**
99.9	100.0	97.7	98.6	98.2	98.5	97.8
102.1	98.4	104.4	102.4	102.5	101.1	101.1
94.2	94.8	96.1	97.5	91.8	93.2	102.8
109.9	106.8	106.4	98.0	106.2	109.1	104.3
107.0	113.0	99.9	102.4	107.1	103.5	102.2
108.7	105.6	104.1	104.8	105.5	110.8	104.4
109.5	106.7	104.8	105.5	105.9	112.6	104.7
81.0	81.9	79.4	78.4	76.0	76.5	80.0
73.9	73.1	72.2	71.2	69.9	69.4	70.7
95.0	99.4	93.6	100.4	92.7	94.8	95.6
113.2	117.3	110.3	114.2	114.1	111.3	108.4
110.9	110.8	109.0	108.2	110.8	109.4	108.0
102.0	100.7	103.3	98.7	101.7	103.9	104.5
107.3	103.0	101.9	106.4	107.5	103.3	104.0
101.7	100.3	99.0	101.6	101.6	101.3	100.3
102.3	101.8	100.1	99.1	101.9	100.2	103.0
101.7	101.9	97.8	96.8	100.7	102.1	100.5
100.5	100.3	100.2	100.7	100.8	100.8	100.3
101.2	100.8	101.9	101.2	101.8	101.9	101.5
100.8	100.6	101.5	102.3	102.2	101.8	102.2
102.2	101.3	103.1	98.6	100.9	102.2	99.7
106.2	103.3	102.6	100.5	106.3	101.6	101.4
100.3	**102.4**	**102.2**	**99.6**	**99.2**	**102.1**	**99.9**
100.0	103.3	101.7	101.2	99.2	101.3	99.6
101.9	102.6	102.3	101.2	97.3	96.2	99.5
99.1	104.5	101.8	100.9	101.9	102.9	98.7
98.2	99.6	99.7	101.0	93.7	106.2	103.2
99.9	100.7	101.7	101.1	100.1	106.9	98.8
100.0	110.8	101.1	106.6	100.3	112.8	99.7
101.3	99.1	104.2	92.9	99.1	105.1	101.1
101.3	99.1	104.3	92.7	99.1	105.2	101.1
100.0	100.0	100.0	100.0	100.0	100.0	100.0

5-34 续表 1

指标	萧山区	建德市	宁海县	瑞安市	海宁市
三、居住	**100.0**	**100.4**	**100.4**	**101.2**	**100.9**
1.租赁房房租	99.1	100.0	100.0	99.8	99.7
2.住房保养维修及管理	101.7	100.6	101.1	102.8	104.1
(1)住房装潢材料	102.1	101.0	102.0	103.5	107.4
(2)住房维修管理费用	101.3	100.0	100.0	101.9	100.0
3.水电燃料	101.9	101.7	101.5	105.0	102.4
(1)水	100.0	100.0	100.0	100.0	100.0
(2)电	100.0	100.0	100.0	100.0	100.0
(3)燃气	107.3	104.1	102.5	117.6	105.3
(4)其他水电燃料类	100.8	106.0	108.3	103.2	110.9
4.自有住房	99.1	100.0	100.0	99.8	99.8
四、生活用品及服务	**100.7**	**102.8**	**101.7**	**102.9**	**104.1**
1.家具及室内装饰品	100.8	109.3	102.3	101.0	104.1
(1)家具	100.7	110.6	101.2	100.5	104.2
(2)室内装饰品	101.5	99.8	110.5	105.1	102.8
2.家用器具	100.0	101.6	101.2	106.4	105.6
(1)大型家用器具	99.8	102.0	101.4	107.1	106.0
(2)小家电	100.8	100.0	100.3	103.5	103.2
3.家用纺织品	100.2	100.9	100.7	111.9	105.4
(1)床上用品	100.0	100.1	100.5	114.4	105.1
(2)窗帘门帘	105.6	106.6	105.6	100.0	107.7
(3)其他家用纺织品	95.3	102.0	96.2	99.2	105.0
4.家庭日用杂品	102.9	101.3	102.1	99.2	102.6
(1)洗涤卫生用品	101.2	102.2	101.4	102.0	101.2
(2)厨具餐具茶具	97.4	100.1	103.9	96.8	100.9
(3)其他家庭日用杂品	107.0	100.9	101.9	97.5	104.3
5.个人护理用品	98.8	99.9	100.3	98.1	99.4
(1)化妆品	97.6	99.2	99.0	96.4	98.2
(2)其他护理用品类	100.8	101.1	102.3	100.7	101.1
6.家庭服务	100.2	105.6	104.8	106.3	109.1
五、交通通信	**104.0**	**102.5**	**104.0**	**102.4**	**103.4**
1.交通	104.2	103.5	105.6	103.1	104.1
(1)交通工具	98.3	98.4	98.9	98.9	97.6
(2)交通工具用燃料	117.2	117.2	121.6	117.2	117.2
(3)交通工具使用和维修	101.0	100.8	103.2	95.7	106.8
(4)交通费	101.8	101.7	103.6	100.9	101.7

(上年=100)

桐乡市	安吉县	新昌县	义乌市	江山市	临海市	龙泉市
100.9	**101.1**	**101.2**	**105.2**	**102.4**	**100.8**	**101.1**
100.1	100.8	100.0	105.9	101.3	99.8	100.3
101.4	104.2	104.4	104.1	103.9	103.9	103.3
102.5	107.5	106.0	106.3	103.1	105.4	105.1
100.0	100.0	102.4	101.4	104.9	102.1	101.1
103.7	100.0	103.3	103.2	104.1	102.4	101.8
100.0	100.0	118.1	100.0	100.0	100.0	100.0
100.0	100.0	100.0	100.0	100.0	100.0	100.0
112.2	100.0	104.1	110.4	115.1	108.2	106.7
106.9	100.5	102.1	103.9	101.9	102.8	100.7
100.0	100.8	100.0	106.0	101.6	99.8	100.4
101.0	**100.6**	**101.1**	**103.1**	**103.6**	**105.8**	**101.5**
101.2	100.0	101.1	108.8	100.1	115.8	100.7
101.3	100.3	101.3	109.6	100.1	117.2	100.7
100.0	97.3	99.4	102.6	100.0	104.6	100.7
102.4	101.3	101.7	102.9	109.7	107.1	104.2
102.3	100.6	101.0	102.7	109.4	107.8	104.6
103.0	104.9	105.0	103.8	111.2	104.3	102.5
100.0	101.2	99.3	103.0	99.1	102.5	98.6
100.8	102.4	97.8	100.0	98.8	103.3	98.3
96.7	93.5	115.6	124.7	100.0	102.0	100.0
96.8	100.0	92.0	104.2	100.4	93.9	100.4
100.0	100.2	101.0	101.2	101.4	100.0	101.1
100.0	100.7	100.9	96.9	100.7	99.3	100.8
97.7	97.6	98.9	95.5	97.4	97.2	97.5
101.1	100.8	102.0	108.7	103.9	102.2	103.4
99.2	98.4	100.0	98.2	98.7	98.6	98.3
97.4	97.6	98.5	98.0	97.7	98.2	97.6
102.1	99.7	102.4	98.5	100.5	99.2	99.6
102.5	105.5	102.1	107.3	105.2	112.2	101.3
104.1	**103.7**	**104.0**	**104.2**	**103.3**	**103.9**	**103.2**
105.5	105.2	105.1	105.4	104.4	104.6	104.4
102.9	100.3	100.1	101.6	98.6	99.2	99.4
117.2	117.2	117.3	117.2	117.4	117.2	117.2
98.1	102.5	102.2	101.8	100.3	108.2	105.4
101.7	101.4	102.2	101.7	102.3	100.1	99.9

5-34 续表 2

指　　标	萧山区	建德市	宁海县	瑞安市	海宁市
2.通信	103.2	99.6	99.3	100.2	101.2
(1)通信工具	111.9	98.6	97.3	100.8	104.9
(2)通信服务	99.6	100.0	100.0	100.0	100.0
(3)邮递服务	104.3	100.0	100.0	99.3	99.2
六、教育文化娱乐	**101.1**	**102.3**	**101.6**	**103.8**	**103.4**
1.教育	100.9	102.6	101.4	104.1	104.0
(1)教育用品	100.5	99.6	100.5	100.4	105.6
(2)教育服务	100.9	102.7	101.4	104.2	103.9
2.文化娱乐	101.7	101.6	102.2	103.2	102.1
(1)文娱耐用消费品	97.3	100.2	99.1	103.5	104.1
(2)其他文娱用品	101.0	102.0	100.1	101.0	100.0
(3)文化娱乐服务	105.5	101.4	105.0	100.8	100.1
(4)旅游	103.1	103.5	103.8	106.9	103.3
七、医疗保健	**100.0**	**104.8**	**101.2**	**100.2**	**101.9**
1.药品及医疗器具	99.8	100.9	100.0	99.5	99.7
(1)中药	101.1	98.6	100.6	99.6	99.8
(2)西药	98.8	101.9	99.8	100.1	98.9
(3)滋补保健品	99.2	99.7	102.1	94.0	102.5
(4)医疗卫生器具	103.3	103.4	98.9	103.3	99.7
(5)保健器具	100.0	95.6	91.1	106.8	100.0
2.医疗服务	100.0	106.1	101.6	100.5	102.6
(1)综合医疗类	100.0	117.3	100.0	99.5	103.2
(2)诊断类	100.1	105.0	103.9	101.0	103.3
(3)治疗类	100.0	98.9	100.0	100.4	100.0
(4)康复类	100.0	100.0	100.0	100.6	100.0
(5)中医医疗服务类	100.0	112.4	100.0	100.0	109.4
(6)其他医疗保健服务	100.0	101.9	100.0	100.9	107.3
八、其他用品及服务	**97.3**	**97.3**	**97.4**	**96.2**	**96.5**
1.其他用品	98.6	101.1	98.4	98.9	98.6
(1)首饰手表	98.3	99.2	98.2	98.4	98.7
(2)母婴用品	97.9	100.6	101.4	98.3	99.5
(3)其他杂项用品	99.4	104.6	97.1	100.1	98.2
2.其他服务	96.1	93.8	96.5	93.8	94.6
(1)在外住宿	103.4	101.9	103.6	96.3	98.0
(2)美容美发洗浴	101.5	100.3	104.3	101.4	101.9
(3)养老服务	103.6	100.0	100.0	100.0	100.0
(4)金融及保险服务	88.0	85.1	86.4	84.6	85.1
(5)中介法律及其他服务	98.9	100.0	106.5	99.9	104.2

(上年=100)

桐乡市	安吉县	新昌县	义乌市	江山市	临海市	龙泉市
99.9	99.7	100.8	100.7	100.1	101.7	100.0
104.5	98.8	102.8	102.6	105.3	106.2	103.7
98.0	100.0	100.0	100.0	98.0	100.0	98.5
101.2	100.2	101.6	100.1	100.1	100.4	100.7
101.6	**100.9**	**102.3**	**102.1**	**100.9**	**106.6**	**102.9**
101.3	100.3	101.3	101.7	100.3	108.3	102.6
100.7	101.6	101.4	100.0	100.4	100.7	99.8
101.3	100.3	101.3	101.8	100.2	108.6	102.7
102.4	102.4	105.1	103.3	102.7	101.5	103.7
104.1	100.5	103.3	104.8	105.7	105.0	102.0
100.7	101.6	100.0	99.9	100.1	100.3	100.0
100.9	103.1	101.6	99.9	100.8	100.4	100.9
103.3	105.1	114.0	108.2	103.4	99.4	112.0
101.0	**103.5**	**101.1**	**100.8**	**101.2**	**104.1**	**104.0**
101.1	104.2	101.6	99.8	100.7	99.6	101.3
100.2	100.5	100.0	100.1	101.5	98.1	103.4
99.9	106.4	105.6	98.0	100.3	100.1	100.7
105.1	103.3	90.1	104.0	100.1	99.1	99.3
103.2	103.3	101.6	103.1	103.3	101.0	103.3
101.7	95.7	99.0	97.3	100.0	98.7	100.0
100.9	103.2	100.9	101.1	101.4	105.7	105.0
102.5	110.1	101.7	103.3	105.1	110.0	112.9
101.0	101.3	101.0	100.3	100.4	108.4	104.8
100.0	100.0	100.5	100.0	100.2	100.0	100.0
100.0	100.0	100.0	100.0	100.0	100.0	100.0
100.0	111.8	100.0	106.5	104.0	100.0	101.6
100.0	100.0	100.4	100.0	100.0	100.0	100.0
96.6	**97.1**	**96.1**	**97.8**	**97.2**	**98.0**	**98.7**
98.4	98.9	98.1	101.1	99.0	98.9	101.1
97.6	98.7	97.8	100.6	98.9	98.3	103.1
99.3	98.8	98.7	96.8	98.5	99.1	97.9
99.4	99.3	98.4	104.5	99.4	99.9	99.6
94.9	95.5	94.2	94.8	95.5	97.3	96.5
98.7	104.9	94.0	98.8	102.8	105.6	100.4
102.6	101.7	100.3	101.2	101.9	105.7	106.3
100.0	100.0	100.0	100.0	100.0	105.5	100.0
84.9	85.1	86.5	86.8	87.6	86.8	86.4
100.1	100.8	100.0	103.9	100.0	100.5	100.1

5-35 各设区市市区商品零售

指　　标	杭州市区	宁波市区	温州市区	嘉兴市区	湖州市区
商品零售价格指数	**101.6**	**103.3**	**102.2**	**102.9**	**103.2**
一、食品	**99.1**	**102.1**	**100.8**	**102.1**	**102.7**
1. 粮食	98.1	102.3	101.9	102.8	102.1
2. 薯类	93.8	109.2	93.4	105.4	102.4
3. 豆类	101.1	107.6	112.8	107.7	104.7
4. 食用油	107.1	119.5	112.1	105.5	109.5
5. 菜及食用菌	99.0	110.1	105.0	110.0	106.3
6. 畜肉类	82.4	83.2	81.1	83.1	82.8
7. 禽肉类	93.5	94.2	95.5	98.3	95.5
8. 水产品	109.1	107.2	106.7	117.5	118.2
9. 蛋类	104.9	104.7	107.0	104.2	107.4
10. 奶类	104.9	104.6	100.3	99.4	104.0
11. 干鲜瓜果类	100.4	104.4	105.9	105.0	111.3
12. 糖果糕点类	101.4	105.9	101.1	104.5	100.4
13. 调味品	102.1	103.0	99.9	101.8	103.8
14. 其他食品类	101.1	99.8	101.7	102.6	98.4
15. 餐饮业零售	101.7	103.9	103.2	102.4	103.2
二、饮料、烟酒	**101.8**	**102.1**	**100.5**	**101.0**	**100.5**
1. 茶及饮料	101.4	103.7	100.2	101.3	102.3
2. 卷烟	100.7	101.4	100.2	100.3	100.4
3. 酒类	104.8	102.7	101.3	102.5	99.2
三、服装、鞋帽	**101.2**	**99.5**	**101.5**	**100.1**	**102.2**
1. 服装	101.3	99.5	100.9	100.3	101.2
(1) 男士服装	101.0	101.0	101.6	100.1	101.8
(2) 女士服装	102.0	98.6	100.0	101.5	100.7
(3) 儿童服装	99.2	98.8	102.9	96.1	101.2
2. 鞋帽袜	100.8	99.7	103.3	99.3	106.2
(1) 鞋	100.7	99.6	103.2	99.0	106.7
(2) 袜子	103.1	101.9	103.9	106.1	100.4
(3) 帽子	99.6	101.6	107.7	97.4	98.6
3. 其他衣着配件	100.7	99.7	104.3	100.6	101.4
四、纺织品	**101.0**	**100.3**	**100.6**	**100.1**	**102.4**
1. 服装材料	101.9	100.4	102.5	100.0	100.0
2. 床上用品	100.7	100.3	100.0	100.2	103.1

价格分类指数(2021)（上年=100)

（上年=100)

绍兴市区	金华市区	衢州市区	舟山市区	台州市区	丽水市区
101.6	**102.0**	**102.2**	**101.4**	**102.6**	**102.3**
102.5	**101.3**	**100.6**	**100.4**	**100.8**	**100.7**
100.7	105.9	101.5	101.0	101.1	100.2
98.3	93.0	95.7	109.7	93.4	93.1
106.4	105.6	110.7	106.0	105.0	106.4
110.6	105.5	111.5	111.3	104.9	107.5
107.2	108.2	105.2	105.5	108.7	107.8
83.5	82.7	79.7	85.1	78.9	81.6
101.8	98.1	94.3	95.8	96.5	95.8
114.8	117.1	114.8	105.2	111.4	111.7
107.7	105.5	108.9	108.1	111.4	116.3
102.7	101.2	104.1	101.8	100.2	105.0
104.8	97.7	102.8	101.8	104.3	98.8
102.7	102.2	101.6	99.2	104.7	104.4
99.5	101.1	101.8	100.9	99.5	102.2
100.6	102.8	102.0	99.8	101.0	101.5
104.9	102.7	102.0	101.9	102.7	103.0
100.6	**102.9**	**101.9**	**101.0**	**101.0**	**100.6**
100.4	102.4	100.5	100.8	100.8	99.3
100.3	102.9	102.3	100.5	100.0	100.4
101.5	103.1	101.9	102.3	103.2	101.7
100.1	**99.9**	**99.6**	**100.2**	**101.5**	**101.3**
98.8	100.3	99.7	101.4	101.3	101.5
99.0	99.9	99.3	101.0	103.8	101.3
98.7	100.2	100.1	100.4	99.4	101.9
98.5	102.2	99.6	107.8	101.1	100.1
104.7	98.4	99.1	95.9	102.5	100.7
105.0	98.3	98.5	96.0	102.6	100.7
99.7	101.4	107.1	93.8	100.5	100.0
99.6	95.5	101.8	99.8	100.1	102.2
100.8	98.3	104.0	96.6	97.8	99.0
100.1	**106.2**	**100.0**	**102.6**	**101.2**	**99.5**
100.0	104.1	100.4	100.0	99.9	100.0
100.1	106.8	99.8	103.5	101.7	99.3

5-35 续表

指　　标	杭州市区	宁波市区	温州市区	嘉兴市区	湖州市区
五、家用电器及音像器材	**101.4**	**102.6**	**104.6**	**103.6**	**106.2**
1.家庭设备	100.9	101.7	103.3	103.3	104.3
2.文娱用耐用消费品	102.2	104.9	107.9	104.8	111.2
3.专业音像器材	102.1	101.6	101.7	101.7	102.1
六、文化办公用品	**99.1**	**103.9**	**99.5**	**100.4**	**104.1**
七、日用品	**100.6**	**101.0**	**100.7**	**100.7**	**100.6**
1.日用百货	99.8	101.1	99.9	101.5	101.5
2.厨具餐具茶具	100.7	102.2	100.3	99.0	100.3
3.清洗用品	101.8	99.5	102.2	101.3	100.3
4.其他日用品	100.7	101.4	100.9	100.1	99.3
八、体育娱乐用品	**100.4**	**101.6**	**100.5**	**100.2**	**99.9**
1.体育户外用品	102.9	103.5	100.5	99.6	99.6
2.娱乐用品	99.3	100.8	100.5	100.5	100.0
九、交通、通信用品	**100.1**	**102.9**	**99.8**	**101.8**	**102.2**
1.交通运输机械	100.0	100.3	99.5	101.4	100.0
2.通信器材	100.8	114.2	101.0	103.5	110.9
十、家具	**99.8**	**102.5**	**100.5**	**102.2**	**100.1**
十一、化妆品	**100.9**	**99.5**	**97.8**	**100.3**	**100.6**
十二、金银饰品	**98.1**	**96.1**	**97.6**	**96.6**	**95.3**
十三、中西药品及医疗保健用品	**99.9**	**98.8**	**101.5**	**99.4**	**100.8**
1.医疗卫生器具	103.0	100.5	103.7	102.6	102.6
2.中药	101.5	101.0	100.3	100.5	101.2
3.西药	98.5	98.7	98.9	98.4	103.0
4.保健器具及用品	100.0	96.5	106.4	99.2	95.1
十四、书报杂志及电子出版物	**99.8**	**100.3**	**100.3**	**102.2**	**100.5**
1.教材及参考书	100.1	101.2	101.2	105.6	101.8
2.书报杂志及音像制品	100.0	100.0	100.0	100.0	100.0
3.计算机办公软件	98.8	98.8	98.8	98.8	98.8
十五、燃料	**113.9**	**118.4**	**115.3**	**116.4**	**113.8**
1.煤炭及制品	124.0	123.8	112.5	136.7	123.2
2.石油及制品	112.9	117.9	115.5	114.4	112.8
十六、建筑材料及五金电料	**104.5**	**104.6**	**103.5**	**105.3**	**103.6**
1.建筑装璜材料	106.2	105.7	102.4	104.8	102.3
2.五金水暖	100.1	102.2	106.1	106.5	106.6

(上年=100)

绍兴市区	金华市区	衢州市区	舟山市区	台州市区	丽水市区
100.3	**100.8**	**101.7**	**101.3**	**105.6**	**100.3**
101.3	101.7	102.3	101.1	104.2	98.4
97.9	98.9	100.4	101.6	109.6	103.6
102.2	102.1	102.1	101.7	101.7	102.2
101.5	**101.0**	**101.8**	**99.7**	**103.0**	**103.4**
99.7	**100.1**	**100.3**	**99.9**	**100.4**	**99.9**
100.2	99.9	100.4	100.9	101.2	99.6
97.4	98.1	98.6	97.0	97.8	98.8
100.8	101.8	101.3	99.6	99.2	100.1
99.4	99.8	100.1	100.7	101.9	100.8
98.1	**102.0**	**101.7**	**102.2**	**102.4**	**100.6**
96.9	102.2	104.2	103.3	101.1	100.2
98.6	101.9	100.6	101.8	103.1	100.8
99.3	**98.9**	**99.5**	**98.3**	**101.2**	**101.3**
98.0	98.2	98.9	97.5	100.6	100.5
104.6	101.8	101.8	101.5	103.7	104.2
101.6	**99.6**	**100.6**	**100.6**	**101.6**	**99.8**
99.6	**100.4**	**98.9**	**98.3**	**100.7**	**98.5**
95.4	**95.0**	**98.3**	**97.4**	**97.4**	**99.2**
99.5	**98.7**	**100.2**	**99.0**	**99.8**	**100.7**
100.4	99.6	102.6	102.8	102.4	102.2
98.1	98.8	100.3	98.6	98.9	99.7
102.3	97.6	100.3	97.7	101.4	100.9
95.3	100.1	98.8	100.2	96.3	100.5
100.2	**99.9**	**100.0**	**101.2**	**100.2**	**103.1**
100.8	100.1	100.4	103.3	100.9	107.7
100.0	100.0	100.0	100.0	100.0	100.0
98.8	98.8	98.8	98.8	98.8	98.8
114.1	**115.9**	**119.0**	**116.0**	**115.2**	**115.0**
120.3	116.3	121.7	122.9	119.1	121.8
113.4	115.8	118.7	115.4	114.8	114.3
101.9	**105.4**	**104.2**	**102.4**	**102.3**	**104.3**
101.7	103.2	101.4	103.1	101.5	102.7
102.5	110.6	110.5	100.5	104.2	108.1

5-36 各调查县(市/区)商品

指标	萧山区	建德市	宁海县	瑞安市	海宁市
商品零售价格指数	**102.2**	**101.4**	**101.7**	**102.5**	**102.5**
一、食品	**101.7**	**99.4**	**99.0**	**98.7**	**100.7**
1.粮食	97.7	100.2	98.4	102.4	100.9
2.薯类	98.6	93.9	106.8	95.0	93.0
3.豆类	102.2	109.5	105.7	108.4	109.9
4.食用油	116.0	112.3	111.2	106.1	114.5
5.菜及食用菌	105.6	105.1	111.0	106.7	106.5
6.畜肉类	84.1	76.0	80.6	79.4	77.6
7.禽肉类	98.3	98.1	94.6	94.1	100.5
8.水产品	114.9	117.2	104.8	105.5	118.6
9.蛋类	110.2	108.0	105.1	109.2	106.1
10.奶类	105.8	102.0	106.5	103.2	102.9
11.干鲜瓜果类	106.5	101.2	98.4	100.5	105.4
12.糖果糕点类	104.9	101.3	99.4	101.6	102.9
13.调味品	102.3	103.3	102.0	100.9	100.2
14.其他食品类	104.7	98.9	100.7	100.6	104.0
15.餐饮业零售	103.9	104.0	102.5	103.0	102.3
二、饮料、烟酒	**100.5**	**101.1**	**101.6**	**102.2**	**100.7**
1.茶及饮料	100.7	96.1	100.1	100.2	100.1
2.卷烟	101.0	101.5	101.3	102.0	100.4
3.酒类	99.3	102.6	103.3	103.5	101.7
三、服装、鞋帽	**104.3**	**99.5**	**101.5**	**103.3**	**97.9**
1.服装	103.2	98.8	101.2	102.3	98.3
(1)男士服装	102.6	99.0	102.5	103.9	98.4
(2)女士服装	102.0	97.5	100.3	102.3	97.6
(3)儿童服装	109.5	103.5	101.2	97.7	100.8
2.鞋帽袜	108.3	102.1	102.7	107.6	96.4
(1)鞋	108.9	102.2	102.7	107.3	96.2
(2)袜子	96.7	96.5	103.9	107.0	101.5
(3)帽子	98.0	108.0	102.1	125.1	100.0
3.其他衣着配件	103.7	103.2	99.9	98.3	100.2
四、纺织品	**100.0**	**100.0**	**102.1**	**110.7**	**105.7**
1.服装材料	100.0	100.0	106.8	100.0	107.4
2.床上用品	100.0	100.1	100.5	114.4	105.1

零售价格分类指数(2021)

(上年=100)

桐乡市	安吉县	新昌县	义乌市	江山市	临海市	龙泉市
103.2	**102.3**	**101.8**	**102.3**	**102.3**	**102.9**	**101.6**
101.0	**101.2**	**98.3**	**98.6**	**99.5**	**99.2**	**98.5**
102.1	98.4	104.4	102.4	102.5	101.1	101.1
94.2	94.8	96.1	97.5	91.8	93.2	102.8
109.9	106.8	106.4	98.0	106.2	109.1	104.3
107.0	113.0	99.9	102.4	107.4	103.5	102.2
108.7	105.6	104.1	104.9	105.5	110.8	104.4
81.0	81.9	79.4	78.4	76.0	76.5	80.0
95.1	99.4	93.6	100.4	92.7	94.8	95.6
112.8	117.3	110.3	113.8	114.1	111.3	108.4
110.9	110.8	109.0	108.2	110.8	109.4	108.0
102.1	100.7	103.3	98.7	101.7	103.9	104.5
107.3	103.0	101.9	106.4	107.5	103.3	104.0
101.7	100.3	99.0	101.6	101.6	101.3	100.3
102.3	101.8	100.1	99.1	101.9	100.2	103.0
101.7	101.9	97.8	96.8	100.8	102.1	100.5
106.2	103.3	102.6	100.5	106.3	101.6	101.4
101.1	**100.7**	**101.7**	**101.2**	**101.6**	**101.8**	**101.3**
100.5	100.3	100.2	100.7	100.8	100.8	100.3
100.8	100.6	101.5	102.3	102.2	101.8	102.2
102.2	101.3	103.1	98.6	100.9	102.2	99.7
100.3	**102.3**	**102.2**	**99.3**	**99.2**	**102.0**	**99.9**
100.0	103.3	101.7	101.0	99.1	101.0	99.6
101.9	102.6	102.3	101.2	97.3	96.2	99.5
99.1	104.6	101.8	100.9	101.9	102.9	98.7
98.2	99.6	99.7	101.0	93.7	106.2	103.2
101.3	99.2	104.2	93.1	99.2	105.2	101.1
101.3	99.1	104.3	92.7	99.1	105.2	101.1
101.3	97.7	102.4	100.0	100.0	104.4	100.0
104.5	103.8	100.2	100.0	100.0	108.1	100.0
97.4	102.5	101.7	102.2	100.2	108.5	97.4
100.6	**102.1**	**99.2**	**101.8**	**99.1**	**103.9**	**98.7**
100.0	101.0	103.0	106.9	100.0	105.5	100.0
100.8	102.4	97.8	100.0	98.8	103.3	98.3

5-36 续表

指标	萧山区	建德市	宁海县	瑞安市	海宁市
五、家用电器及音像器材	**99.2**	**101.3**	**100.6**	**104.9**	**105.8**
1.家庭设备	99.9	101.7	101.3	106.4	105.6
2.文娱用耐用消费品	97.3	100.7	99.3	102.5	107.4
3.专业音像器材	100.4	100.4	100.0	100.0	100.0
六、文化办公用品	**99.9**	**102.3**	**100.5**	**102.6**	**101.6**
七、日用品	**100.5**	**101.6**	**100.6**	**99.9**	**101.2**
1.日用百货	101.6	101.9	99.9	100.2	102.3
2.厨具餐具茶具	97.4	100.1	103.9	96.8	100.9
3.清洗用品	100.7	101.5	100.4	101.8	100.8
4.其他日用品	100.8	102.5	99.6	99.7	100.1
八、体育娱乐用品	**99.6**	**101.1**	**100.0**	**101.5**	**100.3**
1.体育户外用品	99.2	99.7	100.0	99.3	101.6
2.娱乐用品	99.8	101.7	100.1	102.5	99.6
九、交通、通信用品	**100.4**	**98.5**	**99.5**	**99.8**	**100.1**
1.交通运输机械	97.8	98.4	100.1	99.5	98.8
2.通信器材	110.5	98.6	97.2	101.1	104.5
十、家具	**100.7**	**110.6**	**101.2**	**100.5**	**104.2**
十一、化妆品	**97.9**	**99.9**	**99.2**	**97.5**	**98.8**
十二、金银饰品	**97.8**	**98.9**	**97.4**	**97.6**	**97.8**
十三、中西药品及医疗保健用品	**99.7**	**100.9**	**100.0**	**99.5**	**99.7**
1.医疗卫生器具	103.3	103.4	98.9	103.3	99.7
2.中药	101.1	98.6	100.6	99.6	99.7
3.西药	98.8	101.9	99.8	100.1	98.9
4.保健器具及用品	99.3	99.2	100.7	95.6	102.2
十四、书报杂志及电子出版物	**100.0**	**99.7**	**100.0**	**100.0**	**102.1**
1.教材及参考书	100.5	99.6	100.5	100.4	105.6
2.书报杂志及音像制品	100.0	100.0	100.0	100.0	100.0
3.计算机办公软件	98.8	98.8	98.8	98.8	98.8
十五、燃料	**114.1**	**113.3**	**114.4**	**119.7**	**113.5**
1.煤炭及制品	109.3	112.0	112.8	109.9	109.2
2.石油及制品	114.6	113.3	114.6	120.5	114.0
十六、建筑材料及五金电料	**104.6**	**100.7**	**105.7**	**102.5**	**109.7**
1.建筑装璜材料	102.1	101.0	102.0	103.5	107.4
2.五金水暖	110.4	100.0	113.4	100.0	115.1

(上年=100)

桐乡市	安吉县	新昌县	义乌市	江山市	临海市	龙泉市
104.6	**101.5**	**101.1**	**105.0**	**108.6**	**107.1**	**103.3**
102.4	101.3	101.6	102.8	109.6	107.2	104.3
110.0	102.1	100.2	110.5	108.0	108.3	101.9
100.0	100.4	100.4	100.4	100.4	100.0	100.4
101.5	**100.8**	**103.9**	**100.2**	**103.5**	**102.1**	**102.9**
99.9	**102.2**	**100.4**	**99.6**	**98.9**	**100.8**	**99.8**
100.0	106.7	101.0	99.5	98.0	103.8	99.4
97.7	97.6	98.9	95.5	97.4	97.2	97.5
100.8	100.7	102.0	100.3	100.8	99.3	101.8
100.5	99.4	98.8	102.0	99.9	99.6	100.2
100.9	**101.8**	**99.4**	**100.1**	**100.3**	**100.3**	**100.1**
100.0	101.7	97.6	100.0	100.0	100.0	100.0
101.3	101.9	100.2	100.2	100.4	100.4	100.2
103.3	**98.9**	**100.5**	**101.3**	**100.1**	**101.0**	**100.4**
103.0	98.9	99.8	100.9	98.8	99.6	99.5
104.6	98.8	102.8	102.5	105.4	106.0	103.5
101.3	**100.3**	**101.3**	**109.6**	**100.1**	**117.2**	**100.7**
98.4	**98.1**	**99.5**	**98.4**	**98.5**	**98.6**	**98.2**
97.0	**98.0**	**96.6**	**100.7**	**98.9**	**98.0**	**103.5**
101.2	**104.1**	**101.4**	**99.9**	**100.8**	**99.6**	**101.3**
103.2	103.3	101.6	103.1	103.3	101.0	103.3
100.2	100.5	100.0	100.1	101.5	98.1	103.4
99.9	106.4	105.6	98.0	100.3	100.1	100.7
104.7	102.3	91.1	103.2	100.1	99.1	99.4
100.1	**100.4**	**100.3**	**99.8**	**100.0**	**100.1**	**99.7**
100.7	101.6	101.4	100.0	100.4	100.7	99.8
100.0	100.0	100.0	100.0	100.0	100.0	100.0
98.8	98.8	98.8	98.8	98.8	98.8	98.8
119.5	**111.5**	**113.2**	**116.2**	**117.1**	**115.3**	**113.6**
135.5	108.4	110.6	111.5	107.9	113.3	104.8
117.7	112.0	113.5	116.6	118.1	115.5	114.5
101.7	**105.3**	**104.6**	**106.7**	**102.9**	**105.0**	**103.5**
102.4	107.5	106.0	106.3	103.1	105.4	105.1
100.0	100.3	101.6	107.8	102.3	103.8	100.0

5-37 部分设区市分月新建商品住宅销售价格指数(同比)(2021)

(上年同月=100)

地区	1月	2月	3月	4月	5月	6月	7月	8月	9月	10月	11月	12月
杭州	104.2	104.5	103.5	103.3	103.2	102.6	102.8	103.0	103.4	103.9	104.7	105.5
宁波	104.3	104.9	105.4	105.9	105.0	104.8	104.7	104.2	103.9	103.7	103.5	103.3
温州	104.3	104.9	105.5	105.2	105.2	104.6	104.4	103.2	103.7	103.4	103.7	104.0
金华	105.9	106.3	107.0	106.9	106.6	106.3	106.1	105.3	105.2	105.2	104.8	104.1

注：以上城市范围为市辖区，不含县。

5-38 部分设区市分月新建商品住宅销售价格指数(环比)(2021)

(上月=100)

地区	1月	2月	3月	4月	5月	6月	7月	8月	9月	10月	11月	12月
杭州	100.1	100.2	100.5	100.5	100.6	100.8	100.5	100.6	100.4	100.4	100.5	100.5
宁波	100.5	100.5	100.8	100.6	100.4	100.6	100.4	100.3	100.0	99.9	99.7	99.6
温州	100.4	100.2	100.1	100.6	100.7	100.5	100.5	100.2	100.4	100.0	99.9	100.3
金华	101.2	100.4	100.7	100.4	100.5	100.6	100.3	100.4	100.1	99.8	99.7	99.9

注：以上城市范围为市辖区，不含县。

5-39 部分设区市分月二手住宅销售价格指数(同比)(2021)

(上年同月=100)

地区	1月	2月	3月	4月	5月	6月	7月	8月	9月	10月	11月	12月
杭州	107.7	108.2	108.7	108.7	108.7	108.6	107.8	107.3	106.6	105.7	105.5	105.2
宁波	108.8	110.1	110.5	110.4	109.7	109.0	108.1	107.1	105.9	104.8	104.0	103.2
温州	105.8	106.6	107.5	107.3	107.4	107.2	106.5	105.6	104.7	104.2	103.6	103.0
金华	106.2	107.0	107.3	107.5	108.1	108.4	107.9	106.4	105.5	104.9	104.3	103.2

注：以上城市范围为市辖区，不含县。

5-40 部分设区市分月二手住宅销售价格指数(环比)(2021)

(上月=100)

地区	1月	2月	3月	4月	5月	6月	7月	8月	9月	10月	11月	12月
杭州	100.7	100.4	101.2	101.0	100.9	100.8	100.5	100.2	99.6	99.5	99.9	100.3
宁波	100.9	100.7	100.8	100.7	100.4	100.5	100.3	99.9	99.8	99.6	99.7	99.8
温州	100.5	100.8	100.6	100.8	100.7	100.6	100.3	100.1	99.6	99.5	99.8	99.7
金华	101.3	100.5	100.5	100.4	100.6	101.0	100.4	99.7	99.8	99.7	99.6	99.8

注：以上城市范围为市辖区，不含县。

5-41 各设区市及县(市/区)居民可支配收入及增长(2021)

地 区	全体居民		城镇常住居民		农村常住居民	
	人均可支配收入(元)	比上年增长(%)	人均可支配收入(元)	比上年增长(%)	人均可支配收入(元)	比上年增长(%)
杭州市	67709	9.4	74700	8.8	42692	10.3
萧山区	68030	9.4	75935	8.5	46657	9.5
余杭区	67760	9.9	77184	9.2	48705	10.4
富阳区	59666	10.1	69316	9.5	42051	10.4
临安区	53090	10.2	65377	9.4	39506	10.3
桐庐县	52970	10.9	61982	9.8	37951	11.0
淳安县	35383	10.1	53002	8.2	24675	9.8
建德市	46282	10.0	60183	9.5	33807	9.9
宁波市	65436	9.1	73869	8.6	42946	9.7
鄞州区	73646	9.8	80797	9.4	47093	10.0
奉化区	51587	9.8	64495	9.3	38453	10.0
象山县	56312	9.5	66425	9.3	39077	9.9
宁海县	58225	9.3	69995	9.0	39836	10.1
余姚市	63381	10.2	71548	9.7	43428	10.4
慈溪市	63951	7.0	71145	6.0	44862	9.6
温州市	59588	10.3	69678	9.8	35844	10.5
鹿城区	75501	10.1	78048	9.8	42860	10.5
龙湾区	66122	9.6	69984	9.5	44430	10.3
瓯海区	66804	9.8	72079	9.9	43466	10.7
洞头区	47249	9.9	56775	8.6	36009	11.5
永嘉县	45953	10.6	56991	10.0	29185	10.6
平阳县	46326	11.0	58224	10.4	29703	11.1
苍南县	44973	9.9	54498	9.6	28321	10.5
文成县	33647	9.7	47507	8.7	22580	10.0
泰顺县	33398	11.2	46769	10.1	22789	12.0
瑞安市	63229	10.0	73762	9.6	39424	9.9
乐清市	62942	10.0	73287	9.3	41991	10.3
嘉兴市	60048	9.8	69839	8.9	43598	9.5
南湖区	60952	9.4	63792	9.2	42830	10.2
秀洲区	53962	9.6	62855	8.5	41684	9.1

5-41 续表 1

地　区	全体居民		城镇常住居民		农村常住居民	
	人均可支配收入(元)	比上年增长(%)	人均可支配收入(元)	比上年增长(%)	人均可支配收入(元)	比上年增长(%)
嘉善县	59256	9.3	70428	7.9	44324	8.8
海盐县	60930	10.5	72239	9.4	44486	10.3
海宁市	61593	10.4	73003	8.2	45415	10.4
平湖市	60868	10.6	71814	9.1	43914	10.1
桐乡市	57677	9.8	68153	9.3	43709	8.3
湖州市	57497	11.0	67983	10.1	41303	10.9
吴兴区	62298	10.6	70166	10.0	42275	10.6
南浔区	54212	10.8	65733	9.8	41146	11.1
德清县	57837	10.9	68619	10.3	42548	10.9
长兴县	57202	11.2	68444	9.6	42110	11.4
安吉县	54069	11.3	65750	10.5	39495	10.6
绍兴市	62509	10.4	73101	9.6	42636	10.2
越城区	61345	10.2	67772	9.6	42508	10.0
柯桥区	71074	10.7	79172	9.9	48029	10.5
上虞区	60095	10.4	74589	9.2	41952	10.3
新昌县	55543	10.6	68710	9.4	36269	10.4
诸暨市	64766	10.2	77473	9.5	46535	10.0
嵊州市	56242	10.4	69692	9.3	37876	10.2
金华市	55880	10.5	67374	9.5	33709	11.0
婺城区	55571	9.7	64214	9.3	29521	11.1
金东区	45279	8.7	55514	8.5	32035	9.4
武义县	40814	11.4	49702	11.0	23778	12.8
浦江县	44281	11.1	55066	10.3	28014	12.3
磐安县	34621	10.4	47358	8.6	22992	9.7
兰溪市	38272	12.3	51857	11.3	25820	12.2
义乌市	77468	8.8	86628	8.1	46121	9.4
东阳市	54431	11.5	64338	10.6	37717	12.0
永康市	54213	8.7	65869	7.5	35869	9.3
衢州市	42658	12.5	54577	10.7	29266	11.3

5-41 续表2

地　区	全体居民		城镇常住居民		农村常住居民	
	人均可支配收入(元)	比上年增长(%)	人均可支配收入(元)	比上年增长(%)	人均可支配收入(元)	比上年增长(%)
柯城区	51826	11.5	58442	10.6	31153	10.7
衢江区	33972	12.0	45632	9.3	26127	11.0
常山县	36135	12.8	46653	11.4	26901	11.9
开化县	32432	13.0	43746	10.8	23165	12.2
龙游县	42230	13.1	56738	11.2	30045	12.4
江山市	45133	12.3	57279	10.2	31730	11.7
舟山市	60848	9.0	69103	8.5	42945	9.8
定海区	65873	8.6	75481	8.1	42911	9.4
普陀区	59483	9.3	67732	8.7	42583	10.3
岱山县	55378	9.4	61759	9.0	43048	9.7
嵊泗县	54791	9.2	61456	8.7	41442	10.2
台州市	55499	9.6	68053	8.7	35419	10.0
椒江区	63483	10.6	75477	9.3	37093	9.5
黄岩区	56182	9.7	68313	8.3	36184	9.3
路桥区	68726	8.9	82681	8.7	40621	10.1
天台县	43152	8.3	54800	8.0	28909	9.6
仙居县	39717	8.9	49620	8.5	26956	10.2
三门县	42494	10.1	55072	9.0	30944	9.3
临海市	50329	8.5	62993	8.0	35367	10.0
温岭市	58982	10.0	71025	8.8	39667	9.4
玉环市	68138	11.4	81806	9.8	41871	11.2
丽水市	42042	11.4	53259	9.7	26386	11.6
莲都区	50417	10.3	56371	9.1	33766	11.2
青田县	43029	11.7	54651	9.9	30508	12.1
缙云县	39927	11.9	52264	9.4	26422	12.6
遂昌县	39413	12.4	55720	10.5	25091	12.7
松阳县	33937	12.1	47041	10.7	23405	12.5
云和县	41854	11.4	51103	9.7	24555	11.5
庆元县	34618	11.0	47034	10.3	22563	10.8
景宁县	34512	10.9	45574	9.2	24069	11.3
龙泉市	44105	10.8	54915	8.8	28380	11.4

六 综合数据

6-1　全省生产总值(1978-2021)

年份	全省生产总值(亿元)	第一产业	第二产业	第三产业	人均生产总值(元)
1978	123.72	47.09	53.52	23.11	332
1980	179.92	64.61	84.07	31.24	472
1981	204.86	69.06	94.68	41.12	532
1982	234.01	84.88	98.44	50.69	600
1983	257.09	82.89	113.12	61.08	652
1984	323.25	104.40	141.48	77.37	813
1985	429.16	123.88	198.91	106.37	1070
1986	502.47	136.29	230.89	135.29	1241
1987	606.99	159.41	281.47	166.11	1482
1988	770.25	195.68	354.39	220.18	1858
1989	849.44	210.95	386.25	252.24	2028
1990	904.69	225.04	408.18	271.47	2143
1991	1089.33	245.22	494.11	350.00	2564
1992	1375.70	262.67	652.26	460.77	3209
1993	1925.91	315.97	982.19	627.75	4459
1994	2689.28	438.65	1395.61	855.02	6183
1995	3563.90	549.95	1856.32	1157.63	8144
1996	4195.76	594.93	2233.98	1366.85	9534
1997	4695.93	618.90	2557.87	1519.16	10615
1998	5065.50	609.30	2772.28	1683.92	11395
1999	5461.27	606.32	2983.27	1871.68	12229
2000	6164.79	630.97	3287.10	2246.72	13467
2001	6927.70	659.78	3590.07	2677.85	14726
2002	8040.66	685.20	4112.87	3242.59	16918
2003	9753.37	717.85	5126.27	3909.25	20249
2004	11482.11	803.83	6160.40	4517.87	23476
2005	13028.33	881.47	6953.67	5193.19	26277
2006	15302.68	913.16	8295.66	6093.87	30415
2007	18639.95	969.27	10122.74	7547.94	36453
2008	21284.58	1073.30	11512.68	8698.60	41061
2009	22833.74	1134.68	11882.36	9816.70	43543
2010	27399.85	1322.85	14140.90	11936.10	51110
2011	31854.80	1535.20	16271.04	14048.56	57828
2012	34382.39	1610.81	17040.53	15731.05	61097
2013	37334.64	1718.74	18162.78	17453.12	65105
2014	40023.48	1726.57	19580.72	18716.19	68569
2015	43507.72	1771.36	20606.55	21129.81	73276
2016	47254.04	1890.43	21571.25	23792.36	78384
2017	52403.13	1933.92	23246.72	27222.48	85612
2018	58002.84	1975.89	25308.13	30718.83	93230
2019	62462.00	2086.70	26299.51	34075.77	98770
2020	64689.06	2166.26	26361.50	36161.30	100738
2021	73515.76	2209.09	31188.57	40118.10	113032

注：1. 本表按当年价格计算。1992 年以后人均生产总值均按常住人口计算。

2. 2021 年数据为初步统计数，后表同。

6-2 全省生产总值构成(1978-2021)

单位：%

年份	全省生产总值	第一产业	第二产业	第三产业
1978	100	38.1	43.3	18.7
1980	100	35.9	46.7	17.4
1981	100	33.7	46.2	20.1
1982	100	36.3	42.1	21.7
1983	100	32.2	44.0	23.8
1984	100	32.3	43.8	23.9
1985	100	28.9	46.3	24.8
1986	100	27.1	46.0	26.9
1987	100	26.3	46.4	27.4
1988	100	25.4	46.0	28.6
1989	100	24.8	45.5	29.7
1990	100	24.9	45.1	30.0
1991	100	22.5	45.4	32.1
1992	100	19.1	47.4	33.5
1993	100	16.4	51.0	32.6
1994	100	16.3	51.9	31.8
1995	100	15.4	52.1	32.5
1996	100	14.2	53.2	32.6
1997	100	13.2	54.5	32.4
1998	100	12.0	54.7	33.2
1999	100	11.1	54.6	34.3
2000	100	10.2	53.3	36.4
2001	100	9.5	51.8	38.7
2002	100	8.5	51.2	40.3
2003	100	7.4	52.6	40.1
2004	100	7.0	53.7	39.3
2005	100	6.8	53.4	39.9
2006	100	6.0	54.2	39.8
2007	100	5.2	54.3	40.5
2008	100	5.0	54.1	40.9
2009	100	5.0	52.0	43.0
2010	100	4.8	51.6	43.6
2011	100	4.8	51.1	44.1
2012	100	4.7	49.6	45.8
2013	100	4.6	48.6	46.7
2014	100	4.3	48.9	46.8
2015	100	4.1	47.4	48.6
2016	100	4.0	45.6	50.3
2017	100	3.7	44.4	51.9
2018	100	3.4	43.6	53.0
2019	100	3.3	42.1	54.6
2020	100	3.3	40.8	55.9
2021	100	3.0	42.4	54.6

注:表按当年价格计算。

6-3 全省生产总值指数(1978-2021)

年份	上年=100		1978 年=100	
	全省生产总值指数	人均生产总值指数	全省生产总值指数	人均生产总值指数
1978	121.9	120.5	100.0	100.0
1980	116.4	115.2	132.2	129.4
1981	111.5	110.4	147.4	142.8
1982	111.4	110.0	164.2	157.1
1983	108.0	106.8	177.4	167.8
1984	121.7	120.7	216.0	202.5
1985	121.7	120.7	262.9	244.4
1986	112.1	111.0	294.6	271.3
1987	111.8	110.6	329.4	300.0
1988	111.2	109.9	366.4	329.6
1989	99.4	98.4	364.3	324.2
1990	103.9	103.1	378.6	334.4
1991	117.9	117.2	446.3	391.8
1992	118.8	118.1	530.3	462.8
1993	122.0	121.1	647.1	560.4
1994	120.0	119.2	776.4	667.8
1995	117.0	116.3	908.3	776.4
1996	112.7	112.0	1023.5	869.9
1997	111.1	110.6	1137.5	961.9
1998	110.2	109.7	1253.8	1055.0
1999	110.1	109.6	1380.5	1156.4
2000	111.1	108.4	1533.9	1253.5
2001	110.7	107.7	1697.8	1350.1
2002	112.7	111.5	1913.1	1505.8
2003	114.7	113.2	2195.1	1704.8
2004	113.1	111.4	2482.8	1899.0
2005	112.9	111.4	2804.0	2115.6
2006	114.0	112.3	3195.3	2375.7
2007	114.5	112.7	3658.3	2676.3
2008	110.1	108.6	4026.9	2906.0
2009	109.0	107.8	4389.7	3131.4
2010	111.9	109.4	4910.1	3426.2
2011	109.0	106.1	5350.2	3633.7
2012	108.1	105.8	5781.9	3843.8
2013	108.3	106.3	6263.8	4086.4
2014	107.7	105.8	6744.6	4322.8
2015	108.0	106.2	7286.6	4591.2
2016	107.5	105.9	7834.8	4862.1
2017	107.8	106.1	8444.0	5160.9
2018	107.1	105.4	9047.2	5440.3
2019	106.8	105.0	9658.0	5713.5
2020	103.6	102.0	10001.4	5826.8
2021	108.5	107.1	10849.2	6240.5

注:本表按当年价格计算。

6-4 国民经济和社会

指　　标	1978	2011	2012	2013	2014
人口					
年末常住人口(万人)		5570	5685	5784	5890
年末就业人员数(万人)	**1795**	**3385**	**3407**	**3436**	**3459**
全省生产总值(亿元)	**123.72**	**31854.80**	**34382.39**	**37334.64**	**40023.48**
第一产业	47.09	1535.20	1610.81	1718.74	1726.57
第二产业	53.52	16271.04	17040.53	18162.78	19580.72
第三产业	23.11	14048.56	15731.05	17453.12	18716.19
人均生产总值(元)	**332**	**57828**	**61097**	**65105**	**68569**
财政(亿元)					
财政总收入	27.45	5925.00	6408.49	6908.41	7521.70
#地方财政收入	27.45	3150.80	3441.23	3796.92	4122.02
财政支出	17.43	3842.59	4161.88	4730.47	5159.57
固定资产投资总额(亿元)		**14077.25**	**17095.96**	**20194.07**	**23554.76**
贸易					
社会商品零售总额(亿元)	46.86	12093.23	13667.59	15335.15	17078.11
进出口总额(亿美元)	0.70	3093.78	3124.03	3357.89	3550.49
#出口总额(亿美元)	0.52	2163.49	2245.19	2487.46	2733.29
价格指数					
居民消费价格指数（上年=100)		105.4	102.2	102.3	102.1
居民收支(元)					
城镇居民人均可支配收入	332	30971	34550	37080	40393
农村居民人均可支配收入	165	13071	14552	17494	19373

发展主要指标(1978-2021)

2015	2016	2017	2018	2019	2020	2021
5985	6072	6170	6273	6375	6468	6540
3505	**3552**	**3613**	**3691**	**3771**	**3857**	**3897**
43507.72	**47254.04**	**52403.13**	**58002.84**	**62462.00**	**64689.06**	**73515.76**
1771.36	1890.43	1933.92	1975.89	2086.70	2166.26	2209.09
20606.55	21571.25	23246.72	25308.13	26299.51	26361.50	31188.57
21129.81	23792.36	27222.48	30718.83	34075.77	36161.30	40118.10
73276	**78384**	**85612**	**93230**	**98770**	**100738**	**113032**
8549.47	9225.07	10301.16	11705.95	12268.24	12421.49	14516.96
4809.94	5301.98	5804.38	6598.21	7048.58	7248.24	8262.57
6645.98	6974.25	7530.32	8629.53	10053.03	10082.01	11016.87
26664.72	**29571.00**	**31125.99**				
18910.74	20916.73	23121.32	25162.01	27343.81	26629.81	29210.54
3467.84	3365.76	3779.07	4323.60	4472.25	4885.43	6410.92
2763.32	2678.64	2867.93	3210.39	3346.05	3631.10	4661.22
101.4	101.9	102.1	102.3	102.9	102.3	101.5
43714	47237	51261	55574	60182	62699	68487
21125	22866	24956	27302	29876	31930	35247

6-5 人民物质

指　　标		1995	2000	2005	2010
城乡居民收入与支出					
城镇居民人均可支配收入	(元)	6221	9279	16294	27359
农村居民人均可支配收入	(元)	2966	4254	6660	11303
城镇居民人均消费支出	(元)	5263	7020	12254	17858
农村居民人均消费支出	(元)	2378	3231	5215	8390
居民人均住房面积(建筑面积)					
城镇居民	(平方米)	15.64	19.87	34.56	35.29
农村居民	(平方米)	34.14	46.42	54.98	58.53
文化、教育及卫生					
城镇每百户拥有彩色电视机	(台)	95.76	139.17	178.62	185.70
农村每百户拥有彩色电视机	(台)	32.85	83.15	130.04	161.40
城镇每百户拥有家用电脑	(台)		14.02	59.47	89.84
农村每百户拥有家用电脑	(台)			10.77	35.64
学龄儿童入学率	(%)	99.70	99.93	99.99	99.99
每千人口拥有在校大学生数	(人)	2.13	4.72	13.30	17.13
每千人口拥有医疗床位数	(张)	2.44	2.53	3.07	3.38
每千人口拥有医生数	(人)	1.53	1.65	1.80	2.21
就业					
城镇居民家庭每一就业者负担人数	(人/户)	1.58	1.80	1.93	1.95
农村居民家庭每一劳动力负担人数	(人/户)	1.35	1.39	1.37	1.35
交通通信					
城镇每百户拥有家用汽车	(辆)		0.48	8.71	26.43
农村每百户拥有家用汽车	(辆)			2.91	7.79
城镇每百户拥有固定电话	(部)			96.84	89.13
农村每百户拥有固定电话	(部)	9.81	60.26	94.43	88.40
城镇每百户拥有移动电话	(部)		31.73	174.73	198.01
#接入互联网移动电话	(部)				
农村每百户拥有移动电话	(部)		20.22	119.21	189.10
#接入互联网移动电话	(部)				

文化生活(1995-2021)

2015	2016	2017	2018	2019	2020	2021
43714	47237	51261	55574	60182	62699	68487
21125	22866	24956	27302	29876	31930	35247
28661	30068	31924	34598	37508	36197	42193
16108	17359	18093	19707	21352	21555	25415
40.53	40.87	41.51	45.35	48.45	46.71	47.93
61.28	60.27	60.43	65.44	67.31	66.87	71.49
173.77	173.79	179.10	171.90	175.10	176.20	172.18
161.29	170.40	176.40	175.70	176.30	175.90	180.42
95.68	93.01	95.60	86.43	85.20	86.00	75.81
45.47	49.31	52.24	45.54	46.10	48.20	36.83
99.99	99.99	99.99	99.99	99.99	99.99	99.99
17.62	17.51	17.45	17.57	18.31	19.50	21.61
4.55	4.78	5.09	5.29	5.49	5.59	5.65
2.64	2.77	2.91	3.05	3.22	3.37	3.56
1.77	1.79	1.80	1.85	1.86	1.91	1.86
1.58	1.57	1.58	1.59	1.62	1.66	1.58
47.90	53.29	55.54	52.43	52.80	55.60	62.46
25.41	30.17	33.35	28.78	28.90	33.00	35.55
55.98	50.67	47.30	28.20	21.50	19.70	10.33
49.57	41.87	38.20	27.20	19.60	18.70	9.88
228.63	234.79	242.30	243.10	242.80	245.40	254.42
135.45	155.78	170.50	193.10	200.20	221.60	228.53
216.41	230.05	235.20	244.50	249.60	253.10	251.91
80.82	106.52	121.20	151.20	164.10	190.90	209.28

注：1. 从2013年起，国家统计局开展了城乡一体化住户收支与生活状况调查，与2013年前的分城镇和农村住户调查的调查范围、调查方法、指标口径有所不同(以后各表同)。农村居民人均可支配收入2013年前为农村居民人均纯收入。

2. 城镇居民人均住房面积在2002年前为使用面积；农村居民人均住房面积在2013年以前为居住面积。

3. 每千人口拥有医疗床位和拥有医生数均按常住人口计算。

6-6 全国及各地区居民人均可支配收入及增长(2021)

地 区	全体居民		城镇常住居民		农村常住居民	
	可支配收入(元)	增长(%)	可支配收入(元)	增长(%)	可支配收入(元)	增长(%)
全 国	**35128**	**9.1**	**47412**	**8.2**	**18931**	**10.5**
北 京	75002	8.0	81518	7.8	33303	10.5
天 津	47449	8.2	51486	8.0	27955	8.8
河 北	29383	8.3	39791	6.7	18179	10.4
山 西	27426	8.8	37433	7.6	15308	10.3
内蒙古	34108	8.3	44377	7.3	18337	10.7
辽 宁	35112	7.2	43051	6.6	19217	10.1
吉 林	27770	7.8	35646	6.7	17642	9.8
黑龙江	27159	9.1	33646	8.1	17888	10.6
上 海	78027	8.0	82429	7.8	38521	10.3
江 苏	47498	9.5	57743	8.7	26791	10.7
浙 江	**57541**	**9.8**	**68487**	**9.2**	**35247**	**10.4**
安 徽	30904	10.0	43009	9.0	18368	10.5
福 建	40659	9.3	51140	8.4	23229	11.2
江 西	30610	9.3	41684	8.1	18684	10.0
山 东	35705	8.6	47066	7.6	20794	10.9
河 南	26811	8.1	37095	6.7	17533	8.8
湖 北	30829	10.6	40278	9.7	18259	12.0
湖 南	31993	8.9	44866	7.6	18295	10.3
广 东	44993	9.7	54854	9.1	22306	10.7
广 西	26727	8.8	38530	7.4	16363	10.4
海 南	30457	9.1	40213	8.4	18076	11.0
重 庆	33803	9.7	43502	8.7	18100	10.6
四 川	29080	9.6	41444	8.3	17575	10.3
贵 州	23996	10.1	39211	8.6	12856	10.4
云 南	25666	10.2	40905	9.1	14197	10.6
西 藏	24950	14.7	46503	13.0	16935	16.0
陕 西	28568	8.9	40713	7.5	14745	10.7
甘 肃	22066	8.5	36187	7.0	11433	10.5
青 海	25919	7.8	37745	6.3	13604	10.2
宁 夏	27904	8.4	38291	7.2	15337	10.4
新 疆	26075	9.4	37642	8.0	15575	10.8

6-7 全国及各地区居民人均消费支出及增长(2021)

地区	全体居民		城镇常住居民		农村常住居民	
	人均消费支出(元)	增长(%)	人均消费支出(元)	增长(%)	人均消费支出(元)	增长(%)
全国	**24100**	**13.6**	**30307**	**12.2**	**15916**	**16.1**
北京	43640	12.2	46776	12.1	23574	12.7
天津	33188	16.6	36067	16.7	19285	14.5
河北	19954	10.6	24192	4.4	15391	21.7
山西	17191	9.3	21965	8.0	11410	10.9
内蒙古	22658	14.5	27194	13.8	15691	15.4
辽宁	23831	15.3	28438	14.4	14606	18.6
吉林	19605	13.2	24421	12.9	13411	13.0
黑龙江	20636	21.0	24422	19.7	15225	23.2
上海	48879	14.9	51295	14.4	27205	23.1
江苏	31451	19.9	36558	18.4	21130	24.1
浙江	**36668**	**17.2**	**42193**	**16.6**	**25415**	**17.9**
安徽	21911	16.1	26495	16.8	17163	14.2
福建	28440	13.2	33942	11.3	19290	18.1
江西	20290	13.0	24587	11.1	15663	15.3
山东	22821	9.0	29314	7.4	14299	12.9
河南	18391	13.9	23178	12.3	14073	15.3
湖北	23846	23.9	28506	24.6	17647	21.9
湖南	22798	8.6	28294	5.6	16951	13.2
广东	31589	10.9	36621	9.3	20012	16.8
广西	18088	10.6	22555	7.9	14165	14.0
海南	22242	17.2	27565	17.0	15487	17.6
重庆	24598	13.5	29850	12.8	16096	13.8
四川	21518	8.8	26971	7.3	16444	10.0
贵州	17957	20.7	25333	23.1	12557	16.1
云南	18851	12.3	27441	11.7	12386	11.9
西藏	15342	16.0	28159	13.0	10577	18.6
陕西	19347	11.1	24784	8.4	13158	15.7
甘肃	17456	7.9	25757	4.6	11206	12.9
青海	19020	4.0	24513	0.8	13300	9.6
宁夏	20024	14.4	25386	13.4	13536	15.5
新疆	18961	14.8	25724	12.1	12821	19.0

6-8 全国及各地区各种价格总指数(2021)

(上年=100)

地区	居民消费价格指数	商品零售价格指数	工业生产者出厂价格指数	工业生产者购进价格指数	农产品生产者价格指数
全国	**100.9**	**101.6**	**108.1**	**111.0**	**97.8**
北京	101.1	101.7	101.1	103.7	98.2
天津	101.3	101.5	110.9	114.7	109.8
河北	101.0	101.9	116.4	119.8	108.1
山西	101.0	102.7	130.2	116.3	104.8
内蒙古	100.9	103.8	128.5	128.0	107.6
辽宁	101.1	101.9	113.6	115.0	105.1
吉林	100.6	101.8	105.1	106.2	109.3
黑龙江	100.6	101.6	112.3	110.5	111.1
上海	101.2	101.3	102.1	107.3	104.4
江苏	101.6	102.3	106.3	113.8	100.3
浙江	**101.5**	**102.2**	**106.3**	**114.5**	**99.3**
安徽	100.9	101.6	107.7	111.5	95.9
福建	100.7	101.1	104.9	109.2	104.5
江西	100.9	101.2	110.5	112.3	96.1
山东	101.2	101.4	110.3	109.5	104.2
河南	100.9	101.5	107.8	109.5	98.0
湖北	100.3	101.2	104.1	108.5	101.0
湖南	100.5	101.6	105.9	108.1	90.1
广东	100.8	101.4	103.4	108.0	98.8
广西	100.9	101.1	108.9	110.7	94.9
海南	100.3	101.3	113.5	116.5	106.3
重庆	100.3	101.4	103.2	107.2	98.4
四川	100.3	101.4	105.9	107.5	94.3
贵州	100.1	101.2	106.5	112.0	86.4
云南	100.2	101.4	110.0	108.9	96.8
西藏	100.9	101.5	101.5		
陕西	101.5	101.6	116.9	116.3	99.3
甘肃	100.9	102.0	116.4	118.1	101.9
青海	101.3	101.5	114.5	111.5	104.1
宁夏	101.4	102.0	119.9	120.8	106.5
新疆	101.2	102.0	119.4	115.0	114.2

6-9 全国及各地区农产品生产者价格指数(2021)

(上年=100)

地 区	农产品生产者价格总指数	种植业产品	林业产品	畜牧业产品	渔业产品
全 国	**97.8**	**110.6**	**102.4**	**82.1**	**108.8**
北 京	98.2	104.7		90.3	109.5
天 津	109.8	118.3		93.2	120.3
河 北	108.1	111.0	108.6	100.9	132.1
山 西	104.8	111.2	60.0	94.5	96.5
内蒙古	107.6	116.3	98.9	98.8	109.6
辽 宁	105.1	113.0	105.4	95.0	108.1
吉 林	109.3	117.8	101.0	83.7	98.4
黑龙江	111.1	117.3	99.4	79.2	109.6
上 海	104.4	108.3	100.7	87.9	109.0
江 苏	100.3	106.5	100.8	88.6	105.8
浙 江	**99.3**	**105.5**	**101.9**	**73.9**	**102.9**
安 徽	95.9	109.7	103.3	81.8	107.8
福 建	104.5	101.9	115.2	85.7	116.4
江 西	96.1	102.1	104.7	77.4	110.6
山 东	104.2	110.7	101.5	89.5	110.7
河 南	98.0	108.8	114.5	81.0	111.6
湖 北	101.0	108.8	101.4	76.7	120.4
湖 南	90.1	101.3	99.5	74.3	112.3
广 东	98.8	100.8	109.3	88.2	105.0
广 西	94.9	103.3	104.2	78.3	105.6
海 南	106.3	114.6	104.6	87.7	108.5
重 庆	98.4	105.0	100.0	83.3	122.2
四 川	94.3	104.6	102.3	83.7	110.0
贵 州	86.4	106.1	101.0	71.4	99.9
云 南	96.8	105.1	118.4	80.3	108.6
西 藏					
陕 西	99.3	103.8	90.4	90.9	113.4
甘 肃	101.9	105.9	100.0	93.2	100.3
青 海	104.1	111.9		91.6	108.7
宁 夏	106.5	111.6		100.2	118.6
新 疆	114.2	117.8	110.2	104.3	117.2

注：农产品生产者价格指数2000年前称农副产品收购价格指数。

6-10 全国及各地区居民

地区	居民消费价格总指数	一、食品烟酒						
			粮食	鲜菜	畜肉	水产品	蛋	鲜果
全国	**100.9**	**99.7**	**101.1**	**105.6**	**82.8**	**109.4**	**110.8**	**102.8**
北京	101.1	100.5	99.8	107.8	88.8	101.0	106.3	100.5
天津	101.3	101.3	101.3	106.3	88.2	106.6	120.2	98.6
河北	101.0	100.9	100.5	110.7	85.4	112.4	113.8	106.2
山西	101.0	100.4	101.9	108.5	84.7	109.3	119.0	101.5
内蒙古	100.9	100.5	101.2	108.5	91.0	113.4	114.5	102.7
辽宁	101.1	100.3	102.1	109.0	85.1	105.6	114.7	103.3
吉林	100.6	99.7	101.2	106.9	83.5	110.1	114.1	101.4
黑龙江	100.6	99.5	100.4	107.0	83.6	108.2	115.4	101.8
上海	101.2	100.5	99.1	106.0	86.2	105.4	104.5	106.1
江苏	101.6	100.9	100.8	106.8	85.0	114.0	112.5	104.5
浙江	**101.5**	**100.7**	**100.5**	**105.6**	**81.6**	**110.3**	**106.8**	**104.3**
安徽	100.9	99.5	100.7	104.1	81.2	114.3	112.3	104.6
福建	100.7	98.9	100.6	105.0	80.4	105.6	110.5	101.4
江西	100.9	99.3	101.1	107.2	79.8	112.3	107.1	102.7
山东	101.2	100.9	101.1	109.0	83.1	110.3	112.8	105.5
河南	100.9	100.2	101.7	110.8	82.0	114.8	115.4	103.4
湖北	100.3	98.5	100.9	100.3	79.1	114.6	104.7	101.6
湖南	100.5	98.0	102.1	104.6	78.0	116.8	105.7	103.5
广东	100.8	99.4	101.4	102.8	81.5	105.4	107.3	101.1
广西	100.9	98.8	101.6	103.5	78.7	107.0	107.3	101.6
海南	100.3	98.9	100.3	100.6	87.5	97.6	102.9	100.3
重庆	100.3	97.8	98.5	101.2	78.1	107.6	109.7	100.5
四川	100.3	98.0	101.6	103.2	79.1	110.5	102.5	102.1
贵州	100.1	97.7	100.4	102.5	80.7	112.0	103.1	99.6
云南	100.2	98.4	101.2	102.4	81.4	109.7	107.6	99.7
西藏	100.9	100.5	100.6	99.4	100.3	107.3	104.6	96.9
陕西	101.5	101.4	103.7	108.6	85.6	113.5	117.5	102.3
甘肃	100.9	100.3	101.8	104.2	85.8	111.0	114.9	105.2
青海	101.3	100.1	101.0	105.3	92.0	107.2	116.2	100.8
宁夏	101.4	101.5	102.1	106.7	94.6	115.8	117.9	104.0
新疆	101.2	100.7	101.4	101.8	97.1	114.0	112.9	99.8

消费价格分类指数(2021)

(上年=100)

二、衣着	三、居住	四、生活用品及服务	五、交通通信	六、教育文化娱乐	七、医疗保健	八、其他用品及服务
100.3	**100.8**	**100.4**	**104.1**	**101.9**	**100.4**	**98.7**
99.8	101.1	99.7	105.1	100.9	99.8	99.5
97.8	100.7	101.0	104.7	103.4	100.0	97.8
99.3	100.2	99.7	104.5	101.2	100.3	99.3
100.3	100.4	100.4	104.4	102.6	99.5	98.1
99.2	100.5	99.8	104.0	101.0	100.3	99.4
100.5	100.6	99.9	104.7	102.3	99.8	99.3
99.9	101.3	99.9	103.8	100.4	100.0	98.1
100.8	100.3	99.8	104.0	100.5	101.1	99.4
99.5	101.1	100.7	104.0	102.7	98.9	100.9
101.5	101.3	101.1	104.3	101.8	101.0	98.9
101.0	**100.9**	**101.6**	**104.1**	**103.5**	**100.8**	**97.1**
101.1	100.7	100.1	104.8	102.8	100.5	96.1
101.5	101.3	100.7	103.7	102.0	100.0	96.3
99.7	100.9	100.4	104.3	103.0	99.9	98.7
100.1	101.1	99.8	104.5	101.3	100.1	98.5
99.4	100.7	100.0	102.8	103.5	100.4	98.2
100.0	100.0	100.4	104.0	102.4	100.1	97.7
100.7	101.2	100.3	104.8	101.0	100.7	97.9
100.3	101.0	100.6	104.4	101.8	100.2	98.5
101.0	100.8	100.4	102.7	103.7	102.4	99.7
100.9	101.0	101.2	103.7	99.3	99.4	98.8
101.4	100.4	100.7	104.7	101.7	99.6	97.3
99.8	100.3	100.6	104.1	100.9	101.9	100.1
99.3	100.0	99.7	103.9	101.3	100.4	100.2
99.7	100.2	99.6	103.6	100.7	100.1	100.0
100.7	100.2	99.8	103.8	100.4	100.8	99.2
100.5	101.9	100.3	102.9	102.9	99.3	101.0
100.0	101.1	100.3	103.8	100.6	100.2	100.5
101.0	101.3	99.9	103.7	102.0	102.2	98.8
99.0	100.8	100.7	104.1	101.5	101.7	98.5
102.0	101.2	100.4	104.5	99.9	100.2	99.3

6-11 全国及各地区商品

地 区	商品零售价格总指数	一、食品	二、饮料、烟酒	三、服装、鞋帽	四、纺织品	五、家用电器及音像器材	六、文化办公用品	七、日用品
全 国	**101.6**	**99.7**	**101.5**	**100.3**	**100.4**	**101.1**	**101.5**	**99.8**
北 京	101.7	100.3	103.4	99.8	99.6	101.9	104.1	98.5
天 津	101.5	101.2	103.1	97.9	100.8	98.9	102.4	100.4
河 北	101.9	101.0	100.9	99.5	99.9	100.2	100.7	99.6
山 西	102.7	100.3	101.2	100.5	100.5	101.0	101.1	99.8
内蒙古	103.8	100.6	101.3	99.2	100.3	100.4	100.0	99.2
辽 宁	101.9	100.3	101.8	100.6	99.9	100.8	101.1	99.8
吉 林	101.8	99.9	100.5	99.8	100.5	101.6	101.5	98.7
黑龙江	101.6	99.3	100.6	101.1	99.6	100.3	102.0	100.7
上 海	101.3	100.5	103.2	99.4	98.3	101.9	101.6	100.6
江 苏	102.3	100.8	101.8	101.3	101.4	100.9	102.6	99.8
浙 江	**102.2**	**100.6**	**101.4**	**100.8**	**101.4**	**102.6**	**101.0**	**100.5**
安 徽	101.6	99.9	100.7	100.9	100.8	101.9	100.3	99.7
福 建	101.1	98.8	99.7	101.1	100.8	101.0	101.5	99.9
江 西	101.2	98.6	101.5	99.7	100.0	100.9	99.1	100.2
山 东	101.4	100.8	101.2	100.2	99.4	100.0	100.6	99.5
河 南	101.5	100.7	100.9	99.5	99.7	101.7	102.1	99.4
湖 北	101.2	98.3	100.7	100.0	101.8	101.3	100.7	99.9
湖 南	101.6	97.8	102.8	100.8	100.8	101.3	100.7	99.9
广 东	101.4	99.3	102.5	100.3	100.4	100.7	101.3	99.8
广 西	101.1	98.0	100.7	101.0	100.1	101.8	101.4	98.9
海 南	101.3	98.6	100.6	100.9	100.7	101.6	101.6	99.5
重 庆	101.4	97.6	100.1	101.4	99.4	103.2	101.0	99.6
四 川	101.4	99.0	101.9	99.1	99.0	100.5	103.3	99.6
贵 州	101.2	96.6	101.9	99.3	101.1	100.0	101.4	99.3
云 南	101.4	97.7	101.7	99.4	99.8	100.3	101.7	99.8
西 藏	101.5	100.3	101.2	100.6	100.2	100.1	100.3	99.4
陕 西	101.6	101.3	101.6	100.7	100.9	100.3	101.4	99.9
甘 肃	102.0	100.4	100.5	100.4	100.2	102.0	101.4	99.5
青 海	101.5	99.6	100.8	101.5	100.9	100.6	102.8	100.1
宁 夏	102.0	101.9	101.1	99.2	100.5	102.3	102.9	100.8
新 疆	102.0	100.6	100.7	103.1	99.9	102.8	102.6	100.3

零售价格分类指数(2021)

(上年=100)

八、体育娱乐用品	九、交通、通信用品	十、家具	十一、化妆品	十二、金银饰品	十三、中西药品及医疗保健用品	十四、书报杂志及电子出版物	十五、燃料	十六、建筑材料及五金电料
100.8	**100.5**	**101.3**	**98.7**	**99.5**	**99.6**	**100.6**	**114.3**	**101.8**
101.0	102.3	101.5	97.1	98.2	98.3	100.9	113.7	101.5
102.8	100.5	104.3	101.8	99.7	98.7	101.4	113.3	100.7
100.3	102.2	100.7	97.8	100.2	100.5	100.8	117.6	100.3
100.2	100.5	100.9	98.2	99.3	98.8	101.1	120.5	101.6
99.0	99.3	100.9	97.9	99.6	100.5	99.6	126.1	102.6
100.6	101.9	100.0	99.0	98.5	98.8	99.7	115.9	101.1
100.1	99.4	102.3	98.5	99.3	99.8	102.0	116.1	102.3
100.4	100.7	100.8	97.9	100.8	99.8	100.8	115.7	100.7
100.3	101.2	101.9	98.9	102.8	94.4	99.9	112.9	104.4
100.5	101.3	103.2	98.6	100.8	100.0	100.3	114.7	101.9
100.6	**100.6**	**101.4**	**99.8**	**97.2**	**99.9**	**100.2**	**115.4**	**104.2**
100.6	101.6	100.3	97.8	98.9	99.3	97.7	112.4	101.9
101.4	99.3	100.4	99.2	98.2	99.8	100.5	114.4	101.9
100.4	99.8	101.0	98.5	100.9	99.8	100.9	115.7	102.5
100.3	99.6	101.0	96.6	97.4	100.1	101.0	116.7	101.7
100.8	99.6	101.6	98.6	98.8	100.7	100.6	113.1	101.5
101.6	100.8	100.8	99.1	97.5	98.8	100.8	113.4	100.9
100.5	101.0	100.5	99.1	99.1	100.9	100.3	114.9	101.5
101.5	99.3	101.3	99.4	100.2	100.8	101.4	114.3	101.6
101.9	99.5	100.3	100.1	101.4	98.2	101.0	116.1	101.5
100.6	100.5	101.4	97.8	100.8	98.8	101.1	114.7	101.9
99.9	101.1	101.4	98.4	96.1	98.8	101.7	110.5	101.9
100.6	100.1	103.2	99.7	101.4	99.9	100.4	110.4	101.2
101.8	100.5	101.6	99.0	102.4	101.0	100.2	114.0	101.6
100.0	100.2	99.6	99.0	100.5	100.2	101.8	113.4	101.9
99.4	100.2	100.9	98.0	98.1	99.9	100.5	108.2	100.1
100.9	101.0	103.1	98.8	100.2	96.7	100.6	110.9	100.4
100.2	100.4	100.2	98.4	100.3	100.3	101.1	114.3	101.6
100.4	100.2	102.3	98.2	97.8	101.0	101.3	111.2	100.6
101.3	100.9	101.9	99.5	99.1	100.6	100.8	112.3	103.7
100.4	101.5	100.1	98.7	98.4	99.8	101.2	111.8	102.4

6-12 全国及各地区分月居民消费价格指数(同比)(2021)

(上年同月=100)

地 区	1月	2月	3月	4月	5月	6月	7月	8月	9月	10月	11月	12月
全 国	**99.7**	**99.8**	**100.4**	**100.9**	**101.3**	**101.1**	**101.0**	**100.8**	**100.7**	**101.5**	**102.3**	**101.5**
北 京	99.2	99.9	100.6	101.1	101.2	100.9	101.5	101.4	101.2	102.0	102.4	101.8
天 津	99.4	99.9	100.6	101.2	101.6	101.5	102.0	101.3	101.0	102.4	103.0	102.2
河 北	99.9	99.9	100.4	100.9	101.3	100.9	101.0	100.8	100.6	102.0	102.5	101.5
山 西	100.0	100.1	100.7	100.9	101.2	100.7	101.0	100.9	100.8	101.9	102.5	101.5
内蒙古	99.9	100.3	100.3	100.9	101.1	100.9	101.0	100.7	100.2	101.3	102.4	101.4
辽 宁	99.9	100.2	100.7	101.4	101.4	101.2	101.1	100.9	100.4	101.7	102.7	101.3
吉 林	99.4	99.7	100.4	100.6	100.9	100.6	100.7	100.7	99.8	101.3	102.5	101.2
黑龙江	99.6	99.3	99.7	100.3	101.0	100.6	101.1	100.9	100.3	101.2	102.4	101.3
上 海	99.8	100.3	100.7	100.9	101.2	101.2	101.3	101.3	101.1	102.2	102.5	101.8
江 苏	100.4	100.3	100.9	101.4	102.0	102.1	101.9	101.7	101.5	102.2	102.7	101.8
浙 江	**100.3**	**100.7**	**101.3**	**101.6**	**101.9**	**101.7**	**101.5**	**101.2**	**101.1**	**102.1**	**102.7**	**101.8**
安 徽	99.8	99.8	100.6	101.0	101.4	100.9	100.5	100.6	100.7	101.7	102.6	101.7
福 建	99.7	99.8	100.4	100.7	101.2	100.7	100.5	100.5	100.5	101.2	102.2	101.1
江 西	100.2	100.0	100.7	101.0	101.4	101.0	100.5	100.4	100.5	101.3	102.2	101.2
山 东	99.9	100.3	100.8	101.4	101.9	101.5	101.4	101.1	100.8	101.8	102.6	101.5
河 南	100.3	100.1	100.4	100.9	101.5	101.2	101.1	101.1	100.4	101.0	102.1	101.1
湖 北	98.9	98.2	98.4	99.6	101.0	101.1	100.6	100.6	100.7	101.4	102.2	101.5
湖 南	100.0	99.9	100.4	100.5	100.9	100.4	99.8	99.9	100.0	101.0	102.0	101.2
广 东	98.3	99.3	100.2	100.5	101.1	101.0	101.2	101.0	101.3	101.9	102.5	101.8
广 西	100.0	100.1	100.9	101.0	101.3	100.9	100.5	100.4	100.6	101.2	102.2	101.4
海 南	98.0	98.4	99.7	100.4	100.7	100.4	100.5	100.4	100.8	101.5	101.6	100.7
重 庆	99.0	98.2	99.7	100.9	101.2	100.9	100.3	100.3	99.8	100.2	101.6	101.0
四 川	99.3	99.1	100.1	100.8	100.9	100.2	100.3	99.7	99.6	100.5	102.0	101.0
贵 州	98.9	98.9	99.8	100.2	100.4	100.4	100.2	99.8	99.6	100.4	101.7	100.8
云 南	99.4	99.4	100.3	100.7	100.8	100.7	100.4	99.8	99.7	100.0	100.8	100.4
西 藏	100.7	101.0	101.2	101.6	101.4	101.1	100.9	100.5	100.5	100.5	100.9	100.5
陕 西	100.3	100.2	100.8	101.4	101.9	101.4	101.6	101.2	101.4	102.2	102.7	102.4
甘 肃	100.4	100.5	100.6	101.0	101.1	100.8	100.9	100.5	100.4	101.5	102.1	101.1
青 海	100.1	100.0	100.7	101.5	101.6	101.2	101.6	101.3	101.2	102.0	102.8	102.0
宁 夏	99.6	99.3	100.3	101.6	102.0	101.8	101.9	101.8	101.4	102.3	103.0	102.3
新 疆	100.2	100.3	101.2	101.7	102.2	101.9	101.8	101.0	100.5	101.2	101.8	101.1

6-13 全国及各地区分月居民消费价格指数(环比)(2021)

(上月=100)

地 区	1月	2月	3月	4月	5月	6月	7月	8月	9月	10月	11月	12月
全 国	**101.0**	**100.6**	**99.5**	**99.7**	**99.8**	**99.6**	**100.3**	**100.1**	**100.0**	**100.7**	**100.4**	**99.7**
北 京	100.7	100.4	99.8	100.0	99.9	99.6	100.7	100.1	99.9	100.9	100.0	99.7
天 津	101.2	100.8	99.8	99.9	99.8	99.9	100.8	99.7	99.7	100.8	100.1	99.8
河 北	101.2	100.3	99.4	99.6	99.7	99.5	100.3	100.1	100.0	101.0	100.5	99.9
山 西	101.4	100.3	99.5	99.4	100.0	99.3	100.1	100.1	100.2	100.9	100.4	99.8
内蒙古	101.2	100.6	99.2	99.6	99.7	99.5	100.4	100.0	99.8	100.9	101.0	99.7
辽 宁	101.2	100.6	99.4	99.6	99.7	99.5	100.3	100.0	99.8	100.9	100.9	99.5
吉 林	101.2	100.5	99.4	99.2	99.7	99.3	100.3	100.2	99.6	101.2	100.9	99.7
黑龙江	101.1	100.4	99.4	99.4	99.6	99.3	100.3	100.1	99.9	100.9	101.1	99.8
上 海	100.9	100.6	99.7	100.0	99.9	99.7	100.3	100.1	100.0	100.9	100.1	99.8
江 苏	101.1	100.5	99.5	99.9	100.0	99.9	100.5	100.2	99.9	100.3	100.1	99.9
浙 江	**101.0**	**101.0**	**99.4**	**99.7**	**99.8**	**99.8**	**100.4**	**99.9**	**100.2**	**100.7**	**100.1**	**99.7**
安 徽	101.2	100.5	99.4	99.6	100.0	99.4	100.3	100.2	100.3	100.6	100.4	99.8
福 建	101.1	100.5	99.5	99.7	99.9	99.7	100.1	100.2	100.1	100.5	100.4	99.4
江 西	101.0	100.5	99.4	99.8	99.9	99.7	100.1	100.0	100.2	100.6	100.3	99.6
山 东	101.3	100.4	99.5	99.7	99.9	99.6	100.4	100.0	99.9	100.6	100.4	99.8
河 南	101.2	100.4	99.3	99.6	99.6	99.5	100.3	100.4	99.8	100.5	100.7	99.9
湖 北	101.0	100.7	99.5	99.7	99.9	99.7	100.2	100.0	100.2	100.4	100.3	99.8
湖 南	100.9	100.3	99.5	99.6	99.8	99.6	100.2	100.3	100.2	100.6	100.4	99.6
广 东	100.6	101.2	99.4	99.9	100.0	99.8	100.4	100.0	100.2	100.7	100.0	99.6
广 西	100.7	100.7	99.7	99.8	99.8	99.4	100.1	100.1	100.4	100.6	100.5	99.6
海 南	100.6	101.0	99.1	100.0	99.8	99.5	100.2	99.9	100.1	101.2	99.7	99.6
重 庆	100.9	100.4	99.5	100.0	100.0	99.5	100.2	100.0	99.8	100.6	100.6	99.5
四 川	100.8	100.6	99.5	99.8	99.7	99.3	100.3	100.1	99.9	100.7	100.8	99.6
贵 州	100.8	100.5	99.6	99.7	99.7	99.5	100.3	100.0	99.9	100.7	100.6	99.6
云 南	100.5	100.3	99.7	99.8	99.7	99.6	100.2	99.8	100.1	100.2	100.6	99.9
西 藏	100.5	100.4	99.7	99.7	99.5	99.8	100.3	100.0	99.8	100.1	100.5	100.0
陕 西	101.1	100.5	99.4	99.9	100.1	99.5	100.2	100.0	100.5	100.7	100.3	100.0
甘 肃	100.9	100.3	99.4	99.7	99.7	99.7	100.2	100.0	100.0	100.9	100.6	99.7
青 海	100.8	100.3	99.5	100.2	99.8	99.7	100.5	100.0	99.9	100.7	100.7	99.8
宁 夏	101.0	100.2	99.8	100.1	99.9	99.5	100.2	100.0	100.0	101.0	100.8	99.9
新 疆	100.9	100.5	99.7	99.6	99.8	99.7	100.2	99.8	99.4	100.7	100.8	100.1

6-14 全国及各地区分月工业生产者出厂价格指数(同比)(2021)

(上年同月=100)

地 区	1月	2月	3月	4月	5月	6月	7月	8月	9月	10月	11月	12月
全 国	**100.3**	**101.7**	**104.4**	**106.8**	**109.0**	**108.8**	**109.0**	**109.5**	**110.7**	**113.5**	**112.9**	**110.3**
北 京	98.8	99.4	99.8	101.3	101.8	101.8	101.9	101.8	101.6	101.5	102.0	102.2
天 津	98.8	101.7	107.8	113.8	115.0	112.7	112.3	112.7	113.5	116.9	115.5	111.6
河 北	104.1	107.9	112.9	117.9	121.7	119.5	118.9	119.2	120.2	122.4	118.8	113.5
山 西	107.2	110.3	110.5	114.1	124.8	127.7	130.7	137.4	147.2	160.4	153.2	138.5
内蒙古	107.2	107.8	110.6	117.2	125.2	127.8	129.6	135.1	141.7	158.2	146.8	134.1
辽 宁	101.2	104.1	110.0	112.3	115.5	115.9	116.0	116.5	116.3	118.9	120.7	116.5
吉 林	100.9	101.5	103.3	106.2	106.9	105.8	105.0	105.9	106.2	107.3	106.8	105.8
黑龙江	94.5	100.1	108.2	115.5	119.1	115.3	115.2	114.3	114.1	118.7	120.8	114.7
上 海	98.3	98.8	100.4	101.7	102.6	102.8	102.5	102.7	103.2	104.2	104.2	103.6
江 苏	99.9	100.8	103.1	105.4	107.2	107.3	107.4	107.7	108.2	110.2	110.4	108.7
浙 江	**98.9**	**99.9**	**103.3**	**105.6**	**107.2**	**107.2**	**107.5**	**107.7**	**108.2**	**110.2**	**111.0**	**109.2**
安 徽	101.2	102.4	104.9	106.7	108.5	109.1	108.8	108.8	109.5	111.5	111.6	109.9
福 建	99.2	100.3	102.5	104.4	105.7	105.4	105.7	106.1	106.7	108.0	108.2	106.7
江 西	102.4	104.1	108.1	111.0	113.6	112.7	111.4	111.3	112.0	114.0	113.7	111.4
山 东	100.6	103.1	106.3	109.6	112.5	112.0	111.9	111.8	112.9	116.5	115.4	111.6
河 南	100.6	101.2	103.5	105.7	108.9	108.4	108.0	108.9	110.6	114.1	113.8	110.3
湖 北	100.0	100.5	101.7	103.0	104.0	104.3	104.8	104.9	105.6	106.9	107.3	106.8
湖 南	101.1	102.2	104.1	105.0	106.4	106.2	106.5	106.5	107.5	109.6	108.5	107.0
广 东	99.1	99.7	101.4	102.8	103.8	103.5	104.0	104.2	104.9	105.8	106.3	105.5
广 西	101.3	102.7	106.3	108.1	109.8	108.9	108.6	109.4	111.8	115.3	113.8	110.4
海 南	96.2	100.7	107.4	111.8	114.0	116.0	117.1	117.4	116.7	122.4	125.0	119.8
重 庆	99.8	100.2	101.1	102.2	102.8	103.0	103.3	104.0	104.5	106.0	106.0	105.4
四 川	101.1	102.1	103.3	104.3	106.1	106.4	106.5	106.9	107.7	109.7	109.5	108.4
贵 州	100.4	101.1	102.5	103.8	104.6	105.7	105.8	106.8	109.1	111.8	114.7	111.7
云 南	100.7	103.1	105.8	108.2	109.9	110.1	110.3	110.5	113.1	118.8	116.5	113.4
西 藏	100.1	100.2	103.6	105.3	105.5	105.2	100.8	97.1	98.6	101.3	99.7	101.3
陕 西	99.7	101.9	105.5	111.4	117.5	117.0	119.6	120.5	125.9	136.0	127.6	121.4
甘 肃	97.2	102.8	111.0	117.7	122.3	119.4	119.2	119.0	120.6	125.7	125.6	118.8
青 海	98.6	101.1	106.8	112.1	116.8	115.9	116.2	117.3	120.9	125.4	123.9	119.9
宁 夏	105.5	108.0	110.1	112.1	116.1	117.1	119.1	122.9	130.5	139.6	133.1	125.3
新 疆	97.1	100.7	109.1	117.6	122.9	121.4	120.9	122.5	126.0	134.8	135.8	126.8

6-15　全国及各地区分月工业生产者出厂价格指数(环比)(2021)

(上月=100)

地　区	1月	2月	3月	4月	5月	6月	7月	8月	9月	10月	11月	12月
全　国	**101.0**	**100.8**	**101.6**	**100.9**	**101.6**	**100.3**	**100.5**	**100.7**	**101.2**	**102.5**	**100.0**	**98.8**
北　京	100.4	100.6	100.0	100.1	100.2	100.1	100.3	99.7	99.9	99.8	100.5	100.6
天　津	101.6	101.0	102.6	101.1	102.0	100.0	101.1	100.7	100.5	102.4	99.6	98.6
河　北	101.7	102.3	103.2	102.8	103.5	99.5	100.2	100.9	101.2	102.0	98.2	97.5
山　西	103.9	102.5	99.8	100.6	107.9	102.8	102.5	104.4	107.6	111.2	97.8	93.1
内蒙古	104.1	100.0	101.3	104.4	105.8	103.2	102.5	103.9	105.4	112.8	94.1	93.8
辽　宁	102.3	102.3	104.0	100.5	102.0	100.9	100.8	100.9	100.2	102.2	101.7	97.7
吉　林	100.9	100.3	101.1	101.4	100.4	99.7	100.0	100.5	100.4	101.0	100.0	100.0
黑龙江	101.9	102.0	103.9	99.2	101.6	101.1	102.3	99.8	99.3	103.1	102.5	97.3
上　海	100.4	100.4	100.9	100.5	100.5	100.3	100.2	100.1	100.3	100.6	100.0	99.3
江　苏	100.6	100.7	101.4	101.0	101.2	100.4	100.2	100.4	100.6	102.0	100.5	99.4
浙　江	**100.8**	**100.5**	**102.0**	**100.6**	**101.1**	**100.2**	**100.2**	**100.4**	**100.6**	**101.9**	**101.0**	**99.4**
安　徽	100.7	100.7	101.4	101.0	101.3	100.6	100.4	100.5	101.0	101.8	100.7	99.4
福　建	100.8	100.5	101.4	100.7	100.7	100.1	100.6	100.5	100.5	101.2	100.5	99.3
江　西	101.4	100.7	102.5	100.9	101.9	100.2	99.7	100.7	100.8	101.9	100.5	99.7
山　东	101.0	101.5	102.1	101.1	101.9	100.1	100.5	100.4	101.1	103.1	99.8	98.4
河　南	100.5	100.4	101.5	101.0	102.4	99.7	100.2	101.0	101.8	103.1	100.4	98.2
湖　北	100.5	100.4	100.8	100.4	100.9	100.2	100.5	100.4	100.6	101.1	100.6	100.1
湖　南	100.9	100.6	101.2	100.4	101.1	100.0	100.3	100.6	100.9	101.8	99.6	99.5
广　东	100.4	100.2	101.0	100.7	100.6	100.1	100.6	100.3	100.4	100.8	100.5	99.6
广　西	101.3	100.7	101.7	100.9	101.7	99.8	99.8	101.3	102.1	103.0	99.5	98.1
海　南	102.7	102.6	103.8	100.1	101.6	102.1	101.9	100.6	98.8	103.4	102.9	97.9
重　庆	100.0	100.3	100.6	100.7	100.6	100.3	100.2	100.6	100.6	101.3	100.3	99.9
四　川	101.0	100.8	101.0	100.6	101.2	100.0	100.1	100.5	100.8	101.8	100.5	100.0
贵　州	100.8	100.2	100.9	100.6	100.9	100.5	100.0	101.0	102.7	103.7	101.3	98.6
云　南	101.4	101.4	101.5	101.1	101.3	99.7	99.6	100.4	102.1	104.9	99.4	100.2
西　藏	100.1	99.5	101.3	101.4	101.1	100.5	96.5	97.8	102.4	101.6	98.9	100.3
陕　西	102.1	100.8	101.3	101.2	104.2	101.1	102.9	101.3	104.9	108.3	95.3	96.7
甘　肃	102.5	102.3	103.8	100.8	103.4	99.9	101.4	101.2	100.9	103.2	101.0	97.1
青　海	99.8	101.7	102.8	101.4	103.0	101.1	102.1	101.8	103.8	103.9	99.1	97.9
宁　夏	103.8	101.4	99.8	100.2	104.2	101.4	101.3	102.8	106.3	107.5	98.0	96.5
新　疆	102.1	101.5	104.6	102.2	102.6	101.5	101.8	102.0	102.5	106.5	101.5	95.6

6-16 全国70个大中城市各月新建商品住宅销售价格指数(环比)(2021)

(上月=100)

地区	1月	2月	3月	4月	5月	6月	7月	8月	9月	10月	11月	12月
北京	100.5	100.7	100.2	100.6	100.3	100.9	100.8	100.2	100.0	100.6	100.3	100.0
天津	100.3	100.4	100.6	100.7	100.6	100.9	100.6	100.3	99.9	99.5	99.4	99.3
石家庄	100.0	99.8	100.6	100.5	100.4	100.0	100.2	99.7	100.4	98.9	98.8	99.1
太原	99.6	99.9	99.9	100.2	100.3	99.8	100.0	99.8	99.3	99.7	99.5	99.1
呼和浩特	100.1	99.8	99.7	100.0	100.5	100.2	99.9	100.2	99.7	99.5	99.5	100.0
沈阳	100.8	100.0	100.3	100.6	100.9	100.7	100.5	100.3	99.9	99.7	99.6	99.5
大连	100.1	100.2	100.8	100.7	101.2	101.0	100.6	100.6	100.1	99.8	99.8	99.6
长春	100.4	99.8	99.9	100.3	100.3	100.2	100.1	100.3	100.4	100.1	99.7	99.7
哈尔滨	99.5	100.4	100.3	100.2	100.4	99.9	100.0	99.7	99.5	99.7	99.3	99.2
上海	100.6	100.5	100.3	100.3	100.4	100.5	100.4	100.4	100.2	100.1	100.2	100.4
南京	100.2	100.5	100.8	100.6	100.8	100.8	100.4	100.1	100.2	100.0	99.5	100.3
杭州	100.1	100.2	100.5	100.5	100.6	100.8	100.5	100.6	100.4	100.4	100.5	100.5
宁波	100.5	100.5	100.8	100.6	100.4	100.6	100.4	100.3	100.0	99.9	99.7	99.6
合肥	100.9	100.6	100.7	100.5	100.2	100.2	100.1	100.2	100.4	99.9	99.7	100.2
福州	100.6	100.3	101.0	100.6	100.5	100.5	100.3	100.2	100.0	99.8	99.6	100.1
厦门	100.3	100.4	100.3	100.2	100.9	100.7	100.4	100.4	100.3	100.2	99.4	100.2
南昌	100.3	100.1	100.4	100.5	100.0	100.0	100.3	100.1	99.9	99.7	99.6	99.9
济南	100.2	100.4	100.5	100.8	101.0	101.5	100.7	100.6	100.4	99.6	99.5	100.0
青岛	100.2	100.3	100.5	100.7	100.8	100.7	101.0	100.8	100.0	99.8	99.7	99.9
郑州	100.2	100.5	100.8	100.7	100.8	100.8	100.4	99.9	99.7	99.5	99.4	99.3
武汉	100.7	100.4	100.4	101.0	100.9	100.7	100.6	100.4	100.0	99.6	99.2	99.7
长沙	100.6	101.0	100.5	100.7	100.8	101.3	100.8	100.5	100.3	100.2	100.2	100.3
广州	101.0	100.9	101.0	101.1	101.5	101.0	100.2	99.9	99.9	99.7	99.4	99.4
深圳	100.3	100.1	100.1	100.5	100.6	100.5	100.5	101.0	100.2	99.8	100.0	99.9
南宁	100.3	100.5	100.6	100.4	100.6	100.5	100.3	99.7	99.6	99.5	99.9	99.8
海口	100.3	100.6	100.3	101.0	100.4	100.8	101.0	100.3	100.3	100.0	99.5	99.7
重庆	100.5	100.4	100.9	101.4	101.9	101.0	100.7	100.8	100.1	100.0	99.8	100.3
成都	100.8	100.7	100.5	100.5	100.4	100.3	100.4	100.3	99.8	99.4	99.8	99.6
贵阳	100.2	100.4	100.4	100.8	100.3	99.8	100.5	100.0	99.7	99.6	98.9	99.5
昆明	100.4	100.7	100.8	101.0	100.0	99.2	99.5	99.6	99.3	99.2	100.0	99.8
西安	100.4	100.8	100.9	100.6	100.5	101.0	100.7	100.7	100.6	100.4	100.2	99.5
兰州	100.8	100.7	100.5	100.7	100.4	100.5	100.4	99.8	99.7	99.9	99.6	99.6
西宁	100.7	100.6	100.5	100.6	100.8	100.9	100.7	100.5	100.2	99.7	99.5	99.0
银川	100.6	100.8	100.5	100.6	101.0	100.8	101.0	100.4	100.6	100.6	100.3	99.6
乌鲁木齐	100.5	100.9	100.4	100.3	100.7	100.1	100.4	100.8	100.0	99.7	99.5	99.6

6-16 续表

地区	1月	2月	3月	4月	5月	6月	7月	8月	9月	10月	11月	12月
唐山	100.0	99.8	100.2	100.3	100.1	100.4	99.6	99.4	99.2	99.3	99.7	100.2
秦皇岛	99.7	99.8	100.4	100.0	100.0	99.7	99.8	99.4	99.5	99.2	99.6	99.0
包头	100.2	99.7	100.5	100.3	100.7	100.0	100.2	100.1	99.8	99.7	99.5	99.4
丹东	100.1	100.5	100.1	100.2	100.2	100.1	100.4	100.3	100.1	100.2	99.8	99.6
锦州	100.5	100.5	100.0	100.2	100.7	100.5	100.3	100.2	100.5	100.3	99.5	99.8
吉林	99.8	100.6	100.3	100.8	100.4	100.4	100.5	100.2	99.8	99.7	99.6	100.1
牡丹江	99.9	99.8	100.0	100.4	100.3	100.2	99.9	100.4	99.3	99.5	99.5	99.3
无锡	100.0	100.2	100.7	100.6	100.8	101.2	100.9	100.3	100.5	100.0	99.7	99.5
徐州	100.7	101.2	100.3	100.9	100.7	100.7	100.3	100.1	99.7	99.7	99.8	99.6
扬州	100.9	100.7	100.7	100.9	101.0	101.1	100.6	100.0	99.6	99.6	99.2	99.9
温州	100.4	100.2	100.1	100.6	100.7	100.5	100.5	100.2	100.4	100.0	99.9	100.3
金华	101.2	100.4	100.7	100.4	100.5	100.6	100.3	100.4	100.1	99.8	99.7	99.9
蚌埠	100.7	100.3	100.3	99.8	99.7	100.5	100.5	100.4	99.9	99.8	99.7	99.8
安庆	100.2	99.6	99.7	99.7	99.8	99.7	99.9	100.0	100.4	99.9	99.8	100.0
泉州	100.8	100.7	100.8	100.7	100.6	100.4	100.6	100.3	100.1	99.9	99.5	99.2
九江	100.3	100.8	100.4	100.4	100.3	100.3	100.5	100.2	99.8	99.6	99.6	99.5
赣州	100.6	100.6	100.3	100.2	100.4	100.4	99.9	99.9	100.0	99.7	99.9	100.4
烟台	99.8	100.3	100.5	100.6	100.4	100.3	100.6	99.9	99.8	99.5	99.7	99.7
济宁	100.7	100.6	100.8	100.7	101.0	100.8	100.7	100.1	100.4	99.9	99.6	99.5
洛阳	100.3	100.0	100.1	100.6	100.8	100.4	100.6	100.5	100.3	100.2	99.8	99.3
平顶山	100.2	100.3	100.3	100.2	100.2	100.1	99.9	100.4	100.2	100.3	99.6	99.9
宜昌	99.9	100.4	100.5	100.8	100.7	100.5	100.6	100.0	99.7	99.7	99.8	99.6
襄阳	100.3	100.2	100.4	100.7	100.4	100.3	100.5	100.4	99.9	99.8	99.3	99.0
岳阳	99.7	100.4	99.6	100.2	100.5	99.6	99.3	99.7	99.5	99.3	100.3	99.6
常德	99.9	100.2	100.3	100.0	99.7	99.5	99.9	99.7	99.3	99.5	99.8	99.7
韶关	100.1	100.6	100.5	100.5	100.3	100.8	99.5	100.4	99.5	98.9	99.8	99.5
湛江	100.2	100.8	100.3	100.7	100.6	99.8	100.4	99.8	99.0	99.3	99.6	98.9
惠州	100.3	100.2	100.2	100.4	100.7	100.5	100.0	99.6	99.7	99.4	100.1	99.7
桂林	99.9	100.5	100.4	100.4	100.5	100.3	99.7	99.6	99.4	99.3	99.5	100.4
北海	99.7	99.7	99.9	99.7	100.6	100.3	100.3	100.1	99.6	99.7	99.5	99.4
三亚	100.3	100.2	100.7	100.2	100.3	100.6	100.5	100.2	100.1	100.8	100.7	100.2
泸州	99.4	99.6	100.8	99.7	100.5	99.9	99.8	99.9	99.0	99.1	99.3	100.0
南充	99.7	100.8	100.5	100.4	99.8	99.6	99.7	99.5	99.9	99.5	99.3	99.3
遵义	100.4	100.6	100.2	100.3	100.6	100.2	99.4	99.9	99.7	99.4	99.5	100.1
大理	99.6	99.8	100.3	99.8	99.6	99.4	99.5	100.1	99.5	99.1	99.0	99.6

注：以上城市范围为市辖区，不含县。

6-17 全国70个大中城市各月新建商品住宅销售价格指数(同比)(2021)

(上年同月=100)

地区	1月	2月	3月	4月	5月	6月	7月	8月	9月	10月	11月	12月
北京	102.9	103.4	103.6	104.5	104.3	104.9	105.4	104.9	104.5	104.9	105.4	105.1
天津	101.5	102.3	103.2	103.6	103.9	104.2	104.3	104.3	104.1	104.0	103.0	102.4
石家庄	102.9	102.7	103.0	102.8	103.1	102.9	102.8	102.4	102.1	100.8	99.2	98.5
太原	99.2	99.2	98.9	98.9	98.7	97.9	98.0	98.0	97.8	97.9	97.7	97.1
呼和浩特	104.7	104.5	104.1	103.6	103.1	103.1	102.3	102.1	101.2	100.1	99.3	99.1
沈阳	105.8	105.1	105.1	104.9	104.7	104.5	104.2	103.4	103.3	103.1	102.8	102.7
大连	104.7	104.5	105.2	105.4	105.8	106.0	106.1	106.5	106.1	105.5	105.3	104.7
长春	102.7	102.6	102.1	101.8	101.7	101.2	100.9	100.6	100.7	100.9	100.9	101.0
哈尔滨	99.9	100.3	100.3	99.6	99.9	99.8	99.9	99.4	99.3	98.7	98.3	98.2
上海	104.4	105.0	105.3	104.9	104.5	104.6	104.5	104.3	104.0	103.8	104.0	104.2
南京	105.0	105.7	106.3	105.1	104.6	104.4	104.6	104.8	105.0	104.5	103.9	104.1
杭州	104.2	104.5	103.5	103.3	103.2	102.6	102.8	103.0	103.4	103.9	104.7	105.5
宁波	104.3	104.9	105.4	105.9	105.0	104.8	104.7	104.2	103.9	103.7	103.5	103.3
合肥	104.3	105.0	105.6	106.8	107.1	106.4	106.1	106.0	105.7	104.9	104.0	103.5
福州	105.4	105.1	105.7	105.7	105.8	105.8	105.7	105.7	105.4	105.1	104.2	103.4
厦门	104.7	105.1	105.5	105.6	106.1	105.8	105.5	105.6	105.3	105.4	104.3	103.9
南昌	100.8	100.9	101.6	101.6	101.2	100.9	101.0	101.3	101.1	101.2	101.2	100.6
济南	99.6	100.2	101.1	101.9	102.4	103.6	104.2	105.2	105.5	105.2	105.0	105.1
青岛	102.9	103.4	104.4	104.6	105.1	105.1	105.4	105.4	104.9	105.0	104.7	104.4
郑州	99.4	100.3	101.2	101.8	102.7	103.2	103.7	103.1	102.8	102.6	102.4	101.9
武汉	104.6	105.0	105.5	106.7	107.3	106.7	106.5	106.4	106.0	105.3	104.3	103.7
长沙	104.9	105.6	105.9	106.3	106.7	106.7	107.1	106.8	106.9	107.1	107.5	107.5
广州	105.9	106.9	108.6	109.9	111.2	111.6	110.9	109.8	109.0	107.9	106.3	105.0
深圳	103.7	103.8	103.4	103.9	103.7	103.5	103.3	103.9	103.8	103.4	103.4	103.3
南宁	105.0	105.5	106.1	106.0	105.9	105.4	104.9	103.7	102.7	102.1	102.1	101.7
海口	103.2	103.8	104.1	104.6	105.4	105.8	106.5	105.8	105.6	105.4	104.5	104.0
重庆	104.9	105.7	106.2	106.7	108.0	108.0	108.3	108.8	108.3	108.0	108.0	107.9
成都	106.9	106.5	106.5	106.6	106.2	105.7	104.8	104.2	103.6	102.8	102.6	102.4
贵阳	103.4	103.2	103.7	105.0	105.2	104.7	104.9	104.2	103.7	102.9	101.1	100.2
昆明	105.6	106.5	107.5	107.5	106.8	104.7	103.8	102.4	101.5	100.0	99.8	99.4
西安	106.5	107.4	107.8	108.0	108.0	108.2	108.1	107.7	107.5	107.4	107.4	106.3
兰州	104.9	105.6	106.6	106.7	106.6	106.7	106.7	105.9	105.1	104.5	103.5	102.6
西宁	109.0	109.1	108.2	108.0	107.9	107.8	108.6	108.0	107.6	106.6	105.5	103.7
银川	113.9	114.9	114.1	113.7	112.4	111.2	110.0	108.5	108.0	107.9	107.7	106.7
乌鲁木齐	103.4	104.6	105.1	104.5	104.7	103.7	103.5	104.3	104.2	103.3	102.6	102.8

6-17 续表

地　区	1月	2月	3月	4月	5月	6月	7月	8月	9月	10月	11月	12月
唐　山	109.8	109.2	108.3	106.9	105.9	104.7	103.1	101.2	99.8	99.1	98.6	98.3
秦皇岛	103.1	103.3	103.3	102.5	101.7	100.6	100.3	99.2	98.2	97.8	97.3	96.3
包　头	102.6	102.5	102.9	103.4	103.3	103.3	103.0	102.3	101.6	101.2	101.0	100.2
丹　东	106.2	106.3	105.9	105.6	105.5	105.8	105.1	104.6	103.9	103.7	102.7	101.7
锦　州	106.4	106.9	106.7	106.0	105.7	105.6	104.8	103.7	104.4	104.6	103.7	103.2
吉　林	103.0	103.4	103.2	103.2	103.4	103.4	103.5	102.9	101.8	101.8	101.7	102.2
牡丹江	98.0	97.6	97.6	98.7	99.3	99.6	99.9	99.4	98.7	98.7	98.5	98.5
无　锡	105.6	105.6	105.8	105.9	105.7	105.9	105.4	104.5	104.7	104.6	104.4	104.2
徐　州	110.0	110.3	110.1	109.9	109.7	109.2	107.9	107.2	105.5	104.5	104.3	103.9
扬　州	107.0	107.7	108.0	108.5	108.8	109.3	109.0	108.1	107.3	106.0	105.1	104.2
温　州	104.3	104.9	105.5	105.2	105.2	104.6	104.4	103.2	103.7	103.4	103.7	104.0
金　华	105.9	106.3	107.0	106.9	106.6	106.3	106.1	105.3	105.2	105.2	104.8	104.1
蚌　埠	105.6	105.8	105.5	104.8	104.0	103.5	103.6	103.4	102.8	102.2	101.7	101.3
安　庆	98.6	98.5	98.8	98.8	98.7	99.1	99.2	100.0	100.2	99.6	99.1	98.7
泉　州	106.0	107.1	107.4	108.0	107.7	107.2	107.2	106.6	106.1	105.7	105.0	103.7
九　江	103.2	103.6	104.3	104.0	103.8	103.3	103.4	103.8	103.1	102.6	102.5	101.8
赣　州	104.8	105.1	105.5	105.2	105.3	105.2	104.3	103.7	103.5	102.9	102.3	102.5
烟　台	105.0	104.6	104.8	105.1	105.2	104.9	105.0	103.6	102.8	101.8	101.3	100.9
济　宁	108.8	109.4	109.9	110.0	110.4	110.6	110.2	109.0	108.4	107.6	105.9	104.9
洛　阳	102.3	102.2	102.4	102.9	103.5	103.8	103.6	103.7	103.7	103.9	103.5	102.8
平顶山	103.3	103.6	103.8	104.0	103.8	103.3	102.7	102.9	102.8	103.0	102.1	101.7
宜　昌	102.9	103.3	104.1	104.6	104.9	105.0	104.8	104.7	104.2	103.2	102.6	102.2
襄　阳	103.6	103.7	104.1	105.0	105.4	105.2	105.0	104.7	104.1	103.5	102.3	101.1
岳　阳	101.0	101.8	101.3	100.9	100.9	99.9	99.1	98.3	97.6	97.6	98.0	97.6
常　德	98.5	98.3	99.0	99.2	98.6	98.3	97.9	97.6	97.5	97.7	97.8	97.5
韶　关	100.0	101.2	101.8	102.3	102.9	103.5	103.0	103.1	102.6	101.2	100.9	100.5
湛　江	101.1	102.1	103.3	103.9	104.8	104.6	104.7	104.0	102.5	101.4	100.6	99.6
惠　州	107.1	107.4	107.9	108.0	107.5	106.3	105.1	102.8	101.8	100.9	101.4	100.9
桂　林	100.3	101.2	102.0	101.8	101.8	101.8	101.6	102.3	101.1	100.0	99.8	99.9
北　海	96.3	95.8	95.6	95.5	96.3	97.1	97.7	98.4	98.4	98.8	98.5	98.4
三　亚	104.6	104.8	106.3	106.0	106.8	107.3	106.6	105.9	105.1	105.1	105.3	105.0
泸　州	99.4	99.8	100.8	100.5	100.6	99.9	99.7	99.1	97.8	97.3	96.7	96.8
南　充	99.4	100.8	100.8	100.0	98.5	99.0	99.0	98.9	98.8	98.7	98.4	97.8
遵　义	100.4	101.4	101.4	101.5	102.2	102.3	102.1	101.8	101.7	101.2	100.3	100.4
大　理	100.4	100.2	100.3	100.1	99.8	99.5	98.8	98.3	97.6	96.8	95.8	95.7

注：以上城市范围为市辖区，不含县。

附录 各专业调查简介及主要统计指标解释

附录　各专业调查简介及主要统计指标解释

一、住户收支与生活状况调查

（一）调查简介

调查目的　为全面、准确、及时了解全省和市县（市、区）城乡居民收入、消费及其他生活状况，客观监测居民收入分配格局和不同收入层次居民的生活质量，更好地满足全省及市县（市、区）政府研究制定城乡统筹政策和民生政策的需要，为国民经济核算和居民消费价格指数权重制定提供基础数据，依照《中华人民共和国统计法》规定，开展浙江省住户收支与生活状况调查（以下简称住户调查）。

调查范围　住户调查分成分省调查样本和分市县调查样本，其中分省住户调查样本量为6450户，分布在11个设区市和56个县(市)；分市县住户调查样总量为24190户，各县（市、区）均设计有一定的样本量。

调查对象　浙江省住户调查对象为本省境内的住户，既包括城镇住户，也包括农村住户；既包括以家庭形式居住的户，也包括以集体形式居住的户。无论户口性质和户口登记地，中国公民均以住户为单位，在常住地参加本调查。

调查内容　住户调查内容主要包括居民现金和实物收支情况、住户成员及劳动力从业情况、居民家庭食品和能源消费情况、住房和耐用消费品拥有情况、家庭经营和生产投资情况、社区基本情况以及其他民生状况等。

样本抽选方法　分省住户调查的抽样方法由国家统计局制定。国家统计局使用统一的抽样框，以省为总体，在对县级调查网点代表性进行评估的基础上，采用分层、多阶段随机抽样方法抽选调查住宅，确定调查户。县级调查网点和抽中调查小区原则上五年内保持不变，样本住户应在五年周期内适时轮换。分市县调查小区样本抽选工作使用全国统一的抽样框，根据国家统计局确定的样本规模，按照统一的抽样方法，在分省住户调查样本的基础上，由浙江调查总队补充抽选满足分市县代表性的地方样本（调查小区）。分市县调查住宅和调查户由国家统计局各设区市调查队在国家统计局浙江调查总队指导下抽选确定。

数据采集方式　住户调查采用日记账和问卷调查相结合的方式采集基础数据。其中，居民现金收入与支出、实物收入与支出等内容主要使用记账方式采集。住户成员及劳动力从业情况、住房和耐用消费品拥有情况、家庭经营和生产投资情况、社区基本情况及其他民生状况等资料使用问卷调查方式采集。国家统计局使用住户调查应用系统，推广电子化数据采集方式。

数据处理　数据处理包括数据审核、加权、汇总和评估，省、市、县各级使用国家统计局指定的数据处理平台或程序进行数据加权汇总处理。

（二）指标解释

可支配收入　指调查户在调查期内获得的、可用于最终消费支出和储蓄的总和，即调查户可以用来自由支配的收入。可支配收入既包括现金，也包括实物收入。按照收入的来源，可支配收入包含四项，分别为：工资性收入、经营净收入、财产净收入和转移净收入。

工资性收入　指就业人员通过各种途径得到的全部劳动报酬和各种福利，包括受雇于单位或个人、从事各种自由职业、兼职和零星劳动得到的全部劳动报酬和福利。

经营净收入　指住户或住户成员从事生产经营活动所获得的净收入，是全部经营收入中扣除经营费用、生产性固定资产折旧和生产税之后得到的净收入。

财产净收入　指住户或住户成员将其所拥有的金融资产、住房等非金融资产和自然资源交由其他机构单位、住户或个人支配而获得的回报并扣除相关的费用之后得到的净收入。财产净收入包括利息净收入、红利收入、储蓄性保险净收益、转让承包土地经营权租金净收入、出租房屋净收入、出租其他资产净收入和自有住房折算净租金等。

转移净收入 转移净收入=转移性收入－转移性支出

转移性收入 指国家、单位、社会团体对住户的各种经常性转移支付和住户之间的经常性收入转移。包括养老金或退休金、社会救济和补助、政策性生产补贴、政策性生活补贴、经常性捐赠和赔偿、报销医疗费、住户之间的赡养收入，以及本住户非常住成员寄回带回的收入等。转移性收入不包括住户之间的实物馈赠。

转移性支出 指调查户对国家、单位、住户或个人的经常性或义务性转移支付。包括缴纳的税款、各项社会保障支出、赡养支出、经常性捐赠和赔偿支出以及其他经常转移支出等。

消费支出 指住户用于满足家庭日常生活消费需要的全部支出，包括用于消费品的支出和用于服务性消费的支出。根据用途不同，消费支出可划分为食品烟酒、衣着、居住、生活用品及服务、交通通信、教育文化娱乐、医疗保健、其他用品及服务八大类。根据来源不同，消费支出可划分为现金消费支出、实物消费支出（含自产自用、来自单位、来自政府和其他社会组织）。

二、农民工监测调查

调查目的 通过定期收集农民工相关信息，准确反映农民工数量、流向、结构、就业、收支、生活、社会保障及创业等情况，从宏观上把握农民工发展变化情况，为制定科学的农民工政策、加强和改善农民工工作提供科学依据。

调查范围和对象 农民工监测调查在国家统计局各调查队的村委会范围内开展。调查对象为抽中调查小区和抽中住户的所有住户成员。

调查内容 主要包括住户成员基本情况；劳动力就业基本情况；外出从业人员及本地非农务工人员工作条件、收支情况、生活情况和社会保障情况；农村劳动力本地非农自营和创业情况；农民工子女教育情况；调查小区人口、劳动力及举家外出情况等。

样本抽选方式 国家统计局使用统一的抽样框，以省为总体，在对县级调查网点代表性进行评估的基础上，采用分层、多阶段、PPS抽样方法随机抽选调查小区，在抽中的调查小区内，按系统抽样方法随机抽选调查住宅和住户。抽中调查小区五年内保持不变。现场抽样工作由各调查总队统一组织。调查小区的变动需经国家统计局批准；调查户的变动需经调查总队批准，并报国家统计局备案。

数据采集 现场调查主要采用调查员上门面访并填报调查问卷的方式。

数据处理 采用国家统计局编制下发的数据处理程序进行调查数据的录入和初步审核。

三、流通和消费价格调查

流通和消费价格调查主要包括：居民消费价格调查、商品零售价格调查。

（一）居民消费价格调查简介

调查目的 掌握各地价格变动的基本情况，分析研究价格变动对社会经济和居民生活的影响，满足各级政府制定政策和计划、进行宏观调控的需要，以及为国民经济核算提供参考依据。

调查任务 系统地调查、搜集和整理城乡居民购买并用于日常生活消费的商品和服务项目的价格，并编制居民消费价格指数（英文名称：Consumer Price Index 缩写：CPI）。

调查范围 省内被抽中的 11 个设区市及 12 个县（区/市）。

调查对象 商场（店）、超市、农贸市场、服务网点和互联网电商等。

调查内容 城乡居民购买并用于日常生活消费的商品和服务项目的价格。按用途划分为食品烟酒、衣着、居住、生活用品及服务、交通通信、教育文化娱乐、医疗保健、其他用品及服务等 8 个大类的居民消费价格。

（二）商品零售价格调查简介

调查目的 掌握各地商品价格的变动趋势，为国家宏观调控和国民经济核算提供参考依据。

调查任务 系统地调查、搜集和整理工业、商业、餐饮业和其他零售企业向城乡居民、机关团体出售生活消费品和办公用品的价格，并编制商品零售价格指数（英文缩写：RPI）。

调查范围 与居民消费价格的调查范围一致。

调查对象 工业、商业、餐饮业和其他零售企业。

调查内容 工业、商业、餐饮业和其他行业的零售商品以及农民对非农业居民出售商品的价格。包括食品、饮料烟酒、服装鞋帽、纺织品、家用电器及音像器材、文化办公用品、日用品、体育娱乐用品、交通通信用品、家具、化妆品、金银饰品、中西药品及医疗保健用品、书报杂志及电子出版物、燃料、建筑材料及五金电料等16个大类，203个基本分类的商品零售价格。

数据采集方法、价格指数计算方法及数据处理方式 与居民消费价格的调查相同。

（三）数据采集及处理方式

居民消费、商品零售两项价格调查的数据采集方法、价格指数计算方法和数据处理方式相同。

数据采集方法 辅助调查员通过手持数据采集器，采用定人、定点、定时的方法直接调查。在保证价格准确的前提下，经国家统计局审定，可利用被调查单位的电子数据进行辅助采价，也可从互联网采集特定商品价格。

价格指数计算方法 根据计算代表规格品平均价格，通过链式拉氏公式加权计算环比指数、同比指数和定基指数。

数据处理方式 使用国家统一下发程序，市、县级将价格汇总后上报省级，省级汇总后上报国家。

（四）指标解释

居民消费价格指数 是反映一定时期内城乡居民所购买的生活消费品和服务项目价格变动趋势和程度的相对数，是对城市居民消费价格指数和农村居民消费价格指数进行综合汇总计算的结果。通过该指数可以观察和分析消费品的零售价格和服务项目价格变动对城乡居民实际生活费支出的影响程度。居民消费价格水平的变动率在一定程度上反映了通货膨胀（或紧缩）的程度。

商品零售价格指数 是反映一定时期内城乡商品零售价格变动趋势和程度的相对数。

商品零售价格的变动与国家的财政收入、市场供需的平衡、消费与积累的比例关系有关。

四、工业生产者价格调查

（一）调查简介

调查目的 工业生产者价格调查的目的在于及时、准确、科学地反映各工业行业产品价格水平及其变化趋势和变动幅度，为国民经济核算、宏观经济分析和调控、理顺价格体系等提供科学、准确的依据。

调查范围 杭州、宁波、温州、嘉兴、湖州、绍兴、金华、衢州、舟山、台州、丽水市。

调查对象 所辖区内规模以上工业生产企业和规模以下工业生产企业，全省共计3500余家。

调查内容 工业生产者出厂价格调查34个工业行业大类，涵盖491个基本分类的产品价格；工业生产者购进价格统计调查涵盖405个基本分类的 产品价格。

样本抽选方法 工业生产者价格调查采取重点调查与典型调查相结合的调查方法。年主营业务收入2000万元以上的企业采用重点调查方法；年主营业务收入2000万元以下的企业采用典型调查方法。

数据采集方式 选中调查企业通过国家统计局联网直报平台报送原始价格资料。报送内容包括调查产品每月5日和20日的时点价格，企业填报数据时严格遵循同质可比原则。市级调查队通过直报平台对企业报送的原始价格进行审核，在确保原始价格准确的基础上进行报表汇总、上报。浙江调查总队审核辖区内各市上报的价格数据并汇总本省价格指数。

权数确定 工业生产者出厂价格统计中，工业小类及小类以上的权数资料来源于工业统计中分行业销售产值数据资料；基本分类的权数资料来源于独立的工业生产者出厂价格权数专项调查。工业生产者购进价格统计中，大类权数资料主要参考分行业的投入产出数据，其他分类的权数资料来源于独立的工业生产者购进价格权数专项调查。一般情况下，工业生产者价格权数专项调查每五年进行一次。基本分类以下不设置权数。

数据汇总方式 根据企业上报的规格品价格通过链式拉氏公式加权计算环比指数、同比指数和定基指数。

（二）指标解释

工业生产者价格指数包括工业生产者出厂价格指数（简称 PPI）和工业生产者购进价格指数（简称 IPI）。

工业生产者出厂价格指数 反映工业企业产品第一次出售时的出厂价格的变化趋势和变动幅度。

工业生产者购进价格指数 反映工业企业作为中间投入产品的购进价格的变化趋势和变动幅度。

五、住宅销售价格调查

（一）调查简介

调查目的 全面了解和掌握相关城市房地产市场变动情况，落实房地产市场调控城市主体责任，满足国家宏观调控需求，为做好国民经济核算和满足社会公众需要提供基础统计信息。

调查范围 杭州、宁波、温州、嘉兴、湖州、绍兴、金华、衢州、舟山、台州、丽水十一个设区市的市辖区（不包括县）。

调查对象 各市房管部门、房地产开发企业、房地产经纪机构或房屋居住服务平台等相关企业。

调查内容 新建商品住宅销售价格、二手住宅销售价格。主要包括：90 平方米及以下、90—144 平方米、144 平方米以上等。

样本抽选方法 新建商品住宅销售价格调查采用全面调查，二手住宅销售价格调查部分城市采用全面调查、部分城市采用重点调查与典型调查相结合的方法。

数据采集方式 全面调查的基础数据直接采用当地房地产主管部门提供的网签备案数据。重点调查与典型调查相结合的方法，指按照房地产经纪机构或房屋居住服务平台等相关企业上报、房地产主管部门提供与调查员实地采价相结合的方式收集基础数据。

数据汇总方式

1. 根据上报的规格品价格通过链式拉氏公式加权计算定基指数。

2. 在定基指数的基础上计算月环比价格指数和同比价格指数。

（二）指标解释

住宅销售价格指数 是综合反映住宅商品价格总体变化趋势和变化幅度的相对数，是通过百分数的形式来反映房价在不同时期的涨跌幅度。住宅销售价格指数分为新建商品住宅销售价格指数和二手住宅销售价格指数。

新建商品住宅 指新建的专供居住用的商品住宅。其价格指进入房地产市场进行交易、第一次进行产权登记时的实际交易价格（合同价格）。

二手住宅 指进入房地产市场进行交易，第二次及以上进行产权登记的住宅，包括二手商品房、允许上市交易的已售公房等。其价格指用于居住的进入房地产市场进行交易的房屋，再次进行产权登记时的实际交易价格。

六、农产品生产者价格调查

（一）调查简介

调查目的 客观反映主要农产品生产者价格水平和结构变动情况，满足农业经济、国民经济核算和分析、反映农业生产效益的需要，为各级政府制定政策、实施宏观管理与宏观调控提供决策依据。

调查内容 抽中的生产者生产并出售的主要农产品的相关信息，包括农产品的名称、出售数量、价格、金额等。

抽样总体　目标总体是浙江全部农业生产经营者（农业生产单位和农户，下同）。生产者价格调查的品种多，单位复杂，不可能进行完全的概率抽样，需筛选一些产量比较大、占主要地位的产品，在生产这些产品的生产者中进行概率抽样，因此，抽样总体为国家和省确定的省级农产品类别或代表品的生产者。

样本抽选方法　以省为总体，以本省确定的农产品类别或代表品的生产量或出售量为目标变量，首先收集相应的县级数据，将目标类别或代表品产量累计达 80%的县作为编制抽样框的范围。在确定范围内，将生产者按照经营规模分成“大、中、小”三层，“大”层本省规模前几位的农业生产者，“中”层为农业生产单位和规模户（规模标准同第三次全国农业普查），“小”层为普通农户。对于“大”层的生产者全部或主要部分作为样本；对于“中”层的生产者采用以全年产量或销售量为规模标识的概率与规模成比例的方法（PPS）直接抽选生产者作为样本；对于“小”层的生产者，采用以全年产量或销售量为规模标识的概率与规模成比例的方法（PPS）抽选行政村样本，然后在抽中的行政村中采用简单随机抽样的方法抽选生产者作为样本。

调查范围　按调查样本抽选原则，浙江省农产品价格调查范围为 45 个县（市、区）。

数据采集方式　价格调查采取被抽中单位记账和现场访问相结合的方法。

数据处理　使用国家统计局的联网直报平台上报。

农产品生产者价格指数的汇总方法

农产品平均价格计算

1. 加权算术平均法计算调查样本某种农产品的平均价格。

2. 简单平均法计算某种农产品层级均价。

3. 几何平均法计算某种农产品省级均价。

农产品代表品权数的确定

用于计算农产品生产者价格指数的权数资料主要来源于农产品销售额。权数一般五年更换一次。

农产品生产者价格指数计算

1. 计算代表品本季价格指数和累计价格指数。

2. 加权计算小类、中类、大类及总指数。

（二）指标解释

农产品生产者价格　指农产品生产者第一手（直接）出售其产品时实际获得的单位产品价格。

农产品生产者价格指数　是反映一定时期内，农产品生产者出售的农产品价格水平变动趋势及幅度的相对数。

七、粮食抽样调查

（一）调查简介

调查范围　全省共调查 88 个抽中县（市、区），2013 个抽中村，6041 个样方。

调查对象　调查区域范围内的粮食作物，包括谷物、豆类、薯类等粮食作物播种面积。

调查内容　每年实地调查 4 次，每次调查登记各样方内所有地块上在种作物的播种面积。

样本抽选方法　分两个阶段实施。第一阶段，以全省耕地面积为基础，利用 PPS 抽样方法确定抽中村。第二阶段，在抽中村内简单随机抽取 3 个 200 米*200 米的样方。

数据采集方式　粮食作物播种面积调查，采用 PDA 实地调查方法，对抽中村样方地块上的所有农作物播种面积进行调查登记。

数据汇总方式　以 PDA 调查所登记的粮食作物播种面积为基础，经过加权推算出全省粮食作物播种面积。

（二）粮食产量抽样调查简介

调查范围　粮食产量调查在播种面积样本村中进行。其中，早稻、单季晚稻、双季晚稻单产实测调查，实测作物种植村小于 100 个的，全部调查；实测作物种植村大于等于 100，小于等于 200 的，调查 100 个村；实测作物种植多于 200 个以上的，抽选 1/2 进行调查。每个实测样本村抽选的自然地块数量不少于 3 个，不足 3 个的全部抽选。每个自然地块均匀放置 3 个小样本。其它粮食作物单产入户访问调查，每个样本村每种作物抽选 5 户，不足 5 户的，则全部调查。

调查对象 谷物、豆类、薯类等粮食作物的产量。

调查内容

1.实割实测 包括放样、取样、脱粒扬晒、过秤、水分化验、测定割拉打损失等。

2.入户访问 通过访问农户，询问测产作物的种植面积和产量，估计单位面积的产量。

样本抽选方法 实割实测，是在测产作物收获季节，对抽中样方内的全部地块进行踏田估产，按估产结果从高到低排序，随机起点，等距抽样，抽选 3 个自然地块，不足 3 个的全部抽选。如果调查作物连片种植的，直接在抽中自然地块内按直线法、梅花法、垄测法等随机、均匀放置 3 个小样本（10 平方尺）；如果调查作物交叉、分块种植的，则先确定种植该作物的地块，然后均匀放置 3 个小样本。入户访问，是在有测产种植作物的测产点内，重点选取测产作物的 5 个种植户。

数据采集方式 水稻采用实割实测调查，其品种为早稻、单季晚稻、双季晚稻。其它粮食作物采用入户访问调查。

数据汇总方式 从地块或者种植户调查开始，首先推算出亩产；由全省简单平均，推算出全省测产作物的平均亩产；再根据全省播种面积，推算出全省全社会总产量。

（三）指标解释

粮食作物 指一般用作人类主食，种植在耕地或非耕地上的农作物。根据我国产品目录分类标准，粮食包括谷物、豆类、薯类。

粮食作物播种面积 指本年度内收获的粮食作物在全部土地（耕地或非耕地）上的播种或移植面积。凡是本年内收获的作物，无论是本年还是上年播种，都算为当年播种面积，但不包括本年播种，下年收获的作物面积。移植的作物面积按移植后的面积计算，不计算移植前的秧田面积。如果因灾害等原因，应该收获却未能收获，也要按原播种面积计算，新补或改种，并在本年收获的，也要按复种作物计算面积。间种、混种的作物面积按比例折算各个作物的面积，如果完全混合、同步生长、收获的作物，按混合面积平均分配。复种、套种的作物，按次数计算面积，每种一次计算一次。

粮食作物产量 指本年度内生产的全部粮食作物数量。其中，谷物产量按脱粒后的原粮计算，豆类按去豆荚后的干豆计算，薯类按鲜薯重量统计上报，统一按 5：1 折算粮食产量。

谷物 指禾本科和蓼科作物，具体统计品种包括稻谷、小麦、玉米、和其他谷物；其他谷物包括谷子、高粱、大麦、燕麦、荞麦等，其中西藏、青海、甘肃等地种植的青稞是大麦中的裸麦，按大麦统计。除按品种统计外，根据收获时间，主要按夏收谷物、秋收谷物分别做统计。夏收谷物指上年秋冬播和本年春季播种、夏季收获的全部谷物；秋收谷物指本年春、夏季播种，秋季收获的谷物；在夏收谷物收割后的耕地上播种、秋季收获的谷物也应计算在内。

稻谷 根据其播种期、生长期和成熟期的不同，按早稻、中稻和一季晚稻、双季晚稻三类分别做统计。其中，早稻指栽培时间较早且成熟早的南方籼稻，收获时间在三季度中旬之前，主产区包括湖南、江西、广东、广西等地；中稻及一季晚稻，指一年只种一季的一熟单季稻，包括籼稻、粳稻、糯稻等。主要分布在中国秦岭—淮河以北，长江流域北部，四川盆地和云贵高原，主产区包括黑龙江、江苏、安徽、湖北、四川等地；双季晚稻指，在同一块稻田里，早稻收割后，通过连作、间作和混作等方式种植和收获的其他季稻谷，分布与早稻相近。

小麦 根据其品种、播种时间、收获时间不同，分为春小麦和冬小麦。春小麦指春节过后播种，7、8 月份收获的小麦，主要分布在长城以北，该区气温普遍较低，生产季节短，故以一年一熟为主；冬小麦，一般在 9 月中下旬至 10 月上旬播种，幼苗过冬，春季返青，翌年 5 月底至 6 月中下旬成熟，主要分布在长城以南。

玉米　包括秋玉米、春玉米，但不包括青贮饲料玉米、鲜食玉米。

豆类　是以食用种籽及其制成品为主的一类豆科植物，包括大豆、绿豆、红小豆和其他杂豆，不含豇豆、四季豆等菜用豆类。夏收豆类指7、8月份前收获的豆类。

薯类　包括甘薯、马铃薯等。甘薯又名番薯、红薯、地瓜等，主产区在川蜀等地；马铃薯，又名土豆、洋芋等，主产区在四川、贵州、甘肃等地。薯类产量目前只统计甘薯和马铃薯，夏收薯类指7、8月份前收获的薯类。

八、畜牧业调查

（一）主要畜禽监测调查简介

调查目的　为掌握主要畜禽生产情况、加强和改善宏观调控、制定畜牧业发展政策提供科学依据，从2008年开始，国家统计局组织各调查总队开展主要畜禽监测调查。

调查范围　一是全省猪牛羊禽所有大型养殖场户（大型养殖场户标准：猪年饲养量3000头及以上；牛年饲养量200头及以上；羊年饲养量500只及以上；家禽年饲养量5万只及以上）；二是抽中村中的猪牛羊禽所有中型养殖场户（中型养殖场户标准：猪年饲养量100-2999头；牛年饲养量10-199头；羊年饲养量50-499只；家禽年饲养量200-49999只）；三是抽中村中的猪牛羊禽所抽中的小型养殖场户（小型养殖场户标准：猪年饲养量99头及以下；牛年饲养量9头及以下；羊年饲养量49只及以下；家禽年饲养量199只及以下）；四是生猪调出大县（杭州市萧山区、衢州市衢江区和江山市）辖区内所有的生猪大型养殖场（户）和所抽中的中小型生猪养殖场（户）。

调查对象　调查范围内的生猪、牛、羊和家禽。

调查内容

1. 主要畜禽品种（猪、牛、羊、家禽）存栏、出栏、产品产量及出售价格等情况。

2. 生猪调出大县的生猪存栏、出栏及价格变化等情况。

样本抽选方法　2019年以前，大型养殖场户进行全数调查；中小型养殖场户以市为总体抽样，原则上在生猪调出大县、国家调查县和传统养殖县中开展抽样调查；散养户以省为总体抽样。2019年起，主要畜禽品种（生猪、家禽、牛、羊）均以2016年第三次全国农业普查的资料为抽样框，以省为总体，在全省范围内按国家方案，以家禽为主品种抽选调查样本。大型养殖场（户）进行全数调查；中小型养殖场（户）以省为总体抽样。

生猪调出大县监测调查样本抽选方法参照全省生猪监测调查方案。

数据采集方式　主要畜禽监测调查均采用记账式调查，其中大型养殖场户数据由辅助调查员向调查户采集上报，中小型养殖场户数据由村辅助调查员填写上报。

数据处理方式　生猪、牛、羊和家禽所有报表采用国家联网直报程序上报。2020年，饲养量超过100头的生猪大中型养殖场户还须进行浙江统计联网直报程序上报。

（二）市县全面统计调查简介

根据国家统计局《关于印发粮食畜牧业统计调查数据归口管理方案的通知》（国统字〔2019〕103号）及2019年总队和省局联合印发了《关于做好粮食畜牧业统计调查数据归口管理工作的通知》（浙调字〔2019〕122号）要求，自2020年起，畜牧业统计调查分市县数据统一由浙江调查总队负责管理。

调查范围　辖区范围内全部畜禽生产经营单位及养殖户。

数据采集方式　除生猪调出大县外，其他分市县畜牧业统计数据本着“条块结合”和“村级起报”的原则，由县统计局（或地方调查队）统一布置到乡镇统计机构，乡镇统计机构组织村级调查，建立村级台账，收集有关数据后汇总上报。县级统计局（或地方调查队）初审后通过浙江统计联网直报平台经各市调查队再审后报浙江调查总队。

（三）指标解释

生猪期末存栏　指本调查期末饲养生猪的总量，包括25公斤以下仔猪、待育肥猪（架子猪）和种猪等数量之和。

能繁殖母猪 指猪龄约在9个月（包括9个月）以上的、具备繁殖能力的母猪。

生猪出栏头数 自宰肥猪头数＋出售肥猪头数。

出售肥猪头数 指本调查期内以各种形式出售给任何单位或个人的已育肥肥猪的数量。但不包括出售仔猪、待育肥猪（架子猪）、种猪的数量。

牛期末存栏 指本调查期末饲养各类型的牛总量，包括牛犊、待育肥牛（架子牛）、奶牛和种牛等数量之和。

能繁殖母牛 指牛龄在16个月左右，具备繁殖能力的母牛。

育肥肉牛出栏头数 自宰育肥肉牛头数＋出售育肥肉牛头数。

出售肉牛头数 指本调查期内由调查户（单位）以各种形式出售给任何单位或个人的已育肥肉牛的总量，出售的淘汰后出栏的奶牛和役用牛数量也包括在内。但不包括出售牛犊、架子牛、奶牛等头数。

羊期末存栏 指本调查期末饲养各种羊只总量。包括羊羔、待育肥羊（架子羊）、奶羊和种羊等数量之和。

能繁殖母羊 指羊龄在6个月左右，具备繁殖能力的母羊（山羊或绵羊）。

肥羊出栏头数 自宰肥羊头数＋出售肥羊头数。

出售肥羊头数 指本调查期内出售已育肥的羊只数量。但不包括出售羊羔、待育肥羊、种羊、奶羊等数量。

家禽期末存栏 指本调查期末饲养家禽（鸡、鸭、鹅）的总量，包括幼禽、肉用家禽、蛋用家禽和种家禽等。

家禽出栏只数 自宰家禽只数＋出售家禽只数。

出售家禽只数 指本调查期内以各种形式出售给任何单位或个人的肉用家禽总数。但不包括出售幼禽、蛋禽、种禽的数量。

禽蛋产量 指本调查期内饲养的蛋用家禽生产的禽蛋总重量。包括出售的和农民自产自用的部分，品种主要为鸡鸭鹅。